ANALECTA BIBLICA

INVESTIGATIONES SCIENTIFICAE IN RES BIBLICAS

119

BRUNA COSTACURTA

LA VITA MINACCIATA

Il tema della paura nella Bibbia Ebraica

EDITRICE PONTIFICIO ISTITUTO BIBLICO – ROMA 1988

Vidimus et approbamus ad normam Statutorum

Pontificii Instituti Biblici de Urbe
Romae, die 20 mensis Ianuarii anni 1988

R. P. MAURICE GILBERT, S.J.
R. P. LUIS ALONSO SCHÖKEL, S.J.

ISBN 88-7653-119-X

EDITRICE PONTIFICIA UNIVERSITÀ GREGORIANA
EDITRICE PONTIFICIO ISTITUTO BIBLICO
Piazza della Pilotta, 35 - 00187 Roma

alla memoria di mio padre

PREFAZIONE

Il presente studio riproduce, con qualche aggiunta marginale, la tesi di dottorato in Scienze Bibliche difesa nel giugno 1987 presso il Pontificio Istituto Biblico. Ha diretto il lavoro il P. Maurice Gilbert S.J., a cui va in primo luogo il mio ringraziamento per il costante impegno e la paziente dedizione con cui ha seguito le varie fasi della ricerca e dell'elaborazione dello scritto. Il P. Luis Alonso Schökel S.J. ha accompagnato il lavoro come correlatore, con piena disponibilità e generosa sollecitudine. Ad ambedue questi maestri desidero esprimere tutta la mia riconoscenza per avermi fatto dono della loro guida ed aver messo a mia disposizione tanta preziosa competenza e sapienza.

Il mio grazie sincero va anche ai Rettori della Pontificia Università Gregoriana e del Pontificio Istituto Biblico che si sono succeduti in questi anni, a tutti gli altri Professori, e con particolare affetto al compianto P. Mitchell Dahood S.J., indimenticabile maestro ed amico, che mi ha introdotto e guidato nello studio e nella passione per le lingue semitiche. Esprimo la mia gratitudine pure agli addetti alla Biblioteca del Biblico per la loro simpatia e collaborazione.

Grazie anche a tutti coloro che hanno aiutato e sostenuto il mio cammino in questi lunghi anni di studio, in particolare il P. Francesco Rossi de Gasperis S.J., il dott. Paolo Pieri, la comunità di Via Giusti delle Suore Francescane di Maria, e M. Angelamaria Campanile la cui generosità e amicizia profonda mi sono state e sono doni inestimabili.

Devo la pubblicazione di questo studio al generoso interessamento dell'Istituto delle Suore di Maria Bambina e dell'Unione Superiore Maggiori d'Italia che hanno provveduto, anche con il concorso della Pontificia Università Gregoriana, a tutte le spese di stampa. Ringrazio di cuore, con sincera e profonda gratitudine.

Roma, dicembre 1987

Bruna Costacurta

INTRODUZIONE

L'uomo da sempre ha dovuto lottare per vivere. La storia umana è una lunga serie di tentativi di progredire nella ricerca di una sempre migliore e più stabile condizione di vita. Ma gli ostacoli sono innumerevoli, i pericoli incalcolabili, e l'essere umano ha dovuto e deve quotidianamente confrontarsi con le mille minacce dell'esistere e con quella definitiva del morire. In un'epoca come la nostra, in cui sembra che il progresso sia giunto a soglie elevatissime, paradossalmente quel confronto si fa sempre più angoscioso. Perché ciò che aiuta a vivere può sempre trasformarsi in causa di morte. La fortezza impenetrabile creata per proteggere, se si chiude sui suoi abitanti, diventa la loro tomba. Così, la nostra epoca conosce terrori proporzionati all'alto livello della sua tecnica: guerra atomica, disastri nucleari, violenza incontrollata, solitudine, morte anonima, alienazione. La vita è migliorata, ma è cominciata a venir meno una troppo ottimistica fiducia nelle capacità conoscitive e programmatrici dell'uomo e nelle possibilità risolutive delle sue istituzioni. Cresce così l'instabilità, l'incertezza, la difficoltà a trovare un senso al proprio esistere. Cresce la paura.

Non meraviglia perciò che lo studio di questa emozione stia ultimamente occupando esperti di varie discipline come psicologi, storici, sociologi. In Italia, questo interesse sul fenomeno del temere si è chiaramente manifestato con un Convegno tenutosi a Milano nell'ottobre del 1984 e dedicato proprio alla paura [1]. In quegli anni, si erano avute anche varie pubblicazioni sul tema. In particolare, vanno ricordate le opere di A. Oliverio Ferraris (*Psicologia della paura,* 1980 [2]; *Origini e conseguenze dell'ansia sociale,* 1981; *L'assedio della paura,* 1983) e, nell'ambito della saggistica, *Madre Paura* di R. Balbi, del 1984.

---

[1] Nell'ottobre 1983, a Roma, la Cattedra di Filosofia della politica dell'Università «La Sapienza» aveva organizzato il 1° Simposio Internazionale di Filosofia della Politica sul tema: «La paura e la città» (cfr. Pasini, *ed.*, *La paura e la città*). Nello stesso periodo, solo pochi giorni prima, la Società canadese di Teologia teneva a Montréal il suo congresso il cui tema era la paura (cfr. Mettayer – Dufort, *edd.*, *La peur*).

[2] L'anno precedente, era stato anche tradotto in italiano l'importante studio di Delumeau, *La Peur en Occident* (XIVe–XVIIIe siècles). Lo stesso Autore ha poi pubblicato, nel 1983, *Le péché et la peur.*

A tale interesse in campo profano non ha finora corrisposto un uguale interesse nel campo della ricerca biblica veterotestamentaria, ancora povera di studi dedicati ai sentimenti e alle emozioni umane.

Le Antropologie bibliche si sono infatti solitamente occupate del problema della costituzione unitaria e non dualistica dell'individuo, della triade *bāśār*, *nepeš*, *rûḥ* e di altre dimensioni dell'essere dell'uomo, ma non propriamente delle sue emozioni [3]. Rari sono anche gli studi monografici su un sentimento particolare [4], come pure su temi in qualche modo attinenti al campo delle emozioni [5].

Nulla poi, a nostra conoscenza, è stato pubblicato sull'emozione della paura. Essa è stata solo a volte trattata come elemento parziale all'interno di temi diversi e più vasti [6]; oppure ne è stato esaminato solo un aspetto: in questa linea si situa l'abbondante produzione sul tema del «Timore di Dio», molto studiato a causa delle sue particolari implicazioni teologiche [7].

La nostra tesi invece vuole fare della paura in quanto tale, in tutti i suoi aspetti e manifestazioni, l'oggetto specifico della ricerca.

Come base di elaborazione metodologica, è stato utile il confronto con alcuni recenti studi della terminologia biblica che si rifanno alle acquisizioni della scienza linguistica [8]. Essendo però il nostro uno studio su un'emozione, abbiamo adeguato il metodo all'oggetto in questione tenendo conto della sua complessità, ricchezza di sfumature, pluralità di terminologia, di situazioni, di manifestazioni, ecc. [9].

---

[3] Cfr. ad es. Eichrodt, *Das Menschenverständnis des A.T.*; Tresmontant, *Essai sur la pensée hébraïque*; Wolff, *Anthropologie des A.T.*; Rogerson, *Anthropology and the O.T.*

[4] Cfr. Morris, *Testaments of Love*; Grelot, *Dans les angoisses: l'espérance.*

[5] Cfr. Westermann, «Das Hoffen im A.T.»; Scharbert, *Der Schmerz im A.T.*; Zimmerli, *Der Mensch und seine Hoffnung im A.T.*; Seidel, *Das Erlebnis der Einsamkeit im A.T.*; Gerstenberger – Schrage, *Leiden*; Simundson, *Faith under Fire.*

[6] Cfr. i capitoli «Todesfurcht» in Wächter, *Der Tod im A.T.*, 10-56 e «Die Bedeutungsfelder von Mut und Furcht» in R. Lauha, *Psychophysischer Sprachgebrauch im A.T.*, 133-154.

[7] Segnaliamo solo le monografie più importanti: Plath, *Furcht Gottes* (con una breve sezione sulla paura: «Menschenfurcht», pp. 11-31); Becker, *Gottesfurcht im A.T.*; Haspecker, *Gottesfurcht bei Jesus Sirach*; Derousseaux, *La Crainte de Dieu dans l'A.T.*

[8] In particolare, segnaliamo le opere di Sawyer, *Semantics in Biblical Research*; Pons, *L'oppression dans l'A.T.*; Brenner, *Colour Terms in the O.T.*; Balentine, *The Hidden God*; Guillén Torralba, *La fuerza oculta de Dios*; Bovati, *Ristabilire la giustizia.*

[9] Nell'affrontare una tematica così peculiare è stato anche utile l'apporto della scienza psicologica e occasionalmente dell'etologia. Il riferimento a queste discipline ha consentito una più precisa attenzione ai vari elementi del fenomeno presenti nel testo biblico e una migliore comprensione del loro significato. Abbiamo invece preferito non utilizzare come punto di riferimento il pensiero filosofico, che pure si è occupato delle emozioni, per non sovrapporre ai dati biblici dei sistemi concettuali e interpretativi già strutturati.

La tesi si articola in tre Parti. La Prima Parte, dopo un capitolo introduttivo, si incentra sul lavoro lessicografico, in cui vengono esaminate le radici che esprimono l'idea di temere. La Seconda Parte analizza alcuni testi emblematici che presentano la paura nelle varie situazioni che la provocano (guerra, inimicizia, rapporto al trascendente e al mistero, alterazione del corpo). Nella Terza Parte infine si presenta uno studio sintetico del fenomeno della paura nelle sue componenti strutturali, in riferimento al suo nascere, al suo svolgersi e al suo cessare.

L'intento è di contribuire alla comprensione dell'antropologia biblica attraverso lo studio organico di un'emozione tra le più centrali (anche se tra le più rimosse) dell'uomo, che lo tocca nella sua dimensione di creatura e ne rivela tutta la limitatezza e la costitutiva fragilità. È con la paura che l'uomo, sottoposto alla legge della morte, fa esperienza della propria verità di essere strutturalmente minacciato. Egli può essere liberato dalla paura solo accedendo, nella fede, a una realtà in cui la morte sia stata definitivamente vinta.

PARTE PRIMA

DATI DI BASE: DESCRIZIONE E LESSICO DELLA PAURA

La paura è un'emozione[1] complessa, largamente analizzata, che il soggetto sperimenta quando si sente minacciato nella propria integrità psico-fisica[2].

Davanti al pericolo, sia esso reale o immaginato, vicino o lontano, immediato o futuro, la paura si presenta come uno stato emotivo naturale e necessario con il quale il soggetto reagisce alla percezione della minaccia. Tale reazione è innata, anche se il suo apparire e il suo manifestarsi variano da soggetto a soggetto e sono diversamente condizionati[3].

È la presenza di tale emozione che, permettendo la percezione di ciò che può essere dannoso e inducendo determinate risposte difensive, consente al vivente di attraversare la propria esistenza costantemente minacciata[4].

---

[1] «Dalla maggior parte degli autori la p. è considerata una vera e propria emozione per le sue caratteristiche di insorgenza e di decorso, per l'evidenza e la variabilità dei fenomeni somatici oltreché per l'intensità dello stato soggettivo» (*EncFil*, VI, 347).

Sulle emozioni, si veda la voce «Gefühle» in: *LexPsych*, 697-705 (con bibliografia). Per la differenza tra emozione e sentimento, cfr. *EncPsich*, 148: «Mentre i sentimenti .. risultano sfumature affettive costanti della personalità del soggetto, le emozioni sono invece reazioni affettive più intense (paura, ira, gioia, ecc.), di insorgenza acuta, necessariamente di breve durata e quasi sempre reattive, cioè determinate da uno stimolo ambientale. Pertanto l'emozione modifica l'equilibrio psichico. Così pure può modificare quello somatico e vegetativo ...». Cfr. anche Zavalloni, «La vita emotiva», 370-377.

[2] Secondo l'efficace e sintetica descrizione del *GrDizEncicl*, essa «sorge, quando il soggetto è in presenza di situazioni che avverte come minacciose o crede tali, mentre ritiene di non disporre di apparati difensivi adeguati» (XIV, 270).

[3] Cfr. Oliverio Ferraris, *Psicologia della paura*, 10-11: «I dati osservazionali e clinici di John Bowlby e di altri psicologi sembrano .. indicare che molte paure dell'animale così come dell'uomo rispondono a meccanismi inizialmente innati, a un tentativo di produrre risposte adattive di allarme e di salvaguardia di fronte a stimoli specifici che indicano la presenza o l'avvicinarsi di un pericolo ... Ovviamente sarebbe semplicistico limitarsi a un'interpretazione biologico-evoluzionistica di questi meccanismi ... Oltre alle paure innate vi sono quindi paure apprese che si sviluppano sia per condizionamento sia in forma vicariante attraverso l'osservazione degli altri, i racconti, le rappresentazioni e che rispecchiano i moduli culturali della società circostante». Cfr. anche Benedetti, *Neuropsicologia*, 344.353-356.

[4] «La paura è .. un'emozione che può influire in modo determinante sulla personalità e sulla sua formazione, non soltanto per il potere inibitorio o scatenante che può avere sull'azione, ma anche per il potere che essa possiede di modificare i processi del pensiero, l'ideazione, la creatività ... Eppure non tutte le paure sono disorganizzanti e dannose ... Sotto un profilo evolutivo–biologico la paura ha una funzione positiva indispensabile alla sopravvivenza ... È fuor di dubbio che senza l'emozione della paura nessuna specie animale sarebbe sopravvissuta; si tratta di una reazione inerente alla nostra natura che consente all'individuo di sfuggire provvisoriamente alla morte» (Oliverio Ferraris, *op. cit.*, 16-18). Cfr. anche il capitolo dedicato all'etologia in: Mannoni, *La peur*, 48-66.

Nella Bibbia, il fenomeno della paura è ampiamente attestato, con numerosi temini usati per indicarla e molte descrizioni di diverse situazioni in cui vari soggetti la sperimentano e in vario modo la manifestano.

Lo scopo di questa prima sezione del nostro lavoro è di dare gli elementi di base introducendo le diverse parti che costituiscono il sintagma della paura nei suoi tre elementi fondamentali: soggetto – verbo – oggetto.

Il primo capitolo si occuperà perciò dei soggetti del timore e degli oggetti e situazioni che lo provocano, tratteggiandone una panoramica descrittiva, ad ampie linee, nei suoi elementi di base. Il secondo capitolo presenterà invece, in modo più tecnico, la lessicografia riguardante le radici ebraiche usate per esprimere l'emozione della paura.

CAPITOLO PRIMO

Lineamenti generali della paura

L'emozione della paura riguarda il vivente in quanto mortale. Essa scaturisce infatti dall'esperienza di una minaccia che mette in pericolo, in vari modi e gradi, la vita.

Ora, la vita corporea, in quanto tale, dice possibilità di morire. Perciò il vivente nella carne, necessariamente e sempre sotto la minaccia della morte, è strutturalmente sottoposto alla paura [1].

1. I soggetti della paura

Nell'uomo l'esperienza della propria costitutiva fragilità è conscia e consapevole. Perciò in lui la percezione della minaccia e la conseguente reazione di paura sono vissute a un livello non di sola istintualità, ma di coscienza di sé. Questo fa della paura un'emozione fondamentalmente umana [2].

Anche nella Bibbia, soggetto principale della paura è l'essere umano, anche se può essere predicata pure degli animali e di alcuni elementi cosmici «personificati».

1.1. *L'uomo*

La paura è presentata nella Scrittura come un fenomeno generalizzato che accompagna la vita umana nelle sue più svariate manifestazioni. Essa è descritta sia per gli individui che per la collettività, per ambedue i sessi, e per le diverse categorie di persone.

Tale ampiezza di soggetti non può essere indicata in modo esaustivo: ci limiteremo perciò a dare solo alcune indicazioni esemplificative.

---

[1] È questo che permette di definire drasticamente la paura come una «emozione universale ed ereditaria in ogni specie animale e in ogni razza umana»: *EncItal*, XXVI, 537.

[2] «Les animaux ne l'ignorent pas non plus, sans doute, mais ce qu'ils éprouvent reste bien en deçà de ce que l'homme peut connaître de la peur: ses remarquables facultés de représentation et d'imagination font, en effet, de lui le principal artisan de ses effrois en même temps que le propagandiste de ceux des autres»: MANNONI, *La peur*, 4. Cfr. anche BENEDETTI, *Neuropsicologia*, 355.

1.1.1. L'individuo

La risposta di paura alla minaccia è presentata, secondo varie modalità, per molti e diversi individui:

- Adamo (Gen 3,10)
- Abramo (Gen 15,12)
- Lot (Gen 19,30)
- Isacco (Gen 26,7)
- Giacobbe (Gen 28,17; 31,31; 32,8.12)
- Mosè (Es 2,14; 3,6)
- Gedeone (Giud 6,27; 7,10)
- Ieter (Giud 8,20)
- Saul (1 Sam 15,24; 16,14-15; 18,12; 28,5)
- lo scudiero di Saul (1 Sam 31,4)
- Davide (1 Sam 21,13; 2 Sam 6,9; 1 Cron 13,12; 21,30)
- il profeta Isaia (21,3-4)
- Daniele (8,17; 10,8)
- Giobbe (7,14; 9,34; 13,21; 21,6; 23,15-16; 33,7)
- Elifaz (Giob 4,14)
- il Salmista (Sal 30,8; 31,23; 55,5-6; 119,39)

ecc.

Anche le donne sono ovviamente sottoposte a questa emozione, ma le annotazioni che le riguardano sono rare. La storia biblica è infatti principalmente una storia di uomini, in cui le donne sono difficilmente protagoniste. Tra le poche attestazioni, ricordiamo quelle sulla paura di:

- Sara (Gen 18,15)
- Ester (Est 4,4) [3]
- la nutrice di Mefibošet (2 Sam 4,4)
- la donna di Tekoa (2 Sam 14,15) [4]

In questa molteplicità di riferimenti, il temere del singolo è variamente presentato, secondo caratteristiche e intensità diverse.

Di alcuni viene indicata una situazione di grande paura e sconvolgimento, proporzionata a un pericolo grave. Così, ad esempio, è di Giacobbe davanti alla prospettiva di uno scontro con il fratello e i suoi uomini (Gen 32,8), di Mosè quando si rende conto che il suo omicidio è cono-

[3] Cfr. anche, più esplicitamente, 4,17k e 5,1d nella LXX.

[4] In altri testi, alle donne è rivolta l'esortazione a non temere: Agar (Gen 21,17); Rachele (Gen 35,17); la nuora di Eli (1 Sam 4,20); la negromante di En-Dor (1 Sam 28,13); la vedova di Sarepta (1 Re 17,13), Rut (3,11). In Prov 31,21 invece il timore (della neve) è negato per la donna esperta ed industriosa (*'ēšet ḥayil*: v. 10).

sciuto (Es 2,14), di Saul alla vista dell'esercito filisteo (1 Sam 28,5), di Davide scoperto dagli uomini di Achis (1 Sam 21,13) o sconvolto dalla potenza divina che ha ucciso Uzza (2 Sam 6,9 // 1 Cron 13,12), del profeta davanti a una visione terribile (Is 21,3-4; Dan 8,17), del perseguitato a morte (Sal 55,5-6), di Giobbe terrorizzato da Dio (7,14; 23,15-16).

In altri casi invece si tratta piuttosto di un'esperienza di turbamento per un fatto inaspettato e sconvolgente (Isacco davanti al vero Esaù dopo l'inganno di Giacobbe: Gen 27,33), di agitazione davanti all'imprevisto e all'incognito (Achimelek alla venuta di Davide: 1 Sam 21,2), di ansia e timore per altri (il padre di Saul per il ritardo del figlio: 1 Sam 10,2; Eli per la sorte dell'arca: 1 Sam 4,13), di oscura angoscia davanti ad un potenziale rivale (Saul nei confronti di Davide: 1 Sam 18,12.15.29), ecc.

E ancora, c'è diversità tra la paura dell'individuo spaventato da un terrificante incubo notturno (Elifaz in Giob 4,12-16) e quella di chi è davanti alla minaccia di un esercito nemico (Giosafat in 2 Cron 20,1-3) o di una condanna a morte (Aman in Est 7,6-7). O di chi ha paura di uccidere, come lo scudiero di Saul (1 Sam 31,4 // 1 Cron 10,4) e di chi invece ha paura di essere ucciso, come Adonia (1 Re 1,50-51) o Uria il profeta (Ger 26,21). E gli esempi si potrebbero moltiplicare.

1.1.2. La collettività

Anche la collettività nel suo insieme è soggetto di paura in varie situazioni:

+ il popolo di Dio (Es 14,10; 19,16; 20,18; 34,30; Deut 7,19; 13,12; 21,21; 28,60.66-67; Gios 14,8; 1 Sam 7,7; 11,7; 17,11.24; Is 51,13; Ez 11,8)
+ le nazioni (Es 15,14-16; Deut 28,10; Is 64,1; Ger 10,2; Ez 32,9; Gioel 2,6; Sal 99,1; 1 Cron 14,17)
+ l'insieme di una città (a volte personificata) o di una popolazione, combattente (= esercito) o no:
  - Gerusalemme (Ger 4,31; 22,23; Mi 4,9-10; 2 Cron 32,18)
  - Babilonia (Is 13,6-8; Ger 51,30.32)
  - Damasco (Ger 49,24)
  - i Niniviti (Nah 2,11)
  - gli Egiziani (Es 14,24; Is 19,1)
  - i Cananei (Es 23,27; Deut 11,25; Gios 2,9.24)
  - i Filistei (1 Sam 4,7; 14,15-16)
  - Moab (Num 22,3; Ger 48,43-44)
  - Ammon (Ger 49,5)
  - ecc.

Anche in questo caso, il fenomeno della paura è variamente motivato e descritto: può trattarsi del panico di un esercito o di una città in stato di guerra o di assedio (Es 14,10.24; 1 Sam 4,7; 14,15-16; 17,11.24; Is 13,7-8; Ger 4,31), oppure della paura che accompagna l'esperienza di manifestazioni terribili o incomprensibili (Es 19,16; 20,18; 34,30; 1 Sam 12,18; Ger 10,2). O ancora, del timore suscitato nel popolo da punizioni esemplari (Deut 13,12; 17,13; 21,21) oppure da minacce particolarmente pericolose (1 Sam 11,7) o da previsioni di rappresaglie (2 Re 25,26; Ger 41,18), ecc. Nonostante queste diversità, va però notato che la particolarità di fenomeno «collettivo» dà per lo più a questo tipo di paura una connotazione di panico generalizzato e contagioso.

1.1.3. Le diverse categorie

Come appare dai paragrafi precedenti, la paura umana è tanto e ovunque diffusa che è normale ritrovarla in ogni categoria di persone. Essa può colpire gli uomini, le donne, e vari soggetti con diverse funzioni o caratteristiche all'interno dell'organizzazione sociale.

Alcune categorie sono normalmente più esposte a tale emozione. Così è, per esempio, di coloro che sono coinvolti in situazioni belliche che mettono continuamente a repentaglio la loro vita:

- i soldati (Es 14,10.24; Deut 20,8; Giud 7,3; 1 Sam 17,24; Ger 51,32)
- e anche i loro prodi: *gibbôrîm* (Ger 48,41; 49,22; 50,36; 51,30; Abd 9); *'abbîrê lēb* e *'anšê ḥayil* (Sal 76,6).

Ma oltre ad essi, pure i capi, sia militari che politici, possono diventare preda della paura:

- *'allûpîm* e *'êlîm* (Es 15,15)
- *śārîm* (Is 31,9; Ger 36,14-16)
- *zeqēnîm* (1 Sam 16,4)
- e infine i re: i già citati Saul e Davide [5], ma anche Giosafat (2 Cron 20,3), Sedecia (Ger 38,19), i re di altre nazioni (2 Re 6,11; Ger 50,43; Ez 27,35; 32,10; Sal 2,5; 48,6-7) [6].

Ugualmente, hanno paura altre categorie di persone:

- i marinai (Giona 1,5.10)
- ministri e servitori (*'ăbādîm*: Gen 20,8; 2 Sam 12,18)

---

[5] Cfr. 1 Sam 15,24; 16,14-15; 18,12.15.29; 28,5; 31,3; 2 Sam 6,9; 1 Cron 10,3; 13,12; 21,30.

[6] Interessante a questo proposito è il testo di Ger 4,9, con l'elencazione delle varie categorie di guide del popolo che, alla venuta del nemico, saranno sopraffatte dalla paura: *melek, śārîm, kōhănîm, nebî'îm*. Cfr. anche Ger 50,35-37.

- il vecchio (Qoh 12,5)
- gli empi per la loro empietà (Is 33,14; Sal 14,5; 53,6; Giob 15,24-25; 18,11)
- i giusti per la malvagità degli empi (Sal 55,5-6; 119,39; 143,4).

1.2. *Gli animali*

Gli animali che la Scrittura presenta come soggetti di paura sono pochi, con accenni solo saltuari. Come viventi, anch'essi sono sottoposti a minaccia e reagiscono con il timore, ma l'interesse della storia biblica è concentrato sull'uomo e li riguarda perciò solo marginalmente.

Si menziona esplicitamente la paura da parte di animali:

- in Gen 9,2 (ogni specie vi è inclusa)
- in Zacc 12,4 (cavalli, *sûs*, spaventati da Dio; cfr. Sal 76,7)
- in Gioel 2,22 invece le bestie selvatiche (*bahămôt śāday*) sono invitate a non temere [7].

Altrove, alcune specie di animali sembrano essere assunte secondo una caratteristica di facile impressionabilità e grande reattività, così da diventare una metafora dell'uomo impaurito:

- la gazzella (Is 13,14: *ṣᵉbî*)
- la pecora (Ger 50,17: *śeh*) [8]
- gli uccelli (Is 16,2: *ʿôp, qēn*; Sal 11,1: *ṣippôr*) [9].

1.3. *Il cosmo*

Con la figura della personificazione, nella Scrittura vengono attribuiti al cosmo sentimenti e reazioni umane, e perciò anche la paura. Resta in molti casi difficile, ed è compito delicato, stabilire fin dove giunga l'intento personificante che fa degli elementi cosmici dei viventi, e dove invece si

---

[7] Più numerose e ampie sono invece le descrizioni degli animali forti e aggressivi, che non conoscono il timore:
- il leone (*layiš*: Prov 30,30)
- il cavallo come macchina bellica (*sûs*: Giob 39,22; questo rende particolarmente interessanti i testi sopra citati di Zacc 12,4 e Sal 76,7 in cui proprio i cavalli da guerra sono terrorizzati e fermati da Dio, potenza che tutto vince)
- l'ippopotamo (*bᵉhēmôt*: Giob 40,23)
- il Leviatan (*liwyātān*: Giob 41,20.25).

[8] Cfr. anche, in Is 13,14, l'immagine del gregge (*ṣō'n*) disperso in parallelo a quella della gazzella messa in fuga. In Ger 23,4 invece, la paura del gregge, figura del popolo, viene negata perché il Signore stesso se ne prenderà cura.

[9] Inversamente, un animale intrepido e feroce come il leone diventa metafora del prode forte e coraggioso, o di Dio stesso (cfr., ad es., 2 Sam 17,10: *'aryēh*; Is 31,4: *'aryēh* e *kᵉpîr*).

tratti di descrizioni di fenomeni puramente fisici. Possiamo comunque indicare alcuni esempi in cui parti del cosmo reagiscono, per lo più davanti a grandi eventi terribili, con manifestazioni che richiamano in qualche modo l'esperienza della paura [10].

Ciò si verifica per:

- la terra (*'ereṣ*: Sal 18,8; 33,8; 76,9; 96,9; 97,4; 104,32; 114,7)
- il cielo (*šāmayim*: Is 13,13; Ger 2,12)
- le sue colonne e fondamenta (*'ammûdîm*: Giob 26,11; *môsᵉdôt*: 2 Sam 22,8 [11])
- le colline e i monti (*hārîm*: Is 5,25; Ab 3,10; *hārîm* e *gᵉbā'ôt*: Nah 1,5)
- le acque (*mayim*: Sal 77,17; 104,7)
- il mare e il Giordano (*yām* e *yardēn*: Sal 114,3.5) [12]
- gli abissi (*tᵉhōmôt*: Sal 77,17).

2. **Ambiti e Situazioni**

Molto numerosi e diversi tra loro sono nella Bibbia gli oggetti della paura dell'uomo [13]. Si può però semplificarne l'elencazione individuando alcune situazioni fondamentali dell'esistenza in cui si sperimenta la minaccia e si verifica per l'uomo la paura.

Dallo studio dei moltissimi testi biblici in cui si parla del temere umano, è stato infatti possibile determinare empiricamente dei campi, dei grandi ambiti di esperienza in cui possono confluire molteplici elementi. Si tratta, ovviamente, di una riduzione logica che non può raccogliere tutti gli oggetti e rendere ragione di tutti gli aspetti della paura [14], ma che consente di identificare e delineare le cause fondamentali di tale emozione per l'uomo [15].

Sommariamente, possiamo dire che la paura si verifica quando il soggetto è alle prese con *altri uomini*, con degli *animali*, con il *mistero*, e con l'esperienza dell'*alterazione del proprio corpo*.

---

[10] Per indicazioni più dettagliate cfr., nel capitolo II, lo studio di radici come *rgz*, *mwg*, *r'd*, *r'š*, *g'š*, e in particolare le pp. 55.69.70.83.84.

[11] Nel testo di Sal 18,8 si parla invece delle fondamenta dei monti (*môsᵉdê hārîm*).

[12] Cfr. p. 102, n. 26.

[13] Come indicato nel paragrafo precedente, benché la paura sia segnalata anche per gli animali e le cose inanimate, essa trova nell'uomo il suo soggetto fondamentale. Noi ci occuperemo perciò, nel nostro lavoro, solo del temere umano.

[14] Uno studio più dettagliato e organico del fenomeno del temere nei suoi vari elementi verrà elaborato nella Parte Terza del presente lavoro.

[15] A questi stessi ambiti si farà riferimento per la suddivisione dei testi nella Parte Seconda.

2.1. *Gli altri uomini*

La paura davanti agli uomini nasce quando questi sono percepiti come nemici o comunque con una pericolosa capacità di nuocere e di distruggere.

Luogo fondamentale di questa esperienza, per l'individuo come per la collettività, è certamente la situazione bellica, con tutte le sue manifestazioni e conseguenze, sia nella fase iniziale di aggressione che in quella cruciale dello scontro degli eserciti, oppure in caso di invasione e devastazione (cfr. Es 14,10; Num 22,3; Gios 7,5; Giud 20,41; 1 Sam 7,7; Is 7,2; Ger 6,24; 47,3; 50,43; 51,32; 2 Cron 32,18; ecc.).

Ma l'uomo può essere oggetto di paura anche a un livello più individuale, quando l'inimicizia e la volontà di male si muovono in una dimensione di rapporto interpersonale. Non dunque l'esercito nemico, inteso come entità collettiva e generica, ma l'avversario (o gli avversari) personale, ben individuabile e precisabile.

Così è, ad esempio, dei nemici del Salmista, dei suoi aggressori o accusatori che ne vogliono la rovina (cfr. Sal 55,5-7; 64,2), e di ogni uomo che venga percepito da un suo simile, a torto o a ragione, come una minaccia per lui (cfr. Gen 32,12; 1 Sam 18,12.15.29; 1 Re 1,50.51).

Anche colui che non è propriamente un nemico, ma detiene un grande potere può diventare causa di timore, principalmente il re per la sua particolare posizione di privilegio e autorità (cfr. 1 Re 3,28; Prov 20,2; Dan 1,10)[16].

2.2. *Gli animali*

Anche gli animali, soprattutto se forti e feroci, possono diventare come dei nemici per l'uomo, fonte di pericolo per la sua esistenza. Perciò si parla nella Bibbia della paura provocata dal leone (Am 3,8: *'aryēh*)[17], dal cavallo in guerra (Giob 39,19-20: *sûs*), dal Leviatan (Giob 41,2.6.17: *liwyātān*)[18].

---

[16] Per analogia, e in modo ancora più evidente, si possono comprendere le molte attestazioni bibliche di timore nei confronti di Dio, come reazione di sgomento e paura davanti a una potenza assolutamente soverchiante. Si veda a tale proposito la sezione su Dio del presente capitolo (pp. 24-25) e del cap. IV (pp. 124-125).

[17] Cfr. anche Prov 20,2 (*k^epîr*). In ambedue i testi il ruggito del leone è connesso con la paura, ma in modo diretto solo in Amos, in una specie di detto proverbiale che serve a giustificare l'obbedienza del profeta nei confronti di Dio. In Prov invece il leone serve da immagine per il re. L'accostamento dei due testi è particolarmente interessante se riferito al rapporto tra re e Dio segnalato nella nota precedente. Per altre attestazioni implicite di paura per il leone, cfr. anche Am 5,19 (*'ăry*); Prov 22,13 (*'ăry*); 26,13 (*'ăry, šaḥal*).

[18] Al contrario, affrontare delle fiere è un atto di coraggio, oltre che di forza e di abilità: cfr. 1 Sam 17,33-36. Inoltre, la mancanza di paura nei confronti delle bestie selvatiche è indicata come una benedizione conseguente all'accettazione della giusta punizione divina (Giob 5,22).

Questa comune esperienza di timore nei confronti di animali pericolosi permette anche di usare largamente la loro immagine come metafora di nemici e avversari umani di cui si vuole sottolineare l'aggressività, la ferocia, la potenza [19].

2.3. *Il mistero*

Un'esperienza molto particolare del vivere umano è quella del rapporto con la dimensione del trascendente e dell'incomprensibile. È ciò che chiamiamo genericamente il mistero, con le sue caratteristiche di cosa inesplicabile, arcana, inconoscibile. Esso spaventa perché getta nello sgomento angoscioso dell'ignoto, con in più una valenza di potenza incontrollabile e schiacciante, che ingenera nel soggetto il terrore del proprio annientamento.

Ciò si verifica principalmente nelle relazioni con Dio, ma anche in occasione di alcuni fenomeni della natura e nell'esperienza del mondo dell'arcano.

2.3.1. Dio [20]

L'incontro con Dio, l'Alterità assoluta mai comprensibile e sempre soverchiante, è uno dei luoghi fondamentali di paura per l'uomo. Nel rapporto con il divino e con le sue manifestazioni soprannaturali, la persona si sperimenta come strutturalmente vulnerabile e vede messa in pericolo la propria integrità, sia o no riconosciuta in Dio una precisa «intenzionalità» di minaccia.

Gli esempi nella Scrittura sono numerosi e riguardano il divino nel suo vario manifestarsi. Indichiamo qualche testo:

- Gen 28,17: Giacobbe a Betel ha paura quando si rende conto della presenza di Dio
- Es 3,6: Mosè ha paura di guardare verso il luogo della manifestazione di Dio [21]
- Es 19,16; 20,18: il popolo al Sinai è spaventato dalla teofania e dai terribili eventi atmosferici che l'accompagnano [22]

---

[19] Cfr. più avanti, pp. 194-196.

[20] Ci occupiamo qui dell'esperienza di paura nei confronti del divino e non di ciò che tecnicamente è chiamato il «timore di Dio» inteso come atteggiamento di rispetto e devozione riverenziale. Su questo concetto di timore, e sulle sue implicazioni con la paura, cfr. più avanti, pp. 143-145.

[21] Cfr. a questo proposito tutta la tematica della impossibilità di vedere Dio, pena la morte (Es 33,20; Lev 16,2.13; Num 4,20; Giud 6,22-23; ecc.).

[22] *qōlôt, berāqîm, ʿānān kābēd ʿal hāhār, qōl šōpār ḥāzāq me'ōd, lappîdim, hāhār ʿāšēn.* In Deut 5,5 la paura del popolo è collegata con il fuoco (*'ēš*).

- Deut 9,19: Mosè teme la collera di Dio (*hā'ap wᵉhaḥēmâ*) che può distruggere il popolo
- 2 Sam 6,9 (// 1 Cron 13,12): Davide ha paura di Dio dopo l'uccisione di Uzza
- Giob 13,11: gli amici di Giobbe temono Dio e la sua maestà (*śᵉ'ētô*)
- Giob 23,15-16: Giobbe è terrorizzato da Dio (cfr. anche 9,34; 13,21).

Anche certe conseguenze dell'intervento divino nell'esistenza degli uomini e nella loro storia causano la paura. Ad esempio, il permanere dell'esperienza di Dio nel volto splendente di Mosè (Es 34,30), o la manifestazione della potenza divina e del suo agire nel mondo con segni e prodigi: cfr. Es 15,14-16; Sal 64,10; 65,9; Neem 6,16, e alcuni testi di guerra come Es 23,27; Gios 10,10; Giud 4,15; 1 Sam 7,10 [23].

2.3.2. La natura

La natura partecipa e risente del manifestarsi divino [24] e gli è in qualche modo associata perché ne condivide la valenza di mistero. In essa, Dio si rivela come Signore del cosmo in tutta la sua temibile maestà e potenza (cfr. soprattutto Sal 29 e Giob 36,22–37,24, con la menzione esplicita del timore in 36,22; 37,1.24).

Perciò alcuni fenomeni naturali particolarmente minacciosi sono oggetto di paura da parte dell'uomo, che davanti ad essi deve ancora una volta confrontarsi con una dimensione di grandezza incontrollabile che lo sovrasta e mette in pericolo la sua esistenza. Così, i marinai sono spaventati dalla tempesta (*sa'ar*: Giona 1,4-5) [25], mentre, davanti a sconvolgimenti cosmici, il Salmista può non temere solo perché confida nel Signore (Sal 46,3).

2.3.3. L'arcano

Il mistero invade la vita dell'uomo con le sue valenze paurose anche in quella sfera al limite tra il divino e l'umano che è il mondo dell'arcano. Indichiamo con ciò quelle esperienze umane di cui è difficile individuare l'origine, che restano segrete, inspiegabili e incontrollabili, e perciò gettano l'uomo nello sgomento anche quando la loro pericolosità non è precisamente e realmente oggettivabile.

---

[23] La particolarità di questi testi, rispetto a quelli già citati per l'ambito della guerra, sta nel superamento delle «cause seconde» e nel riferimento diretto a Dio come causa di paura e di sconfitta dei nemici.

[24] Cfr. la teofania del Sinai (Es 19,16-19; 20,18-21) e i fenomeni cosmici che accompagnano altri interventi di Dio (Is 13,13; Am 8,8; 9,5; Sal 18,8-16; 46,7; 68,9; 75,4; 77,17.19; 97,2-5).

[25] In Sal 83,16 ciò che sconvolge e mette in fuga i nemici è la tempesta di Dio (*sa'ar* e *sûpâ*), mentre in 18,15 (// 2 Sam 22,15) sono i suoi fulmini (*ḥiṣṣîm* e *bᵉrāqîm*).

Così è dei sogni, gli incubi notturni con cui Dio spaventa Giobbe (7,14: *ḥălōmôt* e *ḥezyōnôt*) o che terrorizzano Elifaz (*śeʿippîm mēḥezyōnôt lāylâ*: cfr. Giob 4,13-16), ma anche dei segni del cielo di cui le nazioni hanno timore (*'ōtôt haššāmayim*: Ger 10,2) o del buio, oggetto ancestrale di paura (cfr. Sal 23,4: il Salmista che si lascia condurre da Dio non teme alcun male neppure in una valle tenebrosa: *gê' ṣalmāwet*; Giob 24,17: i malfattori sono avvezzi ai terrori dell'oscurità: *balhôt ṣalmāwet*)[26]. Ricordiamo infine l'emblematica esperienza dell'arcano narrata nell'episodio di Saul presso la negromante di En-Dor (1 Sam 28).

2.4. *L'alterazione del corpo*

Anche il proprio corpo può diventare origine di minaccia per la persona, quando processi patologici ne alterino la struttura e l'integrità.

È il caso della malattia che modifica il corpo dell'uomo rendendo sempre più prossimo il pericolo della morte, l'evento di massima paura per l'uomo. Perciò ha paura Ezechia quando cade malato, e le parole del suo Cantico, come pure i lamenti dei Salmisti, esprimono tutta l'angoscia che accompagna l'esperienza di sofferenza e di malattia (cfr. Is 38,9-20; Sal 38; 41; 88; ecc.).

Anche la donna nel momento del parto si trova a sperimentare una sofferenza che, pure se non è patologica, è ugualmente percepita come paurosa. In tale occasione infatti si altera il normale equilibrio psico-fisico della persona e si crea una situazione anomala che può anche evolvere, nel peggiore dei casi, verso un esito mortale. Il parto diventa così un luogo tipico di paura e, nella Scrittura, la donna partoriente è usata come frequente immagine degli uomini in preda allo spavento (Is 13,7-8; Ger 50,43; Mi 4,9-10; ecc.)[27].

3. **Fragilità, alterità e morte**

Ciò che viene evidenziato dei diversi soggetti della paura e ciò che li accomuna, pur nella loro varietà, è la debolezza. Alla base dell'esperienza di timore da parte del soggetto sta la percezione di trovarsi davanti a qualcosa o qualcuno che è superiore e più forte.

---

[26] Anche in Giob 20,25-26 c'è una qualche relazione tra paura (*'ēmîm*) e tenebra (*ḥōšek*), ambedue riservate al malvagio. Il testo è però di difficile decifrazione: cfr. ALONSO – SICRE, 343. Va pure segnalato il rapporto tra l'oscurità e il giorno terribile del Signore (Gioel 2,2; 3,4; Am 8,9; Sof 1,15; ecc.) e quello tra tenebra e mondo della morte (cfr. in particolare Giob 10,21-22; cfr. anche PEDERSEN, *Israel*, II, 464-465; TROMP, *Primitive Conceptions*, 95-98.140-144).

[27] Su questa grande metafora, cfr. più avanti, pp. 162-167.

Perciò gli animali che si presentano come tipicamente paurosi sono quelli con poca aggressività e meno capaci di difendersi. Allo stesso modo, tra gli uomini l'emozione della paura nasce da una consapevolezza di debolezza: il pericolo che spaventa è quello davanti a cui ci si sente vulnerabili, fragili, indifesi. Anche lì dove chi teme è uomo di potere e dunque egli stesso temibile (un re, un capo militare, un eroe), se teme è perché si trova davanti a qualcuno o qualcosa che lo pone in situazione di inferiorità.

Per questo una immagine molto significativa usata per descrivere gli uomini nel terrore è quella delle donne, figura tipica di debolezza. Benché esse, come già indicato, compaiano poco in stato di paura, servono però a significarla in modo privilegiato: gli uomini in preda al timore «diventano come donne» (Is 19,16; Ger 51,30; ecc.) o sono colti da dolori e angoscia «come una partoriente» (Is 13,7-8; Ger 50,43; ecc.).

D'altra parte, tale esperienza di debolezza non è puramente aneddotica, ma rivelatrice di una struttura. L'essere umano, in quanto creato e mortale, sottostà ad una legge fondamentale di vulnerabilità e peribilità alla quale non può mai definitivamente sfuggire. La distruzione del proprio corpo, che egli percepisce come annientamento di una certa possibilità e condizione di vita e che è perciò luogo originario della paura, è di fatto un evento che si può forse ritardare ma a cui nessuno può sfuggire [28].

L'esperienza della paura risulta perciò talmente costitutiva per la persona da rappresentare uno dei suoi momenti più significativi di verità. In essa infatti si rivela cosa è veramente l'uomo in tutta la sua limitatezza, con essa cade ogni possibile illusione di onnipotenza e immortalità e l'essere umano può infine riconoscere ed accettare di essere nel mondo secondo una condizione di strutturale fragilità [29].

Tale continuo «stato di pericolo» in cui versa l'uomo finché è nella carne è dunque ciò che fonda ogni sua esperienza di paura, qualunque siano gli ambiti e le situazioni in cui essa si verifica [30]. Ciò che accomuna i vari «oggetti» del temere umano è una componente basilare di alterità che, rivelando il limite imprescindibile del soggetto, lo pone costantemente sulla frontiera della morte.

---

[28] Il filosofo ebreo Rosenzweig scriveva: «Tutto quanto è mortale vive in questa paura della morte, ogni nuova nascita aggiunge nuovo motivo di paura perché accresce il numero di ciò che deve morire» (*La stella della redenzione*, 3).

[29] Perciò nella Bibbia si afferma che lo stolto non ha paura: egli non sa riconoscere il pericolo, né se stesso come minacciato (cfr. Prov 7,22-23; 14,16; 22,3; ecc.). Cfr. anche pp. 174-181.

[30] Oliverio Ferraris definisce la morte «il pericolo ultimo che più di ogni altro rende incerta la nostra condizione». E prosegue: «La previsione dell'evento luttuoso fa sì che non esista una differenza radicale tra l'angoscia metafisica legata alla condizione umana e l'angoscia patologica: in entrambi i casi l'individuo soffre all'idea della propria disgregazione e dell'impossibilità di erigere delle valide difese» (*Psicologia della paura*, 15-16).

Se si ha paura è perché si è, o si crede di essere, in balìa di qualcosa che minaccia la pienezza della propria possibilità di vita, a tutti i suoi livelli (sanità fisica, integrità psichica e spirituale, permanenza di persone o istituzioni che garantiscano il proprio bene, felicità di relazioni, ecc.). Sia che ci si trovi davanti alla spada o a un incubo, davanti a un leone o a una malattia, davanti a Dio o a un fiume in piena, ciò che viene messo in questione è il proprio rapporto alla vita. La vera paura è di perdersi, e la morte, il re dei terrori (*melek ballāhôt*: Giob 18,14), è il definitivo perdersi che soggiace ad ogni timore [31].

Tutto questo spiega il perché della mancanza, nella Bibbia, di riferimento a Dio come soggetto di paura. Se di lui il timore si predica è solo per assurdo (Is 41,23: l'ironia della sfida di Dio agli idoli, con i verbi *št'* e *yr'*) o per indicare ciò che Egli non vorrebbe che accadesse (Deut 32,27: *gwr*) [32].

Solo per Dio non c'è esperienza di reale pericolo, perché Egli è portatore di una pienezza di vita eterna e incorruttibile. Mentre l'uomo trova nel timore la propria verità, il solo che *in verità* non ha paura è Colui che «nei cieli ride» e «si prende gioco» della minaccia [33].

---

[31] Cfr. Gen 26,7; 32,12; Es 2,14-15; 20,18-19; Deut 13,10-12; 21,21; Giud 6,22-23; 13,20-22; 1 Sam 12,18-19; 14,26 (cfr. vv. 43-44); 28,19-20; 1 Re 1,50-51. Sulla paura di morire, si veda anche il capitolo «Todesfurcht» in: WÄCHTER, *Der Tod im A.T.*, 10-56.

[32] Cfr. anche l'uso di *šmm* (*Hitpo*), ma per esprimere piuttosto lo stupore doloroso ed attonito: Is 59,16; 63,5.

[33] Cfr. Sal 2,4: *yôšēb baššāmayim yiśḥāq 'ădōnāy yil'ag lāmô.*

CAPITOLO SECONDO

La terminologia fondamentale della paura

La terminologia ebraica riguardante la paura è molto abbondante e in grado di esprimerne svariate sfumature ed aspetti, dal temere propriamente detto al suo manifestarsi somatico, ai suoi effetti collaterali, alle sue conseguenze. Lo scopo di questo capitolo è di offrire uno studio lessicografico della terminologia di paura da noi considerata di base. Si tratta di termini generalmente riconosciuti come esprimenti il temere in quanto tale, pur con le sue diverse gradazioni che possono andare dall'ansia e l'agitazione fino al terrore e al panico. Insieme con essi, studiamo anche alcune radici che indicano il tremare: infatti, pur essendo questo una manifestazione somatica della paura, le è evidentemente così collegato da perdere quasi la sua caratteristica di «effetto», per designare più semplicemente l'emozione in quanto tale.

Per quel che concerne invece la terminologia riguardante tutte le altre manifestazioni somatiche ed effetti collaterali come pure le fraseologie e le immagini o metafore, si rimanda al capitolo VII in cui il fenomeno della paura verrà strutturalmente presentato in tutti i suoi elementi, i suoi vari aspetti, le sue particolarità.

Il reperimento dei vari termini studiati in questo capitolo, e di quelli che verranno poi segnalati nella Parte Terza, ha seguito l'*iter* normale di studio di tutti i testi in cui compaiono le radici di paura più usate e note (cfr. in particolare i repertori di base offerti da JOÜON, «*Crainte* et *peur*»; BECKER, 1-18; DEROUSSEAUX, 68-81; R. LAUHA, *Psychophysischer Sprachgebrauch*, 138-139)[1]. Questo ha permesso di raccogliere tutta una serie di sinonimi, antonimi e correlati che, studiati a loro volta nelle loro occorrenze, hanno ulteriormente ampliato il campo terminologico.

Per la presentazione dei termini in questo capitolo, seguiremo un ordine di frequenza di apparizione, in modo descrescente. Si partirà perciò dalle radici più usate, per le quali l'abbondanza delle frequenze sembra indicare un ruolo più importante[2], per giungere fino agli *hapax legomena*.

---

[1] Questi repertori, pur molto utili, non presentano però di solito una trattazione molto ampia dei vari termini e non verranno perciò indicati nella bibliografia relativa ad ogni singola radice da noi studiata, se non in casi particolari.

[2] Possono però verificarsi rare eccezioni. Un esempio tipico è la radice *šmm*, che presenta un grande numero di occorrenze, ma delle quali in realtà solo una parte ha attinenza

La trattazione delle varie radici non sarà completamente omogenea e presenterà delle differenze. Queste sono determinate soprattutto dal fatto che alcuni termini, essendo già stati molto studiati, non necessitano di un trattamento che ancora ripeta ciò che è già molto noto: per essi, allora, lo studio verterà solo su alcune particolarità o su speciali difficoltà. Delle altre radici solitamente meno esaminate si farà invece la trattazione completa offrendo tutti i dati utili per la comprensione.

A questo proposito, è necessario chiarire alcuni punti meno immediatamente evidenti:

1) tra i derivati delle radici, non vengono solitamente elencati e studiati i nomi propri, che in genere non apportano elementi particolarmente significativi per il nostro tema;
2) i soggetti dei verbi vengono indicati solo quando presentano delle particolarità speciali (così, ad es., se sono cose, animali, ecc.), non quando sono, come generalmente avviene, gli uomini;
3) Dio è segnalato come oggetto della paura (o timore) solo quando questo è grammaticalmente precisato ed esplicito;
4) l'indicazione dei termini correlati, utili per determinare il contesto semantico in cui un termine si situa, è fatta basandosi su una accezione molto ampia della nozione di «correlazione», intesa come generica indicazione dell'esistenza di una relazione tra i termini, sia essa sinonimica o anche solo associativa [3];
5) nel computo delle occorrenze di una radice vengono considerate le singole ricorrenze, non i versetti in cui compaiono (che possono contenere lo stesso termine anche più di una volta). Seguiamo questo criterio anche nel presentare i dati desunti dalle varie Concordanze per un loro raffronto, indipendentemente dal fatto che esse presentino separatamente o no i termini ripetuti in un versetto. Quando questo confronto tra le Concordanze è operato per segnalarne le differenze, ciò ha l'unico scopo di rendere il più possibile precisi i dati statistici e di evidenziare i problemi di classificazione che possono soggiacere ad alcune forme grammaticali.

---

con il nostro tema. Noi manteniamo comunque il criterio della numerazione delle occorrenze in quanto tali, indipendentemente dal loro senso, anche se questo può far sì che non sempre appaia, nell'ordine, la reale importanza dei termini in relazione alla paura. Diversa invece è la situazione quando le radici sono omonime (cfr. ad es. *gwr*), nel qual caso ovviamente si fa riferimento solo alle occorrenze della radice che interessa.

[3] Cfr. Mounin, *Clefs pour la sémantique*, 69-70 (a proposito di Dubois): «... les corrélations désignent essentiellement les relations contractées entre termes dans des contextes, donc surtout les associations ... Le terme serait synonyme d'association. Mais il peut désigner aussi l'ensemble des relations (opposition, identité, association) concernant un ou plusieurs termes». Sia i correlati che gli antonimi verranno poi ripresi e trattati globalmente nella Parte Terza del nostro lavoro.

1. **yr'** (436x)

yr' : *Qal* (+ agg. verbale)[4]: 330x; *Ni* + *nôrā'*: 1 + 44x[5]; *Pi*: 5x
yir'â[6] : 44x
môrā' : 12x

La radice *yr'*, «temere»[7], è stata molto studiata e con grande attenzione. Segnaliamo in particolar modo l'accurato articolo di Stähli, *THAT*, I, 765-778; quello di Fuhs, *TWAT*, III, 869-893 (con ampia bibliografia) e le monografie sul Timore di Dio, fondamentalmente basate sullo studio della nostra radice: Plath, Becker, Derousseaux. A tutti questi lavori noi rimandiamo interamente, soffermandoci invece solo su alcuni dettagli solitamente meno considerati.

— *Problemi di catalogazione*

Il numero delle occorrenze della nostra radice varia tra i diversi autori[8] ed è invece lo stesso nelle Concordanze[9]. Ciò che però anche tra

[4] Come può avvenire per i verbi stativi, il *Qal* di *yr'* non ha la forma del participio, ma solo quella dell'aggettivo verbale (cfr. JOÜ 41*c*; 50*a*,*b*). I Dizionari concordano su questa designazione e non distinguono, nella forma *yārē'*, tra participio e aggettivo verbale, dandone le occorrenze sotto l'una o l'altra designazione ma sempre con rimandi reciproci. Vedremo invece in seguito che le Concordanze hanno posizioni differenti.

[5] All'interno del *Ni*, segnaliamo separatamente le occorrenze del participio *nôrā'*, che va piuttosto considerato come un aggettivo: cfr. ZOR («adiectivi instar») e *TWAT*, III, 871, con gli altri autori ivi citati.

[6] La forma *yir'â* (paura, timore) è uguale a quella dell'infinito costrutto ed è da alcuni indicata come un infinito sostantivato (*THAT*, *TWAT*; cfr. anche ZOR, KB, Becker). Noi la designeremo semplicemente come sostantivo.

[7] Dahood, «Hebrew-Ugaritic Lex. III», 321-322, segnala anche una seconda radice *yr'*, «to be fat, drink deeply».

[8] Cfr. *TWAT*, III, 871-872.

[9] Il prospetto è il seguente:

	MAND	LIS	E-SHO
Qal + part. e/o agg.	330	329	330
Ni	1	1	1
Pi	5	5	5
nôrā'	44	44	44
yir'â	45	45	44
môrā'	12	12	12
totale	437	436	436

Come si può vedere, c'è uno scarto di una occorrenza nel totale di MAND rispetto agli altri due e nella distribuzione interna di LIS. Ciò dipende dal fatto che MAND cita due volte la forma *yir'at* di Prov 31,30, una volta tra le ricorrenze del part./aggett. verbale (così anche le altre Concordanze), e una volta, ma con punto interrogativo, tra quelle del sostantivo. Quanto a LIS, egli elenca l'espressione *miyyir'ātô 'ōtô* di 2 Sam 3,11 tra le occorrenze del sostantivo invece che tra quelle verbali (infinito).

esse presenta molte variazioni è la catalogazione delle forme *yārē'* e *y*^{e}*rē'îm* (anche in stato costrutto o con suffissi) e, in un caso, della forma *yir'at* (cfr. n. 9). Ci sembra utile presentare i dati relativi a ciò, non per giungere ad una decisione numerica certa, ma per mostrare la problematicità di alcuni tipi di occorrenze.

Le Concordanze situano *yārē'* sotto tre diverse catalogazioni grammaticali: *qatal,* 3ª pers. masch. sing.; participio o aggettivo verbale; aggettivo propriamente detto. Le forme declinate sono invece differenziabili in participi o aggettivi. Di fatto però, solo E-SHO opera tutte e tre le distinzioni. MAND infatti distingue solamente tra il *qatal* e il resto, che chiama complessivamente «pt. *yārē'* (al. adj. verb.)», mentre LIS elenca a parte l'aggettivo e pone le occorrenze del participio nell'elenco del verbo, perciò insieme al *qatal*, senza segno di distinzione [10]. Dobbiamo infine segnalare l'esistenza di alcune diversità in E-SHO tra l'edizione in tre volumi del 1978 [11] e quella in un solo volume del 1981 (3ª ediz.) [12].

La situazione, riguardo alle forme in questione, risulta la seguente:

<table>
<tr><th></th><th>MAND</th><th>LIS</th><th>E-SHO</th><th>E-SHO II</th></tr>
<tr><td>qatal</td><td>18</td><td rowspan="2">34</td><td>15</td><td>14</td></tr>
<tr><td>partic.</td><td rowspan="2">61</td><td>21</td><td>22</td></tr>
<tr><td>aggett.</td><td>45</td><td>43</td><td>43</td></tr>
</table>

[10] La denominazione di aggettivo è usata esplicitamente da E-SHO che pone l'indicazione *t'* (= *tō'ar*), mentre è solo implicita in LIS (ma Derousseaux parla chiaramente di aggettivo riferendosi a questo autore: p. 70, n. 10). Sotto questo tipo di classificazione, quelle due Concordanze elencano le occorrenze di *yārē'*/*y*^{e}*rē'îm* in catena costrutta o con suffissi, ma aggiungendovi anche Deut 20,8; Prov 14,16 (E-SHO), e Deut 20,8; Giud 7,3; 1 Sam 23,3; 1 Cron 10,4 (LIS).

JOÜ (121 *l*) designa *yārē'* solo come aggettivo verbale, ma indica una differenza tra la forma con l'accusativo («*respectant, craignant*») e quella in catena costrutta, con senso nominale («*respectueux de, cultor*»).

[11] L'edizione a cui facciamo riferimento è in realtà in 3 volumi e 4 tomi, perché il terzo volume è diviso in due; la data che qui riferiamo è quella del II vol., in cui si tratta la radice *yr'*.

[12] Questa edizione verrà convenzionalmente indicata come E-SHO II.

Elenchiamo i testi controversi [13]:

	MAND	LIS	E-SHO	E-SHO II
Deut 25,18	partic.*	verbo	partic.*	*qatal**
Giud 7,3	*qatal** +	aggett.* +	*qatal**	partic.*
1 Sam 23,3	partic.	aggett.*	partic.	partic.*
1 Re 18,3	*qatal**	verbo	partic.	partic.*
1 Re 18,12	*qatal**	verbo	partic.	partic.*
Ger 26,19	partic.*	verbo	*qatal*	*qatal**
Sal 112,1	*qatal**	verbo	partic.	partic.*
Prov 14,16	*qatal**	verbo *	aggett.	aggett.*
Neem 7,2	*qatal**	verbo	*qatal**	partic.*
1 Cron 10,4	*qatal* +	aggett.* +	*qatal*	*qatal**

Di questo elenco, alcuni casi permangono ambigui e permettono effettivamente più classificazioni grammaticali (cfr. 1 Re 18,12 [14]; Sal 112,1 [15]; Neem 7,2 [16]), mentre altri sono, pur se in misura diversa, più chiari e dirimibili.

Così, la forma *yārē'* di 1 Re 18,3 (*w^{e}'ōbadyāhû hāyâ yārē' 'et yhwh m^{e}'ōd*) non può essere un *qatal* come invece indicato da MAND, che d'altra parte classifica giustamente come participio la stessa forma (*'abd^{e}kā hāyâ yārē' 'et yhwh*) in 2 Re 4,1.

Allo stesso modo, non appare coerente la classificazione operata da LIS a proposito di 1 Cron 10,4. Si tratta del rifiuto opposto dallo scudiero di Saul alla richiesta del re di essere ucciso, con la motivazione: *kî yārē' m^{e}'ōd*. LIS pone questo testo tra le occorrenze dell'aggettivo, ma poi classifica, a nostro avviso più giustamente, il testo parallelo di 1 Sam 31,4 tra le forme verbali.

In Ger 26,19 [17], la differenza di classificazione nelle Concordanze è tra *qatal* e participio. A noi sembra preferibile la prima posizione perché la forma *yārē'*, che inizia, senza soggetto espresso, una proposizione interrogativa, è in rapporto sintattico con l'interrogativa precedente (al *qatal*: *hehāmēt hĕmītūhû*) e i *wayyiqtol* seguenti che esprimono idea di

[13] L'elemento di massima discriminazione si trova in E-SHO, che divide il materiale tra tutte e tre le categorie e da cui perciò partiamo per il confronto, usando come punto di riferimento l'edizione più recente. Segnaleremo dunque con * le divergenze di E-SHO II dalle altre opere, e con + quelle tra MAND e LIS.

[14] *w^{e}'abd^{e}kā yārē' 'et yhwh minn^{e}'ūrāy.*

[15] *'ašrê 'îš yārē' 'et yhwh.*

[16] *kî hû' k^{e}'îš 'ĕmet w^{e}yārē' 'et hā'ĕlōhîm mērabbîm.*

[17] *hehāmēt hĕmītūhû ḥizqiyyāhû ... hălō' yārē' 'et yhwh wayḥal 'et p^{e}nê yhwh wayyinnāḥem yhwh 'el hārā'â 'ăšer dibber 'ălêhem wa'ănaḥnû 'ōśîm rā'â g^{e}dôlâ 'al napšôtênû.*

successione (*wayḥal, wayyinnāḥem*). Il successivo participio *wa'ănaḥnû ʿōśîm* si pone invece in contrapposizione e fa riferimento alla sfera del presente.

Anche per il testo di Deut 25,18 [18], le Concordanze si dividono tra *qatal* e participio. L'espressione *wᵉlō' yārē' 'ĕlōhîm* potrebbe essere intesa in contrapposizione diretta a *wᵉ'attâ ʿāyēp*.. ed averne perciò lo stesso valore grammaticale. Ma il suo rapporto con la precedente sequenza *qatal – wayyiqtol* (*qārᵉkā .. wayzannēb*), la presenza della *atnaḥ* che la separa da ciò che precede e la mancanza del soggetto esplicitato con un pronome ci fanno preferire la lettura della forma in questione come *qatal*.

I restanti tre testi (Giud 7,3; 1 Sam 23,3; Prov 14,16) sono tra quelli già segnalati (cfr. n. 10) che E-SHO o LIS inseriscono tra gli aggettivi. Se questo può avere una spiegazione in Giud 7,3 per la connessione di *yārē'* con l'altro termine *ḥārēd* [19], per gli altri due testi invece il criterio di classificazione diventa più difficilmente comprensibile [20].

— *Regimi sintattici*

Il verbo *yr'* (*Qal*) può avere diverse costruzioni sintattiche [21]: può presentarsi in modo assoluto [22], con suffissi [23], con l'accusativo [24], o con

---

[18] *'ăšer qārᵉkā badderek wayzannēb bᵉkā... wᵉ'attâ ʿāyēp wᵉyāgēʿ wᵉlō' yārē' 'ĕlōhîm.*

[19] Il testo dice: *mî yārē' wᵉḥārēd yāšōb...* Si può dunque interpretare la forma *yārē'* come aggettivo (LIS) o anche come participio (E-SHO II).

[20] Nell'espressione di 1 Sam 23,3, *hinnēh 'ănaḥnû pōh bîhûdâ yᵉrē'îm*, posta da LIS tra gli aggettivi, il valore grammaticale di *yārē'* non sembra dissimile da quello di altre espressioni (dallo stesso autore giudicate verbali) quali *'et hā'ĕlōhîm 'ănî yārē'* (Gen 42,18; cfr. anche Giona 1,9) o *'ênām yᵉrē'îm 'et yhwh* (2 Re 17,34). Né sembra dirimente l'uso assoluto, senza complemento oggetto, in 1 Sam 23,3, verificandosi questo anche in Prov 14,16, classificato dallo stesso LIS come verbo.

Tale testo di Prov 14,16 (*ḥākām yārē' wᵉsār mēraʿ ûkᵉsîl mitʿabbēr ûbôṭēḥ*) è invece inserito tra gli aggettivi da E-SHO. Non siamo in grado di spiegare questa scelta, dal momento che tutti gli altri verbi del versetto sono dei participi (con eventualmente un possibile *qatal* per *sār* nel primo stico).

[21] Esse possono determinare una qualche diversità di significato, soprattutto per quel che riguarda la differenza tra temere nel senso di «avere rispetto, riverenza», e invece «avere paura». Tale distinzione però non è sempre possibile né deve essere intesa rigidamente. Cfr. BECKER, 59-60; DEROUSSEAUX, 72.

[22] Cfr. Gen 20,8; 50,19.21; Es 14,10; Deut 13,12; Gios 10,2; Giud 8,20; 1 Sam 17,11; 2 Re 10,4; Is 41,10; Ger 3,8; Gioel 2,21.22; Amos 3,8; Giona 1,5; Sal 27,3; 56,5.12; Giob 6,21; Prov 14,16; Neem 6,13; 2 Cron 20,3; ecc.

[23] Cfr. Num 14,9; Deut 3,22; 1 Re 8,40; Is 25,3; Ger 10,7; Mal 2,5; 3,5; Sal 72,5; 119,63; Giob 9,35; 37,24; 2 Cron 6,31.

[24] Cfr. Lev 19,3; Deut 25,18; 2 Re 17,7.35.37.38; Ez 11,8; Ab 3,2; Giob 1,9.

Con *'et*: Gen 42,18; Es 1,17.21; Num 14,9; Deut 6,2.13.24; Gios 4,14.24; 1 Sam 14,26; 2 Sam 6,9; Is 8,12; Ger 5,24; Sal 34,10; 102,16; Prov 24,21; Qoh 5,6; Neem 1,11; 1 Cron 13,12; ecc.

le preposizioni *min*[25], *mippᵉnê*[26], *millipnê*[27]. Segnaliamo anche il complemento di vantaggio presente in Gios 9,24 (*wannîrā' mᵉ'ōd lᵉnapšōtênû mippᵉnêkem*) e Prov 31,21 (*lō' tîrā' lᵉbêtāh miššāleg*), e la complessa espressione di Giud 6,27 (*yārē' 'et bêt 'ābîw wᵉ'et 'anšê hā'îr mē'ăśôt..*).

Quanto alla costruzione di *yr'* con l'infinito, essa merita una considerazione particolare. Le preposizioni usate sono *lᵉ*[28] oppure *min*[29]. Per il fatto che in questi casi ciò che si teme è un'azione, il senso di *yr'* può assumere la sfumatura di «non osare» fare qualcosa (e all'inverso, la forma con negazione significherà «osare»). Un esempio particolarmente significativo ci sembra Giob 32,6 che esprime la titubanza del giovane che, intimidito, non osa insegnare nulla a chi è più anziano di lui[30]. Questa specifica sfumatura di senso può essere desunta comunque solo dal contesto, non essendo dirimente la diversità delle preposizioni usate[31].

In questo stesso ambito, segnaliamo il testo di Qoh 9,2 (*hannišbā' ka'ăšer šᵉbû'â yārē'*), in riferimento a 1 Sam 14,26 (*kî yārē' hā'ām 'et haššᵉbū'â*). Mentre nel secondo caso il senso è quello di un timore del giuramento che porta ad osservarlo[32], nel primo si fa invece riferimento al timore che impedisce di fare il giuramento stesso: in questo senso, temere il giuramento equivale a «non osare» farlo, in contrapposizione a colui che invece si sente di giurare e lo fa (*hannišbā'*).

— *yr'* / *r'h*

Un ultimo fenomeno da segnalare, a proposito della nostra radice, è la confusione relativamente frequente che si può verificare tra *yr'* e *r'h*, i cui vari esempi sono elencati da BECKER[33]. Poiché per la lettura del testo ebraico ci atteniamo al manoscritto di Leningrado come editato da *BHS*, noi intendiamo qui discutere solo quei casi in cui tale testo (e non le versioni o altri manoscritti) presenta delle ambiguità. Ci riferiamo

---

[25] Lev 19,14.32; Deut 1,29; 2,4; Gios 10,8; 2 Re 25,24; Is 10,24; 51,12; Ger 10,5; Ez 2,6; Mi 7,17; Sal 3,7; 33,8; 91,5-6; Prov 3,25; Qoh 12,5; ecc.

[26] Es 9,30; Deut 5,5; 7,19; Gios 11,6; 1 Sam 7,7; 18,29; 1 Re 1,50; Is 37,6; Ger 1,8; 41,18; Agg 1,12; Neem 4,8; ecc.

[27] 1 Sam 18,12; Qoh 3,14; 8,12.13; 2 Cron 32,7 (ma in congiunzione con il verbo *ḥtt*).

[28] Gen 19,30; 26,7; Num 12,8; Giud 7,10; 2 Sam 1,14; 10,19; 12,18.

[29] Gen 46,3; Es 3,6; 34,30; Giud 6,27; 1 Sam 3,15; Ger 40,9; Giob 32,6.

[30] *ṣā'îr 'ănî lᵉyāmîm wᵉ'attem yᵉšîšîm*
'al kēn zāḥaltî wā'îrā' mēḥawwōt dē'î 'etkem.
Cfr. anche Es 34,30; Num 12,8; 1 Sam 3,15; 2 Sam 1,14; 10,19; 12,18.

[31] Cfr. le due situazioni analoghe di 1 Sam 3,15 e 2 Sam 12,18. In entrambi i casi il problema è di riferire una notizia tragica; questo viene espresso in 1 Sam con *yr' mēhaggîd* e in 2 Sam con *yr' lᵉhaggîd*.

[32] Cfr. v. 26: *wᵉhinnēh hēlek dᵉbāš wᵉ'ên maśśîg yādô 'el pîw kî...*

[33] Cfr. BECKER, 5-6. Ai testi ivi citati si può aggiungere anche Ez 18,14.

dunque ai due casi di *Qere – Ketib* in Is 41,23 e Ger 17, 8 [34], e al testo di Giob 6,21 [35].

Il primo testo da esaminare è Is 41,23:

haggîdû hā'ōtiyyôt le'āḥôr wenēdeʿâ kî 'ĕlōhîm 'attem
'ap têṭîbû wetārēʿû weništāʿâ ***wnr'*** *yaḥdāw*

wnr' viene letto dal *Qere* come *wenir'eh*, ma l'apparato critico di *BHS* invita a leggere invece la forma *wenīrā'*, indicata come *Ketib*. Le antiche versioni seguono piuttosto il *Qere* [36], mentre i moderni traduttori e commentatori variano nelle loro rispettive posizioni [37].

Noi preferiamo leggere la forma *wenīrā'*, che in tal modo rafforza l'altro verbo *štʿ*, anch'esso esprimente paura [38]. Il contesto è di sfida agli idoli da parte di Dio; Questi, ironicamente, li invita a mostrare il loro potere, perché così sarà possibile riconoscerli come dèi e, conseguentemente, temerli. Il tema del timore avrebbe dunque qui una specifica collocazione, e proprio in riferimento alla capacità degli idoli di fare del bene o del male, un rapporto che è esplicitato anche, al negativo, in Ger 10,5: *'al tîre'û mēhem kî lō' yārēʿû wegam hêṭêb 'ên 'ôtām.* Cfr. anche Sof 1,12.

Il secondo testo da prendere in esame è Ger 17,8:

wehāyâ keʿēṣ šātûl ʿal mayim weʿal yûbal yešallaḥ šorāšâw
welō' ***yr'*** *kî yābō' ḥōm wehāyâ ʿālēhû raʿănān*
ûbišnat baṣṣōret lō' yid'āg welō' yāmîš mēʿăśôt perî

---

[34] Ci sarebbe anche un terzo caso di *Qere–Ketib* in Giob 42,16, che viene però sempre ricondotto al verbo *r'h* letto o con la forma dell'indicativo (*Q*: *wayyir'eh*) o con quella apocopata (*K*: *wayyar'*).

[35] Questi tre testi non vengono elencati dalle Concordanze sotto la radice che stiamo studiando e non sono perciò entrati nel computo delle occorrenze da noi presentato all'inizio della trattazione.

[36] Così LXX, Vulg, Syr. Il Targum traduce con *wenēdôn*, e va invece nella linea del vedere con il verbo che precede (*wenistakkal*). Comunque, non vi è espressa connotazione di paura.

[37] Leggono da *r'h*: *BJ, EHS, TOB, NBE*; Delitzsch, 429; Duhm, 281; Westermann, 69 (ma pone in nota: «Sowohl das *qerē'* wie das *ketib* ('dass wir uns furchten') gibt einen guten Sinn»).

Leggono invece da *yr'*: *SB*(PIB), *NEB, RSV*; McKenzie, 33; Elliger, 172 (con *status quaestionis*).

Citiamo infine la recente pubblicazione di Barthélemy, *Critique Textuelle*, II, 292-293, in cui si prende posizione a favore del *Qere*, ma indicando anche per il *Ketib* una forma del verbo *r'h* (*wenēre'*), e rimanendo perciò comunque, per la scelta, all'interno di questa radice.

[38] Cfr. p. 81.

Anche in questo caso il *Qere* legge *yir'eh* dal verbo *r'h*. *BHS* preferisce però la lettura *yīrā'*, con LXX e Syr[39], anche se segnala la lettura secondo il *Qere* del Targ e di un frammento del Codice della Geniza del Cairo. Tutte le traduzioni moderne precedentemente citate (n. 37) rendono il verbo con temere, tranne la *TOB*[40]; pure tra i commentatori, sembra esserci prevalenza della lettura secondo il *Ketib*[41].

Anche per noi è preferibile leggere *wᵉlō' yīrā'*, in opposizione semantica al non vedere (*wᵉlō' yir'eh kî yābô' ṭôb*) del v. 6, trattandosi lì della negazione di un'esperienza positiva da godere[42], e nel nostro caso invece dell'esclusione di un'esperienza negativa e pericolosa, e perciò temibile. A ciò si aggiunga il doppio parallelismo esistente tra il II e III stico del nostro versetto: non solo il fogliame verdeggiante (*wᵉhāyâ ʿālēhû raʿănān*) e l'abbondanza dei frutti (*wᵉlō' yāmîš mēʿăśôt perî*), ma anche il non temere (*lō' yīrā'*) e il non essere nell'angoscia (*lō' yid'āg*)[43].

Resta infine da segnalare il problema riguardante il testo di Giob 6,21b: *tīrᵉ'û ḥătat wattîrā'û*. La forma *tīrᵉ'û*, a motivo del *meteg*, sembra doversi ricondurre alla radice *yr'*[44], ma viene invece generalmente assunta come *yiqtol* di *r'h*[45]. In tal modo, si rientrerebbe nel frequente schema «vedere → avere paura»[46], con un gioco di parole rispetto al successivo *wattîrā'û*[47].

Non ci sembra però da escludere completamente la possibilità di mantenere il testo massoretico, pensando ad una variazione sonora della stessa radice *yr'* (per la mutazione vocalica determinata dalla pausa) e insieme a un gioco semantico basato sull'utilizzazione transitiva e intransitiva del verbo, e sull'uso, come complemento oggetto, di un termine connesso

---

[39] Anche la Vulg traduce in questa linea: «et non timebit».

[40] «Il ne sent pas venir la chaleur».

[41] Cfr. Bright, 115; Rudolph, 114; Weiser, 142; Carroll, 350; Holladay, 489; McKane, 388. Invece Volz, 184, preferisce seguire il *Qere*.

[42] Per il senso di *r'h* come godere, cfr. *THAT*, II, 693: «"geniessen" (z.B. Pred 8,16 den Schlaf; 9,9 das Leben)».

[43] Per lo studio della radice *d'g*, cfr. pp. 70-71.

[44] Questa derivazione troverebbe conferma nei numerosi manoscritti in cui è attestata la *scriptio plena tîrᵉ'û*: cfr. Kennicott e De Rossi, *ad loc.*

[45] Concordano, nella lettura «vedere», le traduzioni (cfr. alla nota 37) e i Commenti (cfr. alla nota 47) da noi consultati, come pure le antiche Versioni. Anche le Concordanze elencano il nostro testo, senza alcuna indicazione del problema, sotto il verbo *r'h*. Infine Becker (6, n. 47) ipotizza una possibile forma anomala di tale radice.

[46] Per il rapporto tra percezione e timore, cfr. più avanti, pp. 174-181 (soprattutto p. 176).

[47] Il gioco di parole (designato da alcuni autori come assonanza, allitterazione, paronomasia) è segnalato da Delitzsch (102), Duhm (38-39), Driver – Gray (65), Dhorme (81), Fohrer (173), Horst (110), Pope (54), Gordis (76), Alonso – Sicre (158). Tra tutti questi autori però, solo pochi segnalano, in vario modo e mantenendo comunque la lettura da *r'h*, il fatto che la forma sia di per sé problematica. Si tratta di Delitzsch («die hie und da sich findende LA *tîrᵉ'û* ist ein Schreibfehler»: 102), Fohrer («Gemeint ist *r'h* 'sehen' und der Akzent beim *t* durch das folgende *yr'* verursacht (vgl. GK §75t)»: 162), e Horst («TM setzt aus rhythmischen Grunden ein Meteg»: 96).

con la paura quale *ḥătat*[48]. La traduzione del versetto potrebbe allora tentativamente essere: «Davvero ora siete diventati un nulla[49], temete il pericolo e perciò avete paura»[50]. Il senso che si verrebbe così a determinare sarebbe quello di una paura che ha la sua origine nel temere stesso, in una spirale di crescita incontrollabile davanti a cui l'uomo sperimenta la propria impotenza[51]. Questo concorderebbe anche con la dimensione di vanificazione e inconsistenza espressa nel primo emistichio (cfr. anche vv. 15ss.).

2. **šmm**[52] (201x)

šmm : *Qal*: 35x; *Ni*: 25x; *Hi*: 17x; *Ho*: 4x; *Po*: 7x; *Hitpo*: 5x
šᵉmāmâ : 56x
šammâ : 39x
mᵉšammâ : 7x
šāmēm : 3x
šimmāmôn : 2x
šimămâ : 1x

Anche per questa radice, riguardo al verbo, non c'è pieno accordo fra le tre Concordanze. Diamo il prospetto:

	MAND	LIS	E-SHO
Qal	40	35	16
Ni	25	25	25
Hi	16	17	16
Ho	5	4	5
Po	4	7	4
Hitpo	5	5	5
totale	95	93	71

[48] La radice *ḥtt* presenta il doppio aspetto, oggettivo di distruzione e soggettivo di paura (cfr. più avanti, pp. 42-43). Il sostantivo (*hapax*) *ḥătat* può perciò indicare sia la rovina oggettiva (in tal caso di Giobbe) che spaventa gli amici, sia la loro paura intesa come emozione soggettiva, sia infine, con un concetto che in qualche modo unifica i due precedenti, il «pericolo» come situazione oggettiva che provoca la paura del soggetto. Su questa connotazione che i termini di paura possono assumere, e che noi ipotizziamo nel testo in esame, cfr. pp. 47.50.

[49] Per i problemi posti da questo primo emistichio, rinviamo a ALONSO – SICRE, 152; in particolare, per la giustificazione della nostra traduzione, cfr. BLOMMERDE, 27.48.

[50] Diamo a *wattîrā'û* sfumatura consecutiva, come può verificarsi per il *wayyiqtol* (anche al di fuori della sfera del passato): cfr. JOÜ 118*h*; 169*c*.

[51] Una possibile linea fenomenologica da rintracciare in questo senso, pur con le varie differenze, sarebbe quella del contagio della paura (cfr. pp. 200-201) o quella della logica inarrestabile che soggiace al timore come viene espressa ad esempio in Ger 1,17: *'al tēḥat mippᵉnêhem pen 'ăḥittᵉkā lipnêhem*.

[52] Cfr. STOLZ, *THAT*, II, 970-974. Questo autore inserisce nella sua trattazione, come derivato dalla nostra radice, anche il termine *yᵉšîmôn*. Noi preferiamo tralasciarlo e assu-

Le differenze tra MAND e LIS nel *Qal* sono motivate dal fatto che MAND vi elenca tre testi di Daniele (8,13; 9,27; 12,11) inseriti invece da LIS nella lista del *Po* [53], e inoltre il testo di Is 42,14, ma con l'indicazione: «(al. rad. *nāšam*)» [54]. Il quinto elemento di scarto tra i due autori consiste nella duplice ripetizione in MAND di Ez 35,12 secondo le due forme del *Ketib* (con punto interrogativo) e del *Qere* [55]. Quanto invece a E-SHO, egli elenca le 6 occorrenze della forma *yiššōm* sotto la radice *nšm* e considera aggettivi (12x) e sostantivo femm. (4x) le forme dagli altri considerate dei participi. Inoltre, come MAND, elenca nel *Qal* i tre testi posti da LIS nel *Po*.

La differenza tra *Hi* e *Ho* è invece da riferirsi alla catalogazione di Giob 21,5, da LIS letto come *Hi* e dagli altri come *Ho* [56].

Resta infine da segnalare che tre testi di Ez (6,6; 12,19; 19,7) e uno di Ger (47,19) sono indicati da MAND e E-SHO sia sotto la nostra radice che sotto *yšm* [57].

I significati fondamentali di *šmm* sono «essere deserto, devastato» e «essere attonito, spaventato» (con il normale passaggio a «devastare» e «spaventare» quando si tratta di coniugazioni causative) [58]. *THAT* pone,

---

merlo come derivante da *yšm*, come fanno i Dizionari e le Concordanze, tranne LIS che lo pone sotto *šmm*. Anche le statistiche offerte da *THAT* concordano con quelle di LIS.

[53] Questo spiega perciò anche lo scarto che si verifica tra le due Concordanze nel *Po* (riguardo a tale coniugazione, E-SHO concorda con MAND). A noi è sembrato ragionevole seguire la classificazione di LIS, in quanto suffragata dai Dizionari che assumono la forma *šōmēm* di quei tre testi come un part. *Po* senza preformante (come può accadere per il *Pu* e il *Pi*: cfr. GK 52*s*) e indicano per tale coniugazione il doppio uso, transitivo (causativo) e intransitivo (cfr. anche *THAT*).

Si potrebbe comunque formulare anche l'ipotesi, seppure più difficile, di una forma *Qal* con tale doppio uso, come accade ad es. per il verbo *ʿrṣ* (cfr. pp. 59-60), e come sembra di fatto doversi supporre, nella nostra stessa radice, per la coniugazione *Hi* (cfr. n. 56).

[54] Questo stesso testo è poi indicato anche alla radice *nšm*.

[55] Il testo è ulteriormente ripetuto, ancora con punto interrogativo, sotto la voce *šᵉmāmâ*: perciò le occorrenze segnalate da MAND per questo termine sono 57 (in realtà, 53 + 4, poiché distingue anche una forma plurale *šᵉmāmôt*).

[56] Noi seguiamo la lettura di LIS, come indicato anche in GK 67*v* e BL 58*b'*. Si tratterebbe allora di un *Hi* con il senso intransitivo di «spaventarsi», come nel *Qal* (cfr. *THAT*, II, 973 e la discussione, anche con altre proposte, in Driver – Gray, 144-145 e Alonso – Sicre, 317). La stessa cosa è probabilmente da supporsi anche per il testo di Ez 3,15 (ma diversamente Zimmerli, I, 13).

Un tale senso intransitivo dello *Hi* è segnalato, almeno come possibile, da GES e ZOR. Cfr. anche BDB: «inwardly trans.».

[57] Un tale problema di classificazione è segnalato, alla nostra radice, solo da MAND a proposito di un unico caso: Ez 6,6, che ha l'indicazione: «(al. rad. *yāšam*)».

[58] J. V. K. Wilson («Hebrew and Akkadian», 178-179), a proposito di Giob 34, 14-15 e Lam 4,5, fa riferimento a un possibile altro significato di *šmm*, «to gather», dall'accadico *ḫamānu*.

come punto di convergenza tra i due sensi, il significato basilare «öde, vom Leben abgeschnitten sein»; a seconda poi del prevalere dell'aspetto soggettivo od oggettivo, si avrà connotazione di spavento o di devastazione [59].

Il nostro interesse verte ovviamente sul significato soggettivo di paura, e solo di questo ci occuperemo. Rimandando perciò allo studio di *THAT*, ci limiteremo ad evidenziare, con qualche osservazione integrativa, alcuni dati, riguardanti le forme verbali, che ci sembrano utili per il nostro tema [60].

Le sfumature di senso che il nostro verbo può esprimere sono diverse e molteplici. Potremmo assumere come senso di base comune quello di «restare attoniti», che trova poi le ulteriori specificazioni a seconda dei contesti e delle situazioni a cui si riferisce.

Molto spesso si tratta della reazione sgomenta, di sbigottimento e orrore, che si prova davanti ad un evento spaventoso che ha colpito un altro. In questo caso la paura, pur restando paura per se stessi e per la propria incolumità, non è paura «dell'altro», ma «a proposito» di lui: l'orrore è determinato dall'evento in quanto terribile in sé e insieme in quanto riferito a se stessi, come eventualità che potrebbe colpire chi ancora ne è immune.

Significativo in questo senso è l'uso esclusivo della preposizione *ʿal* per indicare la persona o la situazione a proposito delle quali si sperimenta la paura (cfr. Lev 26,32; Ez 26,16; 27,35; 32,10 *(Hi)*; Giob 18,20 *(Ni)*; ecc.) [61]. All'inverso, colui che è «occasione di paura» per l'altro può essere designato come *šammâ* o *mešammâ* (cfr. Deut 28,37; Ger 42,18; 44,12; Ez 5,15; 2 Cron 29,8; ecc.) [62].

Tale rapporto tra situazione dell'uno e paura dell'altro è espresso in modo particolarmente interessante nel testo di Lev 26,32, che gioca proprio sul doppio significato, oggettivo e soggettivo, del nostro verbo: ***wahăšimmōtî*** *'ănî 'et hā'āreṣ* ***wešāmemû*** *ʿālèhā 'ōyebêkem hayyōšebîm bāh.* È la devastazione (spaventosa) del paese di Israele che provoca l'orrore

[59] Cfr. *THAT*, II, 971, che cita la radice *'bl* (con bibliografia) come altro esempio di possibile duplicità di significato a seconda dell'assunzione del senso soggettivo o oggettivo. Cfr. anche, per questo stesso fenomeno in altre radici, ALONSO SCHÖKEL, «El punto de vista en las correspondencias lingüisticas».

[60] I testi a cui facciamo riferimento sono quelli generalmente riconosciuti con tale significato di spavento e sulla cui scelta sostanzialmente concordano LIS e *THAT*, e in larga parte anche E-SHO (MAND non dà invece indicazioni in tal senso). Poiché le occorrenze fondamentali sono tutte indicate da *THAT*, non ne daremo un elenco, ma commenteremo solo quelle che ci sembrano più interessanti.

[61] La stessa preposizione è usata anche per indicare ciò che rende sgomenti, in quanto causa reale di paura in se stesso: cfr. Dan 8,27: *wā'eštômēm ʿal hammar'eh weʾên mēbîn.*

[62] Per l'indicazione dei vari sintagmi esprimenti questa particolare situazione di paura occasionata da altri, cfr. più avanti, pp. 201-204.

(spaventato) dei nemici, ed è questa reazione che rivela tutta la gravità di quella distruzione.

Altrove, la reazione è piuttosto di indignazione e sembra indicare l'orrore e lo stupore sdegnato che si prova davanti al male: è il caso di Giob 17,8, che presenta in parallelo il verbo *ʿwr (Hitpo)*.

Qualcosa di simile, ma nella linea piuttosto dello stupore doloroso, sembra ritrovarsi nella reazione di Esdra alla notizia dei matrimoni avvenuti con le straniere (Esd 9,3-6): si manifesta lì la costernazione e l'orrore che si esprime in gesti di penitenza e di lutto (v. 3) e sfocia in una preghiera che assume su di sé la vergogna e la confusione per l'accaduto (vv. 6ss). In questo episodio, il part. *Po mᵉšômēm* (ripetuto nei vv. 3 e 4) si presenta in correlazione con altri termini significativi quali *ḥārēd* (v. 4), *taʿănît* (v. 5), *bwš* e *klm(Ni)* (v. 6).

Una diversa relazione con la vergogna, qui intesa come esperienza della propria sconfitta e rovina, si ritrova nel Sal 40,16[63]. In esso, il verbo *šmm* è applicato ai nemici del salmista sui quali si invoca l'esperienza di quella costernazione spaventata che si prova in conseguenza della propria disfatta. L'interessante fraseologia usata per esprimere questo rapporto è: *yāšommû ʿal ʿēqeb boštām.*

Va infine segnalata la particolarità di Dio come soggetto del verbo, con senso di stupore attonito e indignato, in due casi della coniugazione *Hitpo* (Is 59,16; 63,5).

I termini correlati, con attinenza alla paura (oltre a quelli già segnalati) sono:

ḥlh(Ni) (Dan 8,27); *ḥrd* (Ez 26,16; 32,10); *śʿr* (verbo e/o sost.: Ger 2,12; Ez 27,35; 32,10; Giob 18,20); *tmh* (Ger 4,9); *lēb ʾbd* (Ger 4,9); *pānîm rʿm* (Ez 27,35); *rûḥ ʿṭp(Hitp)* (Sal 143,4).

In senso attivo, di provocazione della reazione che *šmm* esprime, troviamo invece il sintagma *hyh ballāhôt* (Ez 27,36; 28,19).

Quanto alle reazioni gestuali che accompagnano la nostra radice, esse sono espresse con:

nwd(Hi) bᵉrōʾš (Ger 18,16); *śym yād ʿal peh* (Giob 21,5); *šrq* (1 Re 9,8; Ger 19,8; 49,17; 50,13; Ez 27,36)[64].

---

[63] Anche per il verbo *bwš* vale la distinzione tra aspetto oggettivo (essere sconfitto, annientato) e soggettivo (provare vergogna e confusione). Cfr. *THAT*, I, 270 e ALONSO SCHÖKEL, «El punto de vista», 363-366. Nel Salmo 40 sono indicate ambedue le dimensioni, nell'accumulo di termini dei vv. 15-16:
yēbōšû wᵉyaḥpᵉrû ... yissōgû ʾāḥôr wᵉyikkālᵉmû
... yāšōmmû ʿal ʿēqeb boštām
Antonimi, *śyś* e *śmḥ* (v. 17).

[64] Ricordiamo che nei testi in cui la nostra radice si accompagna a *šrq* (con l'aggiunta di 2 Cron 7,21), la forma *yiššōm* è assunta da E-SHO sotto la radice *nšm*, con significato di sospirare, sbuffare, anche in senso figurato.

Concludiamo segnalando i correlati presenti in tre testi riferiti ai sostantivi *šᵉmāmâ* (Ez 7,27)[65] e *šimmāmôn* (Ez 4,16; 12,19):

'bl(Hitp) (7,27); *dᵉ'āgâ* (4,16; 12,18.19); *qᵉpādâ* (7,25); *rogzâ* (12,18); *ra'aš* (12,18); *yādayim bhl(Ni)* (7,27).

3. **ḥtt**[66] (80x)

ḥtt : *Qal*: 48x[67]; *Ni*: 1x; *Pi*: 2x; *Hi*: 5x
mᵉḥittâ : 11x
ḥittît : 8x
ḥat : 2x
ḥittâ : 1x
ḥatḥat : 1x
ḥătat : 1x

Il senso fondamentale della radice è incentrato sulla paura («essere spaventato», e nelle forme causative «spaventare»)[68], ma con delle precisazioni che è necessario segnalare e sviluppare.

Joüon, nel suo articolo lessicografico[69], indica tre significati, in stretta relazione tra di loro: quello della paura e dello spavento, quello

[65] Notare l'espressione *yilbaš šᵉmāmâ* in contesto di angoscia e costernazione impotente (vv. 25-26), di paura e lutto (vv. 17-18.27). Cfr. Zimmerli, I, 179 e più avanti, p. 230 del presente studio.

[66] Cfr. Joüon, «Notes de lexicographie», *MUSJ* V, 425-432; Maass, *TWAT*, III, 296-302.

[67] Le forme *yiqtol* come *yēḥat, tēḥat, yēḥattû*, ecc. possono essere riferite sia alla coniugazione *Qal* sia a quella *Ni*. Infatti, nei geminati, tale vocalizzazione (*e–a*) è quella normale dell'imperf. *Ni* nei verbi di 1ª gutturale (cfr. GK 67*t*, che cita a tale proposito proprio la forma *yēḥat* di Is 7,8; BL 58*q*; JOÜ 82*c,m*), ma anche quella dell'imperf. *Qal* quando il verbo è stativo (cfr. JOÜ 82*b*, e anche GK 67*i,p*, che però parla di verbi «intransitivi»). I Dizionari non sono concordi nella classificazione: mentre GES e KB indicano le forme in questione come imperf. *Ni*, BDB e ZOR le classificano come *Qal*. Anche GES (*Thes*) aveva operato quest'ultima opzione, specificando: «ad formam *yēmar, yēqal, yēḥam, yēra'*, quae male passim pro fut. Niph. habentur». Nella nostra statistica, noi seguiamo questa posizione. Tra le Concordanze, essa è condivisa solo da E-SHO.

Le altre differenze tra le Concordanze sono limitate a pochissimi casi. Il problema è fondamentalmente rappresentato dalla forma *ḥattîm* di 1 Sam 2,4 e Ger 46,5. Essa viene catalogata da LIS come aggettivo, sotto la voce *ḥat*, mentre MAND e E-SHO la pongono nel *Qal*, come participio (ma MAND è incerto per il testo di 1 Sam, che segnala con un punto interrogativo e di cui ripete l'indicazione anche come plurale di un aggettivo [con punto interrogativo] *ḥat*). Noi li abbiamo catalogati nel *Qal* come aggettivi verbali (cfr. JOÜ 82*b*). A ciò va aggiunta la segnalazione fatta da E-SHO, tra le forme *Qal*, di Ger 21,13: questo testo è poi citato dallo stesso autore anche sotto la radice *nḥt*, ma a questa sola viene riferito da MAND e LIS.

[68] Cfr. *TWAT*, III, 297: «erschrocken sein» e «schrecken», con l'ulteriore precisazione di Jenni, *Das hebräische Pi'el*, 67-68: «von Schreck erfüllt werden», che diventa al *Pi*: «schrecken (= von Schreck erfüllt machen)» e allo *Hi*: «von Schreck erfüllt werden lassen».

[69] «Notes de lexicographie», *MUSJ* V, 425-432.

della vergogna e della confusione, e infine quello della debolezza e impotenza [70]. Il primo significato, riferito alla paura, è il più frequente ed è segnalato come particolarmente chiaro nei molti casi in cui *ḥtt* è associato a *yr'*; l'emozione che in esso si esprime sembra però all'autore avere sfumatura più forte di quella contenuta in *yr'*. Il secondo senso, relativo alla confusione, è meno attestato e viene indicato specialmente per i testi in cui è usata anche la radice *bwš*. Infine, il senso di impotenza è segnalato soprattutto per le occorrenze in cui vi è contrapposizione con l'idea di potere e di forza, e può andare dalla semplice debolezza fino all'impotenza totale che diventa annientamento e rovina.

Sulla base di queste indicazioni, ci sembra però sia possibile dare un senso più unitario alla nostra radice, tenendo conto della già segnalata possibilità di alcuni verbi di indicare sia l'aspetto psicologico soggettivo sia quello oggettivo di una realtà [71].

Si potrebbero così evidenziare due linee fondamentali di significato: da una parte l'esperienza soggettiva di paura, confusione e sconcerto, con un normale riscontro nella debolezza e nell'impotenza (come causa e/o effetto della paura), e dall'altra la situazione oggettiva di rovina, sconfitta, annientamento e devastazione, sia delle persone che delle cose [72].

Rimandiamo ai due articoli già citati di Joüon e Maass (cfr. n. 66) per l'elencazione dei testi e lo studio del verbo nelle diverse coniugazioni [73], come pure per l'esame delle varie forme nominali. Noi faremo alcune integrazioni e ci occuperemo più da vicino della complessità di significato del verbo e del sovrapporsi in esso di varie sfumature e possibilità di senso, spesso non esattamente delimitabili e distinguibili.

Alcune occorrenze si presentano in realtà con una certa chiarezza. Così, sembra ragionevole ricondurre al significato di paura le forme di *ḥtt*

---

[70] L'autore esclude invece esplicitamente il senso di «spezzare», facendone risalire l'origine all'influenza del Targum. Ma i Dizionari riportano sempre, insieme a quello di paura, anche questo significato, inteso in senso fisico o metaforico, e GES (*Thes*), 450, fa esplicito riferimento al rapporto tra la paura e l'essere spezzato. Per questo senso del verbo *ḥtt*, cfr. anche Dahood, «Hebrew-Ugaritic Lex. II», 410.

[71] Cfr. note 59 e 63 del presente capitolo.

[72] Un esempio particolarmente interessante è costituito dal testo di Is 51,6-7, che usa il verbo *ḥtt* con i due diversi sensi di perire al v. 6 (soggetto, la giustizia di Dio che «non viene meno»; // *l*ᵉ*'ôlām hyh*) e di temere al v. 7 (soggetto, il popolo amante della giustizia che non deve lasciarsi spaventare dagli insulti degli uomini; // *'al yr'*). Dahood preferisce pensare, per il v. 6, a una derivazione dalla radice *nḥt*, scendere, nel senso di tramontare, con riferimento al sole che, tramontando, discende nello Sheol («Hebrew-Ugaritic Lex. VI», 360 e «Further instances of the Breakup», 18; cfr. anche *BHS*). Ma vista la possibilità di gioco semantico della nostra radice, ci sembra preferibile supporre lo stesso verbo *ḥtt* per ambedue i versetti.

[73] È necessario però tenere presente che la posizione dei due autori diverge riguardo alle forme *yiqtol* di cui abbiamo parlato nella nota 67; mentre Maass le attribuisce al *Ni*, Joüon le considera come *Qal*.

nei testi di esortazione a non temere: cfr. Deut 1,21 (// *yr'*); Gios 1,9 (// *'rṣ*; ≠ *ḥzq, 'mṣ*); 10,25 (// *yr'*; ≠ *ḥzq, 'mṣ*); Ger 30,10 (// *yr'*); Ez 3,9 (// *yr'*; ≠ *kešāmîr ḥāzāq miṣṣōr ntn mēṣaḥ-*, cfr. anche v. 8); 2 Cron 20,15.17; ecc. Lo stesso senso si trova in altri testi come 1 Sam 17,11 (// *yr' me'ōd*); Ger 10,2; Giob 39,22 (≠ *śḥq lepaḥad, lō' šwb mippenê ḥāreb*); ecc.

Ma anche in questi casi bisogna tenere presente la possibilità del nostro verbo di esprimere la confusione e la debolezza, che ben si accompagnano alla paura [74] e sono ancora più esplicite in altri testi come ad es. Ger 8,9 (soggetto, i saggi; termini correlati: *bwš,Hi* e *lkd,Ni*) o 50,36 (soggetto, i *gibbôrîm* davanti alla spada) [75].

Connesso con ciò, è l'ulteriore senso di *ḥtt* nella linea della sconfitta, sia come esperienza soggettiva che oggettiva. È forse qualcosa di molto vicino ai nostri concetti di disfatta, essere messo in rotta o sbaragliato, che esprimono la sconfitta ma insieme alludono alla situazione di confusione spaventata e annientamento psicologico e personale di chi vi è coinvolto. In tal senso il verbo *ḥtt* può indicare sia la rovina sia la paura che l'accompagna (sia essa causa, effetto, o manifestazione della sconfitta stessa). Segnaliamo questa possibile sfumatura di significato soprattutto in Ger 46,5 [76]; 48,1.20.39 [77]; 50,2 (correlati: *lkd,Ni* e *bwš,Hi*); Abd 9 (soggetto, *gibbôrîm*; in relazione con *krt(Ni)* ripetuto anche al v. 10 e *bûšâ ksh(Pi)* + suff., ancora al v. 10). Sempre in questo ambito, ci sembra interessante il testo di Is 31,9a sulla caduta dell'Assiria [78] e, pur nella sua

---

[74] Così, ad es., nelle esortazioni a non temere, non necessariamente *yr'* è uno stretto sinonimo di *ḥtt* e quest'ultimo, anche in considerazione degli antonimi, potrebbe essere reso con «rimanere confuso, mostrarsi debole».

[75] Il verbo *ḥtt* è qui usato in parallelo con *y'l (Ni)* riferito a *baddîm* e con *hyh lenāšîm* riferito alle truppe (v. 37); sembrerebbe dunque qualcosa di diverso dalla sola paura, con un'insistenza piuttosto sulla contrapposizione al concetto di *gibbôr*, nella sua fondamentale connotazione di uomo forte e potente.

[76] *hēmmâ ḥattîm nesōgîm 'āḥôr*
wegibbôrêhem yukkattû ûmānôs nāsû welō' hipnû
māgôr missābîb ...

Notare l'accumulo di termini correlati, che situano il nostro verbo in un preciso contesto di disfatta militare, ma con insistenza sui suoi effetti di panico generalizzato e fuga precipitosa.

[77] Segnaliamo i correlati significativi:
v. 1: *šdd(Pu), bwš(Hi), lkd(Ni)*; cfr. anche vv. 2ss.
v. 20: *bwš(Hi), šdd(Pu)*, (*yll(Hi), z'q*)
v. 39: *yll(Hi), pnh(Hi) 'ōrep, bwš, hyh liśḥōq welimḥittâ le*.

Quanto al problema della forma *ḥattâ* che compare nei tre versetti riferita a soggetti maschili, Rudolph (274.276.282) suggerisce la correzione in *ḥat*, spiegabile in 2 casi (vv. 20 e 39) con la dittografia della *h*. Si potrebbe però anche pensare a una forma arcaica *qatala* di 3ª pers. masch. sing. Per altri esempi di questo fenomeno, cfr. Dahood, *Ugaritic-Hebrew Philology*, 20; «Phoenician Elements», 68; e soprattutto *Psalms*, III, 386-387.

[78] *wesal'ô mimmāgôr ya'ăbôr weḥattû minnēs śārâw*.

Il parallelismo tra i due emistichi permette di capire il verbo *ḥtt* nel senso di «essere messi in rotta», in quella situazione di panico che si può manifestare nella fuga (cfr.

problematicità, quello di Is 8,9 [79]. In ambito non militare, ma di confusione e sconfitta personale, si situa invece Giob 32,15 (// *lō' 'nh 'ôd, millîm 'tq(Hi) min*) in cui è espresso lo sconcerto del trovarsi messi alle strette che fa rinunciare a un ulteriore confronto dialogico [80].

Procedendo in una linea di sempre maggiore oggettivazione del significato del nostro verbo, si può evidenziare un senso forte e più preciso di distruzione e annientamento in Is 7,8 (già indicato nella discussione della nota 78), e forse in Giob 21,13 [81]. Inoltre, è individuabile il senso di rom-

---

Wildberger, 1236: «und seine Fürsten werden erschreckt vom Banner weichen»). Rimane però qualche difficoltà a proposito dell'espressione *minnēs*, che può essere variamente interpretata. Joüon («Notes de lex.», *MUSJ* V, 429) preferisce leggervi una forma dell'infinito costrutto di *nws* e traduce «ils sont impuissants à fuir», e G. R. Driver («Linguistic and textual Problems», 45-46) fa riferimento alla stessa radice *nws* per ipotizzare un sostantivo *nēs* (come *nēr* da *nwr* o *'ēd* da *'wd*) con senso di «trembling, quivering», in parallelo a *māgôr* del I emistichio.

Assumendo invece il senso usuale di *nēs* come stendardo, insegna, si tratterebbe di una fuga spaventata dei capi militari che abbandonano i propri vessilli, e perciò i propri uomini, al loro destino (cfr. Delitzsch, 343 e Wildberger, 1245). Tale lettura suppone però la comprensione del sintagma *ḥtt min* secondo un senso che non è altrove attestato. La preposizione *min* infatti indica solitamente non ciò da cui si fugge abbandonandolo, ma ciò o colui da cui si è spaventati (cfr. Is 30,31; 31,4; 51,7; Ger 10,2), e perciò da cui forse si può anche fuggire, ma come eventuale conseguenza non direttamente significata dal nostro verbo e indicata piuttosto nei suoi correlati. L'unico caso in cui *ḥtt min* non ha questo senso è in Is 7,8 (*yēḥat 'eprayim mē'ām*), dove però troviamo l'altro senso attestato di *ḥtt* come distruzione e annientamento («sarà distrutto/annientato da popolo»; cfr. Delitzsch, 137.138 e Joüon, *op. cit.*, 429).

Mantenendo allora il senso usuale del sintagma in questione, si può forse intendere il versetto come una descrizione emblematica della sconfitta che Dio infligge all'Assiria: la sua rovina sarà tale che i suoi capi saranno spaventati e sbaragliati da un'insegna. Si tratterebbe in tal caso della manifestazione estrema del panico incontrollabile che sconvolge l'uomo al solo lontano apparire del pericolo, e tanto più gravemente qui, ove il nemico è Dio stesso. Cfr. anche Oswalt, 577.

[79] L'imperativo *wāḥōttû*, ripetuto tre volte, ha in contrapposizione le forme *hit'azzᵉrû* (2x) e *rō'û*. Sui problemi di interpretazione connessi con quest'ultimo verbo, cfr. Barthélemy, *Critique Textuelle*, II, 52-54.

[80] In questo senso si può assumere anche la posizione di Joüon («Notes de lex.», *MUSJ* V, 429) che indica il senso di «*impuissants* (à répondre), c'est-à-dire *interloqués, réduits à quia*».

[81] *yᵉballû baṭṭôb yᵉmêhem ûbᵉregaʿ šᵉ'ôl yēḥāttû.*
La forma *yēḥāttû* è spesso fatta risalire dai commentatori alla radice *nḥt*, scendere (cfr. Alonso – Sicre, 318). Le Concordanze elencano il nostro testo sotto *ḥtt*, ma MAND e E-SHO lo pongono anche tra le occorrenze di *nḥt*, MAND con un punto interrogativo e E-SHO senza indicazione del problema. A noi sembra possibile mantenere la lettura da *ḥtt* nel senso di «essere annientati», che creerebbe anche un certo gioco semantico con il verbo *blh(Pi)* del I emistichio e proseguirebbe il doppio senso iniziato con *bᵉregaʿ*. Come infatti questo potrebbe essere un termine volutamente ambiguo (cfr. Gordis, 229: «The word is best understood as a *talḥin*, with both meanings present simultaneously in the consciousness of the poet and his reader: 'Peacefully – in a moment'»), così allo stesso modo *yēḥāttû* potrebbe giocare sull'ambiguità «scendere – essere annientato». L'emistichio in questione allora avrebbe un contemporaneo duplice significato: «e serenamente essi

persi, spaccarsi in Ger 14,4 (soggetto, il terreno disseccato dalla siccità)[82]; 1 Sam 2,4; Ger 51,56 (queste due ultime occorrenze assumibili anche in senso figurato)[83] e, in forma transitiva (causativo *Hi*), in Is 9,3.

Va infine segnalato il senso attenuato di «timore reverenziale» per il nome di Dio in Mal 2,5.

Le preposizioni rette dal verbo *ḥtt* sono:

- *min*: Is 7,8[84]; 20,5 (ma in congiunzione con *bwš*); 30,31; 31,4.9; 51,7; Ger 10,2 (2x)
- *mippenê*: Ger 1,17; Ez 2,6; 3,9; Mal 2,5; 2 Cron 20,15; 32,7
- *millipnê*: 2 Cron 32,7.

Nelle forme causative *Pi* e *Hi*, con l'accusativo segnalato da *'et* o in forma di suffisso, si trovano le preposizioni *lipnê* (Ger 1,17; 49,37 [2x]) e *be* (causa strumentale: Giob 7,14).

Soggetti particolari del verbo nei suoi vari significati e in proposizioni sia positive che negative sono: il leone (Is 31,4); le pecore (come metafora del popolo: Ger 23,4); il cavallo (Giob 39,22); la giustizia di Dio (Is 51,6); il suolo (Ger 14,4); l'arco dei forti (1 Sam 2,4; Ger 51,56).

---

scendono nella tomba – ma in un attimo sono annientati nello Sheol». In una visione idilliaca, di apparente felicità dei malvagi, verrebbe così inclusa un'allusione negativa, come lo svelamento di un giudizio mortale.

[82] Lo stico che ci interessa recita: *ba'ăbûr hā'ădāmâ ḥattâ* ed è stato variamente interpretato. Cfr., per lo *status quaestionis*, Marenof, «A Note on Jer. 14:4» e più recentemente Barthélemy, *Critique Textuelle*, II, 584-585; McKane, 318.

Marenof, proponendo per *ḥattâ* una derivazione dall'etiopico *ḫatáwa* (bruciare), legge *kî 'ăbûr hā'ădāmâ ḥuttâ*: «Yea, the produce of the land is burned» (*op. cit.*, 200). Un diverso cambiamento suggerisce Rudolph (98) che legge *heḥārâ* dalla radice *ḥrr* («Wegen des ausgedörrten Bodens»). Dahood invece propone la traduzione: «Without harvest is the cracked earth ...». Egli assume *ba'ăbûr* come espressione composta dal sostantivo *'ăbûr* + *be* privativo e legge *haḥattâ* come aggettivo femminile con articolo, con *h* come «shared consonant» («Further instances», 11-12; cfr. anche «Can one plow without oxen?», 14-15). Infine Holladay (419.431), seguendo Michaelis, legge *ba'ăbûrāh 'ădāmâ* («in her yield the soil is dismayed»). Noi preferiamo mantenere il TM senza cambiamenti e seguire la lettura di Barthélemy (*op. cit.*, 585): «A cause du sol qui était crevassé ...» (cfr., per la costruzione sintattica, 2 Sam 12,21).

[83] In ambedue i testi, il soggetto è l'arco dei forti che si spezza, indicando la sconfitta e la riduzione all'impotenza. In Ger 51,56 si usa la coniugazione *Pi* che va interpretata come forma intensiva con senso intransitivo (cfr. GK 52*k*).

Ambedue i testi presentano anche delle difficoltà grammaticali riguardo all'accordo di *ḥtt* con *qešet* (quanto al numero in Ger 51,56, e numero e genere in 1 Sam 2,4). Questo fenomeno si trova però anche altrove ed è segnalato dalle Grammatiche: cfr. in particolare GK 145*b,k,o*; 146*a*; JOÜ 148*b*; 150*b,g,n*. Per le proposte di altre soluzioni, cfr. invece per 1 Sam, H. P. Smith, 16; Dahood, *Ugaritic-Hebrew Phil.*, 15; e per Ger, Rudolph, 314.

[84] Cfr. n. 78.

Termini correlati:

bwš: *Qal*	:	2 Re 19,26; Is 20,5; 37,27; Ger 17,18; 48,39
Hi	:	Ger 8,9; 48,1.20; 50,2
y'l, Ni	:	Ger 50,36
yr'	:	Deut 1,21; 31,8; Gios 8,1; 10,25; 1 Sam 17,11; Is 51,7; Ger 23,4; 30,10; 46,27; Ez 2,6; 3,9; Mal 2,5; 1 Cron 22,13; 28,20; 2 Cron 20,15.17; 32,7
krt, Ni	:	Abd 10
ktt (passivo)	:	Ger 46,5
lkd, Ni	:	Ger 8,9; 48,1; 50,2; 51,56
'nh II	:	Is 31,4
'rṣ	:	Gios 1,9
pqd, Ni	:	Ger 23,4
šdd, Pu	:	Ger 48,1.20
le espressioni	:	*bûšâ ksh(Pi)*+suff. (Abd 10); *hyh lᵉnāšîm* (Ger 50,37); *hyh liśḥōq wᵉlimḥittâ* (Ger 48,39); *lō' 'nh 'ôd* (Giob 32,15); *mānôs nws wᵉlō' pnh(Hi)* (Ger 46,5); *swg(Ni) 'āḥôr* (Ger 46,5); *pnh(Hi) 'ōrep* (Ger 48,39).

Per le forme causative:

b't (Giob 7,14); *'rṣ* (Giob 31,34).

Per terminare, vogliamo segnalare la possibilità di dare ad alcuni sostantivi della nostra radice il significato di «pericolo». Questa particolare connotazione di senso, che non è espressa in ebraico da termini specifici, fu segnalata da Joüon per alcune occorrenze del sostantivo *paḥad*[85].

Di fatto, poiché i termini di paura possono indicare sia quell'emozione sia la sua causa e la situazione che la provoca, sembra normale pensare che quest'ultima possa in molti casi essere definita con il nostro concetto di pericolo. Tale fenomeno ci pare riconoscibile anche in alcune occorrenze della radice *ḥtt* che possono esprimere la nozione di spavento o di rovina ma che potrebbero meglio essere intese come pericolo. Ci sembra il caso del già menzionato *ḥătat* in Giob 6,21[86], di *ḥatḥattîm* in Qoh 12,5 e forse di *mᵉḥittâ* in Prov 10,14; 13,3 (≠ *šmr nepeš-*); 18,7 (// *môqēš nepeš-*) e Is 54,14.

---

85 Egli affermava a tale proposito: «Le danger peut être envisagé comme une chose qu'on *craint*; les mots signifiant *crainte* peuvent donc assez facilement aboutir au sens de *danger*» («Études de sémantique», 337).

86 Cfr. pp. 37-38.

4. **pḥd**[87] (75x)

pḥd : *Qal*: 22x; *Pi*: 2x; *Hi*: 1x
paḥad : 49x
paḥdâ : 1x

Il significato fondamentale del verbo è tremare (ma originariamente, piuttosto «rabbrividire, fremere, trasalire»)[88], applicato soprattutto alla paura, da cui il senso di «essere spaventato, temere»[89].

Il *Qal* è usato in modo assoluto (Is 12,2; 33,14; 44,8.11; 60,5; Ger 36,24; Sal 78,53; Prov 3,24) o con l'accusativo interno (Deut 28,67[90]; Sal 14,5; 53,6; Giob 3,25)[91]; oppure è costruito con le preposizioni *min* (Sal 27,1; 119,161; Giob 23,15) e *mippᵉnê* (Is 19,16.17) che indicano ciò o colui che si teme, e con *ʿal* (Ger 33,9, ma in congiunzione con *rgz*).

Delle difficoltà particolari presenta la costruzione del verbo con *'el*[92], in Os 3,5[93] e Mi 7,17[94]. Il senso che solitamente si attribuisce al sintagma è quello di rivolgersi o andare verso qualcuno con trepidazione, tremando[95]. Ciò che risulta determinante per la scelta di questo significa-

---

[87] Cfr. l'articolo di STÄHLI, *THAT*, II, 411-413. Ad esso rimandiamo, soprattutto per quel che riguarda l'uso teologico della radice.

[88] Cfr. JOÜON, «*Crainte* et *peur*», 175: «Le sens premier paraît être *frissonner* ou *tressaillir* plutôt que *trembler*».

[89] Cfr. JOÜON, *ibid.*: «Le verbe *pāḥad* équivaut à *avoir peur*»; *THAT*, II, 412: «vor Schrecken beben», «erschrecken». Due soli testi (citati sia da JOÜON che in *THAT*) sembrano avere significato di fremere, tremare non di paura ma di gioia e sono indicati con questo senso anche da BECKER, 7; DEROUSSEAUX, 74, n. 18; e dai Dizionari GES, ZOR, KB. Sono Is 60,5 e Ger 33,9. Nel primo caso si tratta del cuore di Gerusalemme che freme e si dilata (*ûpāḥad wᵉrāḥab lᵉbābēk*) alla vista del fluire straordinario dei popoli verso di lei, mentre nel secondo testo sono le nazioni che fremono e tremano (*ûpāḥădû wᵉrāgᵉzû ʿal ...*) davanti alla salvezza di Giuda. In ambedue i casi, si tratta della reazione davanti all'intervento prodigioso di Dio, il che non farebbe escludere anche un elemento di timore numinoso in quel tremare espresso da *pḥd*. Ciò è più evidente nel caso di Ger, trattandosi lì della reazione di chi è spettatore della salvezza altrui, che ha valenza di giudizio su se stessi (cfr. ALONSO – SICRE, 574). Ma la stessa sfumatura può essere riconosciuta anche per il testo di Is, come espressione di quello sgomento un po' spaventato che afferra gli uomini davanti alle meraviglie di Dio e che accompagna, senza negarla, l'esperienza della gioia (cfr. l'espressione *lēbāb rḥb*). Per un discorso più articolato su questo fenomeno, cfr. più avanti, pp. 143-145.

[90] Notare l'interessante costruzione: *mippaḥad lᵉbābᵉkā 'ăšer tipḥād.*

[91] Cfr. più avanti (p. 50) la possibilità di interpretare alcune occorrenze di *paḥad* come pericolo.

[92] Per la costruzione del sostantivo con la stessa preposizione, cfr. pp. 50-51, in particolare n. 116.

[93] *'aḥar yāšūbû bᵉnê yiśrā'ēl ûpāḥădû 'el yhwh wᵉ'el ṭûbô ...*

[94] *yirgᵉzû mimmisgᵉrōtêhem 'el yhwh 'ĕlōhênû yipḥādû wᵉyīrᵉ'û mimmekkā.*

[95] *THAT*, II, 412, usa la denominazione di *constructio praegnans*, applicata anche a Ger 2,19 (emendato), e traduce con «jemandem zitternd entgegengehen», includendovi an-

to è la preposizione *'el* che non sembra collegabile con il nostro verbo e impone perciò un'idea di movimento da aggiungere al normale senso di timore espresso da *pḥd*[96].

Non ci sembra però di poter escludere completamente la possibilità di leggere il sintagma in questione dando valore al significato della radice in quanto tale piuttosto che alla preposizione, alla quale il verbo può accompagnarsi[97] e che non richiede necessariamente un mutamento di senso del verbo stesso. Il significato potrebbe allora essere quello di «tremare per», come espressione di un atteggiamento di timore (reverenziale in Os) nei confronti di Dio[98].

Segnaliamo infine l'uso del nostro verbo con l'espressione *'îš 'el rē'ēhû* (Ger 36,16)[99].

Tra i soggetti particolari, indichiamo l'uso di *lēb* (come sineddoche?) in Is 60,5 e Sal 119,161.

Dio è oggetto direttamente esplicitato della paura in Mi 7,17 (*'el*) e Giob 23,15 (*min*). Si esprime invece il timore reverenziale nei suoi confronti in Os 3,5 (*'el*) e, nei confronti della sua parola, in Sal 119,161 (*min*)[100].

---

che un possibile significato di ricerca di rifugio (cfr. Kopf, «Arabische Etymologien», *VT* 9, 257). I Dizionari si pongono nell'ambito della stessa linea interpretativa dando a *'el* valore di movimento (GES: sich bebend an jem. wenden, um ihm ... seine Hilfe anzuflehen, sich zu ihm flüchten; ZOR: pavidus venit ad Dm; KB: zitternd jmdm entgegengehen). Anche i commentatori concordano in questa idea di movimento, almeno per il testo di Osea (cfr. Wolff, 70; Rudolph, 84; Mays, 54; Alonso – Sicre, 880; Andersen – Freedman, 291; Jeremias, 52). Quanto al testo di Michea, le differenze corrispondono alla diversa sticometria adottata. Alcuni infatti connettono *'el* con *pḥd*, come indicato nel TM, e allora la traduzione va nella linea delle precedenti: cfr. J. M. P. Smith, 154: may they come quaking; Wolff, 187: bebend mögen sie kommen (ma considera *'el yhwh 'ĕlōhênû* come secondario, posto tra parentesi). Altri invece riferiscono la preposizione a *rgz* e danno perciò a *pḥd* solo senso di temere: cfr. Rudolph, 128; Mays, 163; Hillers, 87. Altri, infine, non traducono *'el yhwh 'ĕlōhênû* e interpretano *pḥd* nella sola linea della paura (cfr. Eissfeldt, «Ein Psalm», 266.268; T. H. Robinson, 150) o ancora con idea di movimento, in stretta connessione con *rgz min* (cfr. Marti, 301).

[96] Cfr. GK 119*ee-gg*.

[97] Di fatto abbiamo altri esempi, anche se rari, di radici di paura costruite con *'el*: è il caso di *ḥrd* in 2 Re 4,13; Is 66,5 e *rgz* in 2 Re 19,27-28 // Is 37,28-29. Anche se il loro senso può non essere esclusivamente quello di paura, esse comunque esprimono un'emozione, senza includere idea di movimento per la presenza della preposizione *'el*.

[98] Notare i correlati: in Os: *bqš,Pi*; in Mi (vv. 16 e 17): *bwš, śym yād 'al peh, 'oznayim ḥrš, rgz, yr' min*.

[99] Su questo sintagma, cfr. più avanti, p. 201.

[100] *śārîm rᵉdāpûnî ḥinnām ûmiddᵉbārᵉkā(Q) pāḥad libbî.*
Va notato il gioco semantico espresso nel versetto: davanti alle autorità che lo perseguono senza motivo, il salmista non esprime la propria «paura», ma afferma invece di «temere» la parola di Dio.

La coniugazione *Pi* ha forza intensiva [101], sottolineata dal *tāmîd* che ne accompagna le due occorrenze. È usata in modo assoluto (Prov 28,14) o con la preposizione *mippenê* (Is 51,13).

Il sostantivo *paḥad* presenta accanto al normale significato di tremore, paura, anche quello di «pericolo» [102]. Tale senso è indicato da Joüon (nel suo articolo) in Sal 53,6 e Cant 3,8, e da Becker (8, n. 65) in Sal 64,2; 91,5; Giob 3,25; 21,9; 39,22; Prov 1,26.27.33; 3,25 [103]. Si potrebbe forse riconoscere tale sfumatura di significato anche in Is 24,17; Ger 48,43-44; Giob 15,21.

Diverse costruzioni di *paḥad*:

- con le preposizioni *'el* (Giob 31,23) [104], *le* (Sal 31,12), *leneged* (Sal 36,2), *'al* (Is 24,17; Ger 48,43), *'im* (Giob 25,2)
- nelle espressioni *hyh le* (Lam 3,47), *hyh 'al* (2 Cron 14,13; 17,10; 19,7; 20,29), *npl 'al* (Es 15,16; 1 Sam 11,7; Sal 105,38; Giob 13,11; Est 8,17; 9,2.3), *ntn 'al* (1 Cron 14,17), *ntn 'al penê* (Deut 2,25; 11,25)
- nella catena costrutta *qôl happaḥad* (Is 24,18) e *qôl peḥādîm* (Giob 15,21).

Le espressioni *paḥad 'ĕlōhîm* [105] e *paḥad yhwh* [106] possono, in alcuni casi, essere assunte come forme superlative [107]. Ci sembra il caso di 1 Sam 11,7 [108] e forse di 2 Cron 14,13; 20,29 [109].

Quanto infine all'espressione *paḥad yiṣḥāq* di Gen 31,42.53, rimandiamo alla bibliografia segnalata in *THAT*, II, 411 [110].

L'altro sostantivo *paḥdâ* è un *hapax legomenon* e il testo in cui compare (Ger 2,19) [111] presenta alcune difficoltà determinate soprattutto dall'uso di *lō'* come negazione di esistenza riferita a un sostantivo, e conseguentemente dal suffisso di 2a pers. della preposizione *'el*. Le soluzioni possono passare per una modificazione del TM, con lettura del verbo

---

[101] Cfr. GES (*Thes*). Ad una diversa categoria morfologica («Resultativ») si riferisce invece Jenni, *Das hebräische Pi'el*, 224.

[102] Cfr. Joüon, «Études de sémantique», 336-338 e p. 47 del presente capitolo.

[103] Tali occorrenze sono in parte riportate anche in *THAT*, II, 412. Cfr. pure KB.

[104] Cfr. n. 116.

[105] Sal 36,2; 2 Cron 20,29.

[106] 1 Sam 11,7; Is 2,10.19.21; 2 Cron 14,13; 17,10; 19,7.

[107] Cfr. più avanti, pp. 227-228.

[108] Cfr. de Boer, «*Yhwh* as epithet», 235.

[109] Cfr. Baumgärtel, *Elohim ausserhalb des Pentateuch*, 31.

[110] Segnaliamo anche: Hillers, «Paḥad yiṣḥāq»; Koch, «păḥăd jiṣḥaq»; Puech, «La crainte d'Isaac»; Malul, «More on *paḥad yiṣḥāq*».

[111] *ûde'î ûre'î kî ra' wāmār 'ozbēk 'et yhwh 'ĕlōhāyik welō' paḥdātî 'ēlayik.*

pāḥadt(y) [112] e trasformazione della preposizione in *'ēlay* [113]; oppure possono fare ricorso a delle sole modificazioni vocaliche con conservazione del testo consonantico: o leggendo un verbo al passivo [114], o come *qatal* attivo, ma con interpretazione di *'ēlayik* come riflessivo («e non hai temuto per te stessa») [115]. Se invece si vuole mantenere integralmente il TM, si può assumere il sostantivo *paḥdâ* come riferito a Dio (= timore di me) e negato per Gerusalemme, con una costruzione sintattica rara ma non impossibile [116].

Termini correlati della radice:

'êmātâ (Es 15,16); *bhl,Ni* (Es 15,15; Giob 23,15); *bwš* (Is 44,11; Mi 7,16); *b't,Pi* (Giob 13,11); *dē'ābôn* (Deut 28,65); *ḥyl* (Deut 2,25); *ḥîl* (Es 15,14); *ḥrd* (Is 19,16); *ḥărādâ* (Ger 30,5); *ygr* (Giob 3,25); *yr'* (Mi 7,17; Sal 27,1; 119,120); *yir'â* (Deut 2,25); *môrā'* (Deut 11,25); *mwg,Ni* (Es 15,15); *smr* (Sal 119,120); *'rṣ* (Is 2,19.21); *rgz* (Es 15,14; Deut 2,25; Ger 33,9; Mi 7,17); *raggāz* (Deut 28,65); *rhh* (Is 44,8); *rā'ad* (Es 15,15); *r^{e}'ādâ* (Is 33,14; Giob 4,14); *dmm kā'āben* (Es 15,16); *hyh kannāšîm* (Is 19,16); *hyh l^{e}ḥoggā'* (Is 19,17); *ṣārâ w^{e}ṣûqâ* (Prov 1,27).

Antonimi principali:

'mn,Hi (Deut 28,66); *bṭḥ* (Is 12,2); *lābeṭaḥ* (Sal 78,53); *škn beṭaḥ* (Prov 1,33); *'rb šēnâ* (Prov 3,24); *š'n,Pal* (Prov 1,33); *šālôm* (Ger 30,5; Giob 21,9).

---

[112] Lo *yod* finale è spiegabile come antica terminazione del femminile, poco frequente ma non inusuale soprattutto in Geremia (cfr. GK 44*h*; BL 42*k*; JOÜ 42*f*).

[113] Cfr. RUDOLPH, 18; HOLLADAY, 52; MCKANE, 39.

[114] *w^{e}lō' pūḥadtî 'ēlayik* («and I was not feared by you»): così DAHOOD, *Ugaritic-Hebrew Philology*, 21.

[115] Cfr. BOVATI, *Perché il Signore li ha rigettati*, 81-82.

[116] Per un uso analogo di *lō'* in proposizione nominale, cfr. Giob 21,9: *battêhem šālôm mippāḥad w^{e}lō' šēbeṭ 'ĕlôh 'ălêhem*. A ciò si aggiunga il frequente uso di *lō'* come negazione di un termine che così si trasforma quasi in nome composto (cfr. GK 152*a*, n. 1; JOÜ 160*d*). La traduzione del versetto di Ger 2,19 potrebbe allora essere: «riconosci e vedi quanto doloroso e amaro è il tuo abbandono del Signore tuo Dio e la mancanza del mio (= di me) timore in te» (cfr. anche CARROLL, 127, che però assume lo stico problematico come proposizione indipendente e traduce: «the fear of me is not in you»). Per il senso di *'el* (per te, cioè in te, per quel che ti riguarda), cfr. un uso analogo in Giob 31,23: *kî paḥad 'ēlay 'êd 'ēl*: perché terrore è per me la sciagura divina (= di Dio, genitivo soggettivo: cfr. GES (*Thes*) e ZOR; per altre posizioni, si veda ALONSO – SICRE, 437-438).

5. **ḥrd** (54x)

ḥrd : *Qal*: 23x; *Hi*: 16x
ḥārēd : 6x [117]
ḥărādâ : 9x

La radice *ḥrd* esprime fondamentalmente il tremito, la paura, l'agitazione e l'ansia che si verificano nell'uomo davanti a situazioni che si presentano come terribili, pericolose, incomprensibili o insolite [118].

Rimandiamo, per la descrizione dettagliata del senso della radice e dei testi in cui compare, all'articolo di Baumann in *TWAT*, III, 176-182 (con bibliografia).

Il *Qal,* oltre a presentarsi in modo assoluto, si può costruire con accusativo interno (Gen 27,33; 2 Re 4,13), con l'espressione *'îš 'el 'āḥîw* [119] (Gen 42,28), con le preposizioni *'el* (2 Re 4,13) [120], *le* (Ez 32,10; Giob 37,1) [121], *mippenê* (Is 19,16, ma in congiunzione con *pḥd*). Inoltre, abbiamo le costruzioni con *'aḥărê* (1 Sam 13,7), *liqra't* (1 Sam 16,4; 21,2) e *min* (Os 11,10.11) che vengono solitamente interpretate – come già *pḥd 'el* (cfr. pp. 48-49) – come casi di *constructio praegnans*, con implicita idea di movimento (cfr. GK 119*ff,gg* e i Dizionari). Resta però sempre la possibilità di leggere i testi in questione mantenendo il normale significato del verbo e senza ricorrere al concetto di moto.

Infatti, l'espressione di 1 Sam 13,7 «*wekol hā'ām ḥāredû 'aḥărâw* (= Saul)», variamente interpretata [122], può essere intesa nel senso che

[117] Segnaliamo a parte la forma *ḥārēd*, seguendo in ciò la maggioranza dei Dizionari (cfr. GES (*Thes*); ZOR; KB; così anche MAND e LIS). Invece BDB la definisce aggettivo verbale, e E-SHO la elenca tra le occorrenze del verbo, come participio.

[118] G.R. Driver («Hebrew Homonyms», 54-56), facendo riferimento alle diverse radici semitiche che potrebbero soggiacere alla nostra, indica vari altri significati quali affrettarsi, disperdersi, isolare, essere adirato, essere attento, ansioso, riunire. Il ricorso a tale ipotesi non ci sembra però necessario, potendosi tutti i testi spiegare con il solo riferimento all'ambito della paura e dell'agitazione.

[119] Cfr. p. 201.

[120] *hinnēh ḥāradt 'ēlênû 'et kol haḥărādâ hazzō't.* L'idea qui espressa è quella della premura, del mettersi in grande agitazione per qualcuno, con il doppio possibile senso di *'el* come complemento di vantaggio o come complemento di causa. Cfr. anche la nota seguente.

[121] Il valore di *le* nei due testi è diverso, esprimendo un complemento di vantaggio in Ez (*weḥāredû.. 'îš lenapšô*) e invece il motivo della paura in Giob (*'ap lezō't yeḥĕrad libbî*).

[122] Si possono schematicamente indicare tre linee interpretative: la prima modifica il testo in *mē'aḥărâw* dandone diverse letture (cfr. Wellhausen, 82; Dhorme, 110; S.R. Driver, *Notes*, 100; e più recentemente Mauchline, 113); la seconda non riferisce la preposizione al verbo ma al soggetto, definito come popolo che era dietro, presso di lui (cfr. Ackroyd, 102; Stoebe, 242); la terza infine esprime l'idea dell'andare dietro a lui impauriti o in fretta (cfr. Hertzberg, 79; G. R. Driver, «Hebrew Homonyms», 54). H. P. Smith, 96, preferisce invece non prendere posizione ritenendo incerta ogni soluzione.

tutti avevano paura, erano spaventati *con* lui[123], indicando con ciò una situazione di timore generalizzato che accomunava popolo e re[124].

Anche la preposizione *liqra't* può a volte non esprimere idea di movimento. Essa si trova infatti usata con verbi come *kwn,Ni* (Am 4,12); *nṣb,Ni* (Es 5,20; 7,15; Num 22,34); *'rk* (1 Sam 4,2; 2 Sam 10,9.10.17; ecc.); *rgz* (Is 14,9); *rw',Hi* (Giud 15,14); *śmḥ* (Giud 19,3); *š'g* (Giud 14,5), con significato di davanti, contro, di fronte. Pure nei nostri due testi di Sam[125], solitamente interpretati nel senso di venire tremando, in ansia e agitazione incontro a qualcuno[126], ci sembra possibile individuare semplicemente il significato di paura e agitazione *davanti* a qualcuno: davanti a Samuele (o Davide), davanti al suo comparire, gli anziani (o Achimelek) si mettono in ansia e con preoccupazione si informano sui motivi di tale venuta.

Resta infine il testo di Os 11,10-11, con il sintagma *ḥrd min*[127]. Anche in questo caso l'interpretazione è di un venire tremando dal luogo in cui si è[128]. Ci si può però ancora chiedere se a questo punto del testo l'accentuazione sia sull'idea del ritorno in quanto tale o non piuttosto sulla potenza divina che lo opera. Di fatto, la preposizione *min* può assumere sfumatura diversa a seconda del punto di interesse a cui ci si riferisce. Se è il ruggito di Dio ad essere al centro, allora il «tremare dall'Egitto e dall'Assiria» dei suoi figli può voler sottolineare la possanza di quel grido, che risuona fino a quelle regioni[129].

---

[123] Sul significato «con» che la nostra preposizione può assumere, anche in rapporto all'ugaritico, cfr. SCOTT, «Secondary Meanings»; DAHOOD, «Qohelet», 363-364; «Hebrew-Ugaritic Lex. I», 292-293; *Psalms*, III, 390; «Northwest Semitic Notes», 79; DEL OLMO LETE, «*'aḥar šillûḥèhā*»; «La preposición *'aḥar*»; e anche KB, *ad loc.*

[124] Analoga comprensione del testo in MCCARTER, 224: «... with all the army trembling behind him».

[125] 1 Sam 16,4: *wayyeḥerdû ziqnê hā'îr liqrā'tô*
1 Sam 21,2: *wayyeḥĕrad 'ăḥîmelek liqra't dāwid.*

[126] Cfr., *ad loc.*, H. P. SMITH, DHORME, HERTZBERG, ACKROYD, MCCARTER.

[127] *kî hû' yiš'ag wᵉyeḥerdû bānîm miyyām*
yeḥerdû kᵉṣippôr mimmiṣrayim ûkᵉyônâ mē'ereṣ 'aššûr ...

[128] Cfr. WOLFF, RUDOLPH, MAYS, ALONSO – SICRE, ANDERSEN – FREEDMAN, JEREMIAS.

[129] La possibilità di interscambio tra le preposizioni *bᵉ* e *min* è stata segnalata da SARNA, «The Interchange» (cfr. anche URBÁN, «El doble aspecto»); DAHOOD poi riconosce a *min* il senso di «in» («Hebrew-Ugaritic Lex. V», 427; *Psalms*, III, 395-396). Nel nostro caso, il significato è quello di tremare, ovviamente, *nel* luogo in cui si è, ma l'uso di *min* enfatizza l'elemento della distanza (cfr. anche *rgz min* in Mi 7,17: n. 146). Anche in italiano si può dire, ad es., «ci fu un boato talmente forte che sobbalzarono *dalle* case vicine», insistendo con ciò sull'aspetto di potenza del rumore percepito.

In questa prospettiva, anche l'immagine degli uccelli usata nel testo di Os resta nello stesso ambito di pensiero, come espressione della percezione della propria debolezza davanti alla forza di Dio (cfr. la stessa immagine dell'uccello davanti al leone in Is 38,13-14).

Nella coniugazione *Hi*, si usa con grande frequenza l'espressione *wᵉ'ên maḥărîd* (12x su 16x)[130]. Per il resto, abbiamo la costruzione normale, con accusativo (Giud 8,12; 2 Sam 17,2; Ez 30,9; Zacc 2,4).

L'aggettivo *ḥārēd* si presenta in modo assoluto (Giud 7,3) o con le preposizioni *'el* (Is 66,5), *bᵉ* (Esd 9,4; 10,3), *'al* (che può esprimere l'oggetto del timore: Is 66,2 [//*'el* del v. 5]; oppure ciò a proposito di cui si è in trepidazione e impauriti: 1 Sam 4,13 e Esd 9,4[131]).

Infine, segnaliamo per il sostantivo *ḥărādâ*, agitazione, paura[132], la costruzione in catena costrutta con *'ĕlōhîm* (1 Sam 14,15), da molti autori considerata come forma superlativa[133].

Termini o espressioni correlati con la nostra radice: *bhl,Ni* (Ez 26,18); *b't,Pi* (Is 21,4); *brḥ + ḥb',Ni* (Dan 10,7); *ḥalḥālâ* (Ez 30,9); *yr'* (Giud 7,3; 1 Sam 28,5; Is 41,5); *mwg,Ni* (1 Sam 14,16); *nws* (Is 10,29); *pḥd* (Is 19,16; Ger 30,5); *pallāṣût* (Is 21,4); *rgz* (Is 32,11); *šmm* (Ez 26,16; 32,10); *hyh kannāšîm* (Is 19,16); *lēb yṣ'* (Gen 42,28); *lēb ntr mimmᵉqômô* (Giob 37,1); *lēbāb t'h* (Is 21,4); *ś'r śa'ar* (Ez 32,10).

Antonimi principali:

bṭḥ (Ez 30,9; 34,28; 39,26; Giob 11,19; Prov 29,25); *šālôm* (Lev 26,6); *ša'ănān* (Is 32,11); *šqṭ + š'n,Pal* (Ger 30,10).

6. **rgz**[134] (50x)

rgz : *Qal*: 30x; *Hi*: 7x; *Hitp*: 4x
rōgez : 7x
rogzâ : 1x
raggāz : 1x

La radice *rgz* esprime l'agitazione sia fisica che anche emotiva, il tremito materiale e l'eccitazione psichica che possono trovare in cause diverse la loro origine[135].

---

[130] Cfr. *TWAT*, III, 181-182.

[131] Il testo di Esdra recita: *wᵉ'ēlay yē'āsᵉpû kol ḥārēd* ***bᵉ****dibrê 'ĕlōhê yiśrā'ēl* ***'al*** *ma'al* ...: la preposizione *'al* può dipendere direttamente da *dibrê*, oppure dal verbo, oppure, in costruzione doppia, da *ḥārēd*.

[132] Per l'espressione *ḥerdat 'ādām* di Prov 29,25, Kopf propone il senso di «Zuflucht suchen bei Menschen», in opposizione al *bṭḥ byhwh* del II emistichio («Arabische Etymologien», *VT* 9, 257).

[133] Cfr. Thomas, «A Consideration of some unusual ways», *passim*.

[134] Cfr. Joüon, «Notes de lexicographie», *Bib* 8, 55-56.

[135] Una doppia connotazione di questo tipo è riscontrabile nel termine italiano «sussultare» che può esprimere sia lo scuotimento fisico del mondo inanimato (cfr. il movimento «sussultorio» del terremoto) sia il trasalimento di chi è colto da emozione.

Nella coniugazione *Qal*, il senso di movimento fisico si ritrova in numerosi testi, a proposito della terra o di parti di essa, e serve a descrivere il terremoto. Così, in 1 Sam 14,15, dopo l'attacco di Gionata a un distaccamento di Filistei, la terra trema (*rgz*) e questo porta al parossismo la paura e il tremore (*ḥrd*) dei soldati [136]. Altrove il terremoto accompagna il manifestarsi di Dio come elemento teofanico o in senso metaforico per esprimere la reazione del cosmo davanti all'agire divino: cfr. 2 Sam 22,8 (le fondamenta dei cieli, e nel parallelo Sal 18,8 quelle dei monti, tremano per l'adirato intervento di Dio in favore dell'orante); Is 5,25 (i monti tremano quando Dio colpisce il suo popolo); Gioel 2,10 (la terra trema nel giorno del Signore) [137]; Am 8,8 (il terremoto che accompagna il giudizio di Dio sui peccati del popolo fa sussultare la terra come un fiume in piena) [138]; Sal 77,17.19 (abissi e terra sussultano davanti alla teofania e per la tempesta che vi si scatena); segnaliamo infine il testo di Ab 3,7 (le tende di Madian tremano alla venuta di Dio) [139].

Quando gli uomini sono il soggetto del verbo, questo esprime l'alterazione e lo scuotimento provocati da forti emozioni: dolore (2 Sam 19,1), eccitazione per un fatto straordinario (Is 14,9), e soprattutto timore e paura (Gen 45,24 [140]; Es 15,14; Deut 2,25; 2 Sam 7,10; Is 32,10.11; 64,1; Ger 33,9 [141]; Gioel 2,1; Mi 7,17; Ab 3,16 [142]; Sal 4,5; 99,1; 1 Cron 17,9; inoltre, potrebbe forse essere qui elencato anche il problematico testo di Ez 16,43 [143]).

---

[136] Per l'espressione *ḥerdat 'ĕlōhîm*, cfr. pp. 54 e 227-228.

[137] Sui rapporti del versetto con il contesto e per la lettura di *l^epānâw*, cfr. BEWER, 103-104; T. H. ROBINSON, 63; WOLFF, 55; RUDOLPH, 57.

[138] Per i problemi testuali della 2ª parte del versetto, rinviamo a HARPER, 179-180; T. H. ROBINSON, 100.102; WOLFF, 371.378; RUDOLPH, 262.

[139] Per le difficoltà presenti nel versetto e in particolare nel primo emistichio, cfr. HORST, 182, e soprattutto RUDOLPH, 235 e HIEBERT, *God of My Victory*, 21-23. Si veda inoltre DAHOOD, «A Sea of Troubles», 605, n. 4. Non accettabile ci sembra invece la soluzione di G. R. DRIVER («On Habakkuk») che modifica il testo fino a renderlo irriconoscibile.

[140] Si tratta del saluto di Giuseppe ai fratelli che stanno per mettersi in viaggio. Solitamente, viene tradotto come invito a non litigare, ma sembra meglio intenderlo come augurio di buon viaggio, cioè di un cammino senza timore. Cfr. JOÜON, «Notes de lexicographie», *Bib* 8, 55-56.

[141] Cfr. n. 89 del presente capitolo.

[142] La seconda ricorrenza di *rgz* nel versetto (... *w^etaḥtay 'ergāz 'ăšer* ...) presenta delle difficoltà, solitamente risolte rivocalizzando *'ăšer* in *'ăšūr* (RUDOLPH, 238) ed eventualmente anche modificando la persona del verbo e aggiungendo ad *'ăšūr* (o *'aššūr*) il suff. di 1ª pers. sing. (cfr. WARD, 28; HORST, 184; ALONSO – SICRE, 1106; HIEBERT, *God of My Victory*, 50-52). Ulteriori modificazioni nella vocalizzazione sono apportate da DAHOOD, che fa riferimento anche a una radice *ḥṭ'* («Hebrew-Ugaritic Lex. II», 409; «Ugaritic Lex.», 89).

[143] *ya'an 'ăšer lō' zākart(Q) 'et y^emê n^e'ûrayik wattirg^ezî lî b^ekol 'ēlleh* ...
Il testo viene solitamente letto rivocalizzando il verbo in forma *Hi* (*wattargīzî*), con senso di provocare, eccitare all'ira (cfr. HERMANN, 95; COOKE, 176; EICHRODT, 118; ZIMMERLI, 340; ALONSO – SICRE, 731). Si potrebbe però anche assumere la particella *lō'* del I stico con va-

Infine, l'idea del tremare, pur con diverse sfumature, è presente in Is 28,21 [144]; Prov 29,9; 30,21.

Preposizioni rette dal verbo: *l^e^* (Is 14,9 [+ *liqra't*] [145]; Ez 16,43); *lipnê* (Gioel 2,10); *min* (locale) (Mi 7,17) [146]; *mipp^e^nê* (Is 64,1); *'al* (Ger 33,9; Am 8,8); *taḥat* (Prov 30,21) [147].

Radici correlate (indichiamo solo quelle connesse con la paura): *ḥyl* (Deut 2,25); *ḥrd* (Is 32,11); *yr'* (Deut 2,25; Mi 7,17); *pḥd* (Deut 2,25; Ger 33,9; Mi 7,17); *ś^e^pātayim ṣll* (Ab 3,16). Cfr. inoltre l'accumulo in Es 15,14-16: *ḥîl, bhl(Ni), rā'ad, mwg(Ni), 'êmātâ, paḥad, dmm kā'āben.*

La coniugazione *Hi* ha normale senso causativo di scuotere, far tremare, in senso materiale o come reazione di paura. In due casi, assume sfumatura collegata all'irritazione e all'ira (1 Sam 28,15; Giob 12,6).

Anche lo *Hitp* va in questa linea (= irritarsi, adirarsi: cfr. Dizionari).

Va segnalato l'uso della preposizione *l^e^* nello *Hi* (Ger 50,34) e *'el* nello *Hitp* (2 Re 19,27.28 // Is 37,28.29).

I due sostantivi *rōgez* e *rogzâ* sono generalmente indicati dai Dizionari come aventi senso di agitazione, inquietudine, tremore. L'idea di ira sembra presente in Ab 3,2 [148], mentre in Giob 37,2 il sostantivo *rōgez* indica il fremito della voce di Dio (= tuono), o il tremore da essa provocato.

Anche all'aggettivo *raggāz* viene concordemente riconosciuto il senso di tremante, inquieto, spaventato (con soggetto, il cuore di Israele: Deut 28,65).

Termini correlati:

– *rogzâ* : *ra'aš, d^e^'āgâ* (2x), *šimmāmôn* (Ez 12,18-19)
– *lēb raggāz* : *kilyôn 'ênayim* e *da'ăbôn nāpeš* (Deut 28,65; ≠ *rg',Hi*; *mānôḥ*).

---

lore di negazione pure per il II (sul fenomeno, cfr. GK 152*z*; JOÜ 160*q*; e per l'ugaritico, DAHOOD, *Ugaritic-Hebrew Phil.*, 41) e così leggere: «poiché non hai ricordato ... e non mi hai temuto (= non hai tremato per me, cioè a causa mia) in tutte queste cose ...». L'ultima parte del versetto va poi intesa in senso interrogativo (cfr. ZIMMERLI e ALONSO – SICRE).

144 *k^e^'ēmeq .. yirgaz*, con Dio soggetto, può essere inteso o con riferimento locale (come nella valle: cfr. PROCKSCH, 359; ALONSO – SICRE, 223; WILDBERGER, 1064) o come semplice comparazione (come la valle: cfr. IRWIN, *Isaiah 28-33*, 35-36). In quest'ultimo caso prevarrebbe il senso fisico del verbo.

145 Si noti l'uso di *liqra't*, come già visto per *ḥrd* (cfr. p. 53).

146 Il testo di Mi 7,17 presenta delle difficoltà, già indicate a pp. 48-49 a proposito del sintagma *pḥd 'el* (cfr. soprattutto n. 95). Per quel che riguarda *rgz min*, tutti gli autori citati in quella nota gli attribuiscono idea di movimento (venire tremando da ...). Resta però sempre la possibilità di tradurre semplicemente «fremeranno dai loro nascondigli», con accentuazione dell'idea di separazione e lontananza rispetto al centro di interesse, focalizzato sull'agire di Dio. Cfr. anche p. 53, a proposito di *ḥrd min*.

147 Un rapporto tra il verbo *rgz* e la preposizione *taḥat* è presente anche in Ab 3,16, ma il testo è di difficile lettura (cfr. n. 142).

148 Cfr. Dizionari e JOÜON, «Notes de lex.», *Bib* 8, 55.

7. bhl[149] (42x)

bhl : *Ni*: 24x; *Pi*: 9x[150]; *Pu*: 2x; *Hi*: 3x
behālâ : 4x

La radice esprime due idee, quella dell'affrettarsi e quella dello sconvolgimento[151]. Solo questo secondo significato, molto più frequente dell'altro[152], riguarda il nostro studio e noi ci occuperemo perciò solamente dei testi che lo concernono.

L'idea di sconvolgimento espressa dal verbo ha dimensioni ampie: si tratta di una situazione di grave turbamento determinato principalmente dalla paura, anche in concomitanza con altri elementi (ad es. lo sfinimento per fame, insieme con l'angoscia: cfr. 1 Sam 28,20-21), e che mette in stato confusionale e di agitazione (cfr. sotto, i vari correlati), a volte rendendo anche incapaci di reagire (cfr. Gen 45,3; Ger 51,30-32)[153].

Con il *Ni* compaiono le seguenti preposizioni: *b^e* (Sal 90,7); *min* (Is 21,3[154]; Ez 26,18); *mipp^enê* (Gen 45,3; Giob 23,15).

---

[149] Cfr. Otzen, *TWAT*, I, 520-523.

[150] Non contiamo Esd 4,4 che presenta la radice *bhl* solo nel *Qere* (definito da BDB «needless»). Tale testo sarà trattato sotto la radice *blh*, secondo il *Ketib*.

[151] La convergenza in un'unica radice di questi due significati è variamente spiegata dagli autori. Palache (*Semantic Notes*, 12-13) considera il rapporto tra i due elementi come uno sviluppo semantico molto frequente e mostra lo stesso fenomeno in altre radici ebraiche di paura. Non ritiene perciò il senso di affrettarsi come un aramaismo, contro Kautzsch (*Die Aramaismen*, 106). Anche Wagner (*Die lexikalischen*, 33) considera il senso di «eilen» come derivato dall'aramaico. Altri autori fanno invece riferimento all'arabo: così Blau («Etymologische Untersuchungen», 339), che indica nell'arabo classico un significato originario («atemlos sein») da cui potrebbero essersi sviluppati gli altri.

[152] Il senso di affrettarsi è presente solo in una decina di testi, per lo più tardivi:
Ni: Prov 28,22; Qoh 8,3 (ma Wildeboer, 150, interpreta diversamente).
Pi: Qoh 5,1; 7,9; Est 2,9.
Pu: (Prov 20,21 [*Q*]); Est 8,14.
Hi: 2 Cron 26,20; Est 6,14.

A questi va probabilmente aggiunto il testo di 2 Cron 35,21 (... *wē'lōhîm 'āmar l^ebahălēnî* ...), come in BDB, ZOR, KB (come possibilità da preferire, ma in KB^I gli si attribuiva senso di spaventare); cfr. anche Polzin, *Late Biblical*, 129. Anche i commentatori traducono solitamente *bhl* in questo versetto con affrettarsi: cfr. Keil, 382; Kittel, 177; Rudolph, 330; Myers, 214. Ma Galling, 177, prende posizione diversa e traduce con «um mich in Bestürzung zu versetzen», rifiutando esplicitamente in nota il senso di «eilen» per questo testo. Noi preferiamo seguire l'opinione più comune, che permette una traduzione migliore dal punto di vista del senso; resta però in tal caso problematica la forma grammaticale, in inf. costr. con suff., che tra l'altro non si ritrova mai nei testi citati sopra ed è invece uguale a quella di 2 Cron 32,18 ove ha senso di sconvolgere.

[153] Sull'effetto paralizzante della paura, cfr. pp. 224-226 (cfr. pure p. 244).

[154] Alla preposizione *min* in Is 21,3 (*na'ăwêtî miššᵉmō' nibhaltî mērᵉ'ôt*) sono stati attribuiti valori diversi (cfr. Wildberger, 765). Sebbene il più probabile sia quello causale (come nell'unica altra attestazione di *bhl min*, in Ez 26,18), non si può tuttavia escludere la possibilità di un senso negativo (cfr. JOÜ 169*h*) o comparativo («così da non; troppo..

Soggetti particolari: le mani del popolo (Ez 7,27)[155], le isole (Ez 26,18), le ossa e l'anima del salmista (Sal 6,3.4)[156].

Il *Pi* e lo *Hi* hanno valenza causativa (sconvolgere) e sono sempre costruiti con il suffisso pronominale. La preposizione che vi compare è *b^e*, che segnala la causa strumentale.

Correlati della radice[157]:

Ni: *'bd* (Sal 83,18); *'êmātâ* (Es 15,16); *'umlal* (Sal 6,3); *bwš* (Sal 6,11; 83,18); *b't,Pi* (Is 21,4); *dmm kā'āben* (Es 15,16); *ḥyl* (Es 15,14; Is 13,8; 21,3; Sal 48,7); *ḥpz,Ni* (Sal 48,6); *ḥpr* (Sal 83,18); *ḥrd* (Is 21,4; Ez 26,18); *yll,Hi* (Is 13,6); *l'h* (Giob 4,5); *mwg,Ni* (Es 15,15); *'wh,Ni* (Is 21,3); *pḥd* (Es 15,16; Giob 23,15); *pallāṣût* (Is 21,4; Giob 21,6); *p^enê l^ehābîm* (Is 13,8); *ṣîrîm* (Is 21,3); *ṣîrîm waḥăbālîm* (Is 13,8); *rgz* (Es 15,14); *r'd* (Es 15,15; Sal 48,7); *š^emāmâ* (Ez 7,27); *tmh* (Is 13,8; Sal 48,6); *yādayim rph* (2 Sam 4,1; Is 13,7); *lēbāb mss(Ni)* (Is 13,7); *lēbāb t'h* (Is 21,4).
Pi: *yr',Pi* (2 Cron 32,18); *rdp* (Sal 83,16).
Hi: *rkk(Hi) lēb* (Giob 23,16).

Dio è all'origine dello sconvolgimento in Sal 2,5 (*baḥărônô*); 83,16 (*b^esûpāt^ekā*); 90,7 (la sua ira); Giob 23,15.16[158].

Il significato del sostantivo *behālâ*, con le sue poche attestazioni, è di non facile decifrazione. Il senso di sconvolgimento, spavento sembra chiaro in Lev 26,16 e Ger 15,8 (al plurale, congiunto a *'îr*)[159]; la costru-

---

per»; cfr. tale uso di *min*, ad es., in Gen 27,1: *wattikhènā 'ênâw mēr^e'ōt*; Is 59,1: *w^elō' kāb^edâ 'oznô miššemô'*; Ab 1,13: *ṭ^ehôr 'ênayim mēr^e'ôt rā'*). Se si accetta tale possibilità, ci si troverebbe allora davanti ad una ulteriore espressione di quella incapacità ad agire e ad essere presenti a se stessi che può far parte dello stato di sconvolgimento.

[155] Il verbo sembra qui indicare quell'agitazione, quel tremito convulso delle mani che si accompagna a volte alla paura. Altra somatizzazione riferita alle mani si trova espressa pure al v. 17: *kol hayyādayim tirpènâ*. Cfr. anche più avanti, pp. 214-215.

[156] Commentando questo testo, DELITZSCH (97-98) spiega accuratamente il senso di *bhl*: «Die Bitte um Heilung wird dadurch begründet dass seine Gebeine... erschreckt sind; *nibhal* bed. sowohl den Zustand äusserer Überstürzung als innerer Bestürzung, also die Wirkung des ausser Fassung bringenden Schreckens und haltlos machender Erregung. Noch erschütterter als sein Leib ist seine Seele».

[157] Essendo i correlati molto numerosi, per semplificare indichiamo le radici senza distinguere, quando ambedue compaiono, tra verbi e sostantivi.

[158] A questi, si può aggiungere il testo di Sof 1,18 assumendo con HORST, 192, la forma *nibhālâ* come «astratto verbale». Cfr. anche RUDOLPH, 264.

[159] Il versetto è difficile nella sua parte centrale, ma la maggior parte degli autori concorda sul senso da attribuire qui al nostro termine. Cfr. VOLZ, 168; BRIGHT, 105; RUDOLPH, 102; WEISER, 121; CARROLL, 321; HOLLADAY, 421; MCKANE, 341.

zione in questi due testi è simile: *pqd(Hi) 'al* in Lev [160] e *npl(Hi) 'al* in Ger, con Dio soggetto degli *Hi*.

Meno chiare sono invece le altre due attestazioni, nelle quali il nostro termine può essere inteso sia in senso soggettivo che oggettivo: Is 65,23 (*yld labbehālâ*) [161]; Sal 78,33 (*klh,Pi... babbehālâ*, con Dio soggetto del verbo) [162]. In parallelo abbiamo le espressioni *yg' lārîq* (Is) e *bahebel* (Sal).

8. **'rṣ** [163] (37x)

'rṣ : *Qal*: 11x; *Ni*: 1x; *Hi*: 3x
'ārîṣ : 20x
ma'ărāṣâ : 1x
(*'ārûṣ*: 1x) [164]

Il verbo, di incerta etimologia (cfr. KB), ha significato di spaventare e temere [165]. Tale distinzione tra i due sensi non necessariamente coincide con quella tra *Hi* e *Qal*.

Schematicamente, possiamo così indicarne la suddivisione:

a) *Temere* [166]:

+ *Qal*: – in forma assoluta: Gios 1,9 (esortazione a Giosuè di non temere; // *ḥtt*; ≠ *ḥzq, 'mṣ*)

---

[160] Nel testo di Lev 26,16 (*wᵉhipqadtî 'ălêkem behālâ 'et haššaḥepet wᵉ'et*...), il termine *behālâ* è solitamente assunto, con il senso di spavento e terrore, come complemento oggetto dello *Hi*: cfr. NOTH, 170; ELLIGER, 361; CORTESE, 122 (ma ZOR indica, per questo testo, il senso di «terribilia mala»; cfr. anche DELITZSCH nel suo Commento a Is 65,23). Si potrebbe però anche pensare ad un uso avverbiale del nostro sostantivo, che si presenta di fatto con un regime diverso da quello dei sostantivi seguenti, senza *'et* (cfr. anche n. 191 del presente capitolo). Il nostro termine servirebbe allora a qualificare come «spaventosa» la modalità dell'intervento punitivo di Dio.

[161] L'espressione è interpretata o nella linea della paura (BDB; KB; DUHM, 449; WESTERMANN, 323) o della sciagura e morte (GES; ZOR; DELITZSCH, 623; ALONSO – SICRE, 385.389).

[162] Attribuiscono al termine senso di spavento e angoscia: BDB; KB; WEISER, 351; KRAUS, 700; RAVASI, II, 613. Gli danno connotazione di fine (improvvisa) o di rapidità e fretta: GES; ZOR; DELITZSCH, 519.526.

Per il gioco sonoro tra *behālâ* e *hebel*, cfr. KSELMAN, «Semantic-Sonant Chiasmus», 222.

[163] Cfr. JOÜON, «Notes de lexicographie», *MUSJ* V, 443-446.

[164] In Giob 30,6. Il termine è di dubbio significato e di incerta attribuzione alla radice. Sulle diverse posizioni degli autori, cfr. ALONSO – SICRE, 423.

[165] JOÜON (*ibid.*, 445) mostra lo sviluppo semantico del verbo da «*exercer (sa) force*», «*exercer violence* ou *oppression*» fino a «redouter», passando per «*trouver fort... redoutable*». Egli mantiene il senso primario anche in quei testi che noi, con i Dizionari, indichiamo come aventi senso di spaventare.

[166] Come si può vedere dallo schema, quando il verbo esprime l'avere paura è quasi sempre usato in esortazioni che la negano (6x su 8x).

– con oggetto diretto: Giob 31,34 (l'ipotetica paura della folla da parte di Giobbe; // *ḥtt,Hi*)[167]
– con *min*: Deut 1,29 (in congiunzione con *yr'*: esortazione al popolo di non temere gli Amorrei)
– con *mippenê*: Deut 7,21; 20,3 (// *lēbāb rkk, yr', ḥpz*); 31,6 (// *yr'*; ≠ *ḥzq, 'mṣ*): esortazioni rivolte al popolo di non temere

\+ *Hi*: – con *'et*: Is 8,12 (in congiunzione con *yr'*: esortazione a non temere ciò che gli altri temono); 29,23 (timore di Dio; // *qdš,Hi*)

b) *Spaventare*[168]:

\+ *Hi*: – participio + suffisso pronominale: Is 8,13 (non ciò che gli altri temono [v. 12], ma Dio solo deve essere la causa di timore per i suoi fedeli; // *môrā'*, e in correlazione con *qdš,Hi*)[169]

\+ *Qal*: – in forma assoluta: Is 47,12 (Babilonia, davanti alla sciagura inevitabile, è ironicamente invitata a giovarsi degli incantesimi per spaventare gli altri); Sal 10,18 (l'uomo potente, ma pur sempre fatto di terra, non potrà più seminare il terrore se Dio interviene a fare giustizia)
– con oggetto diretto: Is 2,19.21 (Dio spaventa la terra nel suo intervento di giudizio[170]; in correlazione con *paḥad* e *hădar gā'ôn*); Giob 13,25 (Dio percepito da Giobbe come uno che terrorizza una foglia; in correlazione con *rdp* e inoltre *str(Hi) pānîm* e *ḥšb (*+ suff.*) le'ôyēb* del v. 24).

La forma *Ni* appare solo al participio, con senso di temuto o temibile[171], predicato di Dio (Sal 89,8; // *nôrā'*)[172].

---

[167] *kî 'e'ĕrôṣ hāmôn rabbâ ûbûz mišpāḥôt yeḥittēnî.*
La costruzione chiastica è complicata dal cambio dei soggetti grammaticali: il soggetto di paura del I emistichio diventa nel II l'oggetto dell'azione di spaventare.

[168] Come si può notare, soggetto del verbo con questo senso è solitamente Dio, tranne nei due casi del *Qal* costruiti senza oggetto.

[169] Assumiamo la forma *ma'ărīṣekem* come part. *Hi* (con BDB e ZOR), ma alcuni la trattano come un sostantivo (GES: «Ggst. der Furcht») o rivocalizzano in *ma'ăraṣkem* («Schrecken», congettura riportata da KB; cfr. WILDBERGER, 335), per il parallelismo con *môrā'*. Tale parallelismo resta comunque valido semanticamente, poiché colui che incute timore è logicamente pure l'oggetto della paura. In italiano si potrebbe esprimere l'ambiguità delle due nozioni e anche quella tra *Hi* e *Qal*, tipica del nostro verbo, rendendo il testo: sarà lui il vostro spavento.

[170] *... beqûmô la'ărōṣ hā'āreṣ.* L'inf. costrutto va inteso come gerundio e l'allitterazione presente nell'ebraico può essere mantenuta nell'italiano traducendo: quando si alza atterrendo la terra (cfr. anche ALONSO – SICRE, 125.127).

[171] BDB: terribile; GES: furchtbar; ZOR: verendus; KB: gefürchtet.

[172] *'ēl na'ărāṣ besôd qedōšîm rabbâ wenôrā' 'al kol sebîbâw.*
Il termine *rabbâ* è solitamente mutato in *rab*, seguendo anche le antiche Versioni, ed è inteso come aggettivo di *'ēl* e congiunto con *wenôrā'* nonostante la posizione della *atnaḥ*

Il termine *'ārîṣ* è presente per lo più in testi poetici: nei tre grandi profeti (Is: 7x; Ger: 2x; Ez: 4x, sempre nella forma *'ārîṣê gôyim*), nei Salmi (3x), in Giobbe (3x) e 1 volta nei Proverbi.

Il suo senso è «forte, potente», e, con sfumatura peggiorativa, «violento, aggressore, tiranno». Anche se logicamente chi è violento e potente fa paura, tuttavia non sembra reperibile nel termine una connotazione direttamente relazionata al timore [173]. Anche i termini usati in parallelo insistono piuttosto sulla dimensione di forza, malvagità, ostilità (*gibbôr, ṣar, ra', rāšā'*, ecc.: cfr. ad es. Is 49,25; Ger 15,21; Giob 6,23; 15,20).

Il sostantivo *ma'ărāṣâ* (Is 10,33) è di dubbio significato [174]. Noi propendiamo, con ZOR, per un suo senso nella linea della forza e della potenza che incutono timore.

9. **gwr** [175] (23x)

gwr : *Qal*: 10x; *Hitpo*: 1x [176]
māgôr : 9x [177]
m^egôrâ : 3x

Il verbo *gwr*, «allomorfo» di *ygr* [178], ha significato di avere paura, temere.

È solitamente costruito con le preposizioni *min* (Deut 18,22; Sal 22,24; 33,8; Giob 41,17) e *mipp^enê* (Num 22,3, // *qwṣ*; Deut 1,17; 1 Sam 18,15; Giob 19,29); una volta con accusativo diretto e seguito da *pen* (Deut 32,27); e in due casi con la preposizione *l^e*, come *dativus commodi* in Giob 19,29 [179] e probabilmente con senso analogo in Os 10,5 [180].

(cfr. *BHS*; WEISER, 386; KRAUS, 780-781). Noi preferiamo mantenere il TM e assumere *rabbâ* come avverbio che qualifica il participio *na'ărāṣ*. Cfr. anche Giob 31,34: *'e'ĕrôṣ hāmôn rabbâ*.

173 Ma BDB indica: «awe-inspiring, terror-striking».

174 BDB: awful shock, crash; ZOR: terrifica potentia; GES e KB: Schreckensgewalt (ma indicano anche la possibile correzione di DUHM in *ma'ăṣād*, Axt; cfr. pure WILDBERGER, 425).

175 Facciamo qui riferimento alla radice *gwr* con senso di temere, solitamente indicata, da Dizionari e Concordanze, come *gwr* III (tranne ZOR che la indica invece come I).

176 Accettiamo, nella radice indicante paura, la forma *Hitpo* di Os 7,14 indicata da ZOR.

177 Includiamo tra le occorrenze di *māgôr* anche la forma plurale *m^egûray* di Lam 2,22 seguendo in ciò BDB e ZOR e, tra le Concordanze, MAND (con punto interrogativo).

178 Cfr. KB e *TWAT*, I, 980.

179 Si noti la doppia costruzione: *gûrû lākem mipp^enê ḥereb*...

180 La frase di Osea (*l^e'eglôt bêt 'āwen yāgûrû*) potrebbe essere intesa nel senso di un timore reverenziale nei confronti dell'immagine della divinità, con *l^e* che indicherebbe così l'oggetto della venerazione (cfr. HARPER, 346; WOLFF, 221.222; ALONSO – SICRE, 906). Ma si

La forma *hapax* dello *Hitpo* in Os 7,14 (*ʿal dāgān wᵉtîrôš yitgôrārû*) è solitamente mutata nel verbo *yitgôdādû*, attestato anche in alcuni manoscritti [181]. Ma il verbo *gwr* ci sembra permettere una buona lettura del testo senza necessità di cambiarlo: vi sarebbe infatti descritto l'atteggiamento di timore reverenziale nei confronti degli dèi cananei Dagan e Tiroš, in contrasto con quello nei riguardi del Signore [182].

La radice esprime il timore reverenziale, oltre che nell'appena citato testo di Os 7,14, anche in Sal 22,24 (// *hll,Pi*; *kbd,Pi*); 33,8 (// *yr'*).

Il sostantivo *māgôr* (paura, terrore), usato soprattutto in Ger (6x), si presenta quasi sempre nella forma *māgôr missābîb* (uniche eccezioni, Is 31,9 e Ger 20,4). In Ger 20,3 questa espressione diventa il nuovo nome di Pašḥûr, e ne segna il destino di terrore per sé e per i suoi (v. 4) [183].

L'unico caso di uso al plurale si trova in Lam 2,22 (*tiqrā' kᵉyôm môʿēd mᵉgûray missābîb*). Benché sia possibile per questo testo fare riferimento ad altro *gwr* con senso di attaccare, combattere [184], preferiamo mantenere il riferimento alla nostra radice [185], per le altre sue attestazioni del sostantivo. Resta però possibile, e forse intenzionale, l'ambiguità del termine stesso, per cui i terrori (e anche, per metonimia, le cose o persone che terrorizzano) sono designati in modo tale da evocare gli attaccanti e la loro violenza distruttiva.

I numerosi termini correlati che ricorrono in Ger 46,5 permettono di situare il nostro termine in un preciso contesto di conflitto: *ḥattîm nᵉsōgîm 'āḥôr .. yukkattû ûmānôs nāsû wᵉlō' hipnû*.

L'altra forma sostantivale, *mᵉgôrâ*, indica il terrore nel senso oggettivo di motivo, oggetto della paura (Is 66,4; Sal 34,5; Prov 10,24).

Termine correlato: *taʿălūlîm* (Is 66,4); antonimo: *ta'ăwâ* (Prov 10,24).

---

può anche assumere il sintagma *gwr lᵉ* in senso analogo a quello dell'altra sua occorrenza in Giob 19,29 e capire l'atteggiamento espresso dal verbo come trepidazione e timore «per» (= complemento di vantaggio) la divinità (cfr. Rudolph, 195-196; Jeremias, 127, come possibilità). Questa lettura sarebbe coerente con il contesto e in particolare con le espressioni correlate *'bl ʿal* e *gyl ʿal* (da interpretare quest'ultima, senza necessità di modificazione, nel senso di un trepidare timoroso: cfr. GES (*Thes*), 282).

[181] Cfr. Harper, 305-306; Wolff, 136; Rudolph, 152; Andersen – Freedman, 475; Jeremias, 91. Ginsberg mantiene invece la lettura da *gwr*, ma come radice aramaica con senso di commettere adulterio, fornicare («Lexicographical Notes», 75-77).

[182] Cfr. Alonso – Sicre, 895.896 e, sulle due divinità cananee, Dahood, «Ugaritic and the O.T.», 53.

[183] Sull'episodio di Pašḥûr, cfr. Alonso – Sicre, 506. Per altre spiegazioni sul nome e il suo mutamento, cfr. Honeyman, «*Māgôr mis-sābîb*»; Wächter, «Überlegungen zur Umnennung»; Holladay, «The Covenant with the Patriarchs»; Christensen, «Terror on Every Side».

[184] Cfr. McDaniel, «Philological Studies», 42-44 (che rivocalizza come part. *Hi*: *mᵉgîray*) e Hillers, 41.

[185] Cfr. Kraus, 32.33; Albrektson, *Studies*, 124; Kaiser, 328; Boecker, 41. Altri rivocalizzano come part. *Po*: *mᵉgōrᵉray* (cfr. Rudolph, 221: «die, die mich in Schrecken setzen»).

10. * **'ym**[186] (20x)

'êmâ : 17x[187]
'āyōm : 3x

Il sostantivo *'êmâ* ha significato di paura, terrore. Una forma arcaica *'êmātâ*[188] è attestata in Es 15,16. La terminazione del plurale si può presentare sia in *-ôt* (Sal 55,5) che in *-îm* (Ger 50,38; Sal 88,16; Giob 20,25).

È usato in diverse costruzioni:

- come soggetto nei sintagmi:
  npl 'al: Gen 15,12 (torpore e paura si impadroniscono di Abramo nel contesto dell'alleanza con Dio)[189]; Es 15,16 (la paura dei popoli davanti all'evento del Mar Rosso); Gios 2,9 (Gerico in preda alla paura di Israele); Sal 55,5 (terrori mortali hanno colto il salmista)
  (*'al/lō'*) *b't(Pi)*+suff.: Giob 9,34; 13,21; 33,7: la paura nei confronti di Dio (9,34; 13,21) e di Elihu (33,7) non deve «spaventare» Giobbe[190]
  hlk 'al: Giob 20,25 (i terrori assalgono l'empio)

- come oggetto di:
  šlḥ(Pi) lipnê: Es 23,27 (Dio invia il suo terrore davanti ad Israele per spaventare i popoli nemici)
  nś': Sal 88,16 (il salmista oppresso dalla paura di Dio)
  forse *hgh*: Is 33,18 (Israele salvato ricorda le angoscie del passato)[191]

---

[186] Cfr. McCarthy, «Some Holy War», 229; Zobel, *TWAT*, I, 235-238.

[187] Non computiamo Ez 42,16, da leggere, secondo il *Q*, *mē'ôt* (cfr. Zimmerli, 1066). Tale testo non viene incluso nella nostra radice né dalle Concordanze né dai Dizionari (è solo menzionato in KB, ma per indicarne la lettura secondo il *Q*).

[188] Cfr. GK 90g; Freedman, «Archaic Forms», 105.

[189] *w^ehinnēh 'êmâ ḥăšēkâ g^edôlâ nōpelet 'ālâw.*
La relazione tra il nostro sostantivo e *ḥăšēkâ* è problematica e vari esegeti considerano il secondo termine una glossa, eventualmente riferita al v. 17 (cfr. Chauvin, «Genèse XV»; Skinner, 281; Cazelles, «Connexions», 340; Zimmerli, 48 e inoltre Westermann che non traduce il termine e giudica l'intera frase «unnötig»: 251.268). Comunque sia, l'attuale posizione nel testo lo presenta come una sorta di apposizione al sostantivo *'êmâ*.

[190] In questi tre testi di Giobbe, Dahood («Hebrew-Ugaritic Lex. I», 293.295) propone per *'ēmâ* (che si presenta in *scriptio defectiva*) la lettura *'ammâ* («forearm, elbow»), a motivo del parallelismo con i termini *šebeṭ* (9,34); *kap* (13,21) e *'ekep* («hollow of the hand»: 33,7). Tale modifica non ci sembra però necessaria, poiché manca un parallelismo stretto tra gli altri elementi degli stichi (ove al verbo *b't,Pi* corrispondono rispettivamente i verbi *swr(Hi) mē'al*; *rḥq(Hi) mē'al*; *kbd 'al*). Invece, la menzione della paura sembra molto significativa e coerente con il contesto (cfr. anche pp. 65-66).

[191] *libb^ekā yehgeh 'êmâ*. Ma *'êmâ* potrebbe anche essere inteso come accusativo di modo, con valore quasi avverbiale (sul fenomeno, cfr. JOÜ 102*d*; 126*d*).

- in frasi nominali: Deut 32,25 (contesto di giudizio punitivo di Dio su Israele)[192]; Giob 39,20 e 41,6 (descrizione del cavallo e del Leviatan); Prov 20,2 (la paura del re, paragonato indirettamente a un leone)[193]
- nell'espressione *b^e'êmâ 'al-.. min...*: Esd 3,3[194].

Quando *'êmâ* è usato con suffisso pronominale, questo indica sempre l'oggetto della paura (Es 23,27; Gios 2,9; Sal 88,16; Giob 9,34; 13,21; 33,7). Lo stesso accade nell'uso in catena costrutta di Prov 20,2[195].

Segnaliamo infine il testo di Ger 50,38 ove il termine *'êmîm* designa gli idoli.

Termini correlati:

hmm (Es 23,27); *ḥăšēkâ* (Gen 15,12); *yr'* (Giob 9,35); *mwg,Ni* (Gios 2,9); *ntn ... 'ōrep* (Es 23,27); *pwn* (? Sal 88,16)[196]. Notare inoltre l'accumulo in Sal 55,5-6: *lēb ḥyl, yir'â, ra'ad, pallāṣût*, e quello già indicato di Es 15,14-16 (cfr. alla voce *rgz*, p. 56).

L'aggettivo *'āyōm* si trova in Ab 1,7 (predicato dei Caldei, in congiunzione con *nôrā'*) e Cant 6,4.10 (nell'espressione *'ăyummâ kannidgālôt*, predicata della sposa)[197].

11. **b't** (20x)

b't : *Ni*: 3x; *Pi*: 13x
b^e'ātâ : 2x
bī'ûtîm : 2x

La radice, se si fa riferimento alla sua corrispondenza con l'arabo, esprime idea di cosa improvvisa, che coglie di sorpresa[198]. Ma ciò, nei

---

[192] Non riteniamo necessario il cambiamento di senso proposto per questo testo da Gaster («Deuteronomy xxxii.25») che, in riferimento all'arabo, legge il nostro termine come «widowhood».

[193] *naham kakk^epîr 'êmat melek* («un ruggito da leone: paura del re»). Per il commento al testo, cfr. McKane, 543-544; e Alonso – Vilchez, 389.

[194] Il testo è di difficile comprensione. Per le varie possibilità di soluzione, cfr. Rudolph, 28; Michaeli, 264.

[195] L'espressione *'êmôt māwet* di Sal 55,5 va invece intesa come forma superlativa (cfr. Thomas, «A Consideration», 221; Rin, «The *mwt*», 325; Thomas, «Some further remarks», 123).

[196] La forma *'āpûnâ* è un *hapax* da connettere probabilmente con l'idea di estenuazione, sfinimento. Cfr. Ravasi, II, 818.

[197] Sull'espressione e le diverse interpretazioni, cfr. l'ampia esposizione di Pope, 560-563.

[198] Cfr. Joüon, «Notes de lexicographie», *Bib* 6, 315-316.

nostri testi, ha sempre una qualche relazione alla paura [199], così che tale elemento dello spavento [200] diventa determinante per il senso della radice. Mantenendo le due connotazioni, ci sembra di poter indicare come significato del verbo al *Ni* «essere spaventato, essere colto da paura», e al *Pi* «spaventare, sconvolgere», ma con insistenza sulla componente di sopraffazione tipica di ogni emozione e in particolar modo della paura [201].

La forma *Ni* si trova in testi tardivi (Est 7,6; Dan 8,17; 1 Cron 21,30), sempre con un uomo singolo come soggetto. Si costruisce con la preposizione *millipnê* (Est 7,6) o *mippᵉnê* (1 Cron 21,30).

Anche la forma *Pi*, nella quasi totalità dei casi, ha per soggetto della paura (grammaticalmente, oggetto del verbo) un individuo [202]. È usata quasi sempre in poesia (uniche eccezioni, 1 Sam 16,14.15), prevalentemente in Giobbe (8x).

La connotazione di sopraffazione si evidenzia quando soggetti del verbo in *Pi* sono dei termini che esprimono la paura o l'angoscia: *'ēmâ* (Giob 9,34; 13,21; 33,7) [203]; *ballāhôt* (Giob 18,11) [204]; *pallāṣût* (Is 21,4); *ṣar ûmᵉṣûqâ* (Giob 15,24) [205]. In questi casi, l'idea che si esprime è quella

---

[199] Joüon, *ibid.*, indica il solo significato primario di «saisir soudain» per 1 Sam 16,14.15; 2 Sam 22,5 (= Sal 18,5) e forse Giob 3,5. Tuttavia, i soggetti di questi testi sono tutti connotabili come pericolosi o comunque sconvolgenti e paurosi: essi sono *rûḥ ('ĕlōhîm) rā'â* (1 Sam 16,14.15), *naḥălê bᵉliyya'al* (2 Sam 22,5 // Sal 18,5), *kamrîrê yôm* (Giob 3,5); l'essere afferrati da essi non si può dunque disgiungere dallo sgomento che ciò provoca. Per la lettura *kamrîrê yôm* (oscuramenti del giorno = eclisse?, da una radice *kmr*) di Giob 3,5, cfr. le posizioni dei vari autori in Alonso – Sicre, 118.

[200] Usiamo appositamente il termine spavento che sottolinea la componente di «subitaneità». Cfr. la definizione datane nel *Dizionario Garzanti* (Milano [12]1974): «paura violenta e improvvisa».

[201] I Dizionari danno le seguenti indicazioni (che riportiamo schematicamente):

Ni:	BDB	be terrified
	GES	v. plötzl. Schrecken überwältigt w.
	ZOR	conterritus est, expavit
	KB	v. plötzlichem Schrecken befallen werden.
Pi:	BDB	1) fall upon; overwhelm; assail. 2) terrify
	GES	plötzlich überfallen; durch böse Träume erschrecken
	ZOR	1) subito invasit. 2) terruit
	KB	1) erschrecken. 2) aufschrecken.

[202] Eccezioni, Giob 3,5 e 13,11 che hanno come soggetti della paura rispettivamente una cosa (il giorno della nascita) e gli amici di Giobbe assunti collettivamente (indicati con la 2ª pers. plur.).

[203] Manteniamo in questi tre testi la lettura *'ēmâ*, paura, del TM. Cfr. n. 190 del presente capitolo.

[204] Nel testo di Giob 18,11 si potrebbe però forse rintracciare in *ballāhôt* una sfumatura di significato più vicina all'idea di pericolo, suggerita dalle immagini dei vv. 8-10 (*rešet, śᵉbākâ, paḥ, ṣammîm, ḥebel, malkōdet*).

[205] La divisione in stichi di Giob 15,23-24 differisce tra i vari autori (cfr. Alonso – Sicre, 239-240). Noi seguiamo il TM.

della paura che terrorizza e sconvolge perché l'individuo ne è invaso, afferrato e sempre più sopraffatto [206].

Dei tre casi in cui *'ēmâ* è soggetto grammaticale del *Pi*, in due si tratta della paura nei confronti di Dio (Giob 9,34; 13,21). Anche la sua maestà (*śᵉ'ēt*: Giob 13,11) spaventa; e ancora Dio stesso, per mezzo (*min*) di visioni notturne (Giob 7,14) [207].

Termini correlati del verbo:
Ni: *npl 'al pānîm* (Dan 8,17)
Pi: *ḥtt(Pi)* (Giob 7,14); *yr'* (Giob 9,35); *npl paḥad 'al* (Giob 13,11); l'accumulazione in Is 21,3-4: *ḥalḥālâ, ṣîrîm, 'wh(Ni), bhl(Ni), lēbāb t'h, pallāṣût, ḥărādâ.*

I due sostantivi *bᵉ'ātâ* e *bī'ûtîm* indicano lo spavento e il terrore.
bᵉ'ātâ si presenta in stato assoluto, in opposizione a *'ēt marpēh / marpē'* (Ger 8,15; 14,19).
bī'ûtîm (Sal 88,17; Giob 6,4) si riferisce alla paura nei confronti di Dio [208]; nel Salmo è in correlazione con *'êmâ* (v. 16) e *ḥārôn* (di Dio).

12. **hwm / (hym)** [209] (18x)

hwm : *Qal*: 1x; *Ni*: 3x; *Hi* (?): 2x [210]
mᵉhûmâ : 12x

Il verbo *hwm*, «allomorfo» di *hmm*, è con quest'ultimo probabilmen-

---

[206] Può essere a questo proposito interessante segnalare che questi stessi termini di paura sono altrove soggetti anche di altri verbi che esprimono una idea analoga a quella da noi suggerita. Indichiamo i più significativi:
'êmâ + npl 'al (Gen 15,12; Es 15,16; Gios 2,9; Sal 55,5)
ballāhôt + hpk(Ho) 'al (Giob 30,15)
pallāṣût + ksh(Pi) (Ez 7,18; Sal 55,6) e forse *'ḥz* (Giob 21,6).
Cfr. anche pp. 229-230.

[207] La costruzione di Giob 7,14 è di tipo chiastico:
wᵉḥittattānî baḥălōmôt *ûmēḥezyōnôt tᵉba'ătannî.*
Le due preposizioni *bᵉ* e *min* si corrispondono, in variazione stilistica, con lo stesso valore di causa strumentale (cfr. DHORME, 95). Appare così superflua l'annotazione di GORDIS, 81, su un possibile «original reading with Beth» nel secondo emistichio.

[208] Ma nell'espressione *bī'ûtê 'ĕlôh* di Giob 6,4, il termine *'ĕlôh* potrebbe forse avere valore di superlativo (cfr., per altri esempi, p. 228).

[209] Cfr. STOLZ, *THAT*, I, 502-504; H.P. MÜLLER, *TWAT*, II, 449-454. Ambedue le trattazioni sono inserite alla voce *hmm*, che noi invece tratteremo separatamente.

[210] L'attestazione di una forma *Hi*, in Mi 2,12 e Sal 55,3, è in realtà molto problematica e abbastanza improbabile. *THAT* (502) afferma al proposito: «Die Hi.-Formen von *hūm* sind textlich sehr problematisch», mentre *TWAT* (454) esclude la possibilità di una tale coniugazione per il nostro verbo. I Dizionari indicano diverse possibili emendazioni del testo per risolvere il problema; ma ZOR, pur facendo menzione di questo, mantiene il TM che legge come *Qal* con valore intransitivo (facendolo evidentemente derivare da *hym*). Un'altra ipotesi che mantiene inalterato il TM è offerta da WERNBERG-MØLLER che spiega

te derivato da una primitiva radice semitica *hm*[211]. Il suo significato fondamentale è legato all'idea di rumore e confusione: transitivamente, creare confusione e scompiglio, turbare; intransitivamente, essere turbati, mettersi in agitazione. Questa idea di base si esplicita poi in modo diverso a seconda dei contesti, ed è variamente collegata all'esperienza di paura.

Il *Qal* ha senso transitivo e descrive la situazione di scompiglio e panico che Dio provoca tra le popolazioni cananee mettendole in rotta davanti ad Israele (Deut 7,23).

Il *Ni*[212] ha significato intransitivo e descrive la reazione della terra (1 Sam 4,5) e delle città di Gerusalemme (1 Re 1,45) e Betlemme (Rut 1,19; costruito con *ʿal*) davanti ad eventi straordinari e in qualche modo inquietanti (rispettivamente: il grido di Israele alla venuta dell'arca nell'accampamento; la proclamazione di Salomone come re[213]; il ritorno di Noemi a Betlemme con Rut).

Il sostantivo *mᵉhûmâ* ha senso di confusione, turbamento, costernazione, che si presentano per lo più come espressioni di paura e di panico generalizzato. Ciò avviene soprattutto in contesto di guerra o comunque di ostilità e in collegamento con il tema del giorno del Signore[214]: Deut 7,23; 28,20; 1 Sam 5,9.11; 14,20; Is 22,5; Ez 7,7; Zacc 14,13.

Interessante è anche il testo di Prov 15,16 in cui il nostro termine esprime l'inquietudine, l'agitazione e la paura, in contrapposizione a *yirʾat yhwh*[215].

Costruzioni particolari di *mᵉhûmâ* si ritrovano nel suo uso come accusativo interno del verbo (Deut 7,23); come soggetto di *hyh bᵉ* (1 Sam 5,11; Zacc 14,13); come oggetto di *šlḥ(Pi) bᵉ* (Deut 28,20) e nella catena costrutta *yôm mᵉhûmâ* (Is 22,5). Frequente è l'uso in frase nominale: Ez 7,7; Prov 15,16; 2 Cron 15,5. Infine, in 1 Sam 5,9 e 14,20, l'espressione *mᵉhûmâ gᵉdôlâ mᵉʾōd* può essere intesa come una specie di apposizione

---

le forme in questione come imperfetti *Qal* di *hmh* secondo il dialetto samaritano («Two Notes», 306). Noi, pur propendendo per la posizione di ZOR, abbiamo comunque segnalato la possibilità di una forma *Hi* (indicata per i due testi in questione da MAND e LIS) e rimandiamo ai Commenti per le altre possibili soluzioni, soprattutto per quel che riguarda il testo di Mi, oscuro anche nel resto del versetto (cfr. J. M. P. SMITH, «Some Textual Suggestions», 238-239; RUDOLPH, 62-63; WOLFF, 42).

[211] Cfr. DERCHAIN, «A propos de deux racines», specialmente 309; *THAT*, I, 502; *TWAT*, II, 450.

[212] Le occorrenze del *Ni*, che si presentano tutte sotto la forma *wattēhōm*, potrebbero teoricamente appartenere anche al verbo *hmm* (cfr. *THAT* e *TWAT*). Noi le consideriamo in riferimento alla radice *hwm*, seguendo in ciò i Dizionari e le Concordanze.

[213] Nel testo di 1 Re 1,45 la reazione descritta da *hwm* è esplicitamente relazionata al suo esprimersi sonoro. Tutto l'evento vi è come riassunto nella frase *hûʾ haqqôl ʾăšer šᵉmaʿtem*, e al v. 41 la domanda al riguardo era stata: *maddûaʿ qôl haqqiryâ hômâ*.

[214] Cfr. VON RAD, «The Origin of the Concept», in particolare 101, n. 1.

[215] *ṭôb mᵉʿaṭ bᵉyirʾat yhwh mēʾôṣār rab ûmᵉhûmâ bô.*

che definisce ciò che precede [216], o come un accusativo di modo che lo specifica ulteriormente [217], o ancora (per 14,20) come un accusativo di causa che spiega l'accaduto.

Il nostro sostantivo è spesso enfatizzato con l'uso di aggettivazioni superlative quali *g^e^dôlâ* (Deut 7,23), *g^e^dôlâ m^e^'ōd* (1 Sam 5,9; 14,20), *rabbôt* (Am 3,9; 2 Cron 15,5). Inoltre, può essere considerata superlativa anche l'espressione *m^e^hûmat māwet* (1 Sam 5,11) [218] e forse *m^e^hûmat yhwh rabbâ* (Zacc 14,13) [219].

Termini correlati: *m^e^'ērâ* (Deut 28,20); *m^e^bûkâ* (Is 22,5); *m^e^bûsâ* (Is 22,5); *mig'eret* (Deut 28,20); *'ăšûqîm* (Am 3,9).

Antonimi: *hēd* (Ez 7,7); *šālôm* (2 Cron 15,5).

13. **mwg** [220] (17x)

mwg: *Qal*: 4x; *Ni*: 8x; *Po*: 2x; *Hitpo*: 3x

Il senso fondamentale è quello di ondeggiare (desunto dall'arabo, con idea soggiacente del movimento del mare) [221] e tremare, sia come fenomeno neutro di movimento che come manifestazione della paura. Non sembra possibile rilevare differenze semantiche importanti tra le varie coniugazioni [222], se non per il *Po* che ha significato transitivo (causativo) [223].

---

[216] Cfr. H. P. SMITH (112), HERTZBERG (86) e STOEBE (258) per 1 Sam 14,20; MCCARTER (117) per 1 Sam 5,9.

[217] Cfr., per 1 Sam 14,20, ACKROYD (113) e MCCARTER (234).

[218] Cfr. THOMAS, «A Consideration», 221; RIN, «The *mwt*», 325; THOMAS, «Some further Remarks», 123; DE BOER, «*yhwh* as epithet», 233-234.

[219] Cfr. DE BOER, «*yhwh* as epithet», 234.

[220] Cfr. JOÜON, «Notes de lexicographie», *Bib* 7, 165-168; MCCARTHY, «Some Holy War Vocabulary», 230; BAUMANN, *TWAT*, IV, 724-727.

[221] Cfr. JOÜON, *ibid.*, 165-166.

[222] Cfr. JOÜON e *TWAT* (vedi n. 220) e ZOR. Questi autori non ricorrono ad altro significato riferito all'ambito dell'ammorbidirsi o liquefarsi (così invece GES e KB per alcuni testi, e BDB per tutte le coniugazioni; cfr. anche MCCARTHY, «Some Holy War Voc.»).

[223] Un senso transitivo sembra però da riconoscersi anche in Is 64,6: *watt^e^mûgēnû b^e^yad 'ăwōnēnû*. Le antiche versioni, seguite da diversi commentatori (cfr. MARTI, 399; VOLZ, 267; WESTERMANN, 311; ALONSO – SICRE, 378), suppongono qui una forma *Pi* di *mgn*. Ma il verbo *mwg* può esservi mantenuto, o in forma *Po* (come in alcuni pochi manoscritti), o meglio interpretandone in senso causativo la forma *Qal* secondo un fenomeno altrove attestato: si veda, ad esempio, la radice *'rṣ* (pp. 59-60; cfr. anche DELITZSCH, 611, che però traduce il verbo con «schmelzen»). Il senso della frase allora sarebbe: ci hai gettato nel panico per mezzo / in balìa delle nostre colpe (cfr. il ruolo attivo assunto dalle colpe nel v. 5: *wa'ăwōnēnû kārûḥ yiśśā'ūnû*). Non sembra con ciò necessario supporre un valore causale di *b^e^yad*, come invece proposto da DAHOOD («Hebrew-Ugaritic Lex. I», 301-302; «Ugaritic Lex.», 90) seguito da WESTERMANN (311), e neppure assumere un differente significato di *mwg*, sempre desunto dall'arabo ma con senso di allontanarsi, ritirarsi (così DAHOOD, «Hebrew Lex.», 347-348).

Quanto al rapporto semantico tra la paura e il nascondere il volto da parte di Dio (*histartā pānèkā mimmennû*, nell'emistichio precedente il nostro), cfr. Sal 30,8; 104,29

Appare quasi sempre in testi poetici (in prosa solo in Gios 2,9.24; 1 Sam 14,16), per lo più Profeti e Salmi (eccezioni: Es 15,15; Giob 30,22).

È predicabile sia di uomini che di cose inanimate. Le cose che compaiono come soggetti del verbo, siano esse personificazioni o no, sono: la terra (*Qal*: Am 9,5; Sal 46,7; *Ni*: Sal 75,4 [con i suoi abitanti]; *Po*: Sal 65,11), i colli (*Hitpo*: Am 9,13; Nah 1,5), la reggia di Ninive (*Ni*: Nah 2,7), la Filistea (*Ni*: Is 14,31), le città di Hamat e Arpad (*Ni*: Ger 49,23). Gli uomini, tranne in Giob 30,22, sono sempre indicati come collettività (popolo, folla, ecc.), anche nel caso in cui il soggetto è *lēb* (usato come collettivo: Ez 21,20) e *nepeš* (riferito a un gruppo di persone: Sal 107,26).

In alcuni testi ciò che *mwg* esprime è provocato dall'acqua (Nah 2,7; Sal 107,26; forse anche Giob 30,22)[224]; in altri, il rapporto tra il movimento significato da *mwg* e quello dell'acqua è di tipo analogico, o esplicito (Am 9,5[225] e probabilmente Ger 49,23[226]) o solo sottinteso (1 Sam 14,16[227]; Am 9,13 e Sal 65,11[228]).

Quanto al rapporto della nostra radice con la paura, esso è sempre presente quando il soggetto del verbo sono gli uomini. In questo caso, il

---

(ambedue con *bhl,Ni*). Segnaliamo però anche il testo di Ez 39,23 in cui il rapporto è con l'espressione *ntn bᵉyād*.

[224] In Nah 2,7 i fiumi che invadono Ninive fanno tremare e crollare la reggia (o, se siamo davanti a una personificazione, ne terrorizzano gli abitanti). Nel Sal 107,26 è il movimento del mare in tempesta che travaglia con la nausea lo stomaco dei naviganti (cfr. la traduzione della *NBE*: «subían al cielo, bajaban al abismo, el estómago revuelto por el mareo»). Infine, in Giob 30,22 il *ketib tᵉšuwwâ* sembra indicare nella tempesta (ma non necessariamente marina) il luogo e la causa dello sconvolgimento di Giobbe (cfr. GORDIS, 336; ALONSO – SICRE, 425).

[225] *wattāmôg* (terra) ... *wᵉʿālᵉtâ kay'ōr kullāh wᵉšāqᵉʿâ kî'ōr miṣrāyim*: il terremoto è qui descritto nei termini dell'alzarsi e dell'abbassarsi delle piene del Nilo. Cfr. anche Am 8,8 (con il verbo *rgz*).

[226] *nāmōgû bayyām dᵉ'āgâ hašqēṭ lō' yûkāl*. La prima espressione è di difficile interpretazione. RUDOLPH (292) legge, con VOLZ, *nāmôg libbām middᵉ'āgâ*. A noi non sembra necessario un tale cambiamento del testo, essendo esso intelligibile con modifiche molto più semplici. Cfr. ALONSO – SICRE (630) che correggono in *kayyām* e assumendo *dᵉ'āgâ* come avverbio traducono: «ansiosas, fluctúan como el mar»; oppure DAHOOD che vocalizza *bᵉyām* e interpretando il *beth* come comparativo legge: «They heave more than a troubled sea» («Can one plow», 18). Ambedue le letture, non molto dissimili quanto all'idea che esprimono, vengono proposte anche in riferimento al pertinente testo di Is 57,20: *wᵉhārᵉšā ʿîm kayyām nigrāš kî hašqēṭ lō' yûkāl*.

[227] La frase *hehāmôn nāmôg wayyēlek wahălōm* di 1 Sam 14,16 fa pensare all'agitarsi e allo sbandarsi della folla che la fa assomigliare al mare mosso (anche in italiano si usa l'espressione «l'ondeggiare della folla») e che si accentua quando essa è in preda al panico e tenta la fuga.

[228] Per il senso di *mwg* in questi due testi, non pertinenti per il nostro lavoro perché privi di riferimento alla paura, cfr. *TWAT*, IV, 726.

verbo *mwg* esprime il panico sottolineandone la dimensione di tremore, agitazione, sconvolgimento interno ed esterno [229].

Quando invece sono soggetto le cose, è molto più difficile stabilire se l'elemento di movimento espresso è un fatto solo materiale o ha funzione semantica di manifestazione del timore. Quando non si tratta di chiare personificazioni (nel qual caso si intende significare il panico, come per gli uomini: cfr. Is 14,31; Ger 49,23; forse Nah 2,7) o di testi certamente relativi a fenomeni naturali (Am 9,13; Sal 65,11), l'interpretazione deve ammettere possibili ambiguità.

Dio è oggetto della paura (o, logicamente, soggetto che la provoca) in Nah 1,5; Giob 30,22; Is 64,6 (? cfr. n. 223).

Preposizioni rette da *mwg*: *b^e^yad* (causa strumentale: Is 64,6) e *mipp^e^nê* (Gios 2,9.24).

Termini correlati connessi con la paura:

Es 15,14-16: *rgz, ḥîl, bhl(Ni), raʿad, 'êmātâ, paḥad, dmm kā'āben*
Gios 2,9: *'êmâ*
1 Sam 14,15: *ḥrd*
Is 14,31: *yll(Hi), zʿq*
Ger 49,23-24: *bwš, d^e^'āgâ, rph, nws, reṭeṭ, ṣārâ waḥăbālîm*
Nah 1,5: *rʿš*.

14. **d'g** (13x)

d'g : *Qal*: 7x
d^e^'āgâ : 6x

Il verbo ha significato di «stare in ansia» e «essere spaventato».

Si costruisce in modi diversi che sembrano privilegiare l'uno o l'altro aspetto di senso, pur restando ovvio che la linea di demarcazione tra ansia e paura deve necessariamente mantenersi molto fluida.

L'uso con la preposizione *l^e^* (1 Sam 9,5; 10,2) sottolinea abbastanza chiaramente l'aspetto di ansia e di preoccupazione che si prova per qualcuno, mentre con il segno dell'accusativo *'et* (Is 57,11 [//*yr'*]; Ger 38,19 [+ *pen*]) si indica ciò (o meglio, colui o coloro) di cui si ha paura.

Le altre occorrenze, in stato assoluto (Ger 17,8, con soggetto l'albero, metafora di chi confida in Dio) o con la preposizione *min* (Ger 42,16; Sal 38,19), risultano invece meno chiare nell'indicazione del senso, che però a noi sembra andare piuttosto nella linea del timore [230]. In questi testi,

[229] Benché nel Sal 107,26 si tratti, come già detto (n. 224), del mal di mare, non può tuttavia neppure in quel caso essere escluso l'elemento di spavento e angoscia determinati dalla tempesta connotata come *rā'â* (cfr. anche Giona 1,7.8).

[230] BDB, GES e KB, come anche Becker, 17 e Derousseaux, 78, indicano il significato di paura solo per i due testi in cui il verbo è costruito con *'et*. A noi sembra più ragionevole la posizione possibilista di ZOR che non pone suddivisioni di significato troppo nette e indica come senso generale del verbo in tutte le sue occorrenze: «anxius fuit, timuit».

infatti, il verbo *d'g* ha due volte in parallelo il verbo *yr'* (Ger 17,8 [231]; 42,16 [232]), e in Sal 38,19 si riferisce alla *ḥaṭṭā't* del salmista [233] che nella prima parte del Salmo è presentata come causa dell'ira divina e della desolata situazione dell'orante (e perciò motivo di paura e di angoscia).

Il sostantivo *deʼāgâ* indica l'ansia, la preoccupazione, la paura. Nelle occorrenze in Ezechiele è usato in parallelo a *ra'aš* (12,18) e *šimmāmôn* (4,16; 12,19), e in congiunzione con *rogzâ* (12,18). In Gios 22,24 abbiamo probabilmente il sintagma *deʼāgâ min* [234], mentre in Prov 12,25 il nostro termine si presenta in una certa contrapposizione a *dābār ṭôb* [235].

Un uso interessante sembra infine reperibile nel già discusso testo di Ger 49,23, con il suo probabile collegamento con il mare, pur se variamente interpretabile [236].

15. **hmm** [237] (13x)

hmm: *Qal*: 13x [238]

Il significato del verbo *hmm* è scompigliare, confondere, creare panico, sbaragliare.

L'uso più frequente è in contesto di guerra o ostilità, con Dio come soggetto che getta nel panico e sconfigge i nemici di Israele: Es 14,24 (// *šqp,Hi*); 23,27 (// *šlḥ(Pi) 'et 'êmâ lipnê*); Gios 10,10; Giud 4,15; 1 Sam 7,10. Lo stesso avviene per i nemici del salmista: 2 Sam 22,15 // Sal 18,15; Sal 144,6. Tipici, in questo contesto, sono i correlati, che esplicitano l'aspetto della disfatta militare: *ngp,Ni* (1 Sam 7,10); *nws* (Es 14,25; Gios 10,11; Giud 4,15); *nkh,Hi* (Gios 10,10; 1 Sam 7,11); *npl lepî ḥereb* (Giud 4,16); *ntn* ... *'ōrep* (Es 23,27); *pwṣ,Hi* (2 Sam 22,15 // Sal 18,15; Sal 144,6); *rdp* (Gios 10,10; Giud 4,16; 1 Sam 7,11).

---

[231] *welō' yīrā' kî yābō' ḥōm ... ûbišnat baṣṣōret lō' yid'āg*. Per la lettura *yīrā'*, cfr. pp. 36-37.

[232] *haḥereb 'ăšer 'attem yerē'îm mimmennâ ...*
wehārā'āb 'ăšer 'attem dō'ăgîm mimmennû ...

[233] *kî 'ăwōnî 'aggîd 'ed'ag mēḥaṭṭā'tî.*

[234] *we'im lō' middeʼāgâ middābār 'āśînû 'et zō't ...*
middābār viene omesso da alcuni autori (cfr. Hertzberg, 124; Boling, 507), ma ci sembra meglio leggerlo in relazione di dipendenza da *middeʼāgâ* come indicato da Steuernagel, 238 («... aus Besorgnis vor einer (gewissen) Sache ...»; e in nota: «Das *mn* von *mdbr* hängt von *d'gh* ab; welche Sache sie besorgt machte, erklären sie v. b»). Cfr. anche Soggin, 157; Butler, 238.

[235] Il versetto presenta delle difficoltà testuali, ma il suo significato appare chiaro: cfr. McKane, 446.

[236] Cfr. n. 226.

[237] Cfr. Stolz, *THAT*, I, 502-504; H.P. Müller, *TWAT*, II, 449-454.

[238] Computiamo anche l'occorrenza di Is 28,28 che però non riguarda il tema della paura. Sui problemi del versetto e il suo senso, cfr. Wildberger, 1084-1085.

Questa azione di Dio espressa dal nostro verbo può ulteriormente specificarsi, o nella linea della confusione spaventata (2 Cron 15,6, con il sintagma *bᵉkol ṣārâ*), o in quella più oggettiva della distruzione (Deut 2,15: *'ad tummām*, con oggetto i guerrieri di Israele).

In due soli casi il soggetto del verbo è un uomo: Ger 51,34 (soggetto, Nabucodonosor; in correlazione con *'kl*)[239] ed Est 9,24 (soggetto, Aman; in congiunzione con *'bd,Pi*).

La costruzione del verbo *hmm* è sempre con l'accusativo, a cui in alcuni casi si aggiungono altre specificazioni quali *lipnê* (Gios 10,10; Giud 4,15) e *miqqereb* (Deut 2,15).

16. **ḥpz**[240] (12x)

ḥpz : *Qal*: 6x[241]; *Ni*: 3x
ḥippāzôn : 3x

La radice segnala lo sgomento e l'agitazione della paura e anche il suo esprimersi nel precipitarsi della fuga.

Una distinzione chiara tra i due sensi è spesso problematica e non è comunque operabile sulla base della diversità di coniugazione. Così, ad esempio, non ci sembra possibile determinare una precisa diversità di significato tra l'uso del verbo in *Qal* in Deut 20,3[242] e quello in *Ni* in Sal 48,6[243]. Ambedue le forme sono infatti inserite in una serie di termini di paura che fanno riferimento a una situazione di confronto bellico, ma senza altre indicazioni che possano far pensare allo spavento in un caso e alla fuga nell'altro. Neppure troppo dissimili ci sembrano i sintagmi *bᵉḥopzāh lānûs* (2 Sam 4,4: la nutrice di Mefibošet in fuga dopo la morte di Saul) e *neḥpāz lāleket mippᵉnê* (1 Sam 23,26: Davide in fuga da Saul). Di fatto, solo il contesto può aiutare a capire quale dei due aspetti sia

[239] RUDOLPH (312) fa riferimento a una radice araba *hmm* e traduce nel nostro testo: «ausgesaugt hat mich»; cfr. anche *THAT* (I, 502). Di diverso avviso è *TWAT* (II, 452-453) che esclude l'esistenza di una radice *hmm* II e preferisce parlare di un uso metonimico del nostro verbo, qui adoperato come sinonimo di *'kl*. Anche noi facciamo riferimento ad un'unica radice, il cui senso soggettivo di confusione e panico e oggettivo di sconfitta e distruzione ci sembra coerente con il contesto di aggressione «divorante» da parte di Nabucodonosor nei confronti di Gerusalemme.

Lo stesso discorso vale analogicamente anche per il seguente testo di Est 9,24 che descrive la volontà omicida di Aman nei confronti dei Giudei.

[240] Cfr. ANDRÉ, *TWAT*, III, 98-100.

[241] Conteggiamo nel *Qal* il *Qere* di 2 Re 7,15; il *Ketib* presenta invece la forma *Ni*.

[242] *'attem qᵉrēbîm hayyôm lammilḥāmâ .. 'al yērak lᵉbabkem 'al tîrᵉ'û wᵉ'al taḥpᵉzû wᵉ'al ta'arṣû mippᵉnêhem.*

[243] *hēmmâ rā'û kēn tāmāhû nibhălû neḥpāzû*; v. 7: *rᵉ'ādâ 'ăḥāzātam šām ḥîl kayyôlēdâ.*

inteso o sottolineato e comunque senza che la demarcazione possa essere troppo netta[244].

Il verbo si può costruire con le preposizioni *min* (Sal 104,7, *Ni*) e *mippenê* (Deut 20,3, *Qal*, ma in congiunzione con *'rṣ*) e con *le* + infinito costrutto (2 Sam 4,4, *Qal*; 1 Sam 23,26, *Ni*).

Soggetti particolari: la nutrice di Mefibošet (2 Sam 4,4), l'ippopotamo (Giob 40,23, in negazione) e le acque (Sal 104,7, con il rumore del tuono di Dio come causa della paura).

Tra i termini correlati, oltre quelli già indicati per Deut 20,3 e Sal 48,6-7 (cfr. note 242 e 243), segnaliamo l'uso del verbo *nws* (2 Sam 4,4; 2 Re 7,7; Sal 104,7)[245].

Il sostantivo si presenta sempre nella forma *beḥippāzôn* e fa riferimento alla consumazione dell'agnello pasquale (Es 12,11), e all'uscita dall'Egitto (Deut 16,3) e da Babilonia (// *bimnûsâ*: Is 52,12, in negazione).

17. **blh** (11x)

blh : *Pi*: 1x
ballāhâ : 10x

Il verbo compare solamente nel *Ketib*[246] di Esd 4,4, come participio *Pi* con senso transitivo di spaventare. L'oggetto dell'azione è indicato dal segno dell'accusativo *'et* + suff. pron. Segue, con *le* + inf. costr. (*libnôt*), l'indicazione di ciò che si stava facendo quando si venne spaventati, o – come più frequentemente si intende – l'azione da cui si vuole dissuadere per mezzo della paura[247].

Espressione correlata: *rph(Pi) yādayim.*

---

[244] *TWAT*, III, 99, opera una qualche distinzione di senso per la nostra radice, ma solo di accentuazione: «Alle at.lichen Belege enthalten die beiden Aspekte, aber im *qal* ist die Panik betont, im *niph* die eilige Flucht». E a proposito di 2 Re 7,15 commenta: «Ketib hat hier *beheḥāpezām*, Qere aber *beḥŏpzām*, was einen Unterschied in der Nuance ergibt, aber sachlich dasselbe besagt».

Analoga ambiguità tra le due sfumature del nostro verbo si ha in italiano con il termine «agitarsi» che può esprimere sia uno stato emotivo di ansia e di paura sia il suo manifestarsi fisico (anche se non propriamente nella fuga).

[245] I verbi *nws* e *ḥpz* sono in parallelo in Sal 104,7: *min ga'ărātekā yenûsûn min qôl ra'amkā yēḥāpēzûn*. In 2 Sam 4,4 invece i due verbi sono posti in relazione in modo tale che *ḥpz* viene ad introdurre nel fatto stesso di fuggire l'elemento dell'agitazione e della precipitazione determinate dalla paura: ... *wattānōs wayhî beḥopzāh lānûs*... Anche nel testo di 2 Re 7 la relazione tra i due termini è di questo tipo, ma con la differenza che *ḥpz* nel v. 15 (*beḥopzām*, *Q*) finisce per sostituire il *nws* del v. 7 (*wayyāqûmû wayyānûsû* ... *wayyānūsû 'el napšām*) evocando la fuga nella sua dimensione di panico generale.

[246] Cfr. Rudolph, 32 e la nota 150 del presente capitolo.

[247] Cfr. Rudolph, 32, che suggerisce la lettura *millibnôt* (*haplogr.* del *mem*); Galling, 194; Myers, 30; Michaeli, 269.

Il sostantivo *ballāhâ* è usato sempre al plurale, tranne in Is 7,14, e per lo più in testi poetici, in prevalenza nel libro di Giobbe (Is: 1x; Ez: 3x; Sal: 1x; Giob: 5x). Il suo significato è quello di terrore, spavento [248].

È usato in frase nominale in Is 7,14 (*wehinnēh ballāhâ*), mentre in Sal 73,19 è segnalato, con la preposizione *min*, come causa del perire degli empi. Nel libro di Giobbe ha funzione di soggetto dei verbi *b't,Pi* (18,11) [249]; *hpk(Ho) 'al* (30,15) [250]; *nśg,Hi* (27,20); inoltre è *nomen regens* di *ṣalmāwet* (24,17) e *nomen rectum* di *melek* (18,14).

Il senso di spavento, terrore slitta in quello di occasione di terrore, causa di spavento, nelle occorrenze di Ezechiele. Il sintagma è allora *hyh ballāhôt* (27,36; 28,19) o *ntn* (+ suff.) *ballāhôt* (26,21, con soggetto Dio). Tali espressioni sono congiunte con la frase nominale *'ên* + suff. (26,21), e *'ên* (+ suff.) *'ad 'ôlām* (27,36; 28,19). La reazione che tale situazione spaventosa di distruzione suscita negli altri è espressa con *šmm 'al* (27,35; 28,19); *ś'r śa'ar, pānîm r'm, šrq 'al* (27,35-36) [251].

18. **zw'** (11x)

zw' : *Qal*: 2x; *Pilp*: 1x [252]
zewā'â / za'ăwâ : 8x [253]

Il verbo, nella coniugazione *Qal*, esprime il tremare, sia in senso puramente materiale (Qoh 12,3) [254] che nel suo rapporto con il timore (Est 5,9) [255]. La costruzione in quest'ultimo caso è con la preposizione *min*.

---

248 Ma BDB riconosce tale significato solo per Giobbe. Per le altre occorrenze, indica piuttosto «calamity, destruction».

249 *sābîb bi'ătūhû ballāhôt wehĕpîṣūhû leraglâw*: cfr. pp. 65-66, in particolare n. 204. Sul senso di *pwṣ(Hi)*, cfr. Alonso – Sicre, 270.

250 Per le difficoltà presenti nel versetto, rinviamo a Gordis, 334.

251 Sul divenire «occasione di paura» per gli altri, cfr. più avanti, pp. 201-204.

252 Questa forma manca in E-SHO, che elenca l'occorrenza alla voce *zi'za'*.

253 E-SHO ha un'occorrenza in meno, poiché non indica Ger 34,17.

254 Il testo di Qoh 12,1-7 è solitamente interpretato come descrizione allegorica della vecchiaia, e il verbo *zw'* è riferito alle braccia e alle mani del vecchio («i custodi della casa») che tremano per effetto dell'età (cfr. Hertzberg, 211; Di Fonzo, 318; A. Lauha, 211). Ma potrebbe invece trattarsi della descrizione reale dell'invecchiamento degli abitanti della casa nelle loro varie categorie (cfr. Gilbert, «La description de la vieillesse», 102-104, con ampia documentazione). Anche in questo caso comunque il tremare espresso da *zw'* va inteso fisicamente come manifestazione ed effetto della vecchiaia.

255 L'atteggiamento di Mardocheo davanti ad Aman è descritto con la frase *welō' qām welō' zā' mimmennû*, che sottolinea la mancanza di timore, rispetto e attenzione da parte di Mardocheo nei confronti del grande dignitario di corte. Cfr. Moore, 60 e Gerleman, 111-112.

La forma *Pilp* (Ab 2,7) è variamente interpretata[256]. Noi assumiamo il senso causativo e intensivo di far tremare, non estraneo a una connotazione di paura suggerita dal contesto di minaccia in cui si trova.

Il sostantivo si presenta sotto due forme, *zᵉwāʿâ* in Is 28,19 e *zaʿăwâ* in Deut 28,25; Ez 23,46. Nelle altre occorrenze (4x in Ger e 1x in 2 Cron), la forma è *zwʿh* nel *Ketib* e *zaʿăwâ* nel *Qere*[257].

È usato in modo assoluto solamente in Is 28,19[258]. Per il resto, compare nei sintagmi *hyh lᵉzaʿăwâ lᵉ-* (Deut 28,25); *ntn* (+ acc.) *lᵉzaʿăwâ* (Ez 23,46; 2 Cron 29,8); *ntn* (+ acc.) *lᵉzaʿăwâ lᵉ-* (Ger 15,4; 24,9; 29,18; 34,17). Soggetto del verbo *ntn* è sempre Dio[259].

Il suo significato è «terrore, spavento» in Is 28,19 e forse Ez 23,46 (cfr. sotto, n. 263), e «motivo, occasione di spavento» in tutti gli altri casi[260]. Questo secondo senso[261] può essere segnalato da diversi elementi:

- il sintagma a cui il termine appartiene, con la presenza del secondo *lᵉ* che indica coloro per i quali il popolo diventa (*hyh lᵉ*, *ntn lᵉ*) causa di paura[262];
- i termini correlati, quali *'ālâ, ḥerpâ, māšāl, qᵉlālâ, rāʿâ, šammâ, šᵉnînâ, šᵉrēqâ*[263];
- ambedue gli elementi insieme[264].

---

[256] BDB: violently shake; GES: aufrütteln; ZOR: vehementer vexavit; KB: zittern machen, bedrängen.. (? besser **zʿh*). L'indicazione di KB di una possibile derivazione da *zʿh* segue la proposta di DAHOOD che assume per il nostro verbo il senso di «to bark» attestato anche in ugaritico (radice *zǵw*), in corrispondenza con il termine parallelo *nšk*, «to bite» («Ugaritic Lex.», 88; «Hebrew-Ugaritic Lex. II», 405).

[257] La forma *zaʿăwâ* presenta un fenomeno di metatesi ed è dipendente dall'altra: cfr. BDB, GES, KB. Nei casi di *Qere–Ketib*, noi trascriveremo la forma del *Qere*.

[258] Lo stico che ci interessa recita: *wᵉhāyâ raq zᵉwāʿâ hābîn šᵉmûʿâ*. Le relazioni sintattiche al suo interno possono essere variamente interpretate; noi assumiamo *zᵉwāʿâ* come predicato nominale di *hābîn šᵉmûʿâ*. Per l'analisi del testo, cfr. WILDBERGER, 1078 e MÖLLER, «Abwägen zweier Übersetzungen».

[259] Unica variante, Ez 23,46 in cui il verbo è all'inf. ass., con senso impersonale. Si tratta però di un oracolo che Dio sta pronunciando.

[260] Non ci sembra necessario ricorrere ad altri significati segnalati da GES e ZOR, quali Misshandlung, concussio, vexatio.

[261] Cfr. anche più avanti pp. 201-204.

[262] Costoro sono sempre «*kol mamlᵉkôt hā'āreṣ*»: Deut 28,25; Ger 15,4; 24,9; 29,18; 34,17; Ez 23,46.

[263] Variamente distribuiti nei testi di Ger 24,9; 29,18; 2 Cron 29,8. Per quel che riguarda invece il termine correlato *baz* di Ez 23,46, esso ci sembra appartenere ad un altro ambito di pensiero. Il senso del testo non può però essere determinato con precisione, poiché i diversi elementi del sintagma ivi usato permangono ambigui (*ntn lᵉ*: «consegnare a», oppure «rendere, far diventare»; *zaʿăwâ*: «terrore», oppure «oggetto di terrore»; *baz*: «saccheggio», ma anche «preda»).

[264] Cfr. Ger 24,9; 29,18.

19. **tmh** (11x)

tmh : *Qal*: 8x; *Hitp*: 1x
timmāhôn : 2x

Il verbo esprime uno stato di stupore, ansia, disorientamento (cfr. Gen 43,33: i fratelli di Giuseppe spauriti e preoccupati al banchetto da lui offerto; Qoh 5,7: il trionfare dell'ingiustizia come motivo di disorientamento impaurito), che può diventare lo sbigottimento e lo smarrimento della paura vera e propria (cfr. soprattutto Is 13,8: il panico di Babilonia nel giorno della sua distruzione; Ger 4,9: i profeti sgomenti davanti all'invasione; Sal 48,6: i re sgominati, in preda alla paura).

Si può presentare in modo assoluto (Is 29,9; Ger 4,9; Sal 48,6) oppure con le preposizioni *min* (Giob 26,11) e *'al* (Qoh 5,7), e con il sintagma *'îš 'el rē'ēhû*[265] (Gen 43,33; Is 13,8).

Soggetti particolari, le colonne del cielo in Giob 26,11, a motivo della *g^{e}'ārâ* di Dio.

La forma *Hitp* (Ab 1,5: *w^{e}hittamm^{e}hû t^{e}māhû*) è usata insieme con il *Qal* ed enfatizza così, secondo un procedimento di ripetizione asindetica del verbo in coniugazioni diverse[266], il senso di sgomento e spavento davanti all'annuncio dell'invasione. Analoga enfatizzazione, ma con mezzi espressivi diversi, è riscontrabile anche in Is 29,9[267].

Termini o espressioni di paura correlati con il verbo: *bhl,Ni* (Is 13,8; Sal 48,6); *ḥyl/ḥîl kayyôlēdâ* (Is 13,8; Sal 48,7); *ḥpz,Ni* (Sal 48,6); *ṣîrîm waḥăbālîm* (Is 13,8); *r^{e}'ādâ* (Sal 48,7); *rpp,Polal* (Giob 26,11); *šmm,Ni* (Ger 4,9); *yādayim rph* (Is 13,7); *lēb 'bd* (Ger 4,9); *lēbāb mss(Ni)* (Is 13,7); *p^{e}nê l^{e}hābîm* (Is 13,8).

Il sostantivo compare nel sintagma *nkh(Hi) battimmāhôn* / *b^{e}timhôn lēbāb* (rispettivamente, Zacc 12,4 e Deut 28,28). In ambedue i casi è Dio che colpisce: il popolo (Deut) e i cavalli delle nazioni (Zacc). Termini correlati in ambedue i testi sono *šiggā'ôn* e *'iwwārôn*, che esplicitano la dimensione di alienazione e ottenebramento che si accompagna alla paura.

---

[265] Sull'espressione, cfr. p. 201.

[266] Cfr. ZURRO, *Procedimientos iterativos*, 279. Non sembra perciò necessario il cambiamento in inf. ass., né l'aggiunta della congiunzione (cfr. Is 29,9), come invece proposto da RUDOLPH, 203.

[267] *hitmahm^{e}hû ût^{e}māhû hišta'aš'û wāšō'û*
šak^{e}rû w^{e}lō' yayin nā'û w^{e}lō' šēkār.
La ripetizione in coniugazioni diverse del verbo *š''* suggerirebbe di vedere lo stesso fenomeno, in parallelo, per il verbo *tmh*, e proprio in riferimento ad Ab 1,5 (cfr. PROCKSCH, 370; WILDBERGER, 1112; OSWALT, 529). Ma tale ipotesi impone una modificazione testuale (da *hitmahm^{e}hû* in *hittamm^{e}hû*) che a noi non sembra necessaria. La forma del TM infatti, come *Hitpalpel* di *mhh*, può esprimere la titubanza e l'esitazione (cfr. Gen 19,16; 43,10) che nel nostro testo ben si accordano con lo sgomento, l'ottenebramento e il vacillare espressi dagli altri verbi del versetto.

20. **plṣ** (10x)

plṣ : *Hitp*: 1x
pallāṣût : 4x
mipleṣet : 4x
tipleṣet : 1x

Il verbo, nella sua unica occorrenza (Giob 9,6), ha significato di scuotersi, tremare. Soggetto sono le colonne della terra che tremano perché Dio scuote (*rgz,Hi*) la terra stessa.

Il sostantivo *pallāṣût* ha significato di spavento, paura, tremito [268]. È usato solo in testi poetici, con i verbi *'ḥz* (Giob 21,6: Giobbe afferrato da orrore e sgomento al mancato castigo degli empi) [269]; *b't,Pi* (Is 21,4: il profeta in preda al terrore per la tremenda visione della caduta di Ninive); *ksh,Pi* (Ez 7,18: paura e desolazione di Israele in balìa dei nemici; Sal 55,6: il salmista terrorizzato dai persecutori).

Numerosi sono i termini o espressioni di paura ad esso correlati in tutte e quattro le sue occorrenze:

Is 21,3-4: *ḥalḥālâ, ṣîrîm, 'wh(Ni), bhl(Ni), lēbāb t'h, ḥărādâ*
Ez 7,17: *yādayim rph, birkayim hlk māyim*; (v. 18: *ḥgr śaqqîm, bûšâ, qorḥâ*)
Sal 55,5-6: *lēb ḥyl, 'êmôt māwet, yir'â, ra'ad*
Giob 21,6: *bhl(Ni)*.

Gli altri due sostantivi, *mipleṣet* (1 Re 15,13 [2x]; 2 Cron 15,16 [2x]) e *tipleṣet* (Ger 49,16) non hanno un significato sicuro.

---

[268] BDB, Becker (16) e Derousseaux (77) indicano solo il significato di tremito, in accordo con il senso di scuotersi proprio del verbo. Ma il passaggio semantico dal tremare all'avere paura è talmente usuale da permetterci di dare a *pallāṣût* il significato fondamentale di spavento, nella sua connotazione di mozione interna. Cfr., a tale proposito, la traduzione del termine proposta da ZOR: animi concussio, horror paventis.

[269] Nella costruzione con il verbo *'ḥz*, i termini di paura possono avere funzione sia di soggetto che di oggetto (cfr. ZOR, voce *'ḥz*; anche in italiano si possono usare le due espressioni: la paura mi ha preso; io ho preso paura).

Ambedue le possibilità possono essere assunte a proposito del testo di Giob 21,6 (*wᵉ'āḥaz bᵉśārî pallāṣût*). In esso infatti il verbo *'āḥaz*, al maschile, non si accorda con il sostantivo femminile *pallāṣût*, il che suggerisce di leggere quest'ultimo come oggetto (cfr. Dhorme, 281; Fohrer, 337; Gordis, 228). Oppure si può intendere *pallāṣût* come soggetto non accordato con il verbo, secondo un fenomeno non raro quando il verbo, come nel nostro caso, precede il soggetto e ne è per di più separato da un'altra parola (cfr. GK 145*a,o*; JOÜ 150*b,j,k*). Tale possibilità fu anche segnalata, con il motivo della separazione tra predicato verbale e soggetto, da Dahood («Northwest Semitic Philology», 63); egli ha però poi modificato la sua posizione e preferito anche per questo testo, come già per Giob 18,20, la rivocalizzazione del verbo al passivo («Hebrew-Ugaritic Lex. VIII», 397-398). Noi preferiamo considerare *pallāṣût* come complemento oggetto.

Il primo sembra riferirsi ad un simulacro di Ashera, o comunque a qualcosa eretto in suo onore, probabilmente connotato dalla nostra radice come orribile e spaventoso [270].

Il secondo, in quanto *hapax legomenon*, è ancora più problematico [271]. Si può forse ricercare il suo senso nella linea del sostantivo precedente, ma come nome astratto: «orridezza, abominio», con funzione sintattica esclamativa. La traduzione dello stico allora risulterebbe: «oh, il tuo abominio! [272] L'arroganza del tuo cuore ti ha ingannata» [273].

21. **qwṣ** (9x)

qwṣ: *Qal*: 8x; *Hi*: 1x

Il verbo *qwṣ* presenta due diversi significati a seconda della preposizione con cui è costruito. Il sintagma *qwṣ bᵉ* significa «essere disgustato, stanco di» qualcosa o qualcuno, mentre il senso di *qwṣ mippᵉnê* è «avere paura di» qualcuno [274].

La prima costruzione si trova in Gen 27,46 (con aggiunto *mippᵉnê* che indica la motivazione: Rebecca disgustata e stanca della vita a causa delle donne ittite); Lev 20,23 (Dio disgustato delle nazioni); Num 21,5 (gli Israeliti nauseati [soggetto, il loro *nepeš*: stomaco] dalla manna); 1 Re

---

[270] I Dizionari danno le seguenti indicazioni: BDB: horrid thing (thing *to shutter at*); GES: viell.: Scheusal; ZOR: idolum Ašerae (con la segnalazione di «nomen proprium»). Cfr. anche Becker, 180-181 e le indicazioni bibliografiche di KB.

[271] *tiplaṣtᵉkā hiššî' 'ōtāk zᵉdôn libbekā* (Ger 49,16).
Le posizioni dei Dizionari sono molto caute, tutte indicate come incerte o solo probabili: BDB: shuddering, horror; GES: Furcht, Schrecken; ZOR: superbia, arrogantia; KB[I]: d. Grauen von dir. Tra i commentatori, Volz, 412.413, traduce: «die Angst vor dir» (suffisso come genitivo oggettivo); Weiser, 406, «dass man dich fürchtete»; Carroll, 803, «the horror you inspire». Rudolph, 288, non ritiene invece soddisfacente la derivazione dalla nostra radice e preferisce fare riferimento all'arabo *flṣ* («sich retten, einem Unheil entgehen»), traducendo: «dass du immer davonkamst».

[272] Sulla possibilità dell'uso esclamativo di un sostantivo, cfr. JOÜ 162*c*, con l'interessante esempio di Is 29,16 (*hapkᵉkem*: «ô votre perversité»), anch'esso con suffisso genitivale (possessivo) e un senso simile al nostro. GK 147*c* cita tra gli altri anche il testo di Ger come un possibile esempio di esclamazione, ma dandone una traduzione differente dalla nostra: «Grausen über dich!».

[273] Con tale lettura, soggetto di *hiššî'* non è *tipleṣet*, ma il sostantivo maschile *zādôn*; ciò rende superfluo il cambiamento di genere del verbo operato da Rudolph (288; *BHS*), seguito da Weiser (406).

[274] Benché i due sensi del verbo siano differenti, si può mantenere una certa ambiguità e convergenza nei due diversi sintagmi (cfr. ad es. Es 1,12: n. 276). In italiano si possono unificare i due aspetti nell'espressione «avere orrore», che può esprimere sia la paura sia il disgusto e il ribrezzo.

11,25 (Razon ostile a Israele, lo ha in orrore e disgusto (?)[275]); Prov 3,11 (esortazione a non lasciarsi stancare dalla correzione di Dio; //*m's*).

La costruzione con *mippᵉnê* compare in Es 1,12 (gli Egiziani preoccupati e intimoriti dalla crescita di Israele)[276]; Num 22,3 (Moab spaventato da Israele perché questo è molto numeroso; //*gwr*); Is 7,16 (la paura di Acaz nei confronti dei due re nemici).

Riconducibile all'ambito della paura è anche il senso dello *Hi*, in Is 7,6: Aram ed Efraim progettano di incutere timore e spaventare Giuda per poterlo soggiogare[277].

22. **rʿd** (9x)

rʿd : *Qal*: 1x; *Hi*: 2x
rᵉʿādâ : 4x
raʿad : 2x

Il verbo indica il tremare fisico, anche come reazione a uno stato emotivo e perciò come manifestazione di paura. Il senso è lo stesso sia al *Qal* (Sal 104,32: la terra trema allo sguardo di Dio), sia allo *Hi* (Dan 10,11; Esd 10,9).

La forma dello *Hi* è sempre il participio, che precisa lo stato dei soggetti specificando il verbo *ʿmd* in Dan 10,11 (Daniele si alza tremante alle parole dell'angelo) e il verbo *yšb* in Esd 10,9 (il popolo, convocato per risolvere la questione dei matrimoni con le straniere, sta tremante sulla spianata del tempio; la costruzione qui è con le preposizioni *ʿal* e *min*)[278].

I due sostantivi, con significato di tremore esprimente la paura, sono usati solo in testi poetici e in modo molto simile tra di loro.

---

[275] Il testo di 1 Re presenta delle serie difficoltà di interpretazione. Si veda al proposito BARTLETT, «An Adversary against Solomon», 214-215. Egli tenta una soluzione considerando glossa la frase su Hadad e riconducendo perciò a Razon come a suo soggetto il verbo *qwṣ*.

[276] Il testo di Es 1,12 potrebbe anche far pensare a un significato del verbo nella linea del sintagma precedente: gli Egiziani stanchi di Israele e della sua crescita, non li sopportano più e ne sono disgustati. L'accento però sembra doversi piuttosto mettere sulla paura, esplicitata nel discorso del Faraone, ove il moltiplicarsi degli Israeliti è percepito come minaccia (vv. 9-10). Cfr. anche il seguente testo di Num 22,3, in cui causa della paura è ancora la grandezza dell'avversario.

[277] Cfr. WILDBERGER, 266.

[278] *wayyēšᵉbû ... marʿîdîm ʿal haddābār ûmēhaggᵉšāmîm.*
Mentre *ʿal* fa riferimento a tutta la vicenda in corso, *min* si riferisce alla pioggia. Il tremare si presenta dunque in questo testo come la manifestazione di uno stato emozionale di tensione e turbamento e insieme come la risposta fisiologica a una situazione climatica disagevole.

reʿādâ è usato come soggetto dei verbi *'ḥz* (Is 33,14, // *pḥd*; Sal 48,7, // *ḥîl*), *qr'* (Giob 4,14, in congiunzione con *paḥad*; // *pḥd,Hi*), e come complemento di *gyl*, con la preposizione *be* (Sal 2,11, // *yir'â*).

Altri termini correlati: *bhl(Ni), ḥpz(Ni), tmh,* tutti in Sal 48,6.

L'altro sostantivo, *raʿad*, è costruito con i verbi *'ḥz* (Es 15,15) e *bw' be* (Sal 55,6, in congiunzione con *yir'â*).

Ambedue le occorrenze presentano numerosi termini di paura correlati:

Es 15,14-16: *'êmātâ, bhl(Ni), dmm kā'āben, ḥîl, mwg(Ni), paḥad, rgz*
Sal 55,5-6: *'êmôt māwet, lēb ḥyl, yir'â, pallāṣût.*

23. **ygr** (7x)

ygr: *Qal*: 7x

Il verbo *ygr* significa avere paura, essere spaventato. Le sue occorrenze sono suddivise tra Deut (2x), Ger (2x, come aggettivo verbale), Giob (2x), Sal (1x). Il soggetto è sempre un individuo, e solo in Deut 28,60 è il popolo d'Israele, assunto però collettivamente.

È costruito con l'oggetto diretto in Sal e Giob: Sal 119,39 (il salmista teme l'oltraggio); Giob 3,25 (Giobbe raggiunto da ciò che teme; // *pḥd*); 9,28 (Giobbe teme le proprie sofferenze).

È invece costruito con *mippenê* in Deut e Ger: Deut 9,19 (Mosè spaventato dall'ira di Dio contro il popolo); 28,60 (la maledizione colpirà Israele con le infermità dell'Egitto da cui è terrorizzato); Ger 22,25 (Ioiachin sarà consegnato a coloro di cui ha paura [279]); 39,17 (Geremia salvato da coloro che teme).

24. **ṣirʿâ** (3x)

Il termine *ṣirʿâ* si trova in Es 23,28; Deut 7,20; Gios 24,12, ed il suo senso è molto discusso.

Con le antiche Versioni, anche i Dizionari indicano solitamente il senso di calabrone, vespa. Fa eccezione KB[I] che fa riferimento a una radice *ṣrʿ* II e traduce con «Niedergeschlagenheit, Entmutigung» [280]. KB (vol. III, 1983, *ad loc.*) offre una panoramica (a cui rimandiamo) delle varie posizioni degli autori indicando due linee fondamentali, quella che traduce il termine come nome di insetto e quella che invece vi vede senso forte di

---

[279] Si tratta dei Caldei, definiti anche come *mebaqšê napšekā*.

[280] Anche Becker, 15-16, segue questa posizione e situa il termine nell'ambito del «Gottesschrecken».

paura, terrore, o un po' più attenuato di scoraggiamento. La prima linea è comunque indicata come preferibile[281].

Noi assumiamo il termine come possibile indicazione di paura che, inviata da Dio sulle popolazioni cananee, le scaccia dal paese che Israele deve occupare.

Il sintagma utilizzato è *šlḥ 'et haṣṣir'â*, con le preposizioni *lipnê* (Es e Gios) e *b^e* (Deut).

In parallelo, in Es 23,27, si usa l'espressione *šlḥ 'et 'êmâ* (ambito di paura), mentre in Deut 7,18-19 si pone relazione, in paragone, con i segni da Dio operati in Egitto (ambito delle piaghe, tra cui gli insetti).

25. **št'** (2x)

št': *Qal*: 2x

Il verbo *št'* compare solo in Is 41,10.23[282]. Attestato anche in fenicio e ammonita, corrisponde all'ugaritico *ṯt'* (avere paura), ove compare in parallelo al verbo *yr'*[283].

Anche nei due testi di Is 41 è usato in rapporto al verbo *yr'*, in parallelismo nel v. 10 e in paratassi nel v. 23[284]. Questo elemento, insieme a quello della corrispondenza con le altre lingue semitiche, soprattutto con l'ugaritico, permette di individuare ormai il senso del verbo come «avere paura, essere spaventato».

Sono soggetti del verbo, Israele che non deve temere (v. 10) e Dio che ironicamente pone l'ipotesi irreale di un suo timore davanti agli idoli (v. 23).

26. **Hapax Legomena**

Elenchiamo brevemente alcuni *hapax legomena* con attinenza alla paura:

- *zḥl* II (Giob 32,6): in congiunzione con *yr'*: la titubanza e il timore del giovane Elihu nel parlare a degli anziani.
- *ḥoggā'* (Is 19,17): nel sintagma *hyh l^e- l^eḥoggā'*: il paese di Giuda sarà motivo di spavento per l'Egitto.

---

[281] Nello stesso anno 1983, anche BOROWSKI («The Identity of the Biblical *ṣir'â*») di nuovo sosteneva la tesi dei calabroni, intesi come simbolo dell'Egitto.

[282] Tra i Dizionari, solo ZOR riconosce la radice *št'*, che traduce «*tristis fuit aegreque tulit* rem». BDB, GES e KB^I invece elencano i nostri due testi sotto la radice *š'h, Hitp.*

[283] UT 49 VI: 30; 67 II: 6-7. Cfr. DAHOOD, «Ugaritic-Hebrew Parallel Pairs», 212; «Hebrew-Ugaritic Lex. XI», 366; COHEN, *Biblical Hapax Legomena*, 44; AVISHUR, *Stylistic Studies*, 371-372. Sul rapporto con l'arabo, cfr. la discussione in BLAU, «Some Ugaritic», 9-10.

[284] Sul testo di Is 41,23, cfr. p. 36.

- *ḥrg* (Sal 18,46): in congiunzione con *nbl*: gli stranieri intimoriti e tremanti dai (*min*) loro nascondigli [285].
- *yr'* (Is 15,4b): devastazione di Moab: urlano i suoi soldati ed esso è nel terrore [286].
- *nwṭ* (Sal 99,1): in parallelo a *rgz*: davanti alla sovranità di Dio, i popoli tremano e la terra si scuote [287].
- *'îr* (Ger 15,8): nel sintagma *npl(Hi) 'al,* in congiunzione con *behālôt*: spavento e sconvolgimento su Gerusalemme devastata [288].
- *qᵉpādâ* (Ez 7,25): in contrapposizione a *šālôm*: il popolo in preda alla paura cercherà la pace senza trovarla [289].
- *rhh* (Is 44,8): in congiunzione con *pḥd,* ambedue con negazione: il popolo, testimone di Dio, è esortato a non temere [290].
- *reṭeṭ* (Ger 49,24): costruito con *ḥzq(Hi)* e in correlazione con *rph, pnh(Hi) lānûs, ṣārâ waḥăbālîm*: descrizione di Damasco in preda al panico.
- *rpp(Polal)* (Giob 26,11): in congiunzione con *tmh*: le colonne del cielo scosse e sbigottite per (*min*) la minaccia di Dio [291].
- *rᵉtēt* (Os 13,1): il versetto è variamente interpretato, ma i commentatori sono per lo più concordi nell'assegnare il termine *rᵉtēt* all'ambito della paura e dello spavento [292].

---

[285] Cfr. GREENSPAHN, *Hapax Legomena*, 116-117. Il passo parallelo di 2 Sam 22,46 legge invece dal verbo *ḥgr*.

Sull'uso di *min* locale con un verbo di paura, cfr. i sintagmi *ḥrd min* in Os 11,10.11 (p. 53) e *rgz min* in Mi 7,17 (n. 146; qui, il luogo sono i nascondigli, come nel nostro testo: *mimmisgᵉrōtêhem*).

[286] Al termine è generalmente riconosciuto dai Dizionari il senso di avere paura, tremare. Diversi autori leggono la stessa radice anche nel I emistichio, con soggetto *ḥalṣê* (TM *ḥălūṣê*): cfr. RUDOLPH, «Jesaja», 134, e la documentazione in WILDBERGER, 591. Invece KOPF («Arabische Etymologien», *VT* 8, 203-204) e GUILLAUME («A Note on the Roots») fanno derivare la forma *yārî'û* del I emistichio rispettivamente da una radice *rw'* (indicata anche per Giud 7,21 e Mi 4,9) e *ry'* (indicata anche per Mi 4,9; Giob 20,26; Prov 11,15), sempre con il significato di avere, manifestare paura.

[287] Il verbo è attestato anche in ugaritico, nella forma *nṭṭ*. Cfr. DAHOOD, *Psalms*, II, 368; GREENSPAHN, *Hapax Legomena*, 135.

[288] Per lo *status quaestionis* sul termine, cfr. MCKANE, 341.

[289] Il termine indica la paura e l'angoscia (cfr. Dizionari; EICHRODT, 41; ZIMMERLI, 159.165) ma, per un fenomeno già più volte segnalato (cfr. in particolare pp. 39-40.43), può anche significare la situazione oggettiva che la provoca, la sciagura e il disastro che si sta descrivendo.

[290] Cfr. GREENSPAHN, *Hapax Legomena*, 156. I Dizionari non concordano sulla radice e KB indica *yrh* invece di *rhh* (così invece GES e ZOR), mentre BDB le segnala ambedue.

[291] Il senso, stando ai rapporti con altre lingue, sarebbe quello di movimento (GREENSPAHN, *Hapax Legomena*, 158) e sembra indicare lo scuotersi e il tremare determinati dalla paura.

[292] Cfr. HARPER, 393; WOLFF, 285.286; ANDERSEN – FREEDMAN, 624.629; JEREMIAS, 158.

27. Termini minori

Indichiamo brevemente alcuni termini che consideriamo minori non per la loro importanza in sé, ma in riferimento al nostro tema, in quanto presentano solo sporadici riferimenti all'ambito della paura vera e propria.

Si tratta di termini che esprimono movimento fisico, delle radici *rhb* e *d'b*, e infine della congiunzione *pen*.

27.1 *Il movimento*

I termini che qui vogliamo indicare non esprimono primariamente la paura né il tremare o l'agitarsi come suoi effetti, ma un movimento fisico che solo in rari casi o in senso traslato può avere rapporto con l'emozione che stiamo studiando.

27.1.1. *r'š*[293]

La radice *r'š* è usata complessivamente 47 volte (*Qal*: 22x; *Ni*: 1x; *Hi*: 7x; sost. *ra'aš*: 17x).

Il verbo esprime solitamente lo scuotimento del cosmo, il tremare fisico della terra o di sue parti (monti, isole, ecc.) a motivo dell'intervento di Dio o per altri eventi e cause (cfr. Is 13,13; 24,18; Ger 4,24; 8,16; 49,21; Ez 26,10.15; Gioel 2,10; Sal 46,4; ecc.).

Un tale senso potrebbe anche essere usato in modo figurato, ed esprimere così, attraverso l'immagine dello scuotimento fisico, una reazione di paura attribuita alle cose (cfr. ad es., 2 Sam 22,8 // Sal 18,8; Ger 51,29; ecc.), ma una tale precisazione di significato è sempre difficile da operare[294]. Essa può forse essere più facile quando il soggetto del verbo sono delle collettività umane come regni e popoli[295] (cfr. Is 14,16; Ez 31,16; Agg 2,7).

Il verbo *r'š* è usato in poesia, e soprattutto nei profeti (21x). Termini correlati significativi per il nostro campo: *g'š,Hitp* (2 Sam 22,8 // Sal 18,8); *mwg,Hitpo* (Nah 1,5); *rgz* (2 Sam 22,8 // Sal 18,8; Gioel 2,10; Sal 77,19).

Il sostantivo *ra'aš* è anch'esso usato prevalentemente nei profeti (13x) e designa lo scuotimento e il fragore (nel terremoto, in situazione bellica, ecc.).

---

[293] Cfr. Childs, «The Enemy from the North», 188-190.

[294] Lo stesso problema è stato già sottolineato a proposito di *mwg* (p. 70; cfr. anche *rgz*, p. 55).

[295] Ma la stessa cosa può avvenire per la terra, se usata per indicare, in modo metonimico, coloro che la abitano.

In una occorrenza esprime in modo figurato la trepidazione e lo scuotimento emotivo dell'uomo in una situazione angosciosa (Ez 12,18: azione simbolica del profeta, figura del popolo nel tempo della deportazione; // *rogzâ, dᵉ'āgâ*).

27.1.2. ***nwʿ*** [296]

Il verbo *nwʿ* è usato 40 volte: 24x nel *Qal*[297]; 2x nel *Ni*; 14x nello *Hi*. Esprime l'instabilità, il tremare, fremere, vacillare, andare qua e là.

Nella coniugazione *Qal*, è usato per esprimere la paura in Es 20,18 (il popolo al Sinai, spaventato dai fenomeni che accompagnano la teofania); Is 7,2 (alla notizia dell'aggressione aramea, il cuore di Acaz e del suo popolo freme e si scuote, come gli alberi agitati dal vento); probabilmente 19,1 (gli idoli d'Egitto vacillano davanti al Signore)[298].

Un certo riferimento alla paura si può riconoscere anche in Gen 4,12.14 (il vagare inquieto di Caino, in fuga dopo il fratricidio)[299] e Is 29,9 (il barcollare sbigottito del popolo infedele; radici correlate: *mhh, tmh, šʿʿ, škr*; cfr. anche *tardēmâ* al v. 10).

27.1.3. ***gʿš***

Il verbo *gʿš* ricorre 9 volte, quasi sempre in poesia e prevalentemente in Geremia: 2x nel *Qal* (2 Sam 22,8a // Sal 18,8a)[300]; 1x nel *Pu* (Giob 34,20)[301]; 4x in *Hitp* (2 Sam 22,8c // Sal 18,8c; Ger 5,22; 46,7); 2x in *Hitpo* (Ger 25,16; 46,8).

Il senso è vacillare, scuotersi, agitarsi. Nel Salmo di Davide ha per soggetto la terra e le fondamenta del cielo (2 Sam 22,8) o dei monti (Sal 18,8), che si scuotono a motivo dell'ira divina (*kî ḥārâ lô*). È qui possibile un senso figurato del verbo (come reazione di paura davanti all'intervento adirato di Dio), già segnalato anche per gli altri due verbi usati nello stesso versetto, *rgz* e *rʿš*[302].

---

[296] Cfr. RINGGREN, *TWAT*, V, 315-318.

[297] Così LIS e E-SHO, che elencano 2 Sam 15,20 e Sal 59,16 nello *Hi*, secondo il *Qere*, mentre MAND ne ripete l'indicazione anche nel *Qal*, secondo il *Ketib*. *TWAT* invece assegna al *Qal* solo 20 occorrenze.

[298] Il vacillare qui espresso dal verbo *nwʿ* può essere inteso anche fisicamente, come un crollare degli idoli che ne esprime la sconfitta. L'immagine di paura che poi segue (*lēbāb mss(Ni)*, riferito agli Egiziani) può essere perciò interpretata o come parallela a *nwʿ* (se riferito al timore) o come sua conseguenza (gli idoli crollano e perciò gli Egiziani sono spaventati).

[299] La situazione di Caino è descritta come quella di un braccato, in situazione angosciosa di pericolo: *ûmippānèkā 'essātēr ... wᵉhāyâ kol mōṣᵉ'î yahargēnî* (v. 14).

[300] In 2 Sam 22,8a il *Qere* legge la forma *Hitp*. Noi accettiamo il *Qal* del *Ketib*, come attestato anche in Sal 18,8a.

[301] Sui problemi del versetto, cfr. ALONSO – SICRE, 482-483.

[302] Cfr. pp. 55.83.

Anche nel testo di Ger 25,16 il vacillare espresso da *g'š* ha riferimento all'ira di Dio e al suo intervento di giudizio, ed esprime la reazione dei popoli che, condannati alla spada, bevono alla coppa di Dio. Il barcollare dei loro corpi, effetto della droga, esprime insieme il vacillare delle loro menti sotto la paura, esplicitato poi dal verbo correlato *hll(Hitpo)*.

27.2. *rhb*

La radice *rhb* ricorre 12 volte: *Qal*: 2x; *Hi*: 2x; *rāhāb*: 1x; *rōhab*: 1x; e infine *rahab*: 6x, usato come nome allegorico dell'Egitto. Si trova sempre in testi poetici: Sal (5x), Is (3x), Giob (2x), Prov (1x), Cant (1x).

In riferimento all'arabo, Kopf segnala il possibile senso di paura (temere, e come causativo, spaventare) in Cant 6,5; Prov 6,3; Is 3,5[303].

27.3. *d'b*

Il verbo *d'b* nelle sue tre occorrenze (Ger 31,12.25; Sal 88,10)[304] ha il significato di languire, consumarsi, struggersi. Un più diretto collegamento con la paura si ritrova nel sostantivo *hapax d*e*'ābâ*, terrore (Giob 41,14) e forse anche nell'altro termine *hapax d*e*'ābôn* (Deut 28,65)[305].

27.4. *k'h*

Il verbo *k'h* è usato tre volte, due in *Ni* (Sal 109,16; Dan 11,30) e una in *Hi* (Ez 13,22)[306].

Sembra di poter riconoscere un esplicito riferimento all'ambito della paura e dello scoraggiamento almeno nel testo di Dan 11,30: Antioco Epifane, impaurito alla venuta delle navi dei Kittîm, rinuncia all'impresa.

27.5. *pen*

Resta infine da ricordare l'uso, già segnalato da Joüon («Études de sémantique», 340-342), della congiunzione *pen* per indicare la cosa e

---

303 Cfr. Kopf, «Arabische Etymologien», *VT* 9, 273-276. A proposito di Prov 6,3, egli indica senso di paura anche per il sostantivo (+ suff.) *r'yk* (da *rw'*, con funzione di oggetto interno di *rhb*; cfr. anche n. 286).

304 MAND aggiunge anche la forma *m*e*dîbōt* di Lev 26,16 (come part. *Hi*), che però elenca anche alla radice *dwb*. A questa sola radice fanno invece riferimento LIS e E-SHO.

305 Il termine è usato in catena costrutta con *nepeš* e sembra designare la paura e l'angoscia del popolo trasgressore dell'alleanza. Termini correlati: *lēb raggāz* e *kilyôn 'ênayim*. Nello stesso contesto di maledizione è inserito anche il testo di Lev 26,16 (citato nella nota precedente), ove l'espressione *m*e*dîbōt nāpeš* compare in connessione con *m*e*kallôt 'ênayim*.

306 Si trova anche un uso della radice nel Sal 10,10, ma solo nel *Qere* (*K*: *ḥlk'ym*; *Q*: *ḥêl kā'îm*).

l'azione temuta, soprattutto quando questa ha un soggetto diverso da quello che sperimenta la paura. In questo caso *pen*, per lo più costruito con il verbo *'mr*, esplicita ciò che il soggetto non vorrebbe e che è causa del suo timore. Cfr. ad es. Gen 42,4; Es 1,10; 13,17; Num 16,34; 1 Sam 13,19; Sal 38,17.

28. **Tabelle riassuntive**

Forniamo ora, come complemento, tre tabelle riassuntive sui termini studiati (esclusi gli «*hapax legomena*» e i «termini minori»: rispettivamente, §§26 e 27).

Nella prima tabella presentiamo schematicamente le occorrenze delle varie radici suddividendole secondo le diverse coniugazioni verbali, i sostantivi e gli aggettivi. Per quel che riguarda queste ultime due voci, poiché ogni radice può avere più di un sostantivo o di un aggettivo, ci è sembrato utile indicare, prima del numero delle loro occorrenze, anche quello dei loro diversi tipi. Ad esempio, per *r'd*, l'indicazione «2: 6» precisa che i sostantivi sono due (*ra'ad* e *r*e*'ādâ*), per un numero globale di occorrenze che è sei.

La seconda tabella riguarda invece i regimi sintattici dei soli verbi (non causativi) in rapporto all'oggetto del timore. Segnaliamo anche, perché di un certo interesse, la costruzione con accusativo interno e quella con *'îš 'el rē'ēhû*. Questa tavola, come la seguente, è solo indicativa e non vi abbiamo perciò preso in considerazione preposizioni e testi particolarmente difficili e incerti.

Infine, la terza tabella presenta le diverse radici secondo una loro rete di relazioni di vario tipo (ciò che noi abbiamo genericamente chiamato, nel nostro studio, «correlazione»).

28.1. *Tavola delle occorrenze*

	Qal	*Ni*	*Pi*	*Pu*	*Hi*	*Ho*	*Po,Hitp,* ecc.	Sostant.	Aggett.	Totali
ʾym								1: 17	1: 3	20
bhl		24	9	2	3			1: 4		42
blh			1					1: 10		11
bʿt		3	13					2: 4		20
gwr	10						1	2: 12		23
dʾg	7							1: 6		13
hwm	1	3			2?			1: 12		18
hmm	13									13
zwʿ	2						1	1: 8		11
ḥpz	6	3						1: 3		12
ḥrd	23				16			1: 9	1: 6	54
ḥtt	48	1	2		5			6: 24		80
ygr	7									7
yrʾ	330	45	5					2: 56	cfr. *Qal* + *Ni*	436
mwg	4	8					5			17
ʿrṣ	11	1			3			1: 1	1: 20	36 (+1?)
pḥd	22		2		1			2: 50		75
plṣ							1	3: 9		10
ṣrʿ								1: 3		3
qwṣ	8				1					9
rgz	30				7		4	2: 8	1: 1	50
rʿd	1				2			2: 6		9
šmm	35	25			17	4	12	5: 105	1: 3	201
štʿ	2									2
tmh	8						1	1: 2		11

28.2. *Regime sintattico dei verbi*

	'el	*b^e*	*l^e*	*lipnê*	*millipnê*	*min*	*mipp^enê*	*'al*	*taḥat*	*l^e* + inf.	*min* + inf.	acc.	acc.int.	*'îš 'el rē'ēhû/'āḥîw*	
bhl		+				+	+								
b't					+		+								
gwr						+	+	+				+			
d'g			+			+						+			
hwm								+					+		
zw'						+									
ḥpz						+									
ḥrd	+		+										+		+
ḥtt					+	+	+								
ygr							+					+			
yr'					+	+	+			+	+	+	+		
mwg		+					+								
'rṣ							+					+			
pḥd	+					+	+					+	+	+	
qwṣ		+					+								
rgz			+	+			+	+	+						
r'd						(+)		+							
šmm								+							
tmh						+		+						+	

8.3. *Relazioni delle radici tra di loro*

	'ym	*bhl*	*blh*	*b't*	*gwr*	*d'g*	*hwm*	*hmm*	*zw'*	*ḥpz*	*ḥrd*	*ḥtt*	*ygr*	*yr'*	*mwg*	*'rṣ*	*pḥd*	*plṣ*	*ṣr'*	*qwṣ*	*rgz*	*r'd*	*šmm*	*št'*	*tmh*
m		+		+				+						+	+		+	+	+		+	+			
hl	+			+						+	+			+	+		+	+			+	+	+		+
lh				+																			+		
't	+	+	+								+	+		+			+	+							
wr												+		+						+					
'g														+	+						+		+		
wm																									
mm	+																								
w'																							+		
pz		+												+		+						+			+
rd		+		+										+	+		+	+			+		+		
tt				+	+									+		+	+								
gr																	+								
r'	+	+		+	+	+				+	+	+				+	+	+			+	+		+	
wg	+	+				+					+						+				+	+			
rṣ										+		+		+			+								
ḥd	+	+		+							+	+	+	+	+	+					+	+			
lṣ	+	+		+							+			+							+	+			
r'	+																								
wṣ					+																				
gz	+	+				+					+			+	+		+	+				+	+		
'd	+	+								+				+	+		+	+			+				+
mm		+	+			+			+		+										+				+
t'														+											
mh		+								+												+	+		

29. Osservazioni conclusive

Si è potuta osservare in questo capitolo la grande varietà dei termini usati nella Scrittura per esprimere la paura, che risulterà poi ancora maggiore con le integrazioni del cap. VII. Ciò denota una notevole attenzione, da parte degli autori biblici, per le innumerevoli sfumature dell'esperienza umana e in particolare dell'emozione che occupa ora il nostro interesse.

È però estremamente problematico tentare di distinguere e precisare il significato di un termine rispetto ad un altro. Questa operazione, difficilissima anche nelle nostre lingue, è resa ancor più impraticabile dalla scarsità di dati reperibili in un corpo testuale così esiguo come quello biblico. Anche il ricorso alle etimologie o al comparativismo risulta ancora incerto o inadeguato, né può essere assunto come dirimente il rapporto al preciso contesto in cui un termine si trova. Si tratta infatti di esprimere un'emozione, le cui variazioni non sono sempre proporzionate alla situazione oggettiva che le provoca, e riflettono invece lo stato soggettivo di chi sta vivendo quell'esperienza. Il modo di parlarne, poi, risente dell'ambiente e della struttura psicologica dell'autore, rendendo ancor più difficile qualunque classificazione. Persino l'attuale scienza psicologica, d'altronde relativamente recente, trova inadeguata una distinzione rigida tra i vari stati emotivi. E il parlare comune rivela un'assunzione dei termini molto fluida, con continue trasgressioni delle norme di una precisa classificazione.

D'altra parte invece, una volta individuati i vari termini usati nella Scrittura che appartengono direttamente all'ambito semantico del timore, si può procedere a uno studio più complesso ed articolato del fenomeno in quanto tale. A ciò serviranno la Seconda e Terza Parte del nostro lavoro, nell'intento di giungere a una comprensione non tanto dei singoli termini che esprimono il temere, quanto piuttosto della paura in sé come importante emozione umana.

PARTE SECONDA

LA PAURA IN SITUAZIONE

Nella Parte Prima del nostro lavoro abbiamo presentato i dati fondamentali della paura fornendo alcuni lineamenti generali e il lessico di base.

In questa Seconda Parte, vogliamo esaminare il fenomeno in questione mentre è in atto all'interno delle varie situazioni che lo determinano. Utilizzando perciò la suddivisione in grandi ambiti indicata nel cap. I [1], esamineremo, in alcuni testi biblici particolarmente significativi e ricchi di elementi, il manifestarsi e lo svolgersi della paura nelle sue varie implicazioni. Lo studio di tali testi secondo quest'ottica particolare permetterà di vedere l'esperienza del timore umano situata nel proprio contesto vitale, condizione preliminare per capire un fenomeno così tipicamente reattivo.

L'intento di questa sezione non è dunque di fornire una descrizione generalizzata della paura in tutte le sue componenti e nei suoi elementi strutturali (a ciò sarà dedicata la Parte Terza del nostro studio), ma piuttosto di fornire alcuni esempi di come la narrazione biblica presenti questa emozione nel quadro di una precisa esperienza di minaccia.

Ne consegue che la lettura dei testi sarà circoscritta a tale interesse specifico; non ci si occuperà perciò di altre questioni e aspetti, pure importanti, ma che non lo concernono direttamente [2].

---

[1] Cfr. pp. 22-26. Agli ambiti lì indicati, corrispondono i tre capitoli di questa Seconda Parte: rapporto con gli altri uomini e con gli animali (cap. III), relazione al mistero (cap. IV), esperienza dell'alterazione del corpo (cap. V).

[2] Per ogni testo, forniremo, all'inizio dell'analisi, una bibliografia generale che lo riguarda. Lungo il corso della trattazione, poi, alcuni di quegli studi verranno ripresi quando presentino annotazioni pertinenti al nostro tipo di lavoro. Ad essi saranno a volte aggiunte indicazioni di Commenti o di altri studi attinenti a ciò che andremo trattando.

Capitolo Terzo

La paura davanti all'uomo e agli animali

La prima situazione di paura da prendere in esame è quella che riguarda le relazioni con gli altri uomini. Si tratta di un ambito molto vasto, diffusamente trattato nella Scrittura, e in cui l'esperienza della paura è immediatamente comprensibile. Nei rapporti tra gli uomini, infatti, il confronto è con una realtà *esterna*, dai contorni precisi, chiaramente percepibile nella sua eventuale dimensione di minaccia e di pericolo.

Caratteristiche simili si evidenziano anche nella paura per gli animali, trattata brevemente alla fine del capitolo.

1. L'uomo

Ci occupiamo qui dell'uomo come causa di paura all'interno di una situazione esplicitamente ostile, sia in termini collettivi (= la guerra) che individuali (= l'inimicizia personale).

Poiché la guerra è un evento che ricorre con molta frequenza nella narrazione biblica e in cui la paura trova un campo particolarmente propizio al suo verificarsi, le dedicheremo uno spazio abbastanza ampio.

1.1. *La guerra* [1]

La dimensione aggressiva e minacciosa che può rendere l'uomo causa di paura per un altro uomo è particolarmente evidente e visibile nella guerra, ove tutto è strutturato e finalizzato all'annientamento dell'altro.

In questo paragrafo, con l'aiuto di testi emblematici di guerra (santa) e di invasione, si vuole esaminare il modo in cui l'elemento pauroso si presenta e come l'uomo reagisca nel contesto di queste tipiche situazioni di grave aggressione e violenza. I testi saranno presentati secondo un ordi-

---

[1] Numerosissimi sono gli studi dedicati alla guerra e alla guerra santa nella Bibbia. Ne segnaliamo alcuni tra i più importanti: Eissfeldt, *Krieg und Bibel*; Fredriksson, *Jahwe als Krieger*; Del Medico, «Le rite de la guerre»; von Rad, *Der Heilige Krieg*; Yadin, *The Art of Warfare*; Heintz, «Oracles prophétiques»; Stolz, *Jahwes und Israels Kriege*; Weippert, «Heiliger Krieg»; Miller, *The Divine Warrior*; Craigie, *The Problem of War*; Herzog – Gichon, *Battles of the Bible*; Malamat, «Israelite Conduct of War»; Lind, *Yahweh is a Warrior*; de Pury, «La guerre sainte»; Galbiati, «La guerra santa»; Good, «The Just War».

ne «decrescente», cominciando cioè da quelli che presentano una maggiore ricchezza di elementi e una maggiore completezza in rapporto ai vari aspetti che concernono il fenomeno della paura. Inizieremo perciò con la narrazione di 2 Cron 20, in cui convergono gli aspetti più importanti dei racconti di guerra santa. Vedremo quindi il testo classico di Es 14 sul passaggio del Mar Rosso, per poi passare a Giud 7, con lo stratagemma di Gedeone. Infine, concluderemo con il testo poetico di Ger 4 sull'invasione di Gerusalemme.

2 Cron 20,1-30 [2]

Tre popoli si alleano contro Giosafat, re di Giuda, che *impaurito* (v. 3) davanti a tale minaccia ricorre a Dio: indice un digiuno e un'assemblea dove, dopo la preghiera di intercessione del re, Yahaziel – a nome di Dio – esorta il popolo a superare ogni *timore* (vv. 15.17) perché sarà Dio stesso a combattere contro i nemici. Il giorno seguente, tale azione liturgica trova il suo compimento. Mentre si snoda la processione del popolo che esce alla battaglia salmodiando, i nemici, per intervento divino, si uccidono a vicenda fino all'ultimo uomo. Al popolo di Giuda non resta che raccogliere il bottino e fare la grande benedizione nella valle di Beraka, per poi tornare festante a Gerusalemme. Le altre nazioni, saputo l'accaduto, vengono prese da *timore* (v. 29) e il resto del regno di Giosafat trascorrerà nella pace.

Si tratta di un elaborato racconto di guerra santa in cui convergono artificialmente, intorno al prodigioso intervento di Dio in favore del suo popolo, gli elementi più tipici di questo genere di narrazione [3].

L'elemento della paura, che a noi interessa, vi appare in riferimento ai soggetti umani principali del racconto (Giosafat e il suo popolo, i nemici coalizzati, le altre nazioni), ma secondo modalità molto diverse. Ne vedremo ora brevemente gli aspetti.

— *La nascita della paura*

Nella narrazione, la reazione di timore di Giosafat e poi degli altri regni è messa esplicitamente in relazione con il fatto di giungere a cono-

---

[2] Cfr. NOTH, «Eine palästinische Lokalüberlieferung»; NORTH, «Does Archeology Prove», 381-383; DE VRIES, «Temporal Terms», 103-105; A. SCHMITT, «Das prophetische Sondergut».

[3] Il carattere storico del racconto è stato dibattuto da storici e commentatori: cfr. MYERS, 114 e MICHAELI, 195. Da parte loro, questi due autori credono a un evento storico reale (cfr. anche RUDOLPH, 259), pur se amplificato in alcuni suoi elementi e presentato in modo particolare. Nettamente contraria è la posizione di DE VRIES: «This narrative is so patently artificial that there can be no serious claims of its historical actuality» («Temporal Terms», 105).

Sulla particolare presentazione dell'episodio nei termini di una grande celebrazione liturgica, cfr. MICHAELI, 196.

scenza (*ngd*[*Hi*] *le*: v. 2; *šmʿ*: v. 29) di un evento dalle connotazioni minacciose per la propria sicurezza. Si tratta di un pericolo concreto che si è fatto prossimo nel caso di Giosafat (*bāʾ ʿālèkā hāmôn rāb*: v. 2), mentre per le nazioni è qualcosa che è accaduto ad altri (*nilḥam yhwh ʿim ʾôyebê yiśrāʾēl*: v. 29), ma che è da essi percepito come pericoloso perché potrebbe verificarsi anche per loro.

Nel caso di Giosafat e del suo popolo, il pericolo è descritto con una precisa connotazione di temibilità: il nemico che si approssima con intenzioni minacciose (*bāʾû* ... *ʿal* .. *lammilḥāmâ*: v. 1) è presentato come *hāmôn rāb*. Si tratta, di fatto, di tre popoli che si sono alleati contro Giuda: al v. 1 si dicono semplicemente i loro nomi (cfr. anche vv. 10.22.23), e nei vv. 27.29 vengono genericamente definiti *ʾôyebîm* del popolo di Israele. Ma sulla bocca dei destinatari dell'aggressione essi diventano, per ben tre volte, *hāmôn rāb*[4], definizione che ne sottolinea l'enorme quantità e la coesione interna. Il nemico fa paura perché è grande, numeroso, soverchiante (tre popoli contro uno). È ancor più pericoloso, perché tale moltitudine si è coalizzata insieme, in una molteplicità che ha trovato nell'aggressione il suo punto unificante e davanti a cui non si è in grado di opporre una resistenza adeguata (*ʾên bānû kōḥ lipnê hehāmôn hārāb hazzeh*: v. 12).

— *Le espressioni di paura*

Il timore è menzionato esplicitamente per le nazioni con l'espressione *hyh paḥad ʾĕlōhîm ʿal* (v. 29), e per Giosafat e il suo popolo con il verbo *yrʾ* (v. 3; cfr. anche l'esortazione *ʾal tîreʾû weʾal tēḥattû* nei vv. 15.17).

La paura del popolo è inoltre descritta nel suo manifestarsi come sensazione di debolezza e di confusione. Nella preghiera pronunciata dal re, Israele si riconosce impotente davanti al pericolo: *ʾên bānû kōḥ* ... *lōʾ nēdaʿ mah naʿăśeh* (v. 12). Si tratta di un effetto quasi paralizzante che rende incapaci di reagire in modo adeguato per la consapevolezza della propria inferiorità. La mancanza di forza sta alla base della paura e insieme la manifesta, in una specie di circolo vizioso: la debolezza provoca la paura, e la paura aumenta la debolezza e la confusione. Nel nostro racconto, tale spirale viene spezzata dal tipo di risposta che Giosafat deciderà di dare alla minaccia che lo impaurisce.

— *Conseguenze della paura e risposte al pericolo che impaurisce*

Dei tre *popoli* coalizzati non si afferma esplicitamente la paura, ma il loro uccidersi vicendevole (v. 23) può essere considerato una sua manifestazione e conseguenza[5].

---

[4] Cfr. v. 2, nell'annuncio a Giosafat; v. 12, nella preghiera del re; v. 15, nell'oracolo di Yahaziel.

[5] Cfr. anche pp. 106-107 e 246.

Il racconto sembra alludere, nella dinamica della strage, ad un iniziale elemento di vendetta da parte dei primi due popoli contro gli altri alleati, forse sospettati di tradimento [6]. Ma l'impressione che si riceve dalla narrazione è comunque che la paura provocata dall'essere caduti nell'imboscata vada posta all'origine dell'eventuale sospetto e della tremenda confusione che porta alla morte i nemici di Israele. Siamo davanti ad un tipico esempio di quell'estrema reazione davanti al pericolo che è il panico irrazionale che si difende senza più discernimento della vera minaccia, arrivando fino al punto di rivolgersi contro i propri stessi alleati.

Per le altre *nazioni* che vengono a sapere dell'accaduto, la reazione di timore (esplicitata al v. 29) sfocia in un intelligente aggiramento e neutralizzazione del pericolo. Si dice nel testo che il regno di Giosafat fu tranquillo (*wattišqōṭ*: v. 30), il che significa che i popoli circonvicini preferirono non provocare alcuno scontro che avrebbe potuto risolversi contro di loro come era stato per i tre alleati. La paura gioca qui un ruolo «deterrente», di dissuasione a intraprendere azioni per le quali l'esperienza può far prevedere conseguenze negative [7].

Per quel che riguarda infine *Giosafat e Giuda*, la risposta al pericolo che fa paura è nella linea del vero superamento del timore attraverso il ricorso a Colui che, solo, da quel pericolo può liberare.

Davanti ai nemici che marciano contro la città, il re raduna il popolo in digiuno e prega (vv. 3ss.). È la normale reazione difensiva di chi, davanti a un'aggressione, cerca un alleato, che però in questo caso è Dio. Davanti alla coalizione degli altri (*bā'û ... **w^{e}ʿimmāhem***: v. 1), si tenta di uscire dalla propria condizione di isolamento e di affrontare il pericolo insieme al Signore (***ʿimmākem***: v. 17, 2x), facendo coesione con lui e intorno a lui (*wayyiqqāb^{e}ṣû*: v. 4). Mentre non si sa cosa fare, si punta lo sguardo su di lui [8] e, confessando la propria impossibilità ad affrontare da soli la minaccia (*'ên bānû **kōḥ** lipnê ...*: v. 12), si cerca aiuto in Dio che solo può (*...ûb^{e}yād^{e}kā **kōḥ** ûg^{e}bûrâ*: v. 6). La paura trova così il proprio cammino di superamento e di vittoria nella certezza che sarà il Signore a

[6] Nella presentazione della coalizione all'inizio del racconto si può forse riconoscere un'allusione a una certa disparità tra i tre popoli, sia per importanza che nelle reciproche relazioni (cfr. v. 1: *bā'û b^{e}nê mô'āb ûb^{e}nê ʿammôn w^{e}ʿimmāhem mēhāʿammônîm*). Indipendentemente da come vada letto il nome del terzo popolo (cfr. in particolare la discussione di KEIL, 287-288), questo sembra avere connotati meno precisi degli altri (cfr. il *min*) ed essere come aggiunto (*w^{e}ʿimmāhem*), meno integrato e perciò più facilmente sospettabile in caso di aggressione imprevista e inspiegabile (v. 22).

[7] Sul ruolo deterrente della paura, cfr. p. 205.

[8] V. 12: *wa'ănaḥnû lō' nēdaʿ mah naʿăśeh kî ʿālèkā ʿênênû.*

combattere e perciò a vincere (cfr. vv. 15.17, esortazione a *non temere* [9]; e v. 20, esortazione a *credere* [10]).

Tale comunione con Dio spezza la coesione dei nemici: prima Moab e Ammon si volgono contro Seir, e poi la solidarietà si rompe anche tra loro due e la loro alleanza diventa una paradossale cooperazione nell'uccidersi a vicenda (*ʿāzᵉrû* [11] *'îš bᵉrēʿēhû lᵉmašḥît*: v. 23) [12].

— *La fine del pericolo e il superamento definitivo della paura*

Come la percezione del pericolo (e perciò l'inizio della paura) si era verificata attraverso un udire (v. 2), così la fine del pericolo (e della paura) per Israele è contrassegnata da un vedere: *wᵉhinnām pᵉgārîm* ... (v. 24).

Ma già la parola (che fa riferimento all'udire) del re e dell'oracolo di Yahaziel aveva segnato, con la preghiera e l'esortazione, l'inizio dell'uscita dal timore. Il popolo può vincere la propria paura perché riceve la promessa che Dio vincerà i suoi nemici. Accogliendo una parola che fa appello alla fede, esso potrà, liberato da ogni timore, vedere la salvezza operata da Dio per lui (*hityaṣṣᵉbû ʿimdû ûrᵉ'û 'et yᵉšûʿat yhwh ʿimmākem*: v. 17).

Questa vittoria divina distrugge la minaccia che gravava su Giuda rendendo completamente inoffensivo ciò che era massimamente pericoloso.

Abbiamo già visto come la percezione del nemico da parte del popolo fosse focalizzata sulla sua quantità, sul suo presentarsi come grande moltitudine. In questo stava la sua temibilità e questo è ciò che Dio, con la sua vittoria, dissolve. Dopo il suo intervento, non ci sarà più un *hāmôn rāb*, ma solo *hāmôn*, e per di più ormai tutto ridotto a cadaveri (v. 24). La grandezza segnalata dal *rāb* fa ormai riferimento solo alla dovizia del bottino (*lārōb ... kî rab hû'*: v. 25): ciò che faceva paura al popolo è diventato l'elemento positivo che lo arricchisce, perché è proprio l'abbondanza dei

---

[9] La motivazione è esplicitata al v. 15: *kî lō' lākem hammilḥāmâ kî lē'lōhîm.*

[10] Notare il gioco con il verbo *'mn*: *ha'ămînû bᵉyhwh 'ĕlōhêkem wᵉtē'āmēnû ha'ămînû binbî'âw wᵉhaṣlîḥû.* Cfr. Is 7,9.

[11] MICHAELI, 191, n. 4, indica il probabile uso ironico del verbo *ʿzr* in questo versetto.

[12] Le contrapposte tipologie di Giuda e dei nemici sono ulteriormente sottolineate dal particolare uso, all'interno del racconto, del verbo *ʿmd* e dell'espressione *npl 'ārṣâ*:

— L'uso del verbo *ʿmd* è molto frequente per Giuda, con chiara connotazione liturgica: vv. 5 (Giosafat nell'assemblea), 9 (il popolo nel Tempio in caso di pericolo), 13 (il popolo durante la preghiera), 17 (il popolo, nell'esortazione oracolare di Yahaziel), 20 (Giosafat), 21 (i cantori, per ordine del re). L'unico *ʿmd* dei nemici è invece l'ultimo della serie, al v. 23, ed è per uccidersi (*wayyaʿamdû ... lᵉhaḥărîm ûlᵉhašmîd*).

— Al v. 18, si descrive la prostrazione a terra (***'ārṣâ***) di Giosafat e del popolo (**nāpᵉlû**) davanti al Signore nel corso della liturgia. È il gesto simbolico di annientamento di sé e di riconoscimento del potere dell'altro, compiuto alla fine di una giornata di digiuno (*ṣôm*: v. 3), in una specie di anticipazione di morte per attraversarla e venirne da Dio liberati. E infatti, non loro muoiono, ma gli aggressori: dopo la vittoria di Dio, i nemici sono «cadaveri **nōpᵉlîm** ***'arṣâ***» (v. 24).

nemici che permette l'abbondanza del bottino. La minaccia terrificante è trasformata così in ricchezza per Israele dalla vittoria di Dio sui suoi aggressori.

Tale trionfo sui nemici, che suggella l'uscita definitiva dal timore, fa entrare il popolo in una dimensione di gioia e di celebrazione festante e riconoscente. Tutto Giuda, che si era radunato in assemblea orante (*qāhāl*: vv. 5.14) davanti alla minaccia nemica, ora si ritrova ancora insieme (*qhl,Ni*: v. 26) nella valle per la grande benedizione di Dio. La coesione dei nemici è stata definitivamente smembrata, in una distruzione totale (*w*^{e}*'ên p*^{e}*lêṭâ*: v. 24), mentre l'unità del popolo, fondata in Dio, può ora esprimere nella benedizione, nella festa e nei canti nel Tempio (vv. 26-28) la pienezza di gioia di una vita liberata dal pericolo della morte [13].

Es 14,1-31 [14]

Si tratta del notissimo racconto del passaggio del Mar Rosso, articolato nelle scene seguenti: [15]

a) Comando di Dio a Mosè di portare il popolo presso il mare, inseguimento da parte degli Egiziani, *paura* di Israele (v. 10) e risposta di Mosè con invito a *non temere* (v. 13).

b) Nuovo comando di Dio a Mosè di stendere la mano con il bastone e dividere il mare, esecuzione, passaggio di Israele tra le acque divise inseguito dagli Egiziani, intervento di Dio e *paura* (vv. 24-25) degli Egiziani.

c) Terzo comando di Dio a Mosè di stendere di nuovo la mano e richiudere le acque, esecuzione, morte di tutti gli Egiziani nel mare, riconoscimento da parte di Israele della vittoria del Signore con conseguente *timore* (v. 31) e fede in lui e in Mosè.

— *La nascita della paura*

Anche in questo testo, come in 2 Cron 20 [16], la paura nasce da un'esperienza del pericolo, qui espressa attraverso il «vedere»: *wayyiś'û b*^{e}*nê yiśrā'ēl 'et 'ênêhem w*^{e}*hinnēh miṣrayim* ... (v. 10).

---

[13] L'elemento della gioia come manifestazione e conseguenza della fine della paura (cfr. anche pp. 269-270) è qui particolarmente sottolineato nel suo rapporto alla vittoria operata da Dio, espressa con il verbo *śmḥ(Pi)*. Il popolo torna a Gerusalemme in trionfo, festante (*b*^{e}*śimḥâ*), perché Dio lo ha fatto trionfare sui nemici (*kî śimm*^{e}*ḥām yhwh mē'ôy*^{e}*bêhem*: v. 27).

[14] Cfr. il recente studio di SKA, *Le passage de la mer* (con bibliografia).

[15] Per la costruzione generale del capitolo e la sua suddivisione, cfr. *ibid.*, 20-41.

[16] Sui vari rapporti esistenti tra i due testi di Es 14 e 2 Cron 20, cfr. A. SCHMITT, «Das prophetische», 278 e SKA, *op. cit.*, 171.

Il pericolo si presenta con la caratteristica paurosa della quantità (*šēš mē'ôt ... wekōl ...*: v. 7)[17], ma soprattutto sotto l'aspetto qualitativo particolarmente temibile della potenza. Ciò che viene sottolineato è l'impressionante apparato bellico di cui l'Egitto dispone e che dispiega nell'inseguimento di Israele: *rekeb, rekeb bāḥûr, šālīšīm, sûs, pārāšîm, ḥayil* (vv. 7.9)[18].

— *Espressioni di paura e risposte al pericolo che spaventa*

Il timore è esplicitamente segnalato per l'Egitto e per il popolo di Israele[19].

Per quel che concerne l'*Egitto*, si tratta di uno spavento che viene da Dio (*hmm*: v. 24) e che si esprime in una volontà di fuga (*'ānûsâ*) motivata (*kî*) dal fatto di aver capito di essere davanti a un nemico diverso e tanto più grande di Israele (v. 25).

Per quel che riguarda *Israele*, si usa l'espressione *yr' me'ōd* (v. 10). L'avverbio sottolinea la gravità della situazione e della reazione del popolo. Manifestazione e conseguenza di questa grande paura è il grido: davanti al pericolo e alla prospettiva di morire, Israele non può fuggire e, paralizzato, grida al Signore (*ṣ'q 'el yhwh*: v. 10). È l'espressione dell'angoscia che cerca in Dio un'ultima possibilità di salvezza, ma che insieme protesta l'inconciliabilità tra ciò che sta avvenendo e Dio stesso.

Può essere utile vedere un po' più da vicino questo grido di Israele che diventa poi protesta rivolta a Mosè (vv. 11-12), in una lamentela che nasce dalla paura e ne mostra degli aspetti importanti.

La paura verbalizzata: il grido di Israele nei vv. 11-12

Davanti al pericolo, ritorna martellante il nome e la nostalgia dell'Egitto: *miṣrayim* è ripetuto 5 volte, in modo ossessivo. Si ripresenta l'alternativa di ciò che si è lasciato, il fascino dell'Egitto contro il deserto mortifero. È il ripensamento e pentimento che Dio temeva per loro qualora si fossero trovati davanti ad una guerra che li spaventasse[20]. La paura di morire (*mwt*: vv. 11.12) li riporta indietro, in quell'Egitto che però, ironicamente, è paese di tombe (*hamibbelî 'ên qebārîm bemiṣrayim*: v. 11), e li accomuna agli Egiziani, loro i fuggitivi e i liberati, nello stesso grido di

[17] Va notata l'insistenza sul termine *kol*, usato in riferimento all'armata egiziana anche nei vv. 4.9.17.23.28.

[18] Cfr. anche vv. 17.18.23.(25).26.28; e inoltre 15,1.4.19.21.

[19] Nel cantico del cap. 15 verrà poi descritta anche la paura delle nazioni. Come già per la vittoria di 2 Cron 20, pure nel caso del prodigio del Mar Rosso la sconfitta dei nemici ad opera di Dio provoca il terrore in tutti gli altri popoli che ne hanno udito (*šm'*) la notizia Cfr. 15,14-16: *rgz, ḥîl, bhl(Ni), ra'ad, mwg(Ni), 'êmātâ, paḥad, dmm kā'āben.*

[20] Cfr. 13,17: *kî 'āmar 'ĕlōhîm pen yinnāḥēm hā'ām bir'ōtām milḥāmâ wešābû miṣrāymâ.*

rammarico: *mah zō't ʿāśînû* / *mah zō't ʿāśîtā lānû* (vv. 5.11) [21]. Si tratta di un rincrescimento disperato, è il considerare errore ciò che si è fatto prendendone coscienza troppo tardi, sentirsi intrappolati in ciò che è avvenuto e sapere di non poter più tornare indietro.

Questa angoscia sfocia in una protesta che ha la forma di una accusa [22] : a Mosè che li ha guidati, e implicitamente a Dio che lo ha inviato a guidarli. Il popolo si dissocia dalla loro azione (v. 12) e la rilegge al negativo (v. 11): far uscire (*yṣ', Hi*: il verbo della liberazione) dall'Egitto non era opera di salvezza, ma di perdizione (*mwt*, ripetuto al v. 12). Perciò gli Israeliti dicono: era meglio servire l'Egitto.

Ma ciò che non viene detto è che proprio l'Egitto è quello che ora sta venendo per ucciderli. Il popolo in preda alla paura parla genericamente di morire nel deserto, senza rendersi conto che sono proprio gli Egiziani la causa di tale morte, questi Egiziani che uccidono se non li si serve più. Questa era stata l'alternativa in Egitto, servirlo o essere uccisi, e questo era ciò che aveva fatto di quella vita di schiavitù una morte dalla quale solo Dio poteva liberare. Ma ora, sotto la spinta della paura, le cose si confondono e il popolo rivela un asservimento ancora più grande, quello ad un istinto di conservazione che non distingue tra esistere biologico ed esistenza umana. E così, pur di «restare in vita», si rinuncia alla vita offerta da Dio.

In tal modo l'Egitto, il grande mostro che continua a rivelarsi tale (sta venendo per riportare in schiavitù oppure uccidere), si trasforma in luogo di rimpianto. L'aspetto di vaneggiamento tipico dell'uomo in preda al panico si manifesta sino alle sue ultime conseguenze. Israele che grida la propria paura è un Israele prigioniero dell'assurdo, divenuto ormai incapace di reale rapporto alla verità.

— *La fine del pericolo e l'uscita dalla paura*

Al grido angosciato di Israele, Mosè risponde spezzando l'alternativa (vv.13-14): non «o Egitto, o morte nel deserto», ma vita perché Dio combatte e fa salvezza. Perciò si può smettere di temere (*'al tîrā'û*) e ci si può fidare di Dio [23].

Davanti ad Israele che, tendenzialmente, se vede (***bir'ōtām***) la guerra vuole tornare in Egitto (13,17) e che infatti alza gli occhi e vede

---

[21] Il parallelismo tra questi due versetti è stato ben sottolineato da Cassuto, 164; Childs, 225-226; Ska, *Le passage*, 43.

[22] Sul carattere giuridico di accusa della formula *mah (zō't) ʿāśîtā (lānû)*, cfr. Boecker, *Redeformen*, 30; Bovati, *Ristabilire la giustizia*, 63-64.

[23] L'esortazione di Mosè al popolo nel v. 13 è simile a quella di Yahaziel in 2 Cron 20,17 e anche di Samuele in 1 Sam 12,16, episodio che studieremo in seguito. Per il rapporto tra i tre testi, cfr. Ska, *Le passage*, 72-73.

(***w^ehinnēh***: v. 10) l'Egitto in armi e vorrebbe non essere mai partito, si apre ora una nuova possibilità.

Mosè lo esorta a vedere oggi la salvezza di Dio (***ûrᵉ'û*** *'et yᵉšû'at yhwh 'ăšer ya'ăśeh lākem* ***hayyôm***) perché non vedrà più gli Egiziani la cui vista oggi terrorizza (*kî 'ăšer* ***rᵉ'îtem*** *'et miṣrayim* ***hayyôm*** *lō' tōsîpû* ***lir'ōtām*** *'ōd 'ad 'ôlām*: v. 13).

E infatti, gli Egiziani guardati da Dio (***wayyašqēp***: v. 24) vengono sconfitti, e Israele, che temeva di morire (***mwt***: cfr. vv. 11-12), vede gli Egiziani morti (***wayyar'*** .. *'et miṣrayim* ***mēt***: v. 30) e vede il grande segno di Dio (***wayyar'*** .. *'et hayyād haggᵉdōlâ 'ăšer 'āśâ yhwh bᵉmiṣrayim*: v. 31).

Con la vittoria di Dio, la minaccia possente dell'Egitto è annientata e la potenza distruttrice dei carri, con tutto il suo fragore, è ridotta al silenzio: il mare ha tutto sommerso, restano solo i corpi dei morti. Dopo tante parole tante volte ripetute per dire la forza dell'esercito egiziano [24], ora rimane solamente *miṣrayim mēt* (v. 30) [25]. La poderosità del nemico si rivela ridotta a nulla, inoffensiva e inanimata, davanti a cui non c'è più nulla da temere. L'elemento di morte che aveva scatenato la protesta di Israele è ricaduto sul nemico e ne visualizza ora la sconfitta in modo definitivo: la vittoria di Dio è totale, sottolineata dalla mancanza di superstiti (*lō' niš'ar bāhem 'ad 'eḥād*: v. 28).

Ma non solo gli Egiziani sono sgominati dall'intervento potente del Signore. Quando Israele, raggiunto dal Faraone, si sente ormai destinato alla morte ha di fronte a sé un altro nemico, il mare invalicabile che lo costringe verso il deserto mortifero. Il popolo si ritrova schiacciato tra la massa armata dell'esercito che avanza implacabile con la sua potenza dispiegata, e la massa liquida del mare che ristà immoto nella sua impenetrabilità. Da una parte la minaccia fragorosa dei carri, immediatamente percepibile, e dall'altra quella silenziosa, ma non meno pericolosa, di una barriera naturale che non lascia alternative.

Su questa situazione Dio interviene fendendo le acque nemiche. Davanti alla potenza divina il mare deve ritrarsi e lasciar passare Israele a piede asciutto. Poi, sempre per intervento divino, si richiuderà a uccidere l'Egitto. Così, mentre Israele esce salvo, i due nemici atterriti da Dio [26] subiscono la tremenda sconfitta: il mare diventa terra asciutta (*ḥārābâ*:

---

[24] Cfr. p. 100.

[25] Va notato l'uso del singolare in riferimento a *miṣrayim*, che appare così indicato collettivamente nella sua unità e totalità di popolo una volta potente e ora tutto morto.

[26] Della paura dell'Egitto si è già detto sopra. Ma anche per il mare, in altri testi biblici, si allude alla paura in relazione a questo episodio dell'Esodo. Ci riferiamo al Sal 114,3 (*hayyām rā'â wayyānōs*; cfr. anche v. 5) e 77,17 (*rā'ûkā mayim 'ĕlōhîm ... yāḥîlû*). La terminologia usata è quella degli effetti tipici della paura e la stessa idea si trova riferita alle acque anche in un Salmo di creazione, in chiaro contesto di timore: *min ga'ărātᵉkā yᵉnûsûn min qôl ra'amkā yēḥāpēzûn* (Sal 104,7).

v. 21; *yabbāšâ*: vv. 16.22.29) e l'esercito egiziano una distesa di morti, sterminato proprio ad opera di quello che sembrava essere il suo alleato naturale [27].

Questa vittoria totale e definitiva di Dio segna la definitiva liberazione di Israele che, muto e immobile [28], ha assistito al dispiegarsi della forza di Dio [29]. Con la fine della battaglia tra gli Egiziani e il Signore, finisce anche la paura di Israele e con essa i dubbi e le insensate nostalgie che ne erano la conseguenza. Il popolo che ha passato il mare, liberato ormai dal timore di morire, può entrare in una dimensione di vita completamente nuova, quella del timore del Signore e della fede in lui e in Mosè suo servo (v. 31) [30].

Giud 7,1-25 [31]

Il brano narra la vittoria su Madian da parte di Gedeone e dei suoi 300 uomini, con lo stratagemma delle fiaccole nelle brocche. Dopo una sortita notturna di Gedeone e del servo Pura all'accampamento nemico per trovare il coraggio (vv. 10-11) di attaccarlo accogliendo un segno di Dio (il sogno di un soldato), Israele circonda i Madianiti. Al fragore improvviso del grido di guerra, delle trombe e delle brocche spezzate e alla luce abbagliante delle fiaccole, i nemici si svegliano, tentano impauriti la fuga e, nella confusione generata dal panico, finiscono per uccidersi a vicenda (vv. 21-22). I superstiti fuggono inseguiti da Israele, e i due capi madianiti vengono catturati e uccisi.

— *La descrizione dell'elemento pauroso del nemico*

Anche in questo caso, come per 2 Cron 20, elemento determinante per la paura è la gran quantità radunata insieme, il numero soverchiante, che sembra inarrestabile. L'aggressore è numeroso come cavallette e i

---

[27] In un certo senso, si trova qui parzialmente quanto già visto in 2 Cron 20,23, e che ritroveremo poi in Giud 7,22: l'intervento di Dio contro i nemici di Israele semina il panico e ne provoca l'autodistruzione, perché si uccidono a vicenda.

[28] *wᵉ'attem taḥărîšûn*: v. 14. Cfr. Ska, *Le passage*, 75-76.

[29] L'insistenza sul fatto che il solo protagonista della battaglia e della vittoria è Dio percorre tutto il brano: è il Signore che combatte, non il popolo (vv. 14.24-25); il Signore frena i carri (v. 25) e fa affogare gli Egiziani (v. 27); di Lui essi hanno paura (vv. 24-25); è Lui il vero *'îš milḥāmâ* (15,3; cfr. 15,11).

[30] Per il tema della fede e del timore di Dio rimandiamo a Ska, *Le passage*, 136-145 e alle pp. 143-145 del nostro lavoro.

[31] Cfr. Burney, «The Topography of Gideon's Rout»; Malamat, «The War of Gideon»; Alonso Schökel, «Heros Gedeon», 14-19; Richter, *Traditionsgeschichtliche*, 112-246 (specialmente 168-222); Yadin, *The Art of Warfare*, 256-260; Lind, *Yahweh*, 93-95.

suoi cammelli come la sabbia del mare: *nōpᵉlîm bāʿēmeq kāʾarbeh lārōb wᵉligmallêhem ʾên mispār kaḥôl šeʿal śᵉpat hayyām lārōb* (v. 12; cfr. anche 6,5.33).

Particolarmente significativa è la similitudine con le cavallette usata per descrivere l'invasione nemica [32]. Esse sono talmente numerose da coprire tutto, penetrano ovunque, divorano ogni cosa, dove passano non rimane più un filo d'erba [33]. In tale immagine è contenuta l'idea di una violenza distruttiva che la grande quantità e voracità degli insetti rendono inarrestabile. La loro capacità di insinuarsi ovunque impedisce ogni difesa, e dopo il loro passaggio sembra non restare più nulla. La singola entità, in realtà, è piccola, ma il numero e la compattezza ne fanno qualcosa di invincibile davanti a cui si è in totale balìa (cfr. l'espressione *ntn bᵉyād* in 6,1).

Questa metafora è particolarmente riuscita nella sua applicazione a Madian nella sua qualità di razziatore. La sua temibilità non dipende infatti solo dalla grandezza del numero (ulteriormente enfatizzata, nel v. 12, dall'altra immagine della sabbia del mare [34] e dalla duplice ripetizione di *lārōb*), ma anche dalla voracità insaziabile che contraddistingue questo popolo di cavallette dedito alla razzìa.

Il contrasto con Israele è allora evidente, con la ben comprensibile insistenza sul numero: il popolo è sempre troppo grande (*rab ... min*: v. 2; *ʿôd .. rāb*: v. 4), deve essere quei 300 solamente (*lᵉbād*: v. 5) [35]. Tutto deve essere piccolo e scarso, perché nel suo confronto con il grande e il numeroso si possa manifestare la grandezza e la potenza di Dio (cfr. anche 6,15-16). Ancora maggiore si fa il contrasto tra i nemici numerosi come cavallette e i due, Gedeone e Pura, che – da soli – vanno di nascosto nell'accampamento, mossi dalla paura e dalla Parola di Dio, alla ricerca di un segno che dia loro il coraggio di attaccare una tale moltitudine (vv. 10-12).

---

[32] Per la stessa immagine in altri testi, cfr. Ger 46,23 e, con applicazione inversa, Gioel 2,1-11. Si veda anche, con il termine *yeleq*, Ger 51,14.27.

[33] Cfr. Es 10,4-19; Deut 28,38; Gioel 1,4; 2,25; Sal 78,46; 105,34-35; Prov 30,27.

[34] Anche questa seconda similitudine è tipica per esprimere una quantità enorme, incalcolabile. Essa può essere usata in rapporto a diverse realtà (cfr. Gen 41,49; 1 Re 5,9; Sal 78,27; 139,17-18), ma nella maggior parte dei casi è utilizzata in riferimento agli uomini, sia per indicarne la discendenza o la prosperità (cfr. Gen 22,17; 32,13; 1 Re 4,20; Is 10,22; 48,19; Ger 33,22; Os 2,1) sia in contesto bellico per segnalare la grandezza dell'esercito, come nel nostro caso (cfr. Gios 11,4; 1 Sam 13,5; 2 Sam 17,11), o il gran numero di vittime (vedove: Ger 15,8; prigionieri: Ab 1,9).

[35] La scelta dei 300 uomini e il criterio seguito da Gedeone sono stati oggetto di numerosi studi, con svariate ipotesi che indicano nei prescelti, a seconda dell'interpretazione, i più rudi, i più esperti in guerra, i più vigili, i migliori conoscitori del terreno, ecc. Cfr. STADE, «Zu Ri. 7,5.6»; MEZ, «Nochmals Ri 7,5.6»; CONDAMIN, «Les trois cents»; TOLKOVSKY, «Gideon's 300»; TRUMPER, «The choosing»; MALAMAT, «The War», 62-63; DAUBE, «Gideon's Few»; YADIN, *The Art of Warfare*, 256-257; GASTER, *Myth, Legend and Custom*, 420-422; HERZOG – GICHON, *Battles of the Bible*, 55; MARGALITH, «Keleb», 493; BRUNET, «L'hébreu *kèlèb*», 485-486.

Quando poi tutto sarà finito, di tanti nemici non rimarrà più nulla: la compattezza è distrutta dalla fuga e dal colpirsi vicendevole (vv. 21-22), e di tanta moltitudine non rimarranno che le due teste dei capi portate a Gedeone in segno conclusivo di vittoria (v. 25).

Quanto ai Madianiti, gli aggressori a loro volta aggrediti, la paura è in essi provocata dal fragore e dalla luminosità che esplodono improvvisi nel campo nel cuore della notte. L'elemento determinante è la sorpresa, il non sapere cosa stia succedendo, il ritrovarsi impreparati davanti a segni di pericolo di cui si ignora l'origine[36], e che sono perciò tanto più spaventosi in quanto non controllabili. Si aggiunga l'intorpidimento delle facoltà per il sonno bruscamente interrotto, l'impossibilità di fermarsi a pensare e ad organizzare una qualche difesa, la difficoltà dell'oscurità e infine l'impressione, che lo stratagemma doveva provocare, di essere completamente circondati da un nemico numeroso e soverchiante, ormai vittorioso proprio per il panico che aveva saputo creare. Così, la sconfitta di Madian si consuma per la sua stessa paura: in guerra, essere preda del panico equivale ad essere vinti.

— *Le reazioni davanti al pericolo*

Per tutti i protagonisti del racconto, anche se con diverse modalità, si parla di una reazione di timore. In riferimento ad *Israele,* esso è espresso con le radici *yr'* e *ḥrd* (v. 3), con senso condizionale: se qualcuno ha paura, deve ritirarsi e abbandonare il campo (*šwb* e *ṣpr*[37]: v. 3; cfr. Deut 20,8)[38].

Nel caso del nostro testo, tale abbandono del campo di battaglia non è propriamente una manifestazione diretta della paura né una reazione del soggetto stesso davanti al pericolo. Chi teme, infatti, viene qui allontanato da un comando che riceve. Ma si può comunque pensare che tale rinvio corrisponda a una tendenza e a un desiderio, confessato o no, del

---

[36] Cfr. v.20: grido di guerra (*wayyiqrᵉ'û ḥereb lᵉyhwh ûlᵉgid'ôn*), suono di trombe (*wayyitqᵉ'û ... baššôpārôt*), lo scoppio indecifrabile ma molto rumoroso delle brocche infrante (*wayyišbᵉrû hakkaddîm*), il fuoco delle fiaccole (*lappīdîm*). Il fragore è quello di un esercito all'attacco, ma assolutamente imprevisto e non identificabile.

[37] Sull'identificazione di questo verbo e altre difficoltà del versetto, cfr. Boling, 145; Barthélemy, *Critique Textuelle*, I, 94-95.

[38] Nel cap. 6, vengono descritte anche altre reazioni che si erano verificate all'approssimarsi della minaccia. Con il paese in balìa di Madian e delle sue razzie, gli Israeliti cercano rifugio sui monti (v. 2) e gridano al Signore (v. 6). Quando poi la gran moltitudine dei nemici che si è radunata insieme (*wᵉkol ... ne'espû yaḥdāw*: v. 33) si accampa contro Israele, Gedeone chiama tutto il popolo a raccolta (vv. 34-35). Gli attaccati sono in tal modo invitati a superare la loro paura e a fare fronte comune contro il pericolo, trovando nell'aiuto degli altri e nella coesione operativa un effettivo mezzo di difesa contro la coesione aggressiva dei nemici.

soldato impaurito. Di fatto, quando un militare, in situazioni di emergenza, perde la padronanza di sé e perciò la capacità di controllare la propria paura, lasciato a se stesso, fa ciò che qui gli viene ordinato: fugge allontanandosi dal luogo del pericolo.

Anche per *Gedeone* il temere è espresso in forma condizionale e descritto con *yr' l^e* + infinito (l'infinito esprime l'azione che si teme di fare: v. 10).

In questo caso però, Gedeone non deve indietreggiare come i suoi uomini, ed è invece invitato a superare il proprio timore trovando in Dio, attraverso il segno che Egli gli indica, la certezza del successo dell'impresa. Ma tale superamento della paura deve passare attraverso un coraggio che Gedeone dovrà prima trovare dentro di sé. A lui che ha paura di scendere (***lāredet***) contro il nemico è chiesto di scendere (***rēd***) nell'accampamento avversario (v. 10): solo in questo modo potrà accedere a quella certezza di vittoria che eliminerà ogni timore (*teḥĕzaqnâ yādèkā*: v. 11) e gli permetterà di condurre i suoi uomini al combattimento (***w^{e}yāradtā***: v. 11).

In Gedeone dunque, la paura viene definitivamente vinta a partire da una parola cui egli presta fede: obbedendo al comando di Dio, egli può ascoltare il sogno del soldato e riconoscervi il segno dell'adempimento della promessa di Dio [39]. Allora si prostra in adorazione (*wayyištāḥû*: v. 15) suggellando così l'uscita dalla paura e l'entrata senza più reticenze nel piano di Dio. Con la vittoria, poi, giungerà a compimento quel cammino di fiducia già cominciato scendendo di notte nell'accampamento, senza esercito, accompagnato solo dal servo Pura.

Quanto alla paura dei *Madianiti*, di essa si esprimono solo le conseguenze, nei termini di una grande confusione, con fuggi fuggi generale, che culmina nel colpirsi a vicenda (*rwṣ*, [*rw'(Hi), nws*]: v. 21; *ḥereb 'îš b^{e}rē'ēhû, nws*: v. 22). L'estremo tentativo di mettersi in salvo dal pericolo naufraga per la difficoltà della situazione e per la componente confusionale tipica del panico. Sotto la paura, la razionalità (che ha bisogno di calma) cede il posto all'istintualità disorganizzata che finisce spesso per mettere in situazioni ancora più dannose della minaccia da cui si cerca di fuggire. Così, in questa fuga precipitosa e impazzita dei soldati, alcuni

---

[39] Il sogno che il soldato madianita racconta e l'interpretazione che ne dà il suo compagno (vv. 13-14) esprimono in realtà la situazione di insicurezza in cui essi si trovavano, e sono una proiezione della loro paura. Questo diventa motivo di rassicurazione e di coraggio per Gedeone, che raccoglie dalle loro bocche impaurite l'attestazione della propria superiorità e la sicurezza della vittoria promessagli da Dio.

Sulla tematica del sogno, cfr. EHRLICH, *Der Traum im A.T.*, 85-90; RICHTER, «Traum und Traumdeutung», 212-215; RESCH, *Der Traum*, 108-110.

riescono ad uscire dall'accampamento (e vengono però inseguiti e sbaragliati), ma altri periscono, vittime del proprio terrore e di quello dei compagni[40].

Ger 4,5-31[41]

È il testo dell'annuncio dell'invasione che dilagherà in Giuda devastandolo. Il popolo sarà nell'angoscia (vv. 9.31) e il profeta stesso è angustiato (v. 19) da ciò che vede e sente: guerra, desolazione e distruzione che rivelano la malvagità del popolo e le sue colpe.

— *La nascita della paura*

L'udito svolge una funzione fondamentale: si tratta di un annuncio di sciagura che sta per venire, e il pericolo che provoca sgomento nel popolo e nel profeta viene perciò avvertito principalmente attraverso l'attività dell'udire. I termini che fanno riferimento a tale attività in rapporto alla percezione della minaccia sono numerosi:

'mr: vv. 5(2x).11(*Ni*)
ngd(Hi): vv. 5.15

---

[40] A questo proposito, il v. 21 può forse offrire la possibilità di una lettura particolare. Esso recita: *wayyaʿamdû 'îš taḥtâw sābîb lammaḥăneh wayyāroṣ kol hammaḥăneh wayyārîʿû wayyānûsû* (*K*: *wynysw*). Abbiamo qui una sequenza di verbi (*ʿmd, rwṣ, rwʿ, nws*) in cui i primi due hanno con certezza per soggetti rispettivamente Israele e Madian, mentre rimane incerto il senso da dare agli ultimi due. Per quel che riguarda *rwʿ(Hi)*, l'incertezza è provocata dal fatto che esso può significare sia il gridare di chi è in preda allo spavento (cfr. Is 15,4; Mi 4,9) sia di chi invece grida per spaventare o per esprimere la propria vittoria (cfr. Gios 6,10.16; sull'uso della radice in Giud 6, cfr. COVA, «Popolo e vittoria»). Per quel che concerne *nws* invece, l'incertezza (o l'ambiguità) è determinata dall'intervento masoretico del *Qere-Ketib* a suo riguardo: mentre il *Ketib* è infatti in forma *Hi* (dunque, con soggetto Israele, che fa fuggire gli altri), il *Qere* legge al *Qal* (sono i Madianiti che fuggono). Il risultato non cambia, perché comunque si tratta del fatto che Madian è spaventato e fugge, ma mantenendo l'ambiguità semantica del verbo *rwʿ* e leggendo per *nws* sia il *Qere* che il *Ketib*, si ottiene un effetto di massima confusione: non si sa più se chi grida è per spaventare o perché è spaventato; c'è Madian che fugge al grido di Israele, e Israele che lo fa fuggire nell'urlo del panico. Insomma, è il caos voluto dalla mossa astuta di Gedeone, in cui non si capisce più nulla, non si sa più chi è compagno e chi è nemico, e si finisce appunto per uccidersi tutti a vicenda.

[41] Sulla pericope in genere, e su alcuni suoi versetti in particolare, segnaliamo: SLOTKI, «The Text», 58-61 (vv. 23-26); HYATT, «The Peril from the North»; GAILVEY, «The Sword»; SOGGIN, «La 'negazione' in Geremia 4,27»; HOLLADAY, «The Recovery of Poetic Passages», 404-406 (vv. 23-26); RABIN, «Noṣerim» (v. 16); EPPSTEIN, «The Day of Yahweh» (vv. 23-28); FISHBANE, «Jeremiah iv 23-26»; HOLLADAY, «Structure, syntax and meaning» (vv. 11-12); MEYER, *Jeremia und die falschen Propheten*, 81-85 (vv. 9-10); ALTHANN, «Jeremiah iv 11-12»; CASTELLINO, «Observations», 399-403; KUMAKI, «A New Look» (vv. 19-22); ALTHANN, *A Philological Analysis*, 39-117.

qôl: vv. 15.16(+*ntn*).19(*šôpār*).21(*šôpār*).29
qr': v. 5
šm': vv. 5(*Hi*).15(*Hi*).16(*Hi*).19(*Qal*).21(*Qal*)
tq' šôpār: v. 5
terû'â: v. 19.

Quanto alla minaccia stessa, si tratta di un'invasione. Abbondano perciò i termini di movimento nel descriverla e riferirvisi: *bw'* (vv. 6[*Hi*].12.16), *derek* (v. 11), *yṣ'* (v. 7), *ng'* (v. 10), *ns'* (v. 7), *'lh* (vv. 7.13), (*qll*, v. 13). Un tale modo di delinearla sembra ovvio, ma rappresenta anche un dato significativo per la comprensione dell'evento stesso come «inarrestabile». L'enfasi infatti viene così posta su questo avanzare inesorabile che la velocità (v. 13) rende ancora più ineluttabile e spaventoso.

Connesso con ciò, è presente anche l'aspetto della ferocia (cfr. l'immagine del leone, *'aryēh*, in v. 7)[42] e quello della forza devastatrice: *šdd* (vv. 13.20[2x].30); *šḥt,Hi* (v. 7); *šmm* (vv. 7.27); cfr. inoltre la menzione delle armi (*ḥereb*: v. 10; *markebôt*: v. 13; *qešet*: v. 29), le immagini del vento torrido (*rûḥ ṣaḥ šepāyîm*[43]: v. 11) e del turbine (*sûpâ*: v. 13), e infine l'espressione *'ên yôšēb* (vv. 7.29) e la desolata visione dei vv. 23-26.

Tutta la pericope mostra una situazione di forza inarrestabile che dilaga dentro un paese inerme, le cui uniche risorse sembrano essere la fuga e il grido, e la cui estrema debolezza si condensa nell'immagine della donna che fa ricorso alle armi patetiche della seduzione e che svela poi la propria angoscia nelle contorsioni di una partoriente (vv. 30-31).

— *Le risposte alla minaccia e la paura*

Davanti all'invasione annunciata, vengono messi in opera dei tentativi di porsi in salvo sfuggendo al pericolo: mobilitazione (*ml'*)[44] e rifugio nelle roccaforti (vv. 5-6a), fuga e ricerca di nascondigli (v. 29). In tal modo la città resta vuota (*'ên yôšēb*: v. 29), che è anche il risultato della distruzione (*mē'ên yôšēb*: v. 7). Il paese è reso deserto (vv. 25-26) dalla violenza devastatrice degli invasori e insieme dall'abbandono degli abitanti in fuga che rinunciano ad opporsi a tale violenza. La ricerca della propria salvezza, da parte degli abitanti, di fatto contribuisce alla distruzione del paese.

---

[42] Probabilmente va in questa linea anche la descrizione dei nemici come *nōṣerîm* e *šōmerê śāday* (vv. 16.17), in un'ironia tragica che trasforma i guardiani solitamente preposti alla salvaguardia della vita in aguzzini che stringono la città in una morsa per chiuderle ogni via di scampo. Il senso dell'immagine è comunque difficile e controverso: cfr. ALTHANN, *A Philological*, 77-78; HOLLADAY, 159-160; MCKANE, 100-101.

[43] Sull'espressione, e in particolare sul termine *šepāyîm*, cfr. ALTHANN, *ibid.*, 65-67 e MCKANE, 96-97.

[44] Per la lettura di questo verbo come termine militare, cfr. THOMAS, «*ml'w* in Jeremiah IV. 5».

Ci sarebbe anche un'altra via per tentare di salvarsi, un'altra possibilità di fronteggiare la minaccia, e il testo la suggerisce, ma in modo ironico e come eventualità impraticabile, subito negata dalla realtà dei fatti, evidenziati in tutta la loro crudezza. Sarebbe quello che in metafora è il ricorso alla seduzione, come una donna con i suoi amanti (v. 30), cioè la ricerca di un qualche accordo che metta in salvo la vita in cambio di un dare o di un darsi, a diversi livelli. È quel prostituirsi che accetta una certa violenza su di sé pur di salvarsi da quella tanto temuta della morte fisica. Ma anche questo è inutile e non è altro che la scelta di un diverso tipo di morte.

Come la fuga spaventata degli abitanti per salvarsi condanna il paese alla distruzione, così la seduzione che tenta di venire a patti con il nemico annienta la donna nella sua dignità di persona. E la paura di morire getta Gerusalemme in braccio agli amanti assassini (***napšēk*** *y^ebaqqēšû*: v. 30) che hanno già sguainato la spada per ucciderla (cfr. v. 10: *w^enāg^eʿâ ḥereb ʿad* ***hannāpeš***)[45].

La situazione è disperata, e se c'è risposta adeguata a questo, essa è solo il lutto (vv. 8.28). Ormai è la fine, perciò (*ʿal zō't*: vv. 8.28) bisogna che la situazione di morte diventi, nel lutto, visibile e riconosciuta come conseguenza dell'ira di Dio (cfr. v. 8: *ḥărôn 'ap yhwh*; v. 28: *ʿal kî dibbartî zammōtî*). La morte che spaventa viene così assunta per dirne l'insostenibilità e insieme per esorcizzarla. Il lutto è per il paese ormai invaso dalla devastazione (vv. 7.27), ma anche per il popolo ancora vivo che, anticipando così la propria morte e riconoscendosene meritevole, può attraversare in qualche modo la propria distruzione senza che essa resti completamente vana.

Sotto a tutto questo, troviamo esplicitamente menzionata l'esperienza della paura, con varie manifestazioni.

Lo stato di timore e panico generale in cui versa il *popolo* è indicato descrivendo la paura dei suoi capi: *yō'bad lēb hammelek w^elēb haśśārîm w^enāšammû hakkōhănîm w^ehann^ebî'îm yitmāhû* (v. 9). I verbi usati sottolineano la dimensione di confusione, di perdita della lucidità, di sgomento impotente che ha afferrato le guide riconosciute del paese, coloro che ne detengono il potere politico e religioso. L'immagine è di grande efficacia allusiva: se i capi sopraffatti dal timore non sanno più esercitare la loro autorità, il popolo si ritrova abbandonato a se stesso, invaso dal caos che, generato dalla paura, non fa che aumentarla.

La carica angosciante di tale situazione emerge e si manifesta nel lamento del popolo intero: *'ôy lānû kî šuddādnû* (v. 13). La consapevolezza di essere ormai alla fine, con l'esperienza di terrore e impotenza che ne

[45] Cfr. anche più sotto, n. 47.

consegue, si esprime in un grido che non sa più a chi rivolgersi e piange su di sé. Prende corpo così la voce della paura che, rimbalzando nel vuoto della propria disperazione, resta ormai senza risposta.

Anche *Gerusalemme*, personificata nella donna, è in preda al timore. Per essa l'esperienza della paura è condensata nell'immagine della partoriente colta dagli spasimi di una sofferenza e di un'angoscia che ne pervade tutta la realtà, fisica e psicologica (v. 31)[46].

E anche da Gerusalemme, invasa dall'esercito nemico come una donna dalle doglie del primo parto, il tormento erompe nel grido che ne esprime tutto il terrore e la disperata impotenza: *'ôy nā' lî kî 'āyᵉpâ napšî lᵉhōrᵉgîm* (v. 31)[47].

Per il *profeta* infine, la prospettiva della devastazione della città e del popolo è causa di angoscia straziante che si somatizza e lo costringe, esso pure, al lamento: *mē'ay mē'ay* ... (v. 19; cfr. anche v. 10: *'ăhāh*[48]). Il corpo partecipa allo strazio interiore e si verificano in esso quelle alterazioni tipiche di certi stati emotivi che colpiscono soprattutto l'attività intestinale e cardiaca. Perciò il profeta grida: «Le mie viscere, le mie viscere! mi contorco (per gli spasmi)[49]. Le pareti del mio petto! il cuore mi batte forte».

L'origine, la causa (*kî*) è l'udire (*šm'*) il frastuono della guerra (*qôl šôpār, tᵉrû'at milḥāmâ*: v. 19). L'evento bellico si annuncia nel suo elemento udibile, il fragore, che spaventa anche quando ancora non se ne vedono le conseguenze. Il soggetto infatti, sollecitato da ciò che sente, deve ricorrere all'immaginazione per configurare la minaccia che il suono anticipa e rivela, e questo lo porta spesso ad ingigantirne la portata.

---

[46] Sull'immagine, cfr. cap. V, pp. 162-167.

[47] Va qui notato un gioco di termini e di sonorità tra questo ultimo stico del v. 31 e l'ultimo del v. 30: *mā'ăsû bāk 'ōgᵉbîm napšēk yᵉbaqqēšû*. Gli amanti (*'ōgᵉbîm*) di Gerusalemme ne vogliono la vita (*nepeš*): la sua vita (*nepeš*) è ormai degli assassini (*hōrᵉgîm*). Cfr. anche HOLLADAY, 172.

Inoltre, nel grido del v. 31, il termine *nepeš* può essere letto con doppio riferimento, sia a ciò che precede (*'āyᵉpâ*) sia a ciò che segue (*lᵉhōrᵉgîm*), e proprio giocando sul suo doppio significato di «anima» e «vita» (per altri esempi dello stesso fenomeno stilistico, cfr. C. H. GORDON, «New Directions», 59-60; RENDSBURG, «Janus Parallelism»; ZURRO, «Disemia de *brḥ*»; GROSSBERG, «Pivotal polysemy»). Il senso dello stico potrebbe allora essere reso in questo modo:

«ahimé, viene meno
il mio animo
la mia vita
è degli assassini».

[48] L'attribuzione del lamento del v. 10 a Geremia è controversa, ma a noi sembra accettabile. Cfr. ALTHANN, *A Philological*, 61-62; HOLLADAY, 140-141.155.

[49] Leggiamo *'āḥûlâ*, con il *Ketib* (cfr. ALTHANN, *op. cit.*, 86-87). La derivazione di tale forma dal verbo *ḥwl/ḥyl* suggerisce un rapporto tra il profeta che si contorce e Gerusalemme in preda alle doglie (v. 31: *kᵉḥôlâ*, forma antica del participio della stessa radice: cfr. ALTHANN, 112).

Ne segue che il profeta non può restare calmo e deve a sua volta gridare (*lō' 'aḥărîš*). Il frastuono che spaventa contagia, e l'angoscia si esprime nell'urlo quasi in un bisogno di esteriorizzarsi per non distruggere il corpo che la contiene. Il soggetto, attanagliato dalla paura, cerca così di sovrapporre un grido più forte a quello che incute terrore. È come se l'udire la propria voce più potente di quella che spaventa potesse aiutare a sopportare meglio l'angoscia. Come se il grido, che dà voce alla paura, potesse in qualche modo cancellarla.

1.2. *Il nemico personale*

Nei rapporti tra le persone, l'inimicizia si presenta come un'esperienza particolarmente drammatica e angosciosa. In essa, infatti, l'uomo si manifesta in una dimensione di crudeltà e di volontà di male che appare precisa, cosciente, intenzionale e perciò particolarmente temibile.

La diversità dalla guerra è che questa si indirizza ad un'entità più generica come un esercito o un popolo, dove la dimensione collettiva può temperare l'impatto con la distruzione dell'altro, i cui contorni sembrano essere più vaghi, meno configurabili e perciò emotivamente meno coinvolgenti.

Nello scontro personale invece, l'odio ha un oggetto preciso e la decisione di annientamento è rivolta contro un essere umano determinato, conosciuto, in un rapporto degenerato e con motivazioni particolari riconducibili al soggetto stesso. In questo caso, perciò, la paura che sorge è per un avversario che cerca deliberatamente l'eliminazione dell'altro, sia fisica che morale, e con i mezzi più svariati: lotta, scontro giudiziario, eliminazione politica, calunnia, derisione, ecc.

I testi che vedremo in questo paragrafo riguarderanno appunto, in diversi ambiti e con differenti caratteristiche, questo conflitto di tipo personale.

1 Sam 17,1-54 [50]

La narrazione del duello tra Davide e Golia fa da transizione tra il paragrafo precedente sulla guerra e questo sull'inimicizia personale. Si tratta infatti di un episodio di combattimento tra due campioni, rappre-

[50] Cfr. DE BOER, «1 Samuel XVII»; STOEBE, «Die Goliathperikope»; RINALDI, «Golia e David»; GRØNBAEK, *Die Geschichte vom Aufstieg Davids*, 80-92; DE VRIES, «David's Victory over the Philistine»; KRINETZKI, «Ein Beitrag zur Stilanalyse der Goliathperikope»; DEEM, «... 'and the stone sank'»; VIVIAN, «Golia *'îš habbēnayim*»; JASON, «The Story of David and Goliath»; LUST, «The Story of David and Goliath»; BRUEGGEMANN, *David's Truth*, 30-35; CERESKO, «A Rhetorical Analysis of David's 'Boast'»; BARTHÉLEMY – GOODING – LUST – TOV, *The Story of David and Goliath*; FOKKELMAN, *Narrative Art*, 143-208; HAGAN, *The Battle Narrative*, 142-158; SCHEDL, «Davids rhetorischer Spruch».

sentanti di due eserciti nemici. Tale lotta è individuale e si svolge tra singoli, ma sostituisce di fatto lo scontro tra le due armate e ha lo scopo di decidere della sorte della guerra in atto [51].

Il racconto è ben noto, e si presenta con un'articolazione di scene abbastanza semplice che elenchiamo schematicamente.

Schieramento dei due eserciti e sfida del campione filisteo Golia con conseguente *paura* (v. 11) da parte dell'esercito di Israele. Presentazione del nuovo protagonista, Davide, che casualmente giunge nel campo proprio mentre Golia sta lanciando una delle sue ripetute sfide ad Israele che, ancora una volta, reagisce con la *fuga* e la *paura* (v. 24). Decisione di Davide di raccogliere la sfida, dialogo con Saul, episodio delle armi regali rifiutate dal giovane. Narrazione del duello e vittoria di Davide, davanti alla quale i Filistei (*impauriti*) *fuggono* (v. 51) inseguiti da Israele.

I due protagonisti del combattimento sono presentati come eroi, perciò non si parla di paura per loro, ma solamente per gli eserciti che essi rappresentano.

Gli elementi sono quelli già visti a proposito della guerra, ma la novità, per quel che riguarda la paura di *Israele*, è rappresentata dal fatto che ciò che spaventa è concentrato in un solo individuo. Di esso, come prevedibile, è sottolineata la forza e la grandezza, ancor più minacciosamente appariscenti nelle proporzioni e nella pesantezza delle sue armi (cfr. vv. 4-7) [52]. Oltre a ciò è evidenziato, nel gigantesco Filisteo, un atteggiamento di sfrontatezza e di esibizione arrogante della propria forza e del proprio coraggio, che ne aumenta la temibilità. Egli sfida (*ḥrp*) [53] l'esercito nemico (vv. 8-10.16), come poi irriderà il giovane Davide (vv. 43-44), ostentando una assoluta certezza di vincere che gli permette di proporre un duello la cui posta in gioco è altissima (v. 9: *'im yûkal lᵉhillāḥēm 'ittî wᵉhikkānî wᵉhāyînû lākem laʿăbādîm* ...).

Tanta sicurezza e impavidità impressiona e rende insicuri i suoi avversari che, all'udirlo e al vederlo, si spaventano e fuggono (v. 11: *wayyišmaʿ ... wayyēḥattû wayyīrᵉ'û mᵉ'ōd*; v. 24: ... *bir'ōtām 'et hā'îš wayyānūsû mippānâw wayyîrᵉ'û mᵉ'ōd* [54]).

All'inverso, i *Filistei* sono colti dalla paura quando il loro campione viene ucciso. La sua fine decreta la loro sconfitta ed essi, vistolo morto, si danno alla fuga (v. 51: *wayyir'û happᵉlištîm kî mēt gibbôrām wayyānūsû*).

---

[51] Sui duelli in genere e questo in particolare, cfr. DE VAUX, «Les combats singuliers»; YADIN, *The Art of Warfare*, 265-266; HOFFNER, «A Hittite Analogue».

[52] Sull'armatura del Filisteo, cfr. YADIN, «Goliath's Javelin»; GALLING, «Goliath und seine Rüstung».

[53] L'importanza del verbo *ḥrp* nel corso della narrazione è stata sottolineata da HAGAN, *The Battle Narrative*, 149-150. Cfr. anche la nota 58 del presente capitolo.

[54] Si veda il gioco tra le radici *r'h* e *yr'*, notato da KRINETZKI, «Ein Beitrag zur Stilanalyse», 213.

In questo contesto, si staglia la figura di *Davide* che non si lascia intimorire dall'avversario, dimostrando però un coraggio e una sicurezza di tutt'altro tipo da quelli di Golia.

La sua forza non è nella grandezza della propria struttura fisica né nella potenza delle proprie armi, ché anzi la sua piccolezza e inadeguatezza sono continuamente sottolineate lungo tutto il racconto. Egli è il minore dei figli di Iesse, relegato a far da pastore al gregge paterno (vv. 14-15.28.42), e si avanza contro il gigante Golia armato solo di fionda (vv. 40.43.50), incapace di sopportare il peso di un'armatura (vv. 38-39) [55].

Tutta la sua fiducia riposa sull'abilità acquisita nel proprio lavoro di pastore (vv. 34-36) [56], resa invincibile dalla presenza di Dio (vv. 37 [57].45-47). È questo che permette a Davide di decidere di affrontare il Filisteo senza paura (v. 32). E mentre Saul e il suo esercito si lasciano prendere dal panico, il giovane pastore ristabilisce le giuste dimensioni dell'avversario e rivela la sproporzione di tanto timore nei suoi confronti. Per quanto minaccioso e potente, Golia è solo un uomo, un incirconciso che nulla ha a che fare con la potenza di Dio (v. 26b: *mî happᵉlištî heʿārēl hazzeh kî ḥērēp maʿarkôt 'ĕlōhîm ḥayyîm*) [58] e che non potrà essere peggiore di un leone o di un orso, animali che un buon pastore è in grado di uccidere (cfr. vv. 34-37) [59].

Il fenomeno dell'ingigantimento del pericolo, tipico della paura, non contagia Davide che può perciò esortare i suoi al coraggio (v. 32: *'al*

---

[55] L'episodio del rifiuto, da parte del giovane Davide, delle armi offertegli dal re Saul è particolarmente significativo, con una ricchezza di elementi variamente segnalati dagli autori. ACKROYD, 144, insiste sul valore simbolico: l'impossibilità di Davide ad indossare le insegne regali suggerisce che, anche se è destinato a diventare re, l'ora per lui non è ancora giunta. Altri sottolineano la contrapposizione tra le armi offerte da Saul e quelle con cui invece Davide può combattere e vincere (così KRINETZKI, «Ein Beitrag», 218; cfr. anche CERESKO, «A Rhetorical Analysis», 61), e perciò tra il modo di procedere di Saul e quello di Davide, che deliberatamente rifiuta l'aiuto del re (cfr. GUNN, *The Fate of King Saul*, 79). Infine MCCARTER, 293-294, indica nell'episodio l'intento di enfatizzare da una parte la mancanza di addestramento militare in Davide e dall'altra la sua vulnerabilità, cose che mostrano e sottolineano la sua completa dipendenza dal Signore. Sul rapporto complesso e paradossale tra Saul e Davide a proposito di questa scena, cfr. ALONSO SCHÖKEL, 95.99.

[56] Cfr. HERTZBERG, 121; MCCARTER, 293.

[57] CERESKO nota la struttura concentrica dei vv. 36-37: il nome di Davide è al centro, attorniato dai nemici (il leone, l'orso, il Filisteo), ma ancor più strettamente circondato dalla presenza di Dio che lo salva («A Rhetorical Analysis», 65-66).

[58] Golia aveva sfidato le schiere di Israele (*'ănî ḥēraptî 'et maʿarkôt yiśrā'ēl*: v. 10; cfr. anche v. 25), ma Davide puntualizza il vero senso di questa sfida interpretandola come rivolta a Dio stesso (cfr. anche vv. 36.45). Cfr. FOKKELMAN, *Narrative Art*, 170; HAGAN, *The Battle Narrative*, 149-150.

[59] Si veda in particolare il v. 36: *gam 'et hā'ărî gam haddôb hikkâ ʿabdekā wᵉhāyâ happᵉlištî heʿārēl hazzeh kᵉ'aḥad mēhem ...*

yippōl lēb ʾādām ʿālâw) e permettere loro, galvanizzati dalla sua vittoria, di avere definitivamente ragione del nemico (vv. 52-53)[60].

La vicenda di Saul e Davide in 1 Sam 18–27[61]

Il racconto della persecuzione di Saul nei confronti di Davide è particolarmente interessante non tanto per la paura del perseguitato, ovvia e però non molto evidenziata nella narrazione, quanto perché è invece il persecutore a temere per primo, ed è proprio questo che dà origine alla sua ostilità nei confronti dell'altro.

La situazione è di due personaggi tra loro gerarchicamente dissimmetrici: un re e un suo suddito. Ma quando questo ultimo comincia ad acquistare popolarità e potere sempre crescenti, il superiore si sente minacciato nella sua posizione di privilegio e scatta la paura. Siamo davanti ad un tipo di timore diverso da quello analizzato finora. Non è più la paura della propria distruzione fisica (come in guerra), ma di un danno che tocca la propria persona più globalmente e soprattutto nella sua dimensione di autorevolezza, prestigio, ed esercizio del potere.

— *Paura di Saul e sue conseguenze*

Prima ancora della comparsa di Davide sulla scena come riconosciuto rivale, già Saul aveva cominciato ad essere travagliato da timori e paure, e proprio Davide era stato incaricato di calmarlo con la sua musica (cfr. 16,14ss.)[62]. Si tratta all'inizio di un turbamento, di un malessere imprecisato e senza contorni, che terrorizza il re e lo getta in uno sgomento

---

[60] Si noti il gioco tra l'espressione di paura *lēb npl* (v. 32) e la radice *qwm* che descrive la ripresa del coraggio da parte degli Israeliti (v. 52: *wayyāqūmû ... wayyārīʿû wayyirdᵉpû ...*). Cfr. anche più avanti, p. 273, n. 35.

[61] Cfr. de Boer, «Research into the Text»; Weiser, «Die Legitimation des Königs David»; Grønbaek, *Die Geschichte vom Aufstieg Davids* (specialmente 100-193); Willis, «The Function of Comprehensive Anticipatory»; Humphreys, «The Tragedy of King Saul»; Lemche, «David's Rise»; Gunn, *The Fate of King Saul*; Peckham, «The Deuteronomistic History of Saul and David»; Fokkelman, *Narrative Art*, in particolare 209-227 e 451-473; Hagan, *The Battle Narrative*; Seidl, «David statt Saul».

[62] In questo modo, è a causa dei turbamenti del re che Davide fa la sua entrata a corte. Il contrasto tra i due è stridente: da una parte il sovrano malato e bisognoso di aiuto, e dall'altra il giovane betlemita pieno di doti. Fin dall'inizio della loro storia, il potente, ridotto in stato di necessità dall'abbandono di Dio, deve consegnare la propria debolezza allo sconosciuto cantore su cui lo Spirito del Signore si è posato. Davide diventa così colui che calma le crisi del re e che insieme gliene provoca di nuove, facendolo ammalare di gelosia con i suoi successi. La situazione è drammaticamente ironica e piena di ambiguità. Cfr. Gunn, *The Fate of King Saul*, 78-79; Fokkelman, *Narrative Art*, 221.

solitario e indefinibile: *w^e^rûḥ yhwh sārâ mēʿim šāʾûl ûbiʿătattû rûḥ rāʿâ mēʾēt yhwh* (16,14)[63].

Questo timore oscuro assume poi la configurazione precisa di paura nei confronti di un uomo determinato solo quando Saul si rende conto della reale portata di ciò che è avvenuto nella valle del Terebinto (cfr. 17,31ss). E infatti, quando sente le donne cantare Davide come più forte e valoroso di lui (18,6-7), il re viene colto da furore (*wayyīḥar l^e^šāʾûl m^e^ʾōd*: v. 8) e comincia la sua storia di invidia e gelosia nei confronti del rivale (*wayhî šāʾûl ʿôyēn* [*Q*] *ʾet dāwid*: v. 9). Sopraffatto da tanto malanimo (*wattiṣlaḥ rûḥ ʾĕlōhîm rāʿâ ʾel šāʾûl*: v. 10), egli cerca di uccidere l'avversario, ma fallisce (v. 11).

Lo scontro tra i due (v. 10) è senza proporzioni: da una parte il giovane Davide e la sua cetra (*m^e^naggēn* ***b^e^yādô***) e dall'altra l'imponente sovrano (cfr. 9,2; 10,23), armato della sua lancia (*w^e^haḥănît* ***b^e^yad*** *šāʾûl*). In realtà, il lettore sa che l'apparentemente inoffensivo Davide è stato già unto re da Samuele (16,1ss.) e che lo spirito del Signore si era con ciò posato su di lui ritirandosi invece da Saul (16,13-14)[64]. Davide è di fatto una specie di usurpatore ormai decretato vincente da Dio.

Saul non sa ancora tutto questo, ma ha già ricevuto l'annuncio della sua esautorazione e della decisione, da parte del Signore, di dare il regno a uno migliore di lui (13,13-14; 15,26.28). Egli è perciò consapevole che il suo potere regale è in pericolo, e questo fa sì che il nuovo eroe cantato dalle donne assuma i contorni di una minaccia. Comincia così la vicenda di paura (*yrʾ*: 18,12.29; *gwr*: 18,15) del re nei confronti di Davide, con la precisa motivazione: *kî hāyâ yhwh ʿimmô* (= Davide) *ûmēʿim šāʾûl sār* (18,12; cfr. v. 28: *kî yhwh ʿim dāwid*, e v. 15: *hûʾ maśkîl m^e^ʾōd*)[65].

Il successo e l'evidente favore divino che accompagnano le imprese del suo suddito sgomentano Saul e lo fanno entrare in una dimensione patologica quasi folle di difesa ad oltranza dei propri privilegi, senza più capacità di vero discernimento del reale. Egli vive la paura di chi sente il proprio potere vacillare, di chi è davanti ad un avversario emergente che può perderlo e nel quale è insieme costretto a riconoscere una presenza di Dio che fortemente lo turba.

---

[63] La situazione di Saul descritta in questo versetto è stata interpretata dai commentatori come manifestazione di uno stato mentale patologico (cfr. ACKROYD, 135; MAUCHLINE, 130) o vista solo nelle sue implicazioni teologiche (HERTZBERG, 111-112). I due aspetti non sembrano escludersi a vicenda e possono essere tenuti assieme (cfr. MCCARTER, 280-281; si veda anche HAGAN, *The Battle Narrative*, 138-139).

[64] *wattiṣlaḥ rûḥ yhwh ʾel dāwid ...*
w^e^rûḥ yhwh sārâ mēʿim šāʾûl.

[65] Va qui sottolineato il contrasto tra la paura di Saul con i suoi tentativi di neutralizzare il rivale, e il successo di quest'ultimo che cresce proprio in occasione delle manovre dell'altro e ne provoca l'ulteriore timore. Cfr. ALONSO SCHÖKEL, 102; MCCARTER, 313-314.

Questa percezione di Davide come minaccia e perciò come nemico (cfr. la designazione *'ōyᵉbî* in 19,17)[66] trasforma Saul, per un passaggio tipico della paura tra individui, in nemico di Davide (*wayyō'sep šā'ûl lērō' mippᵉnê dāwid 'ôd wayhî šā'ûl 'ōyēb 'et dāwid*: 18,29)[67]. Così, inevitabile, si matura nel re la decisione di annientare il suddito troppo favorito dalla sorte e, spinto dal timore, egli ne diventa l'ingiusto persecutore: 18,11.17.20-21.25; 19,1.9-10.11.15; 20,31.33.34; 23,14.15; ecc.

È l'inizio di una spirale di morte che, invece di colpire Davide, finirà per imprigionare Saul stesso. La sua mente ottenebrata comincia a vedere avversari ovunque, e sente tutti congiurati contro di sé (cfr. come esempio tipico 22,8: *kî qᵉšartem kullᵉkem 'ālay*...). Il suo timore si dilata e assume aspetti persecutori e deliranti, pur tra alterne decisioni e ripensamenti[68], e con la paura ingrandisce l'isolamento. La sua volontà di morte gradatamente si allarga a tutti coloro che sono sospettati di tradimento: i sacerdoti e gli abitanti di Nob vengono massacrati (22,6-19) e persino suo figlio Gionata vede la lancia del padre scagliata contro di sé (20,30-33).

Ormai la spirale innestata non può che travolgerlo, e il re Saul, consumata la consapevolezza dell'ultimo abbandono (cfr. cap. 28)[69], finirà per trovare una morte coerente con tutto ciò sui monti di Gelboa, nella solitudine estrema del suicidio (31,1-4)[70].

— *La paura di Davide*

Nella sua vicenda con Saul, Davide è nella posizione del perseguitato, minacciato di morte e ricercato. Egli è perciò descritto nella situazione e nell'atteggiamento del braccato, con le tipiche conseguenze della fuga (*brḥ*: 19,12.18; 20,1; 21,11; ecc.; *hlk*: 19,12; 21,1; 22,1; ecc.; *mlṭ,Ni*: 19,10.12.18; 22,1; ecc.; *nws*: 19,10) e del nascondersi (*ḥb',Ni*: 19,2;

---

[66] Cfr. anche 22,13: *lāqûm 'ēlay lᵉ'ōrēb*.

[67] Quando un uomo viene sentito, in modo oggettivamente fondato o no, come una minaccia da un altro, quest'ultimo è facilmente portato dalla sua paura a rispondere – quando ciò è possibile – con l'ostilità. Questa si manifesta sia come atteggiamento psicologico (la difesa che diventa offesa), sia come decisione operativa (si desidera la neutralizzazione del pericolo, cioè la sparizione dell'altro, e perciò se ne ricerca concretamente l'eliminazione).

[68] Cfr. la promessa di vita in 19,6 (*ḥay yhwh 'im yûmāt*) e la ritrovata lucidità delle confessioni in 24,18 (*ṣaddîq 'attâ mimmennî*) e 26,21 (*ḥāṭā'tî ... hiskaltî wa'ešgeh harbēh mᵉ'ōd*).

[69] L'episodio di Saul a En-Dor verrà esaminato nel cap. IV (pp. 150-154).

[70] Quella di Saul è la morte dell'eroe che, ormai vinto, si sottrae così all'ignominia dell'uccisione da parte dei nemici. Si tratta perciò di un «suicidio» particolare, che assume però i caratteri di un epilogo significativo. Il re che, nella sua tragica storia, aveva combattuto contro i suoi amici, ora, circondato dai veri nemici, rivolge la sua mano contro se stesso.

ḥb',Hitp: 23,23; *yšb bassēter*: 19,2; *str,Ni*: 20,5.19.24; *str,Hitp*: 23,19; 26,1). Non si insiste però troppo sulla sua paura e quasi mai essa è esplicitamente menzionata nei confronti di Saul.

Riferiamo le espressioni di timore che hanno Davide per soggetto:

- *hyh neḥpāz lāleket mipp^{e}nê-*: 23,26 (fuga da Saul)
- *yr' m^{e}'ōd mipp^{e}nê-*: 21,13 (paura di Achis, con la conseguenza di fingersi pazzo: v. 14)
- *ṣrr l^{e}- m^{e}'ōd*: 30,6 (paura dei suoi che vogliono lapidarlo, cui fa seguito un ritrovato coraggio in Dio [*ḥzq,Hitp*: v. 6] e la consultazione dell'oracolo [v. 7])
- *ṣārâ*: 26,24 (l'angoscia generica da cui spera che Dio lo salvi).

La situazione descritta è sempre quella dell'impatto con la violenza, con la volontà di male e di morte degli altri. Il timore è perciò quello di perire, la minaccia è di essere ucciso. Siamo in un ambito che, anche se riguarda lo scontro tra singoli, ripropone la tematica già vista della paura nei riguardi del nemico che viene per distruggere (cfr. il paragrafo sulla guerra).

Segnaliamo solo un testo che può presentare qualche diversità. Si tratta dell'episodio del taglio del mantello di Saul nella caverna, al cap. 24. In esso, l'espressione *wayyak lēb dāwid 'ōtô* del v. 6 sembra descrivere la palpitazione cardiaca che accompagna una forte emozione, che nel nostro caso non si può immediatamente identificare con la paura, ma la ingloba.

Davide si trova davanti al suo persecutore che il caso gli offre in situazione indifesa, in un frangente di debolezza dalla portata simbolica, ma si rifiuta di infierire, riaffermando l'identità di Saul come Unto del Signore [71]. Egli osa solo tagliare un lembo del mantello regale, ed è questo gesto che lo turba tanto profondamente [72].

Il contesto permette di capire tale turbamento come derivante fondamentalmente dal timore per avere in qualche modo manomesso qualcosa di sacro. Non si tratta della paura davanti al persecutore, ma al contrario dell'alterazione emotiva provocata dal fatto di averlo alla propria mercé, continuando però a riconoscerlo come superiore e intoccabile, appartenente ad una sfera di sacralità che sovrasta entrambi. E quando Davide stende la mano verso quell'Unto e lo mutila sim-

[71] Cfr. v. 7: *ḥālîlâ lî mēyhwh 'im 'e'ĕśeh 'et haddābār hazzeh la'dōnî limšîḥ yhwh lišlōḥ yādî bô kî m^{e}šîḥ yhwh hû'.*

[72] Il rapporto di causalità tra il taglio del mantello e la reazione emotiva di Davide è esplicitato dalla congiunzione *'al 'ăšer*: *wayyak lēb dāwid 'ōtô 'al 'ăšer kārat 'et kānāp* ... (v. 6).

bolicamente nel mantello [73], lo sgomento si impadronisce di lui e il cuore gli impazzisce [74].

Il re che egli avrebbe potuto uccidere ha così salva la vita e la storia del difficile rapporto tra i due giunge ad un punto cruciale. Il perseguitato rinuncia a diventare persecutore e quel lembo di stoffa che ora ha tra le mani deciderà dell'innocenza e della colpa dei due «Unti» [75] messi a confronto (cfr. vv. 9-22) [76].

Sal 55 [77]

Con le lamentazioni dei Salmi, prende parole l'angoscia del persegui-

---

[73] Il rapporto tra questo episodio e quello narrato in 15,27-29 (e in 18,3-4) permette ai commentatori di interpretare il taglio del mantello di Saul nella caverna come un gesto simbolico con cui si ratifica il rigetto da parte di Dio e la conseguente presa del regno da parte di Davide (cfr. McKane, 147-149; Grønbaek, *Die Geschichte*, 164-165; R.P. Gordon, «David's Rise», 55-57; Fokkelman, *Narrative Art*, 458-459; Hagan, *The Battle Narrative*, 196-197; sulla simbologia del vestito in genere, cfr. Haulotte, *Symbolique du Vêtement*). Per una lettura più psicanalitica e sessuale della vicenda, cfr. Gunn, *The Fate of King Saul*, 94-95.

[74] Cfr. anche 2 Sam 24,10 dove si usa la stessa espressione per segnalare il timore che si impadronisce di Davide per aver ordinato il censimento. Anche in quel caso, egli ha operato una certa invasione del campo del sacro, cercando sicurezza nelle proprie risorse e numerando il popolo che Dio solo può contare perché a lui solo appartiene.

[75] Il verbo *mšḥ* è usato in 1 Sam sia in riferimento a Saul (cfr. soprattutto 10,1; 15,1.17) che a Davide (in particolare 16,12-13; cfr. poi in 2 Sam: 2,4.7; 5,3; ecc.). La denominazione di *māšîḥ* invece è usata esclusivamente per Saul, e sarà applicata a Davide solo in seguito, quando eserciterà l'autorità regale dopo la morte del predecessore (cfr. 2 Sam 19,22; 22,51; 23,1). In realtà, ci sarebbe un'occorrenza, in 1 Sam 16,6, che potrebbe avere una qualche attinenza con Davide: si tratta della questione che Samuele si pone a proposito di Eliab, se sia quello o no l'Unto del Signore. Come si sa, non era lui, ma Davide: c'è perciò un certo rapporto tra quest'ultimo e il termine *māšîḥ*, ma è talmente indiretto da non presentare veri elementi d'interesse.

Ciò che appare da questi dati è dunque che ambedue i protagonisti «sono stati unti», ma, finché Saul è in vita, lui solo «è l'Unto». Inoltre, va sottolineato il fatto che è quasi sempre Davide a denominare in tal modo il re (su 11 occorrenze in cui Saul è detto *māšîḥ*, 9 sono poste sulla bocca di Davide: 1 Sam 24,7[2x].11; 26,9.11.16.23; 2 Sam 1,14.16). Il rilievo è significativo. Il giovane suddito, che a motivo della propria consacrazione è diventato un rivale e una minaccia per l'altro, sembra quasi incarnare il ripensamento del Signore e il suo rigetto nei confronti di Saul. In un certo senso, Davide con la sua unzione è una smentita vivente della fedeltà di Dio alla propria parola. Eppure, proprio lui si fa portavoce del perdurare del dono divino e Saul paradossalmente riceve l'assicurazione del proprio stato di Unto dalla proclamazione veritiera e senza ambiguità di colui che è destinato a soppiantarlo (cfr. soprattutto 1 Sam 24,7.11: *kî mᵉšîḥ yhwh hû'*).

[76] Sulla portata giuridica del dialogo contenuto in questi versetti, cfr. Alonso Schökel, 126-127 e Bovati, *Ristabilire la giustizia*, 230, n. 64.

[77] Cfr. solo alcuni brevi articoli: Eerdmans, «Psalm LV»; Martín Sánchez, «Salmo 54 (55)»; Planas, «Nota al Salmo 54 (55)»; Madros, «A Proposed Auxiliary Role», 47-50.

Per la tematica generale dei nemici e delle lamentazioni dei perseguitati nei Salmi, cfr. Castellino, *Le Lamentazioni individuali*; Puukko, «Der Feind in den alttest. Psalmen»;

tato e la sua paura [78]. La configurazione degli avversari del Salmista non è in genere chiaramente delineata, essi hanno aspetti multiformi (nemici, attentatori, calunniatori, accusatori, ecc.), e perciò multiforme è la paura che essi provocano.

Nel caso del nostro Salmo (e perciò l'abbiamo scelto), la figura del nemico, pur non essendo identificabile [79], non sembra muoversi nella linea di un esplicito attentato alla vita fisica dell'orante, quanto piuttosto in quella dell'attacco verbale, della violenza capace anche di uccidere ma attraverso le trame sottili della calunnia e degli intrighi. Ne segue che la paura è di altro ordine da quella già descritta del soldato in guerra, e anche di Davide nei confronti di Saul, benché presenti con queste una grande analogia.

— *La descrizione dell'avversario*

L'elemento fondamentale è quello dell'inimicizia (*'ôyēb*: v. 4) che si manifesta in insulti e persecuzione: *'āqâ* [80], *mwṭ(Hi) 'āwen 'al, śṭm* (v. 4); *ḥrp(Pi), gdl(Hi) 'al* (v. 13). Ciò che sembra particolarmente impressionante in questi nemici è la loro violenza e volontà di male. Essi vengono descritti come *rāšā'* (v. 4), *'ăšer 'ên ḥălîpôt lāmô wᵉlō' yārᵉ'û 'ĕlōhîm* (v. 20),

---

BIRKELAND, *The Evildoers in the Book of Psalms*; ANDERSON, «Enemies and Evildoers»; KEEL, *Feinde und Gottesleugner*; RUPPERT, *Der leidende Gerechte und seine Feinde*; WESTERMANN, *Lob und Klage in den Psalmen*.

[78] Nel testo appena sopra esaminato (1 Sam 18–27), Davide, inseguito da Saul, era presentato in fuga, braccato e ricercato da chi ne voleva la morte. Le lamentazioni dei Salmi potrebbero essere lette anche in riferimento ad una tale situazione, e inserite in un contesto di persecuzione di cui la stessa storia di Davide può rappresentare un esempio tipico. Pur con tutte le diversità e le particolarità che vanno rispettate e sottolineate, si potrebbe dire che molte lamentazioni quasi verbalizzano l'angoscia e diventano il grido di chiunque, come il giovane rivale perseguitato dal re folle, si trovi circondato dai nemici e prossimo alla morte. L'attribuzione tradizionale a Davide nei titoli di molti Salmi, anche se non va presa alla lettera, indica appunto un tale tipo di rapporto.

[79] Sulle diverse ipotesi per situare il Salmo in un contesto preciso e delinearne i contorni storici, cfr. JACQUET, II, 208-209 e RAVASI, II, 102-104.

[80] Questo *hapax legomenon*, che si presenta nello stato costrutto *'āqat*, è di incerto significato ed è stato oggetto di varie ipotesi. Alcuni autori leggono come grido, clamore (in parallelo a *qôl*) modificando in *ṣa'ăqat* / *za'ăqat, miṣṣa'ăqat* / *mizza'ăqat* (cfr. GUNKEL, 239; PODECHARD, 217; KISSANE, 239; CASTELLINO, 148; JACQUET, 209; anche H. P. MÜLLER, «Die Wurzeln», 558-559, traduce il termine con «Geschrei», ma da una radice *'yq*). Altri invece interpretano nella linea dell'oppressione, pressione, angustia, per lo più riferendosi alla radice (aramaica) *'wq* (cfr. G. PHILLIPS, 425; DELITZSCH, 386; KIRKPATRICK, 309; BRIGGS, 27; KRAUS, 560). Altre ipotesi sono state anche fatte in rapporto all'ugaritico *'q*, occhio (cfr. DAHOOD, II, 31-32; FENTON, «Ugaritica-Biblica», 66-67). DAHOOD ha in seguito modificato la sua posizione rivocalizzando in *'aqtī*, 1ª pers. sing. del verbo *'wq*, che verrebbe così ad interrompere la catena costrutta *pᵉnê rāšā'* (cfr. «A Sea of Troubles», 604-605). Noi propendiamo per il mantenimento del sostantivo *'āqâ* (> *'wq*), con senso di oppressione.

'anšê dāmîm ûmirmâ (v. 24). Il loro agire è *ḥāmās, rîb, 'āwen, 'āmāl, hawwôt, tōk, mirmâ* (vv. 10-12), *qărāb* (vv. 19.22)[81], *šlḥ yād b*[e]*, ḥll(Pi) b*[e]*rît* (v. 21); cfr. anche v. 16c: *rā'ôt bimgûrām b*[e]*qirbām*, e la menzione della collera (*'ap*) nel v. 4.

Ma tale massiccio apparato di aggressività si nasconde sotto un'apparente e accattivante innocuità (v. 22)[82], anzi del nemico si descrive una precedente situazione di amicizia e di rapporto intimo e familiare (vv. 14-15)[83].

È questa un'annotazione interessante per capire tutto lo sgomento del Salmista. L'uomo che lo spaventa è infatti qualcuno che rivela una componente di cattiveria prima insospettata, in un mutamento radicale di atteggiamento che aumenta lo sconcerto e rende più difficile la difesa. Il voltafaccia avvenuto, la capacità di inganno e la potenza aggressiva che il nemico dimostra rappresentano le grandi componenti di minaccia che terrorizzano la vittima con il loro aspetto incontrollabile e di forza soverchiante[84].

Non si tratta solo di violenza fisica, ma di quella capacità di devastazione che è l'odio, l'esplicita volontà di male nei confronti dell'altro come persona, e perciò a tutti i suoi livelli e in tutte le sue componenti. Il male assume in tal modo una portata assolutizzante che non lascia via di scampo. Davanti ad esso, il senso di impotenza può esprimersi solo nel lamento e nel desiderio di fuga.

— *Le reazioni di paura*

La paura del Salmista viene descritta nel v. 3b come uno stato di grande agitazione (*'ārîd*[85] *b*[e]*śîḥî w*[e]*'āhîmâ*[86]), che culmina, nei vv. 5-6, in una situazione di panico e di spavento che sembra completamente domi-

---

[81] Il TM ha la vocalizzazione *qărob*, ma – almeno per il v. 22 – i Dizionari sono concordi nel leggere il sostantivo *q*[e]*rāb*. L'idea espressa nei due versetti, in qualunque modo si legga il termine, è comunque quella di un atteggiamento ostile.

[82] Cfr. il commento a questo versetto in RAVASI, 121-122.

[83] Cfr. RAVASI, 111.

[84] Cfr. la descrizione dei vv. 10-12, ove la città appare accerchiata e completamente invasa dal male nelle sue varie manifestazioni.

[85] La forma verbale *'ārîd* è stata variamente interpretata. Noi seguiamo la lettura più semplice, dalla radice *rwd*, con il senso di essere agitato, vagare in preda al turbamento e all'angoscia (cfr. G. PHILLIPS, 424; DELITZSCH, 386; KIRKPATRICK, 309; KISSANE, 240; CASTELLINO, 148; JACQUET, 209; RAVASI, 112-113). Per altre ipotesi di lettura, cfr. PODECHARD, 217, che legge *'ûrad* (*Ho* di *yrd*); DAHOOD, 31, che vocalizza *'ōrēd* (imperativo *aphel* di *yrd*, riferito a Dio), ma poi preferirà la lettura *'ărē yādī*, «grasp my hand» (cfr. «Philological Observations», 391-392); KRAUS, 560, che con SCHLÖGL modifica in *'ōbēd*, «ich vergehe». Ricordata da molti commentatori, e vista con favore da GUNKEL, 239, è la proposta di Friedrich DELITZSCH (*Die Lese- und Schreibfehler im A.T.*, 42) che modifica in *'ûrad* riferendosi alla radice *rdd,Ho*.

[86] Anche il verbo *hwm* esprime l'agitazione e il turbamento. Cfr. pp. 66-67.

nare il soggetto. Tale effetto di senso è ottenuto, appunto nei vv. 5-6, per mezzo di alcune particolarità stilistiche: l'accumulo dei termini di paura (*ḥyl, 'êmôt, yir'â, ra'ad, pallāṣût*), il tipo di verbi utilizzati (in particolare *npl 'al* e *ksh,Pi*), e infine l'uso del termine *māwet* come *nomen rectum* in catena costrutta (*'êmôt māwet*), tutti modi che servono ad esprimere l'idea del «superlativo»[87].

Il Salmista sembra travolto dalla situazione[88] e reagisce con il lamento e la preghiera (*tᵉpillâ, tᵉḥinnâ*: v. 2; *śîḥ*: v. 3; *qr'*: v. 17; *śyḥ, hmh*: v. 18), e il desiderio di fuga (*mî yitten lî 'ēber kayyônâ* ...: vv. 7-9).

Sono queste le reazioni tipiche di chi si sente perduto. Quando si è alle prese con la propria impotenza davanti ad un male soverchiante, si cerca aiuto in qualcuno da cui si possa sperare salvezza e in cui poter riporre la propria fiducia (vv. 23.24c). È un modo per uscire dal chiuso angoscioso della solitudine in cui il pericolo mette, e che è tanto più evidente quando – come nel caso del nostro Salmo – la volontà di male che distrugge proviene proprio da coloro che dovrebbero essere solidali e compagni. Davanti a questo, non c'è più spazio in cui rifugiarsi, non è neppure possibile nascondersi[89], ma solo sognare un'impossibile fuga. Così, mentre ci si affida a Dio per essere salvati, si dice con ciò l'impossibilità a continuare ancora in tanto isolamento. E la profondità della paura si rivela tanto più grande quanto più grande è la distanza che si vorrebbe mettere tra sé e la situazione che si sta vivendo.

In questo contesto, anche gli elementi imprecatori del Salmo (vv. 10a.16.24ab) hanno una simile funzione denegatoria della realtà presente. Con essi l'orante affida a Dio la sua causa e cerca una sparizione del pericolo che lo sovrasta, attraverso la distruzione degli avversari. Nell'impossibilità di difendersi che il Salmista sperimenta davanti a tanto male, la sua richiesta e il suo sogno di una salvezza miracolosa manifestano in realtà un'angoscia vasta come la rovina che egli invoca sui nemici e come il deserto in cui vorrebbe sparire[90].

2. **Gli animali**

La paura nei confronti degli animali è raramente descritta nella Bibbia e non presenta degli elementi di grande novità rispetto a quanto già

---

[87] Cfr., nella Parte Terza, pp. 226-231.

[88] Si noti l'immagine impetuosa e «travolgente» della tempesta al v. 9 (*mērûḥ sō'â missā'ar*), e il possibile riferimento all'acqua del verbo *mwṭ(Hi)* nel v. 4 (*kî yāmîṭû 'ālay 'āwen*): cfr. Ravasi, 108. Dahood rende ancora più esplicita la metafora dell'acqua rivocalizzando *yam yaṭṭû* (TM *yāmîṭû*), e ponendo *yam* in relazione con *'āwen* (catena costrutta interrotta). La traduzione dello stico allora sarebbe: «indeed they spread a sea of troubles over me» («A Sea of Troubles», 604-605).

[89] Cfr. v. 13b: *lō' mᵉśan'î 'ālay higdîl wᵉ'essātēr mimmennû.*

[90] Cfr. v. 8: *hinnēh 'arḥîq nᵉdōd 'ālîn bammidbār.*

detto sulla paura provocata dall'uomo. La tratteremo perciò solo brevemente.

Gli animali che incutono timore hanno i prevedibili aspetti di grandezza, forza, ferocia e aggressività che minacciano l'integrità fisica dell'uomo e lo mettono in situazione di inferiorità e di impossibilità ad affrontare o a fuggire il pericolo. Tipico in questo senso è il grande mostro, il Leviatan, che viene descritto con molta vivezza ed efficacia espressiva nel dialogo finale di Dio con Giobbe.

Giob 40,25–41,26 [91]

Si tratta della celebre descrizione del Leviatan, forse il coccodrillo, presentato con forti connotazioni fantastiche e con un grande valore simbolico [92].

Giobbe, guidato da Dio, ha gradualmente preso coscienza della propria creaturalità nel confronto con le meraviglie del mondo. E ora, dopo essere stato messo alle strette dalla proposta divina di «scambiarsi le parti» (cfr. 40,6-14), gli appaiono le grandi, smisurate creature (Behemot e Leviatan) con cui Dio solo può trattare e che ridicolizzano perciò ogni illusione di potenza da parte dell'uomo.

Il Leviatan è presentato in questo testo secondo delle categorie di assoluta invincibilità e forza, in una visione sbalorditiva, dai tratti terrificanti. Di esso, prima si afferma l'impossibilità ad essere in alcun modo sopraffatto (40,25-32) [93] e poi si descrivono le spaventose sembianze (41,4-26).

Queste appaiono con delle caratteristiche di potenza e compattezza assolutamente invincibili (cfr. soprattutto vv. 4-9.14-15), ove tutto è fenomenale, smisuratamente appariscente e senza possibili raffronti (cfr. vv. 10-13.22-25). Tanta poderosità si manifesta anche nella sua intrepidezza e assoluta mancanza di timore: il suo cuore è come pietra (*libbô yāṣûq k*^{e}*mô 'āben w*^{e}*yāṣûq k*^{e}*pelaḥ taḥtît*: v. 16) [94], non conosce la paura

---

[91] Cfr. Ruprecht, «Das Nilpferd im Hiobbuch»; J. V. K. Wilson, «A return to the problems of Behemoth and Leviathan»; Gammie, «Behemoth and Leviathan» (specialmente 222-225); Keel, *Jahwes Entgegnung an Ijob*, 141-156.

Indichiamo anche alcuni interventi specifici su versetti particolari: G. R. Driver, «Problems in Job», 168.169 (41,4.22); Dahood, «Hebrew-Ugaritic Lex. II», 399 (41,7); Gordis, «Job xl 29»; Thomas, «Job xl 29b»; Blommerde, *Northwest Semitic Grammar*, 137-139 (41,2.3.10.16.21.22.25-26); Dahood, «Hebrew-Ugaritic Lex. X», 395 (41,19); Zurro, «La raíz *brḥ* II», 415 (41,20); Keel, «Zwei kleine Beiträge», 223-224 (40,25); Rowold, «*my hw'? ly hw'!*» (41,2-3). Quanto alle molte difficoltà testuali, cfr. Alonso – Sicre, 581-584.

[92] Cfr. Alonso – Sicre, 585.

[93] Cfr. in particolare il v. 32: *śîm 'ālâw kappekā z*^{e}*kōr milḥāmâ 'al tôsap*.

[94] Il cuore duro come pietra indica ardimento. Espressioni analoghe sono usate anche per l'uomo. Cfr. pp. 274-275.

(*he'āśû*[95] *liblî ḥāt*: v. 25), sfida anche gli esseri più alteri (*'ēt kol gābōh yir'eh*: v. 26)[96], nulla può fargli del male (vv. 18-21), né metterlo in fuga (*lō' yabrîḥennû ben qāšet*: v. 20a).

La reazione di paura che questo essere suscita nell'uomo è accennata nei vv. 6b (*sᵉbîbôt šinnâw 'êmâ*) e 14b (*ûlᵉpānâw tādûṣ*[97] *dᵉ'ābâ*), e poi esplicitata al v. 17: *miśśētô yāgûrû 'ēlîm miššᵉbārîm yitḥaṭṭā'û*. Davanti alla mole gigantesca del Leviatan che si erge, anche gli eroi sono spaventati e perdono il controllo e si perdono per la grande costernazione[98]. È il panico tremendo che si impossessa degli uomini alla vista di una così smisurata minaccia e che li schiaccia sotto il peso di una paura proporzionata alla grandezza della pericolosa mole che li sovrasta.

Un tale mostro, solo Dio può affrontarlo e uscirne vittorioso (41,1-3)[99]. È la prova ultima e schiacciante dell'assoluta potenza del Signore e della strutturale fragilità dell'essere umano. Davanti a ciò, Giobbe non può che riconoscere la propria piccolezza e confessare Dio come unico onnipotente Signore del mondo e della storia (cfr. 42,1-6).

* * *

I testi finora studiati hanno mostrato quale importante ambito di paura sia il rapporto dell'uomo con gli altri uomini. Questo è talmente decisivo da indurre la società a creare dei sistemi difensivi «istituzionalizzati» quali ad esempio gli eserciti e le città fortificate contro le aggressioni militari, e il sistema del diritto penale contro le ingiustizie e i soprusi dei nemici individuali. Tali istituzioni, d'altra parte, sono in grado di svolgere la loro funzione solo se realmente efficaci e potenti, cioè a loro volta generatrici di paura. Il cerchio del timore sembra potersi rompere solo nel ricorso a Dio, che libera l'uomo dal pericolo facendone perire i nemici.

Ma anche questo nuovo rapporto si rivela estremamente problematico e portatore di paura, come ogni altra relazione dell'uomo al mondo del mistero. È quanto dicono i testi che analizzeremo nel prossimo capitolo.

---

95 Per questa forma arcaica di participio *Qal* passivo, cfr. GORDIS, 490.

96 Manteniamo il TM dando a *r'h* senso di sfidare, affrontare. Cfr. ALONSO – SICRE, 583.

97 Il verbo *dwṣ* può essere letto nel suo senso aramaico di danzare, formando così un'immagine di grande espressività poetica. Cfr. GORDIS, 486.

98 Per l'espressione *miššᵉbārîm yitḥaṭṭā'û* seguiamo le indicazioni di ZOR, e leggiamo *šᵉbārîm* come plurale intensivo di *šeber*, costernazione, e la forma *Hitp* di *ḥṭ'* con il senso: «*sui iacturam fecit*, i.e. sui compos non fuit». Per altre differenti posizioni, cfr. GORDIS, 487-488.

99 Questi versetti vengono posti nel Commento di ALONSO – SICRE alla fine della pericope (cfr. 583-584) e interpretati come riferentesi al confronto non tra l'animale e l'uomo, ma tra il Leviatan e Dio (cfr. 590-592). Questa interpretazione è stata ripresa nel recente articolo di ROWOLD, «*my hw'?*».

Capitolo Quarto

La paura davanti al mistero

Come già indicato [1], nel rapporto con il mistero l'uomo sperimenta la paura generata dalla situazione angosciosa del confronto con *l'ignoto*, con ciò che è inesplicabile, trascendente, e perciò incontrollabile. Ciò si verifica fondamentalmente in tre ambiti di relazioni: con Dio, con la natura, con l'arcano.

In questo capitolo vedremo alcuni testi che ci permettano di delineare questi diversi tipi di esperienza umana, ma addentrandoci e soffermandoci in modo particolare nel complesso mondo delle relazioni dell'uomo con Dio.

1. **Dio**

Dio è la realtà ignota in cui massimamente abita il mistero [2], perché assolutamente «Altro» dall'uomo e «oltre» ogni sua possibile comprensione. È il Dio inarrivabile che abita nei cieli [3], ma incontenibile da essi [4], e di cui non è mai possibile farsi immagini adeguate [5]. Per parlare di lui, è necessario continuamente e contemporaneamente affermare e negare ciò che si dice, in un cammino di spogliazione che avvicina al mistero solo se si rinuncia alla pretesa di penetrarlo.

Tanta grandezza e assoluta trascendenza getta l'uomo nello sgomento e provoca in lui un sentimento di allarme e di paura (di ciò ci occuperemo nella prima parte di questa sezione: § 1.1) o di rispetto e timore reverenziale (il «timore di Dio»: di ciò tratteremo brevemente nella seconda parte: § 1.2).

1.1. *La paura davanti a Dio* [6]

Nel confronto con il sacro riconosciuto in tutte le sue dimensioni di alterità, santità e superiorità radicali, l'uomo diventa cosciente della pro-

---

[1] Cfr. cap. I, pp. 24-26.

[2] Cfr. lo studio classico di Otto, *Das Heilige*.

[3] Cfr. Is 66,1; Sal 2,4; 14,2; 33,13; 53,3; 80,15; 103,19; 123,1.

[4] Cfr. 1 Re 8,27; 2 Cron 2,5; 6,18.

[5] Cfr. Es 20,4; 34,17; Lev 26,1; Deut 4,12.15-19.23; 5,8.

[6] Cfr. Hempel, *Gott und Mensch im A.T.*, 4-21; Becker, 19-84; Derousseaux, 14-21.82-90.97-98.

pria piccolezza e impurità [7], e sperimenta il mistero con cui sta entrando in relazione come qualcosa che può minacciare e di fatto mette in pericolo la propria fragile integrità. Dio viene in tal modo percepito, pur essendo l'origine di ogni esistere, nel suo collegamento con la morte, perché portatore di un mistero di vita e di trascendenza talmente insostenibile per l'uomo da fargli rischiare di restarne ucciso.

Questo particolare aspetto di temibilità del divino è l'oggetto di studio del presente paragrafo. Vi esamineremo alcuni testi emblematici in cui l'esperienza di Dio è presentata sottolineandone soprattutto la dimensione di trascendenza (Es 19.20; 2 Sam 6), l'aspetto di aggressione (1 Sam 5–6) e infine di accusa e giudizio in rapporto al peccato dell'uomo (1 Sam 12) [8].

1.1.1. Il Dio trascendente

Es 19,16-25; 20,18-21 [9] (cfr. Deut 5,1-5.22-31)

È questo il famoso brano della teofania al Sinai, al cui interno è riportato il Decalogo (20,1-17).

Al terzo giorno, stabilito da Dio per la teofania (cfr. 19,11.15), il Signore manifesta sul monte la sua presenza, accompagnata da terribili fenomeni naturali e atmosferici che *spaventano* il popolo (19,16; cfr. anche v. 18). Dio parla con Mosè, mentre al popolo è proibito di avvicinarsi e salire sul monte. Segue il Decalogo, e poi ancora la descrizione della reazione di *paura* da parte di Israele (20,18), e la richiesta a Mosè di fare da mediatore. Questi esorta a *non avere paura* e a *temere* il Signore (20,20) e, mentre il popolo si tiene lontano, avanza verso Dio.

— *Descrizione della causa della paura*

Ciò che provoca la paura nel popolo sono i fenomeni del mondo naturale che accompagnano e rendono manifesta la presenza del Dio invisi-

[7] Cfr., come esempio tipico, Is 6,3-5: ***qādôš qādôš qādôš*** *yhwh ṣ*ᵉ*bā'ôt ... wā'ōmar 'ôy lî kî nidmêtî kî 'îš* ***ṭ*ᵉ*mē'*** *ś*ᵉ*pātayim 'ānōkî.*

[8] Il mistero insondabile di Dio non può certo essere rinchiuso in categorie riduttive, e ogni tentativo di definizione dell'esperienza che l'uomo fa di esso è improprio e inadeguato. Perciò lo è anche la distinzione appena operata tra aspetto trascendente e aspetto aggressivo, o tra trascendenza (aggressiva) e santità che giudica. Se la manteniamo è solo per utilità espositiva, e vogliamo con ciò indicare solamente una certa sottolineatura, nel testo, di un elemento piuttosto che di un altro, ma senza mai ritenerla esclusiva.

[9] Cfr. HAELVOET, «La théophanie du Sinaï»; BEYERLIN, *Herkunft und Geschichte der ältesten Sinaitraditionen*; MORAN, «De Foederis Mosaici Traditione»; JEREMIAS, *Theophanie*, 100-111; EISSFELDT, «Die Komposition der Sinai-Erzählung»; ZENGER, *Die Sinaitheophanie*; CAZELLES, «Alliance du Sinaï»; MCCARTHY, *Treaty and Covenant*, 243-276; NICOLE, «Exode 19»; ZENGER, *Israel am Sinai*, 130-195; BOOIJ, «Mountain and Theophany». Per una buona panoramica sui risultati della critica letteraria e della storia della tradizione riguardo al nostro testo, cfr. CHILDS, 344-351.

bile sul monte. Essi sono descritti nei loro elementi più appariscenti, creando l'impressione di un evento terribile in cui tutto lo scenario fisico che attornia il popolo è coinvolto e sconvolto: *qōlōt* (19,16; 20,18); *b^e^rāqîm, ʿānān kābēd* (19,16); *har ʿāšan* / *ʿāšēn* (19,18; 20,18); *'ēš, ʿešen k^e^ʿešen hakkibšān* (19,18); *lappîdim* (20,18) [10].

Si tratta di fenomeni strani e misteriosi, portatori di una forza e di una violenza pericolose per l'uomo e rivelatrici di una realtà ancora più grande e misteriosa. Davanti ad essi l'essere umano si sente confrontato ad una presenza indelimitabile che sfugge alle capacità di comprensione del soggetto e lo sovrasta, schiacciandolo con la sua potenza e la sua grandezza. È il rapporto sconvolgente con ciò che rivela un'alterità talmente inassimilabile da diventare una esplicita minaccia di morte (cfr. 19,21: *pen ... w^e^nāpal mimmennû rāb*; 19,22: *pen yiprōṣ bāhem yhwh*; 19,24: *pen yiproṣ bām*; 20,19: *pen nāmût*).

— *La paura*

La paura del popolo è esplicitata in 19,16 con il verbo *ḥrd* [11], e in 20,18 con *nwʿ*. Si tratta della comprensibile reazione a ciò che sta avvenendo e che il popolo percepisce in tutta la sua ampiezza. Israele vede i fenomeni terribili (20,18: *w^e^kol hāʿām rō'îm* [12] ... *wayyar'* [13]) e ne è spaventato.

La conseguenza è il tentativo di neutralizzare la minaccia tenendosene lontani e frapponendo dello spazio tra sé ed essa. Gli Israeliti restano a distanza (*ʿmd mērāḥōq*: 20,18.21) e incaricano Mosè di fare da intermediario liberandoli così dal pericolo di ascoltare una voce che potrebbe ucciderli (20,19) [14].

Questo atteggiamento del popolo è sintetizzato nell'affermazione di Mosè a suo riguardo in 19,23. Egli, rispondendo al rinnovato comando di Dio di avvisare il popolo di non avvicinarsi per vedere, pena la morte (cfr. 19,21-22), dice: *lō' yûkal hāʿām laʿălōt 'el har sînāy*. La negazione *lō'*

---

[10] Cfr. Deut 5,4.22.23: *'ēš, ʿānān, ʿărāpel, qôl gādôl, ḥōšek, hāhār bōʿēr bā'ēš*.

[11] Cfr. lo stesso verbo al v. 18, applicato al monte: *wayyeḥĕrad kol hāhār m^e^'ōd*. Solo pochi manoscritti hanno *hāʿām*. Cfr. Kennicott e De Rossi, *ad loc.*

[12] L'uso del participio all'inizio del v. 18 introduce una proposizione circostanziale che presenta la reazione di paura del popolo come un fatto prolungato, che ha accompagnato tutto lo svolgersi della teofania. Cfr. Cassuto, 252 e Childs, 371.

[13] Le Versioni modificano in *wayyīr^e^'û*, da *yr'* (cfr. *BHS*), ma il TM può essere mantenuto senza problemi. Sulla questione, cfr. Becker, 20.

Quanto al rapporto frequente tra percezione visiva e paura, esso verrà esplicitato nella Parte Terza del presente lavoro (cfr. in particolare p. 176).

[14] Cfr. anche Deut 5,4-5.23-27.

yûkal esprime qui un'impossibilità non fisica, ma determinata dalla paura e potrebbe essere adeguatamente tradotta con «non osa»[15].

La motivazione di questa impossibilità[16] fa infatti riferimento al comando di Dio a Mosè riportato nel v. 12, che collega l'interdizione a salire sul monte con la morte: *wᵉhigbaltā 'et hā'ām sābîb lē'mōr hiššāmᵉrû lākem 'ălôt bāhār ... kol hannōgēᶜ bāhār môt yûmāt*. Il popolo è stato dunque avvisato della sanzione mortale che ogni infrazione all'ordine di Dio comporta. Esso sa che i fenomeni paurosi che sconvolgono il monte e a loro volta minacciano la vita degli astanti segnalano una presenza che costa la vita a chi tenta di avvicinarlesi. Perciò nessuno può salire sul monte perché nessuno *osa* farlo. Ciò che impedisce al popolo di irrompere e infrangere (*hrs*: 19,21.24) la barriera dei limiti posti da Mosè (*gbl,Hi*: 19,12.23) è un'altra barriera, quella interna e assai profonda della paura.

— *L'invito a non temere*

In risposta al popolo spaventato che gli chiede di porsi come intermediario, Mosè invita i suoi ad uscire dalla paura per aprirsi a una diversa dimensione di rapporto al divino[17]. Gli eventi terribili a cui Israele ha assistito sono spiegati da Mosè secondo l'intenzionalità del Signore, che è volontà di vita e non di morte (20,20)[18]. Perciò il popolo può smettere di avere paura (*'al tîrā'û*) e può accogliere quel dono di Dio che è il suo timore (*yir'ātô*)[19] che salva e fa vivere perché permette di non peccare più (*lᵉbiltî teḥĕṭā'û*)[20].

— *Prossimità a Dio e morte*

Quello del Sinai è un momento fondante nella storia di Israele, che rivela nella sua origine la verità strutturale dei rapporti tra Dio e il popolo. Può perciò essere utile riflettere brevemente sui dati che il nostro testo offre riguardo all'esperienza, ripetutamente affermata nella Bibbia, del rapporto diretto con Dio come evento generatore di morte.

---

[15] Le traduzioni normalmente rendono il verbo con «non potere»: cfr. *SB*(PIB), *RSV*, *BJ*, *NEB*, *EHS*, *NBE*, *TOB*. Per il senso del verbo *ykl* in riferimento alla paura, cfr. più avanti, p. 225.

[16] *lō' yûkal ... kî 'attâ ha'ēdōtâ bānû lē'mōr hagbēl 'et hāhār wᵉqiddaštô* (19,23).

[17] Va notato, come già in Es 14,10-14, il contrasto tra l'atteggiamento impaurito del popolo e quello di Mosè. Cfr. anche Childs, 369.

[18] *... kî lᵉba'ăbûr nassôt 'etkem bā' hā'ĕlōhîm ûba'ăbûr tihyeh yir'ātô ...* Cfr. il commento a questo versetto in Childs, 372-373. Egli mantiene al verbo *nsh(Pi)* il senso usuale di mettere alla prova, contro Greenberg («*nsh* in Exodus 20,20») che indica invece il significato di «far fare esperienza».

[19] Sul rapporto tra *yr'* e *yir'â* in questo versetto, cfr. Becker, 197-198 e Derousseaux, 167-168. Si veda inoltre il § 1.2 del presente capitolo (pp. 143-145).

[20] Cfr. Prov 14,27: *yir'at yhwh mᵉqôr ḥayyîm lāsûr mimmōqᵉšê māwet*.

L'uomo non può vedere Dio senza morire: nel nostro testo c'è collegamento esplicito tra la visione e il perire (*...pen yehersû 'el yhwh lir'ôt w^{e}nāpal mimmennû rāb*: 19,21), e i due concetti vanno frequentemente assieme nel resto della Scrittura (cfr. Gen 32,31; Es 33,20; Lev 16,2.13; Num 4,20; Giud 6,22-23; 13,22; Is 6,5; ecc.)[21].

L'attività del vedere da parte dell'uomo ha una pretesa assolutizzante e illusoria cui Dio non può sottostare come oggetto. Nella visione, si crede che ciò che l'occhio percepisce sia la realtà della cosa vista, mentre ne è solo l'esteriorità. Questa identificazione arbitraria tra il reale e la sua apparenza, tipica del vedere, di fatto tende a rimpicciolire la realtà perché la identifica con i suoi contorni delimitanti. Non così è dell'ascolto, che si apre a un invisibile senza contorni, non reso oggetto, e che permette una relazione tra soggetti ove ha spazio il mistero e il non delimitabile.

Tutto questo è massimamente evidente nel rapporto interpersonale. Se si vede una persona, si è immediatamente portati a credere che essa sia quel corpo che appare, con quel volto, quella conformazione, quel modo di gestire. Evocarne il ricordo, è rammentarne le fattezze. Eppure, certamente una persona è molto di più della propria configurazione fisica. Ma se, invece, di quella persona si ode solo la voce, si potrà certamente riconoscerla e sapere di chi si tratta, ma non si cadrà mai nell'illusione di pensare che essa sia riducibile alle parole che emette e che il suono che le orecchie percepiscono si identifichi con lei. Più semplicemente potremmo dire che quando si vede qualcuno, si afferma spontaneamente: «questo è un uomo» (non: «è *il corpo* di un uomo»), mentre quando lo si ascolta si dice più facilmente: «questa è *la voce* di un uomo».

Dio dunque non può essere visto perché non può essere oggetto di una tale pretesa «com-prensiva» e riduttiva tipica della visione umana. Il Dio indelimitabile è perciò stesso invisibile, e ogni tentativo di vederlo, o lo riduce ad un idolo, o si illude che l'uomo sia come Lui. Finché l'uomo è nella carne, i suoi occhi sono inadeguati al mistero. È solo nella morte che egli accede a un vedere diverso, capace di contemplare Dio. La parola rimane perciò la grande mediazione del rivelarsi divino, appellandosi ad un ascolto aperto al dono libero e personale che sfugge ad ogni delimitazione e oggettivazione, nel rispetto di una incomprensibile realtà.

Eppure, nel nostro testo anche l'ascolto è negato per il popolo e presentato come minaccia mortale: *wayyō'm^{e}rû 'el mōšeh dabbēr 'attâ ʿimmānû w^{e}nišmāʿâ w^{e}'al y^{e}dabbēr ʿimmānû 'ĕlōhîm pen nāmût* (20,19; cfr. Deut 5,25-27). Si tratta infatti di un ascolto che richiede una prossimità, che impone una vicinanza (cfr. 20,21: Mosè che deve operare la mediazione e ascoltare per il popolo si avvicina [*niggaš*] al luogo della presenza di Dio,

---

[21] Sull'impossibilità di vedere Dio, cfr. NÖTSCHER, «*Das Angesicht Gottes schauen*», 34-43.

mentre gli altri si tengono lontani [*wayyāʿămōd .. mērāḥōq*])[22]. Ma proprio questa prossimità è insostenibile e portatrice di morte, perché è vicinanza ad un Dio che scuote il monte con la sua voce di tuono e che parla dal fuoco divorante (cfr. 19,16.18-19; Deut 5,4-5.22-25).

L'uomo non può avvicinarsi a Dio senza morire. L'Origine della vita, se viene accostata direttamente, diventa morte, come il fuoco che scalda e dona benessere, ma brucia e uccide se si tenta di toccarlo. Dio è l'Assoluto, troppo grande e troppo santo perché la sua presenza possa essere sostenuta dalla relatività e limitatezza di chi è stato da Lui creato. Perciò il tenersi lontano è condizione indispensabile del rapporto al divino, e implica ed esprime il riconoscimento della verità di Dio come origine assoluta ed eterna, e di sé come creatura carnale e peribile.

Tale riconoscimento, d'altra parte, deve essere operato nella lontananza, cioè in una specie di «distrazione» della coscienza, in un affievolirsi di quella consapevolezza che solo la rende vivibile. Una eccessiva vicinanza al mistero, una piena consapevolezza della sua radicale diversità non è possibile a una coscienza ancora nella carne, e la distruggerebbe. Allontanarsi dalla manifestazione di Dio, dunque, non solo esprime la comprensione dell'alterità, ma insieme la rende possibile come condizione di vita nella durata del tempo; non nell'istante illuminante della morte, ma nello scorrere dell'esistere.

Se questo è vero, è però allora necessario che il tenersi lontani da Dio conosca anche qualche vicinanza, un'esperienza del divino che aiuti e manifesti il riconoscimento del suo mistero come mistero di una origine senza cui non è possibile vivere. Perciò il popolo deve uscire dall'accampamento e farsi incontro al luogo della teofania (19,17)[23], e vede i segni della presenza di Dio e ne ode la voce (cfr. 20,18; Deut 5,4[24].22.23.24.26). Quando poi gli Israeliti impauriti vogliono ritrarsi, chiedono a Mosè di farsi intermediario perché il parlare di Dio non si interrompa e l'ascolto delle sue parole continui ad essere possibile per loro (20,19; Deut 5,5.25.27).

In questa prospettiva, Mosè, il mediatore, è la figura che consente al popolo che egli rappresenta di vivere il rapporto al mistero contemporaneamente nelle due dimensioni – entrambe necessarie ma apparentemente inconciliabili – della prossimità e della distanza: in lui, il popolo che sta lontano può farsi vicino a Dio. Ma anch'egli, che privilegia l'aspetto della possibilità della familiarità dell'uomo con il divino e la rivela come vocazione della persona, deve significarne insieme la ra-

---

[22] Cfr. anche Deut 5,27: *qᵉrab 'attâ ûšămāʿ...*

[23] ***wayyôṣē'*** *mōšeh 'et hāʿām* ***liqra't*** *hā'ĕlōhîm min hammaḥăneh wayyityaṣṣᵉbû bᵉtaḥtît hāhār.*

[24] ***pānîm bᵉpānîm*** *dibbēr yhwh ʿimmākem bāhār mittôk hā'ēš.*

dicale impossibilità, e pure Mosè dovrà rinunciare a vedere il volto di Dio (Es 33,18-23)[25].

In questo contesto di pensiero, la paura di Israele e l'invito rivoltogli a non temere manifestano tutta la loro valenza di senso. La paura si rivela come l'elemento necessario ed ineliminabile che consente al popolo di esprimere il proprio riconoscimento del divino e di viverlo. Per la paura infatti, che segnala il pericolo e comanda le reazioni della messa in salvo dell'esistenza, il popolo si allontana dal fuoco della rivelazione di Dio. Questo non solo lo salva dalla morte che la manifestazione divina comporterebbe, ma lo apre a quella possibilità di vita in cui è resa operante la consapevolezza della verità propria e del Signore. In tal modo, la paura necessaria per non morire diventa possibilità di accesso a un'esistenza governata ora dal timore che riconosce l'Alterità assoluta di Dio e l'accoglie come principio di vita. La paura può così essere non eliminata ma trasformata, e il popolo terrorizzato dal pericolo di perire può accettare e consumare, nel timore che libera dal peccato, la propria vocazione al Mistero.

2 Sam 6,1-22[26] (cfr. 1 Cron 13.15)

Il testo narra il trasferimento dell'arca, voluto da Davide, da Kiriat Iearim a Gerusalemme. Ma durante il viaggio, Uzza tocca l'arca e viene

---

[25] Alla luce di questa funzione paradossale e decisiva di Mosè nei confronti del popolo può essere letto anche l'evento della sua morte alle soglie di Canaan (cfr. Deut 34). Nel momento in cui Israele, attraversando il Giordano, trasforma la Terra della Promessa in terra della conquista, Mosè muore al di qua del fiume: per lui, che rappresenta il popolo, la Promessa rimane tale per sempre. Israele può così entrare nel paese e possederlo senza con ciò mai negarne la verità di dono. E mentre invade Canaan e se ne appropria, resta in attesa, guardando da lontano. Il mediatore pietrificato dalla morte nel desiderio del compimento trasforma la conquista nell'accoglienza radicale di un possesso sempre ricevuto e di una promessa che resta tale anche nel suo adempimento.

[26] Sulle narrazioni riguardanti l'arca in generale e sul nostro testo in particolare, cfr. Bentzen, «The Cultic Use of the Story of the Ark»; Porter, «The Interpretation of 2 Sam VI»; Dus, «Der Brauch der Ladewanderung»; Carlson, *David, the Chosen King*, 58-96; Maier, *Das altisraelitische Ladeheiligtum*; Timm, «Die Ladeerzählung»; Eissfeldt, «Die Lade Jahwes»; Blenkinsopp, «Kiriath-Jearim and the Ark»; Fohrer, «Die alttestamentliche Ladeerzählung»; Campbell, *The Ark Narrative*; Davis, «The History of the Ark»; Campbell, «Jahweh and the Ark»; de Tarragon, «David et l'arche»; Ahlström, «The Travels of the Ark». Si veda anche R. Schmitt, *Zelt und Lade* (in particolare 138-173) e l'*excursus* in Stoebe, 154-166 (con bibliografia integrativa).

Cfr. inoltre, su alcuni problemi particolari del testo: Joüon, «Notes de critique textuelle», 471; Marget, «*gwrn nkwn* in 2 Sam. 6,6»; Orlinsky, «*hā-rōqdīm* for *hā-rēqīm* in II Sam 6,20»; Soggin, «'Wacholderholz' 2 Sam VI 5a»; R. Weiss, «Textual Notes», 129-130; A. Phillips, «David's Linen Ephod»; de Boer, «The Perfect with *waw*»; Tidwell, «The Linen Ephod»; Avishur, «*krkr* in biblical Hebrew»; Ahlström, «*krkr* and *tpd*»; Crüsemann, «Zwei alttestamentliche Witze», 223-227.

ucciso da Dio. Questo *spaventa* il re (v. 9) che rinuncia all'impresa e lascia l'arca nella casa di Obed Edom. Solo in seguito si opera un secondo tentativo, questa volta felicemente riuscito, e l'arca giunge a Gerusalemme. Conclude l'episodio l'alterco tra Davide e Mical, che spiega la sterilità irrimediabile della figlia di Saul.

— *Il Santo intoccabile*

Il Dio presente nell'arca è apparentemente delimitato e contenuto in quello spazio, alla mercé degli uomini che sembrano poterlo prendere e spostare a loro piacimento. Egli mostra invece tutta la sua assoluta e temibile trascendenza nell'episodio di Uzza. Questi, quando l'arca traballante sul carro sembra stare per cadere, stende la mano come per sorreggerla. Ciò provoca l'ira di Dio, che lo uccide con potenza inaspettata e incomprensibile (cfr. vv. 6-7)[27]. Uzza dunque muore per un gesto istintivo di salvaguardia dell'arca, circostanza che rende ancora più inesplicabile e apparentemente ingiusta la sua fine.

Troviamo qui plasticamente ribadita l'impossibilità per l'uomo di avvicinarsi troppo a Dio e di toccare il luogo della manifestazione del suo mistero. In realtà, l'arca può e deve essere toccata perché la si possa trasportare[28], ma si tratta di qualcosa che si verifica all'interno di un cerimoniale e comunque con particolari provvedimenti che ne rispettano la sacralità[29].

Il gesto di Uzza invece esula da quest'ambito ed è di diverso ordine. Egli stende la mano per trattenere l'arca che cade e, per quanto buono e generoso sia l'impulso, esso irrompe nel sacro e ne smentisce l'intangibilità. Perciò Uzza muore, perché deve manifestarsi l'impossibilità di toccare Dio, indipendentemente dall'intenzionalità umana. L'arca si lascia trasportare per essere collocata nel luogo di culto e a certe condizioni, ma non permette di essere raggiunta altrimenti. Per quanto arbitrarie possano apparire le leggi che ne regolano l'intangibilità, e per quanto inattesa sia la collera divina che qui si manifesta, tutto ciò testimonia e significa l'assoluta e inassimilabile Alterità di Dio, che l'uomo non può manipolare e a cui deve solo adeguarsi e obbedire.

---

[27] Il testo presenta alcune difficoltà, che vengono però spiegate nella lettura di 1 Cron 13,9-10 (... *wayyišlaḥ ʿuzzāʾ ʾet yādô leʾĕḥōz ʾet hāʾārôn ... wayyakkēhû ʿal ʾăšer šālaḥ yādô ʿal hāʾārôn*). Sui vari problemi, e in particolare sui termini *šmṭ* e *šal*, cfr. S. R. DRIVER, *Notes on the Hebrew Text*, 266-268.

[28] Cfr. i molti verbi usati nel nostro testo per designarne il movimento provocato dagli uomini. che evidenzia la situazione di «oggetto» dell'arca stessa: *bw'(Hi)*: v. 17; *yṣg(Hi)*: v. 17; *nṭh(Hi)*: v. 10; *nś'*: vv. 3.4.13; *swr(Hi)*: v. 10; *ʿlh(Hi)*: vv. 2.12.15; *rkb(Hi)*: v. 3.

[29] Cfr. l'insistenza sul carro nuovo (*ʿăgālâ ḥădāšâ*: v. 3, 2x), l'aspetto processionale del trasferimento (vv. 3-5), gli strumenti musicali (vv. 5.15), i sacrifici (vv. 13.17), il luogo appositamente predisposto per accogliere l'arca (v. 17).

A ciò bisogna aggiungere che il gesto di Uzza è tale da sottolineare in massimo grado la consistenza di «cosa» dell'arca. Il suo movimento impulsivo manifesta infatti una preoccupazione per ciò che il carro sta trasportando fatta di sollecitudine e rispetto, ma insieme situa il Dio potente al livello di una cassetta che cade se il carro ondeggia [30]. Davanti a questo, il mistero trascendente esplode in tutta la sua insostenibilità e Uzza viene distrutto dall'ira del Dio terribile che non può essere racchiuso in alcunché di tangibile.

— *La paura di Davide e il suo superamento*

Una tale manifestazione del divino con la conseguente morte di uno dei suoi provoca in Davide un doloroso sgomento (*wayyīḥar l*ᵉ: v. 8) [31] e un'esplicita paura del Signore (*wayyīrā'* .. *'et yhwh*: v. 9) [32].

La comprensione di Dio come qualcuno che può uccidere spaventa il re in prima persona, anche se il colpito è Uzza. Quando si manifesta una forza devastante che distrugge un altro, la reazione di paura di chi vi assiste rivela la valenza orribile e paurosa tipica di ogni distruzione. Ma lo spettatore è coinvolto in ciò che vede anche perché lo proietta su di sé come possibilità, capendo (o immaginando) che quel male avrebbe potuto o potrebbe in futuro capitare anche a lui. In tal modo, la causa della rovina altrui diventa origine almeno ipotetica di minaccia, e perciò grandemente temibile anche dove non si presenti come direttamente e immediatamente pericolosa per chi vi assiste.

Tanto timore di Davide ha come espressione e conseguenza un sentimento di impossibilità: la domanda retorica introdotta da *'êk* (*'êk yābô' 'ēlay 'ărôn yhwh*: v. 9) [33] dice lo scoraggiamento e la rinuncia del re davanti ad un pericolo che appare inaggirabile. La paura di un Dio tanto

---

[30] Nella polemica profetica contro gli idoli si insiste spesso sulla loro inutilità descrivendoli come incapaci di movimento proprio (cfr. Is 46,7) e, in modo ancora più ironico, incapaci persino di reggersi in piedi da soli al punto che è necessario fissarli con chiodi perché non cadano (Is 41,7; Ger 10,4; cfr. anche Bar 6,25-26 e Sap 13,15-16; su quest'ultimo testo, in rapporto anche ai precedenti, si veda GILBERT, *La critique des dieux*, 90-92). Si potrebbe perciò dire che il gesto di Uzza che vuole sorreggere l'arca perché non cada, in un certo senso tratta l'arca di Dio alla stregua degli idoli, qualunque siano state le sue intenzioni e la sua volontà.

[31] Il senso del sintagma *ḥrh l*ᵉ usato per Davide appare diverso da quello di *ḥrh 'ap* detto di Dio al v. 7. Mentre quest'ultimo indica l'ira, l'altro sembra piuttosto esprimere l'afflizione (cfr. DHORME, 321). Per uno studio sull'espressione *ḥrh l*ᵉ con questo significato («essere depresso, affliggersi»), cfr. GRUBER, *Aspects of Nonverbal Communication*, 357.371-379 (in particolare, 374).

[32] Su questo uso di *yr' 'et* nel senso di paura piuttosto che di timore e rispetto, cfr. BECKER, 33; DEROUSSEAUX, 146-147.

[33] Cfr. 1 Cron 13,12, in cui l'uso del verbo *bw'* in *Hi* (*'êk 'ābî' 'ēlay*...) sottolinea Davide come soggetto impossibilitato a compiere l'azione.

incomprensibile e spietato, impossibile da prevedere ed eventualmente placare, blocca Davide che, affermatane l'impossibilità, abbandona l'impresa (*w*^{e}*lō' 'ābâ dāwid l*^{e}*hāsîr 'ēlâw 'et 'ărôn yhwh*: v. 10).

Il superamento di questa situazione avviene con l'annuncio al re della benedizione divina scesa sulla casa di Obed Edom ove dimora l'arca (vv. 11-12)[34]. È questa manifestazione di Dio come presenza benefica e non distruttiva che permette a Davide di superare almeno parzialmente la paura, quanto basta per ritentare il trasferimento. Il sacrificio all'inizio del viaggio (v. 13) e il saltare danzando «con tutte le forze» (v.14)[35] sembrano ancora alludere a un timore non completamente placato, quasi Davide volesse con essi esorcizzare sia l'ira di Dio che il proprio sgomento.

Solo al termine del viaggio, gli olocausti, la benedizione e i doni al popolo (vv. 17-19)[36] suggellano il sollievo e la gioia per la buona riuscita della pericolosa impresa. Ormai anche la paura è diventata memoria, e si può celebrare la festa della presenza dell'arca e insieme la fine di un incubo.

1.1.2. Il Dio aggressore

Esplicitiamo ora più chiaramente l'esperienza di Dio percepito come soggetto di aggressione, di intervento punitivo, di rifiuto. La percezione della minaccia è di una distruzione che proviene da un atteggiamento *intenzionalmente ostile* da parte di Dio.

L'elemento di aggressione era già evidentemente presente nei testi esaminati nel paragrafo precedente (cfr. in particolare l'uso del verbo *prṣ*, sia in Es 19,22.24 che in 2 Sam 6,8). Ora però si vuole sottolineare l'apparire di Dio non come trascendenza che la fragilità umana non può sostenere, ma come alterità pericolosa, che positivamente si oppone all'uomo, portatrice di una esplicita ostilità nei suoi confronti.

---

[34] CAMPBELL nota l'importanza del v. 11 all'interno della struttura del capitolo. Dei due tentativi di portare l'arca a Gerusalemme, il primo fallisce per la morte di Uzza e la paura di Davide, mentre il secondo giunge a compimento. È il v. 11 a fornire la chiave di comprensione di questi eventi, con l'annotazione della benedizione di Dio. Infatti, mentre il primo viaggio era stato disposto per iniziativa di Davide, il secondo è causato e voluto da Dio: l'arca può giungere a Gerusalemme perché è il Signore a prendere l'iniziativa e a dare il suo assenso con la benedizione alla casa di Obed Edom. Cfr. CAMPBELL, *The Ark Narrative*, 133-137.201-202.

[35] *w*^{e}*dāwid m*^{e}*karkēr b*^{e}*kol 'ōz lipnê yhwh*... Cfr. anche v. 16.
La radice *krkr* è stata studiata, anche in rapporto all'ugaritico, da AVISHUR, «*krkr* in biblical Hebrew». Egli mette in questione il senso solitamente assunto di danzare e indica per il nostro testo quello di «clapping the hands» o «snapping fingers» (261). Ma la puntualizzazione susseguente di AHLSTRÖM («*krkr* and *tpd*») insiste ancora sul riferimento alla danza per l'esatta comprensione del verbo in questione.

[36] Si noti la ripetizione del verbo *brk(Pi)* nei vv. 18 (**waybārek** *'et hā'ām*) e 20 (*wayyāšob dāwid* **l**^{e}**bārēk** *'et* ***bêtô***), in riferimento al v. 11 ove la benedizione è di Dio

Si tratta dell'esperienza di Dio sentito come nemico (Is 63,10; Ger 30,14; Sal 44,10-13; Giob 30,21; Lam 2,4-5), o come animale da preda (Giob 10,16; Lam 3,10); Dio che nasconde il volto [37] (Deut 31,17-18; Ger 33,5; Ez 39,23-24; Sal 44,25; Giob 13,24) e non ascolta e tace (1 Sam 28,15-16; Mi 3,4; Sal 28,1; Giob 30,20), e che, adirato, punisce (cfr. la tematica del «giorno del Signore») [38]; ecc.

Noi ci occupiamo di una emblematica manifestazione del Dio aggressore, così come viene descritta nel testo di 1 Sam 5–6.

1 Sam 5–6 [39]

Si tratta ancora dell'arca, ma al tempo della sua prigionia presso i Filistei, nelle cui mani era caduta durante la battaglia di Eben-Ezer (cfr. 1 Sam 4). Il contesto di inimicizia in cui Dio si rivela è esplicito: l'arca è ridotta a trofeo nelle mani dei nemici, e il Signore li colpisce con flagelli che li gettano nel *panico* (5,6.9.11), finché non decideranno di restituirla. Ma quando il Dio vivente giunge a Bet Shemesh, colpisce misteriosamente anche gli abitanti di quel luogo che, *sgomenti* (6,19-20), allontanano essi pure l'arca dalla loro città.

— *L'aggressione di Dio e la paura dei nemici* (5,1–6,12)

L'intervento di Dio nei confronti dei Filistei è punitivo e chiaramente dimostrativo di superiorità, nonostante l'apparente vittoria dei suoi nemici. Dopo aver nullificato la credibilità di Dagon gettandolo a terra e ridu-

---

(**waybārek** *yhwh 'et 'ōbēd 'ĕdōm wᵉ'et kol* ***bêtô***; cfr. anche v. 12: *wayyuggad... lē'mōr* **bērak** *yhwh 'et* ***bêt*** *'ōbēd 'ĕdōm*). Cfr. DE TARRAGON che così commenta: «Ce thème de la bénédiction d'une famille est implicitement celui des dynasties rivales: d'Obed-Edom, la bénédiction s'étend à David et à sa famille, tandis qu'elle se retire de Mikal et de la famille de Saül» («David et l'arche», 516). A questa estromissione dalla benedizione si riconnette la sterilità di Mical (v. 23), da lei stessa provocata rifiutando la gioia festosa per la venuta dell'arca (cfr. vv. 20-22).

[37] Cfr. lo studio tematico di BALENTINE, *The Hidden God.*

[38] Tra i numerosi studi sul tema, segnaliamo BOURKE, «Le jour de Yahvé dans Joël»; von RAD, «The Origin of the Concept»; M. WEISS, «The Origin of the Day of the Lord»; VAN LEEUWEN, «The Prophecy of the *yôm YHWH* in Amos V 18-20».

[39] Rimandiamo agli studi generali sulle narrazioni dell'arca già citati alla nota 26 del presente capitolo. Cfr. inoltre: BEWER, «The Original Reading of I Sam 6,19a»; G. R. DRIVER, «The Plague of the Philistines»; TUR-SINAI, «The Ark of God at Beit Shemesh»; BOURKE, «Samuel and the Ark» (specialmente 89-99); THOMAS, «A Note on *wᵉnôda' lākem*»; DUS, «Noch zum Brauch»; «Die Länge der Gefangenschaft der Lade»; DELCOR, «Jahweh et Dagon»; MCKANE, «The Earlier History of the Ark»; SCHICKLBERGER, *Die Ladeerzählungen*, 100-234; CHARBEL, «La 'peste bubbonica'»; MILLER – ROBERTS, *The Hand of the Lord*, 40-59; WILKINSON, «The Philistine Epidemic»; GEYER, «Mice and rites»; EICHLER, «The Plague in I Samuel 5 and 6»; MARGALITH, «The meaning of *'plym*»; L. I. CONRAD, «The Biblical Tradition for the Plague of the Philistines».

cendolo a pezzi (5,2-4)[40], il Signore appesantisce la mano prima sugli abitanti di Ashdod (v. 6), poi di Gat (v. 9), infine di Eqron (v. 11), colpendoli con piaghe.

Questo provoca sgomento e panico: *šmm* (*Hi*, con soggetto Dio: 5,6); *m^{e}hûmâ g^{e}dôlâ m^{e}'ōd* (5,9); *m^{e}hûmat māwet* (5,11). Le segnalazioni del superlativo (vv. 9.11)[41] indicano un turbamento molto acuto che si generalizza e giunge al parossismo[42]. Mano a mano che l'arca viene trasportata nelle varie città e la piaga si diffonde, si va accumulando il male che essa provoca e perciò la paura degli abitanti. Allo stesso modo, anche la fama terribile che accompagna l'arca si ingrandisce progressivamente con il procedere del suo cammino e l'aumentare dei colpiti dal suo flagello. Avviene perciò che quando essa giunge in una nuova città, il terrore dei cittadini è sempre più grande, proporzionale alla gravità e al numero dei disastri che si sono già verificati altrove[43].

Le reazioni immediate dei Filistei esprimono e danno voce alla paura in loro provocata da questa situazione. Quelli di Ashdod affermano: l'arca non può rimanere (5,7), quelli di Eqron gridano: è venuta per ucciderci (5,10), e i superstiti innalzano lamenti (5,12). Ove non è morte, la vita è colpita e il suo gemito sottolinea la vastità del flagello[44].

I provvedimenti presi per uscire dall'impasse intendono rimuovere la causa del male: i Filistei di tutte le città toccate dalla venuta dell'arca decidono di allontanarla trasferendola altrove (5,8.10.11)[45] finché si rinuncia definitivamente a tenerla come bottino di guerra e la si rimanda al suo luogo di origine (cfr. 6,2ss.).

---

[40] Dal confronto tra i due, il Dio d'Israele esce visibilmente vittorioso: la prima mattina l'avversario viene trovato dai suoi adoratori prostrato davanti all'arca o, come suggeriscono MILLER – ROBERTS, caduto sulla faccia, come Golia dopo essere stato colpito dal sasso di Davide (cfr. 1 Sam 17,49). La seconda mattina poi, la vittoria è definitiva: la testa è staccata dal busto, e anche le mani sono mozzate. La scena richiama ancora la lotta tra Davide e Golia (terminata con la decapitazione del Filisteo), e i combattimenti mitici degli dèi di Ugarit (con la caduta al suolo dello sconfitto e, nel ciclo di Anat, la mutilazione di testa e mani). Cfr. MILLER – ROBERTS, *The Hand of the Lord*, 42-46.

[41] Sulle due occorrenze di *m^{e}hûmâ* in questi versetti, cfr. pp. 67-68.

[42] CAMPBELL nota nel nostro testo la presenza di un crescendo e una intensificazione nella descrizione dell'afflizione causata da Dio e delle reazioni dei Filistei: cfr. *The Ark Narrative*, 98.

[43] Cfr. il grido degli abitanti di Eqron in 5,10: *wayyiz'ăqû .. lē'mōr hēsabbû 'ēlay 'et 'ărôn ... lahămîtēnî w^{e}'et 'ammî* (manteniamo il suffisso di 1ª pers. sing., come *lectio difficilior*: cfr. MCCARTER, 121). Essi sembrano sapere cosa li aspetta per la venuta dell'arca, e la paura si manifesta in conseguenza.

[44] Cfr. in particolare 5,12: *w^{e}hā'ănāšîm 'ăšer lō' mētû hukkû bā'ōpālîm(K) watta'al šaw'at hā'îr haššāmāyim.*

[45] Ma ironicamente, questo non fa che espandere il flagello e i Filistei collaborano in tal modo all'esecuzione della loro stessa condanna: cfr. ALONSO SCHÖKEL, 38.

La minaccia operante tra i Filistei proviene da una potenza alla quale essi non si possono opporre per l'assoluta disparità delle forze, e da cui non sono neppure in grado di difendersi per il mistero che ne avvolge l'origine. D'altra parte tanto potere, per quanto misterioso nella sua capacità di operare, è riconoscibile e riconducibile al simulacro del Dio avversario. Perciò i provvedimenti per mettersi in salvo cercano la sua eliminazione dal territorio. Davanti ad un Dio aggressore, non c'è difesa né offesa possibile, ma solo il tentativo di mettere delle distanze adeguate. La decisione di allontanare l'arca è, da parte dei Filistei, quasi una forma razionalizzata di fuga, ma all'inverso: potendo l'arca essere rimossa, è più facile e sensato che sia essa ad abbandonare le città piuttosto che i loro abitanti.

Ma questa fuga, o meglio allontanamento, è senza compromessi e senza ritorno. Non si tratta infatti di ritrarsi davanti alla manifestazione di una trascendenza che, per quanto pericolosa, è riconosciuta come origine della propria esistenza, senza cui non è possibile vivere. In tal caso, la paura che fa fuggire cerca insieme altre vie di rapporto con quel mistero tremendo e insieme necessario (cfr. gli episodi già visti del popolo che cerca la mediazione di Mosè, o di Davide che torna a ritentare il trasferimento dell'arca). Ma nel nostro caso, si tratta della fuga davanti all'aggressione ostile della divinità nemica percepita esclusivamente come minaccia mortale. Davanti a tale manifestazione del divino, la ricerca di salvezza si concretizza in una eliminazione del pericolo che permetta di sfuggire per sempre al rapporto che uccide. L'arca viene così fatta partire e le si fanno anche doni di riparazione che la plachino, ma non per accedere a un nuovo e diverso rapporto con essa, bensì solo per potersene definitivamente liberare. L'allontanamento dell'arca è deciso come tentativo estremo di salvaguardia della propria incolumità, nella convinzione che questo sia l'unica risposta adeguata al Dio che fa morire[46].

— *L'arca inscrutabile e la paura degli Israeliti* (6,13-21)

Quando l'arca, dal paese dei Filistei, giunge a Bet Shemesh, di nuovo miete vittime, questa volta tra gli Israeliti che abitavano in quella città (v. 19)[47]. La motivazione, *kî rā'û ba'ărôn yhwh*, fa riferimento all'annotazione del v. 13: *wayyiś'û 'et 'ênêhem wayyir'û 'et hā'ārôn wayyiśm^e ḥû lir'ôt*.

---

[46] Va notato, nella vicenda, il diverso rapportarsi dei Filistei nei confronti dell'emblema del dio degli Ebrei. Quando portano l'arca nel santuario di Dagon, essa è per loro un trofeo di guerra. Quando poi, sperimentatane la pericolosità, l'allontanano trasferendola di città in città, sembrano trattarla come il simulacro di un dio potente ed aggressivo che si spera però di poter ancora in qualche modo assimilare e piegare a proprio vantaggio. Ma quando alla fine decidono di riconsegnarla con offerte riparatrici, allora è esplicita l'ammissione: il Dio d'Israele è per loro un tremendo e irriducibile avversario.

[47] *wayyak b^e'anšê bêt šemeš kî rā'û ba'ărôn yhwh wayyak bā'ām šib'îm 'îš ḥămiššîm 'elep 'îš*...

L'accostamento dei due versetti rende, ancora una volta, incomprensibile il comportamento di Dio riguardo ai suoi, ché non si vede perché mai aver guardato l'arca ed essersene rallegrati possa diventare motivo di condanna [48].

Se ci si attiene al testo ebraico come si presenta, l'unica annotazione che si può fare riguarda il regime sintattico del verbo *r'h*, con la preposizione *b^e^* nel v. 19, e con l'indicazione dell'accusativo *'et* nel v. 13. Tale diversità non è dirimente, ma consente di ipotizzare, per il v. 19, una sfumatura che sottolinei del vedere l'aspetto di attenzione e di curiosità. Questo senso si trova infatti a volte nell'uso del sintagma *r'h b^e^*: cfr. Es 2,11 (Mosè che ispeziona i lavori forzati degli Ebrei) [49]; Ez 21,26 (scrutare il fegato); Qoh 11,4 (osservare le nubi).

Un'ulteriore diversità di accentuazione potrebbe essere determinata anche da un'altra sfumatura presente a volte nel sintagma con *b^e^*, cioè quella della superiorità e della sfida (cfr. Sal 112,8; 118,7) [50]. In tal caso, il v. 13 descriverebbe un normale alzare gli occhi e vedere l'arca che giunge con conseguente gioia, mentre il v. 19 parlerebbe di coloro che in quello sguardo hanno espresso un qualche atteggiamento di contrapposizione, di non timore, forse di sfida. Si andrebbe allora nella linea, pur con diversa motivazione, della LXX, spiegando la strage come rivolta solo contro coloro che avevano avuto un diverso atteggiamento dal resto della popolazione. La traduzione in questo caso sarebbe: «e colpì tra gli abitanti [51] di Bet Shemesh quelli che [52] avevano guardato (sfrontatamente) l'arca del Signore ...».

Si rimane comunque nel campo della sola possibilità, poiché il testo non presenta elementi certi di interpretazione e la diversità del sintagma concernente *r'h* non è tale da consentire di trarre delle conclusioni. Di fatto, l'uso delle due reggenze verbali che ci interessano è fluido. Così, *r'h b^e^* può anche servire ad indicare il vedere gioioso, che gode di ciò che vede,

---

[48] Il v. 19 è stato variamente corretto e interpretato, soprattutto in riferimento al testo della LXX che inserisce qui la mancanza di gioia dei figli di Ieconia come motivo della loro punizione. Cfr. lo *status quaestionis* sui diversi problemi posti dal versetto in STOEBE, 149 e BARTHÉLEMY, *Critique Textuelle*, I, 155-157.

[49] *wayyar' b^e^siblōtām wayyar' 'îš miṣrî makkeh ...*: *r'h b^e^* sembrerebbe anche qui usato in contrasto con il seguente *r'h* + oggetto diretto, che riguarda invece il maltrattamento di un ebreo di cui Mosè è stato solo occasionale spettatore.

[50] In ambedue i Salmi, l'oggetto del guardare sono i nemici cui il salmista si contrappone perché certo dell'aiuto divino. Il contesto descrive una situazione di fiducia che elimina ogni timore e permette di affrontare gli avversari senza paura (*lō' yr'*: 112,8a; 118,6), con la sicurezza di chi si sa inattaccabile (*mah ya'ăśeh lî 'ādām*: 118,6).

[51] *b^e^'anšê*, con *beth* partitivo: cfr. GK 119*m*.

[52] La particella *kî* viene assunta con valore di pronome relativo. Sul fenomeno, cfr. DAHOOD, «Ezekiel 19,10 and Relative *kî*»; «Hebrew Lexicography», 337-338. SCHOORS («The Particle *kî*», 276), pur contestando tale posizione, riferisce che la funzione di relativo della particella *kî* è riconosciuta anche da BEN YEHUDA nel suo *Thesaurus*.

se l'oggetto va in questa linea (cfr. Sal 27,13; 106,5; Cant 6,11; Giob 20,17); si tratterebbe perciò di un guardare non dissimile da quello del v. 13. Inversamente, *r'h 'et* può anche esprimere lo scrutare con attenzione (cfr. Lev 13,3; 14,36), o lo sguardo di superiorità e sfida (cfr. Giob 41,26). La variazione del nostro testo potrebbe dunque essere solo stilistica, senza vera modificazione semantica.

L'episodio resta problematico, e deve essere letto come un'ulteriore affermazione della trascendenza assoluta di Dio che non consente ad alcuno di vederlo e avvicinarlo (cfr. Es 19–20), toccarlo (cfr. 2 Sam 6), guardarlo e, tanto meno, affrontarlo (così il nostro testo).

All'interno di questa linea interpretativa, noi pensiamo che vada mantenuta anche la lettura teologicamente più difficile, quella di una strage contro coloro che semplicemente «hanno guardato». Si tratta ancora una volta dell'incomprensibile manifestazione di un mistero che è regolato da leggi che non tengono conto dell'intenzionalità dell'uomo. Esse esigono solo una radicale obbedienza perché è lì in gioco l'accettazione o meno di Dio come alterità inassimilabile e non manovrabile (cfr. 2 Sam 6).

Questa percezione del divino sembra di fatto essere quella di coloro che hanno assistito all'evento, e che è da essi espressa come esperienza di una trascendenza talmente imprevedibile da rendere impossibile ogni difesa. È questo che la rende così insostenibile per l'uomo: cfr. v. 20: *mî yûkal laʿămōd lipnê yhwh hāʾĕlōhîm haqqādôš hazzeh* [53].

Tale reazione di sgomento degli abitanti di Bet Shemesh si concretizza poi, come conseguenza decisionale, nel provvedimento già adottato dai Filistei: allontanare l'arca da sé per mettere in salvo la propria vita (vv. 20b-21). Il Signore terribile che si era manifestato tale contro i Filistei, si rivela ancora più terribile a motivo dell'accresciuta incomprensibilità. Se era accettabile una rivelazione di Dio come distruttore dei suoi nemici, ora si fa oscuro il senso di un Dio che uccide i suoi, apparentemente senza motivi accettabili e proporzionati. Una tale trascendenza rischia di essere percepita come inimicizia gratuita e puntigliosa, e finisce per generare il desiderio e la decisione di tenere lontano da sé per sempre un così tremendo aggressore.

1.1.3. Il Dio accusatore

L'aspetto dell'aggressione da parte di Dio, rispetto a quello della sua trascendenza, sottolinea in genere la componente di male nell'uomo piut-

---

[53] Cfr. anche la reazione di Davide alla morte di Uzza (2 Sam 6,9). Si noti inoltre l'uso del verbo *ykl* esprimente un'impossibilità sia fisica che psicologica (cfr. pp. 126-127 e 225).

tosto che la sua fragilità (evidenziata invece dalla trascendenza). In questa prospettiva, e a completamento del paragrafo precedente, bisogna perciò ora affrontare il problema del peccato come luogo tipico dell'intervento punitivo divino. Dio infatti agisce nei confronti della colpa umana mettendo in atto una sanzione che, manifestando la gravità del male commesso, convinca il peccatore alla presa di coscienza e alla conversione. In tal modo l'uomo, confrontandosi con le conseguenze del proprio peccato, ne percepisce tutta la portata mortifera e può, con la confessione, venirne liberato.

Ma in questo processo, l'intenzionalità divina di salvezza non è immediatamente percepibile e decifrabile, ché assume le sembianze di un atteggiamento ostile ed aggressivo quale quello della punizione. Perciò, l'esperienza di Dio in rapporto al peccato diventa per l'uomo causa di paura, sia per la consapevolezza dell'ira divina che per le sue conseguenze nella propria esistenza. Il testo di 1 Sam 12 servirà ad illustrare alcuni tratti caratteristici di tale percezione del divino.

1 Sam 12,1-25 [54]

Dopo la proclamazione di Saul come re, Samuele difende il proprio operato e, ripercorrendo le tappe della storia del popolo, accusa Israele di peccato. Una manifestazione straordinaria del potere divino conferma le parole del profeta e ne palesa tutta la gravità. Il popolo, colto da *paura* (v. 18), confessa la propria colpa e chiede salva la vita. Samuele allora lo esorta a *non temere* (v. 20), e a servire invece il Signore nel suo *timore* (v. 24).

— *La colpa del popolo*

I molti benefici di Dio che Samuele rammenta al popolo (vv. 7-11) evidenziano, per contrasto, l'assurdo del peccato di Israele che, dimentico del passato, ha cercato in un re la salvezza che Dio gli aveva sempre accordato.

Ciò che ha fatto scattare questa decisione insensata del popolo è stata, anche se non viene nominata, la paura. Davanti a Nahash re degli Ammoniti che veniva contro di loro, gli Israeliti sentono il bisogno di un re diverso da Dio (v. 12) [55], un re uguale a quello delle altre nazioni (cfr.

---

[54] Cfr. Joüon, «Notes de critique textuelle», 467-468; Speiser, «Of Shoes and Shekels», 15-18; Muilenburg, «The form and structure of the covenantal formulations», 360-365; Seebass, «Traditionsgeschichte von I Sam», 288-292; Lys, «Who Is Our President?»; Boecker, *Die Beurteilung der Anfänge des Königtums*, 61-88; Derousseaux, 193-200; Celada, «La mano de Yavé pesará sobre vosotros»; R. Weiss, «La main du Seigneur sera contre vous»; Veijola, *Das Königtum in der Beurteilung*, 83-99; McCarthy, *Treaty and Covenant*, 206-221; Vannoy, *Covenant Renewal*; Longman, «1 Sam 12:16-19».

[55] La contrapposizione è esplicitamente sottolineata: *wattō'm*^{e}*rû lî lō' kî melek yimlōk ʿālênû w*^{e}*yhwh 'ĕlōhêkem malk*^{e}*kem.*

8,5: *melek lᵉšopṭēnû kᵉkol haggôyim*). La vista del nemico (*wattir'û*: v. 12) sembra sopprimere ogni memoria nel popolo. Tutto ciò che Dio aveva fatto per esso, la salvezza ogni volta operata in tutti gli analoghi frangenti di pericolo che si erano presentati lungo la sua storia, il suo continuo abbandonare il Signore per esserne ogni volta ripreso e salvato, tutto questo non esiste più. Il nemico si presenta come visione totalizzante, che cancella il passato e assolutizza il presente nella sua dimensione minacciosa. La paura del pericolo sovrastante invade la coscienza e spinge in modo irresistibile alla ricerca di un aiuto che sembri adeguato. Davanti al nemico così angosciosamente visibile, è inevitabile che Israele richieda un re altrettanto visibile, rinunciando così a quell'atteggiamento di attesa fiduciosa, ma piena di incognite, che è l'appoggiarsi solo su Dio. Sintetizzando in altre parole, e usando una terminologia presente nel nostro testo, si potrebbe dire che la paura del nemico toglie e impedisce il timore di Dio.

In tutto questo consiste il peccato di cui Samuele accusa Israele e la cui presa di coscienza da parte del popolo è accompagnata e aiutata da misteriosi fenomeni atmosferici (vv. 16-18)[56]. Il temporale che si scatena, per la richiesta di Samuele, in una stagione abitualmente secca quale quella della mietitura[57], manifesta la presenza di Dio come avvalorante le parole di accusa dell'anziano giudice. Questi si rivela in tale occasione così intimamente legato a Dio da poter disporre delle cose celesti e provocare un disastro atmosferico con la sola preghiera. Perciò la sua accusa non può essere ignorata e deve essere riconosciuta come proveniente dal Signore.

Ma a questa spiegazione del temporale fuori stagione come evento pauroso perché assolutamente straordinario dal punto di vista meteorologico[58], va aggiunta anche una considerazione di altro ordine, riferita alle conseguenze che un tale fenomeno può provocare. Infatti, una pioggia violenta al momento della mietitura, quando il grano è già maturo, comporta la rovina del raccolto e conseguentemente penuria di cibo per l'anno che viene[59]. Il prodigio che accompagna le parole di Samuele è perciò insieme ratifica dell'accusa e sanzione del peccato.

In questo contesto, va anche probabilmente tenuto conto del particolare tipo di segno atmosferico e del suo specifico legame con il ciclo agricolo. È qui forse allusa una contrapposizione ai Baalim (e le Astarti)

---

[56] Cfr. in particolare v. 17: *hălô' qᵉṣîr ḥiṭṭîm hayyôm 'eqrā' 'el yhwh wᵉyittēn qōlôt ûmāṭār ûdᵉ'û ûrᵉ'û kî rā'atkem rabbâ ...*

[57] Cfr. Prov 26,1: *kaššeleg baqqayiṣ wᵉkammāṭār baqqāṣîr kēn lō' nā'weh liksîl kābôd.*

[58] Questa interpretazione è generalmente assunta dalla maggior parte dei commentatori: cfr. KEIL, 98; DHORME, 105; HERTZBERG, 78; MCKANE, 86; ACKROYD, 100; MCCARTER, 216.

[59] Cfr. LONGMAN, «1 Sam 12:16-19», 170. La stessa spiegazione viene proposta nella breve annotazione di KATZOFF a proposito del nostro testo nell'articolo «The Hamsin and the rain», 184-185.

menzionati al v. 10 e presenti come tentazione costante nella storia di infedeltà di Israele. La pretesa idolatrica di darsi un re sottraendosi alla regalità di Dio viene nel nostro testo smascherata in tutta la sua valenza di morte. Non è Baal a dare fertilità al suolo con la pioggia [60], ma il Signore, che con un temporale può distruggere ogni cosa. Allo stesso modo, non è il re a dare salvezza dal nemico che si approssima, ma il Signore, che consegna alla distruzione coloro che l'abbandonano.

— *La paura e il timore*

L'improvviso verificarsi del temporale provoca la paura del popolo nei confronti di Dio e di Samuele riconosciuti all'origine di quell'inspiegabile e disastroso fenomeno, pur nella consapevolezza che è il peccato la vera causa di tale manifestazione e punizione. Il sintagma usato per descrivere la paura è *yr' m^{e}'ōd 'et* (v. 18) [61].

Che si tratti di paura e non proprio (o non solo) di timore reverenziale è confermato dalla tipica reazione che fa seguito alla percezione del pericolo: gli Israeliti chiedono a Samuele di intercedere perché non debbano morire (*w^{e}'al nāmût*: v. 19), e a tale richiesta il giudice risponde con l'esortazione a non temere (*'al tîrā'û*: v. 20).

Un temporale può spaventare anche solo per la sua violenza incontrollabile e misteriosa, ma qui si presenta come evento inaspettato che va contro le leggi stagionali cui si è abituati e che può condannare alla fame tutta una popolazione. È il verificarsi di una oscura sciagura che può avere come unica spiegazione una precisa intenzionalità di Dio, indicata infatti da Samuele (cfr. v. 17). Le molte componenti della vicenda si fondono così in un complicato stato emozionale che afferra il popolo e, mentre lo fa temere per la propria vita, provoca in esso un timore confuso per il Signore e il suo rappresentante. È il timore da cui l'uomo viene afferrato quando si confronta con un potere a lui superiore e con un uomo che sembra avere con esso familiarità e consonanza. Non si esclude perciò anche la componente di rispetto, ma è il rispetto sgomento che fa implorare misericordia e salvezza da chi sembra detenere potere di vita e di morte, e perciò incute terrore. E questo, tanto più quanto più grande è la consapevolezza di essere colpevoli e meritevoli di punizione.

La paura che aveva afferrato gli Israeliti davanti al nemico era stata all'origine del loro peccato. Ora interviene un'altra paura, davanti al temporale (o meglio, di Dio e Samuele a motivo del temporale), che provoca

---

[60] Per una sintetica esposizione sul culto di Baal e le principali indicazioni bibliografiche, cfr. GRAY, *IDB*, I, 328-329; POPE, *EncJud*, IV, 7-12.

[61] *wayyîrā' kol hā'ām m^{e}'ōd 'et yhwh w^{e}'et š^{e}mû'ēl.* Come già in 2 Sam 6,9 (cfr. p. 132), anche qui l'emozione della paura è espressa con un sintagma solitamente usato per indicare piuttosto il timore reverenziale. Cfr. BECKER, 33.

la confessione di quel peccato e la preghiera [62]. Se alla vista del nemico si era cercata salvezza in un re, ora, davanti a una manifestazione riconducibile a Dio, non c'è aiuto possibile da parte degli uomini. Israele è messo con le spalle al muro in faccia alla propria colpa che lo minaccia di morte, e non può che riconoscerla mentre chiede di avere salva la vita per l'intercessione del profeta.

In questo sentimento complesso si inserisce Samuele con l'esortazione a non avere paura (v. 20) e ad operare invece la scelta di un esistere conformato al timore di Dio (vv. 20b-25; cfr. 14-15) [63]. Le sue parole rivelano la valenza di vita e non di morte dell'intervento divino: il temporale non è per uccidere, ma per permettere al popolo di sapere dov'è la morte e scegliere la vita.

Dio si manifesta così ancora una volta come elargitore di bene. Egli, che aveva ripetutamente perdonato gli abbandoni da parte del suo popolo, rivela la capacità del suo amore di riassorbire anche l'ultima colpa riguardante la pretesa di avere un re. Il Signore si inserisce infatti nella decisione del popolo e non la rifiuta, ma si fa anzi principio di un dono. Il re che il popolo reclamava come pretesa peccaminosa (*hinnēh hammelek 'ăšer bᵉḥartem 'ăšer šᵉ'eltem*: v. 13a) diventa un dono da accogliere da Dio (*wᵉhinnēh nātan yhwh ʿălêkem melek*: v. 13b) [64]. Il peccato non c'è più, basta confessarlo perché sia perdonato e la sua sparizione diventi manifesta.

Perciò Samuele e il Signore intervengono con il segno terribile. E sotto le parole dell'intermediario di Dio, ciò che fa paura perché evoca la morte si rivela come possibilità di salvezza che appella a un'esistenza nel timore, unica via di accesso alla vita [65].

---

[62] Cfr. v. 19: *wayyō'mᵉrû kol hāʿām 'el šᵉmû'ēl hitpallēl bᵉʿad ʿăbādèkā 'el yhwh 'ĕlōhèkā wᵉ'al nāmût kî yāsapnû ʿal kol ḥaṭṭo'tênû rāʿâ liš'ōl lānû melek*. Notare la definizione del Signore come Dio di Samuele (*'ĕlōhèkā*), quasi a significarne la lontananza dal popolo a motivo della colpa e sottolinearne invece la consonanza con Samuele. Da una parte c'è Israele sotto accusa e sotto sanzione, e dall'altra YHWH e il suo profeta, gli accusatori temuti dal popolo e implorati di misericordia.

[63] Come già Mosè nel racconto della teofania al Sinai, anche Samuele è pregato dal popolo di porsi come mediatore, e più precisamente nel nostro caso come intercessore presso Dio a favore del popolo perché questo non debba morire. E come Mosè, anche Samuele esorta al timore del Signore e al superamento della paura (cfr. Es 20,20: p. 127). I contesti sono diversi, ma si presenta come costante il ricorso a una mediazione perché diventi possibile attraversare senza perire l'esperienza della trascendenza di Dio e della sua santità.

[64] Il sintagma *ntn ʿal* nel nostro testo ha senso di imporre, nominare, ma evoca il dono nel gioco dei soggetti: il popolo sceglie e chiede, ma è Dio che dà. Cfr. anche McCarthy, «The Wrath of Yahweh», 102: «.. v. 13 marks the climax of the formulation, and it reverses the history of sin. The king is no longer the sign of a great infidelity; he is Yahweh's gift».

[65] Si notino i molti concetti sinonimi e antonimi del timore di Dio nei vv. 14-15. 20-25: cfr. Becker, 116-118.

1.2. *Il timore di Dio*

La letteratura sul timore di Dio nell'Antico Testamento è vastissima; non intendiamo perciò soffermarci ancora su questo tema, anche perché l'interesse del nostro studio è invece incentrato sull'emozione della paura vera e propria. In questo paragrafo non studieremo dunque dei testi biblici come per le altre parti del capitolo, ma ci limiteremo a delle brevi considerazioni soprattutto sul collegamento che può esistere tra il «timore di Dio» inteso come atteggiamento riverenziale e la paura vista come reazione emotiva di risposta al pericolo.

La nozione di timore di Dio è in realtà molto ampia e complessa, e può presentare aspetti diversi e molteplici che vanno dall'esperienza temibile del numinoso al rapporto fiducioso di venerazione, obbedienza, religiosità. Ad esso sono stati dedicati importanti studi monografici che consideriamo esaustivi e a cui perciò rimandiamo interamente. Si tratta dell'iniziale ma valido lavoro di PLATH, cui ha fatto seguito la rilevante opera di BECKER e poi di DEROUSSEAUX [66]. In essi è anche segnalata l'abbondante letteratura sul tema [67].

Abbiamo già visto nei paragrafi precedenti come Dio sia all'origine della paura dell'uomo, per la sua dimensione di trascendenza e alterità incontrollabile, di superiorità soverchiante e di santità inassimilabile. Tale componente di paura viene superata dal timore: i testi già studiati della teofania al Sinai (Es 19-20) [68] e del temporale chiesto da Samuele (1 Sam 12) [69] mostrano questo passaggio presentando prima la paura di Dio (*ḥrd*: Es 19,16; *nwʿ*: 20,18; *yr' 'et*: 1 Sam 12,18), poi l'esortazione a non temere (*'al tîrā'û*: Es 20,20; 1 Sam 12,20) e infine, connesso con quest'ultima, il timore di Dio (*yir'ātô*: Es 20,20; *yᵉr'û 'et yhwh*: 1 Sam 12,24). Che tale timore sia diverso dalla paura risulta evidente dal rapporto che i nostri testi esplicitano tra le due cose: non bisogna temere (= avere paura), ma invece si deve avere il timore (= rispetto e

---

66 Cfr. inoltre la monografia di HASPECKER, *Gottesfurcht bei Jesus Sirach*.

67 Noi ci limitiamo a dare alcune indicazioni della letteratura susseguente: JAROŠ, *Die Stellung des Elohisten zur kanaanäischen Religion*, 45-49; KOOY, «The Fear and Love of God»; ALONSO SCHÖKEL, «¿Temer o respetar a Dios?»; MICHAELI, «La sagesse et la crainte de Dieu»; POLK, «The Wisdom of Irony»; BLOCHER, «The Fear of the Lord»; NISHIMURA, «Quelques réflexions»; BARRÉ, «Fear of God»; COX, «Fear or Conscience?»; SOVIV, «Reverence – For God and for the Lord»; MARBÖCK, «Im Horizont der Gottesfurcht». Cfr. inoltre gli articoli su *yr'* di STÄHLI in *THAT*, I (in particolare 769-778) e di FUHS in *TWAT*, III (in particolare 876-893); e quelli sul timore (di Dio) nell'A.T. di MUNDLE in *RAC*, VIII, 672-675 e di ROMANIUK in *TRE*, XI, 756-757. Segnaliamo infine una dissertazione del 1982 (SOEBAGJO, *The «Fear of Yahweh» in the Old Testament*) di cui però non ci è stato possibile prendere visione.

68 Cfr. pp. 125-130.

69 Cfr. pp. 139-142.

riverenza). Usando una terminologia italiana che mantenga il gioco tra parola e senso, si direbbe che non bisogna essere «timorosi», ma «timorati» [70].

La trascendenza si rivela dunque in una intenzionalità benefica e non più spaventosa, ma tuttavia permane in essa una componente di temibilità. La paura è sì vinta, ma il timore vi si riferisce e la ingloba, pur se trasfigurata, per esprimere un atteggiamento riverente che continua ad evidenziare la superiorità e la diversità di Colui a cui si riferisce.

Significativo a questo proposito è il fatto che lo stesso termine ebraico *yr'* venga usato per esprimere sia la paura che il timore. Questo vuol dire che, pur avendo sensi diversi, qualcosa dell'uno permane sempre anche nell'altro e viceversa. Il timore riverenziale è un sentimento complesso in cui di volta in volta la situazione in cui si presenta determina una sottolineatura di alcune componenti rispetto ad altre, ma senza mai eliminarne completamente la varietà.

Così ad esempio, restando ai testi già studiati, il timore del Signore di cui si parla in Es 14,31 (*yr' 'et*) non è paura, perché questa era cosa precedente ed aveva per oggetto gli Egiziani (v. 10: *yr' m*ᵉ*'ōd*); esso è inoltre specificato dal verbo che segue (*'mn, Hi*) come relazione che apre alla fiducia [71]. D'altra parte, tale timore del Signore è provocato dal fatto di aver assistito alla distruzione dell'esercito del Faraone operata dal braccio potente di Dio (*wayyar' yiśrā'ēl 'et hayyad hagg*ᵉ*dōlâ* ...: v. 31a). Lo spettacolo degli Egiziani morti ha certamente aperto alla gioia e alla fiducia il popolo di Israele [72], ma insieme non può non aver generato quel particolare tipo di sentimento che afferra l'uomo quando questi è spettatore di una qualunque manifestazione di potenza distruttiva. Anche quando questa non è rivolta contro di lui ed anzi è a suo favore, ugualmente lo getta nello sgomento perché esaspera in lui la consapevolezza della propria piccolezza e del proprio essere esposto alla morte.

Il timore di Israele è dunque rispetto riverente, ma non completamente privo di una qualche connotazione di paura, o almeno sgomento. Pur in contesti diversi, abbiamo anche qui qualcosa di simile a ciò che lo stesso popolo sperimenta davanti alla teofania (Es 19–20) e al temporale (1 Sam 12), e che lo porta a stare lontano o a implorare misericordia, per avere salva la vita. D'altra parte, anche in questi due eventi, la paura di

---

[70] Per una chiara esplicitazione del rapporto, cfr. Es 20,20 ove i due concetti sono congiunti in una relazione strettissima e immediatamente visibile: *'al tîrā'û kî l*ᵉ*ba'ăbûr nassôt 'etkem bā' hā'ĕlōhîm ûba'ăbûr tihyeh yir'ātô 'al p*ᵉ*nêkem* ...

[71] Per gli ulteriori motivi che determinano la differenza di senso dei due *yr'* nel nostro testo, cfr. SKA, *Le passage de la mer*, 136-138.

[72] BIARD distingue tra collera che annienta e punisce, e potenza che salva, e mostra come esse possano coesistere nello stesso evento e manifestarsi diverse a seconda dei destinatari. L'uscita dall'Egitto è presentata come esempio tipico, in quanto potenza per Israele che viene liberato e collera per l'Egitto che viene distrutto (cfr. *La puissance de Dieu*, 44).

Dio (o più precisamente la paura di morire che Dio provoca) include quella dimensione di oscura riverenza che solitamente l'uomo prova alla presenza di ciò che lo supera (cfr. in modo particolare 1 Sam 12)[73].

Un senso più preciso si ritrova invece in certi usi dell'espressione *yir'at yhwh* ed ancor più di *yir'ê yhwh*, locuzioni quasi tecniche che esprimono un rapporto religioso a Dio secondo varie dimensioni: cultica, morale e nomistica[74].

Notiamo infine che la stessa connotazione di timore inteso come rispetto riverenziale si può trovare anche nei confronti di uomini che presentino delle caratteristiche di superiorità misteriosamente connesse con il divino. È il caso di Giosuè e Mosè esaltati dal Signore davanti al popolo (cfr. Gios 4,14), e di Salomone che manifesta una capacità di giudizio e una sapienza talmente grandi da essere divine, e che diventa perciò oggetto di rispetto e di oscuro timore per la sua autorità (cfr. 1 Re 3,28).

2. **I fenomeni naturali**

Il testo già studiato di 1 Sam 12 mostra bene quanto sia problematico separare la paura per i fenomeni terribili della natura da quella per Dio. Come abbiamo già accennato[75], gli interventi di Dio nella storia sono spesso accompagnati da fenomeni cosmici (cfr. ad es. la teofania del Sinai, o i testi di giudizio e punizione collegati al giorno del Signore, ecc.), e all'inverso la manifestazione delle forze della natura rivela sempre qualcosa della potenza di Dio (cfr. Sal 29). Perciò situiamo i fenomeni naturali nel capitolo dedicato al mistero. Essi infatti sono causa di paura in quanto mettono in contatto con una dimensione di inconoscibilità e di incontrollabilità che è tipica della percezione dell'ignoto e del misterioso.

Il testo scelto è il capitolo primo del libro di Giona, che fa riferimento ad un preciso fenomeno naturale come quello della tempesta marina, ma mantenendo in modo esplicito la dimensione misteriosa e l'origine trascendente dell'evento.

---

[73] Sullo sviluppo semantico dalla paura del numinoso al «timore di Dio», cfr. BECKER, 38-39.75-84.

[74] Ci rifacciamo alla terminologia dello studio di BECKER, che consacra a queste diverse accezioni del timore i capp. IV-IX della sua opera.

[75] Cfr. p. 25.

Giona 1,1-16 [76]

Il profeta, che ha ricevuto l'incarico da Dio di predicare ai Niniviti, fugge dalla presenza del Signore per sottrarsi a una missione di salvezza per lui inaccettabile. Imbarcatosi su una nave diretta a Tarsis, per placare una tempesta scatenata da Dio che sta *terrorizzando* i marinai (v. 5), si fa gettare in mare. La tempesta si placa e nei marinai alla *paura* (v. 10) subentra il *timore* del Signore (v. 16).

— *La paura e le sue conseguenze*

Davanti alla tempesta provocata dal Signore, i marinai reagiscono con la paura (*yr'*) e il grido che si rivolge a Dio (*z'q 'el 'ĕlōhîm*: v. 5). La situazione descritta è quella di una pericolosa burrasca marina (*rûḥ gᵉdôlâ, sa'ar gādôl*), tanto violenta che la nave sembra andare in pezzi (*ḥiššᵉbâ lᵉhiššābēr*: v. 4) [77]. La vita stessa dei marinai è messa in gioco [78], perciò essi hanno paura. È il panico di chi si trova in balìa di una forza senza proporzioni, davanti a cui l'uomo si sperimenta senza difese, e che da un momento all'altro può rovesciarsi su di lui annientandolo. La paurosa impossibilità di ogni difesa adeguata fa scaturire spontaneo il grido a Dio come ricorso a una potenza proporzionata a quella della natura che si sta manifestando. Ed è grido angosciato che, espressione di un terrore impotente, chiama in aiuto l'unico Essere che possa ancora salvare (cfr. v. 6).

A queste reazioni istintive davanti al pericolo mortale, si accompagnano anche decisioni operative dettate dalla volontà di sopravvivere: i marinai tentano di alleggerire la nave del suo carico (v. 5), e poi di scoprire il motivo della tempesta stessa, per trovare una via d'uscita risalendone alla causa (v. 7). Pur nella paura, essi mettono in opera dei tentativi di so-

---

[76] Il breve libro di Giona è spesso studiato nel suo insieme. Indichiamo perciò anche lavori sull'opera in genere: FEUILLET, «Le sens du livre de Jonas»; VON RAD, «Der Prophet Jona»; TRÉPANIER, «The Story of Jonas»; BEN-CHORIN, *Die Antwort des Jona*; CHILDS, «Jonah: A Study in O.T. Hermeneutics»; HALLER, *Die Erzählung von dem Propheten Jona*, specialmente 11-28; ALONSO DÍAZ, «Paralelos entre la narración»; LORETZ, «Herkunft und Sinn der Jona-Erzählung»; PESCH, «Zur konzentrischen Struktur von Jona 1»; COHN, *Das Buch Jona*; HORWITZ, «Another interpretation of Jonah I 12»; MILES, «Laughing at the Bible»; MAGONET, *Form and Meaning*; L. SCHMIDT, *De Deo*, 4-130; WOLFF, «Jonah – The Reluctant Messenger»; WEIMAR, «Literarische Kritik und Literarkritik»; SASSON, «On Jonah's two Missions»; ALEXANDER, «Jonah and Genre»; AVIEZER, «The Book of Jonah».

[77] FREEDMAN, «Jonah 1,4b», confrontando l'espressione del v. 4 con la LXX, ipotizza una lettura da *ḥwb* e traduce: «and the ship was in jeopardy of breaking up».

[78] Cfr. il verbo *'bd* usato dal capitano al v. 6: *qᵉrā' 'el 'ĕlōhèkā 'ûlay yit'aššēt hā'ĕlōhîm lānû wᵉlō' nō'bēd*. Cfr. anche v. 14.

luzione razionali, adeguati al pericolo e insieme alla loro impossibilità di affrontarlo altrimenti. Perciò gettano le sorti, e Giona è indicato come la causa dell'evento minaccioso e conseguentemente interrogato.

Questa procedura di affidarsi alla sorte per designare un colpevole si ritrova descritta anche in Gios 7 (episodio di Acan che vìola il voto di sterminio) e 1 Sam 14 (Gionata contravviene involontariamente al digiuno imposto da Saul)[79]. In tutti e tre i testi si è in presenza di una colpa che provoca la reazione divina e le cui conseguenze colpiscono tutta la comunità. Si individua allora, per mezzo della sorte, il colpevole, lo si interroga e, dopo la sua confessione, si decreta la punizione.

Questo schema ci interessa perché, nel caso di Giona, quando questi viene interrogato dai marinai, nel momento che dovrebbe essere quello della confessione della colpa, egli afferma: «io sono ebreo, w^{e}*'et yhwh 'ĕlōhê haššāmayim 'ănî yārē'*...» (v. 9). Può essere utile visualizzare la sequenza di domanda e risposta nei tre testi, per vederne le somiglianze:

	Domanda			Risposta
Gios 7,19.20:	w^{e}*hagged nā' lî*		*meh 'āśîtā...*	*'omnâ 'ānōkî ḥāṭā'tî...*
1 Sam 14,43:	*haggîdâ*	*lî*	*meh 'āśîtâ...*	*ṭā'ōm ṭā'amtî...*
Giona 1,8.9:	*haggîdâ*	*nā' lānû...*	(*mah zō't 'āśîtā*: v. 10)	*'ibrî 'ānōkî* w^{e}*'et yhwh...'ănî yārē'*

Il luogo particolare, nella sequenza, occupato dalla professione di fede di Giona e il fatto che la colpa che aveva provocato la tempesta fosse la sua fuga da Dio (cfr. vv. 10.12), ci permettono di assumere la frase del profeta secondo una connotazione di ambiguità. Egli sta dicendo la sua identità di ebreo (*'ibrî 'ānōkî*) e perciò fa riferimento a Dio (*'et yhwh ... 'ănî yārē'*) professando la propria fede in lui. Ma questa affermazione di Giona è anche contemporaneamente confessione della sua colpa[80]. Egli sta fuggendo dal Signore, spaventato dalla sua missione e dalla volontà di

---

[79] Il procedimento segnalato è lo stesso, anche se la terminologia per indicarlo è differente. Mentre in Giona 1 si usa l'espressione *npl(Hi) gôrālôt* e il corrispondente *npl haggôrāl 'al* (v. 7), in Gios 7 abbiamo il verbo *lkd, Qal* (vv. 14.17) e *Ni* (vv. 15.16.17.18) e in 1 Sam 14, *lkd, Ni* (vv. 41.42) e *npl(Hi) bên ûbên* (v. 42).

Sull'uso del gettare le sorti nelle varie situazioni del convivere civile nell'Antico Testamento, cfr. LINDBLOM, «Lot-casting in the O.T.».

[80] Il senso che generalmente viene riconosciuto all'affermazione di Giona è quello della professione di fede: cfr. BEWER, 36; PLATH, 52; BECKER, 176; RUDOLPH, 342-343; WOLFF, 92; WEISER, 219. Pure LUTERO dà alla frase il significato tipico di adorazione e culto, ma commentando il versetto parla anche esplicitamente di confessione della colpa: «confessio peccati» (*Luthers Werke*, 13, Weimar 1889, 247), «die beichte» (*ibid.*, 19, Weimar 1897, 214).

Va anche ricordato che, nella struttura concentrica del capitolo, il v. 9 è proprio nel punto centrale: cfr. PESCH, «Zur konzentrischen Struktur».

salvezza che essa comporta [81], in un rifiuto esplicito di quello stesso creatore del mare e della terra che egli afferma di venerare. Perciò, in quel *'ănî yārē'* egli dice di «temere Dio» ma insieme allude al fatto di «averne paura». L'ammissione di colpevolezza emerge in tal modo ambiguamente da un'affermazione che è in apparenza solo di giustizia (= innocenza), quella che viene dal timore di Dio.

A questa proclamazione di Giona fa seguito una nuova menzione della paura dei marinai (*wayyîrᵉ'û .. yir'â gᵉdôlâ*: v. 10). L'oggetto del loro timore è pur sempre fondamentalmente la tempesta, ma enormemente gravata del peso del mistero di quel Dio appena nominato [82]. Ora essi conoscono l'origine della minaccia, e alla paura di perire a causa della burrasca si aggiunge l'oscuro timore provocato dalla consapevolezza di questa irruzione di Dio nella loro vita, di un Dio che sembra ovvio ritenere adirato per la fuga del suo profeta. Così la frase *mah zō't 'āśîtā* più che una domanda è un'esclamazione sgomenta [83], che sottolinea la gravità dell'agire di Giona [84]: essi già sapevano (*kî yādᵉ'û*) cosa egli avesse fatto, e la paura si impossessa di loro per il fatto di trovarsi coinvolti in un evento che tanto li supera.

E di nuovo la paura provoca la ricerca di una via d'uscita (v. 11: *wayyō'mᵉrû 'ēlâw mah na'ăśeh lāk*), ed è Giona stesso ad indicarla, facendosi gettare in mare (v. 12). Secondo lo schema sopra indicato dello svolgimento di questa particolare procedura di identificazione di un colpevole, questo è il momento conclusivo, della punizione del responsabile, e Giona, consapevole di essere all'origine del problema [85], vi si sottomette.

L'ambigua formula da lui usata nella risposta–confessione ai marinai aveva detto la colpa mentre affermava l'innocenza. Ora, l'accettazione delle conseguenze del proprio operare confessa il peccato con un gesto di giustizia. Giona, che si era definito *yārē'* del Signore, si riconosce colpevole facendosi gettare in mare, e così facendo si mostra veramente «timorato» di Dio. Il profeta imputato porta così a compimento la propria giu-

---

[81] Cfr. 4,2: *hălō' zeh dᵉbārî ... 'al kēn qiddamtî librōḥ taršîšâ kî yāda'tî kî 'attâ 'ēl ḥannûn wᵉraḥûm* ... L'ironia del testo è palese, pur nella gravità del problema che pone: la paura di Giona, che si esprime e trova soluzione nella fuga, è nei confronti del Dio pietoso e misericordioso. È proprio quella inaccettabile bontà che finisce per diventare una minaccia per il troppo consapevole (*kî yāda'tî* ...) inviato.

[82] Cfr. anche Wolff, 92-93.

[83] Cfr. Wolff, 93: «Denn die Frage "Was hast du da getan?!" ... ist mehr ein Schrei des Erschreckens, der schon von einem Wissen herkommt (b), als eine Erkundigung, die erst eine Antwort erwartete. *mh* fungiert öfter nicht als Fragepronomen, sondern als Ausdruck staunender Überraschung ..., dem die eigentliche Nachfrage erst folgen kann ...».

[84] Il carattere di accusa della frase dei marinai è analogo a quello del lamento–rimprovero lanciato dagli Israeliti a Mosè in Es 14,11 (*mah zō't 'āśîtā lānû*): cfr. p. 101.

[85] Cfr. v. 12: *kî yôdē' 'ānî kî bᵉšellî hassa'ar haggādôl hazzeh 'ălêkem.*

stizia accettando il giudizio di Dio che con la sorte lo aveva designato come colpevole e sottoponendosi alla conseguenza di perire per far sì che gli altri siano salvi.

— *La fine della paura e l'inizio del timore*

Con la caduta in mare di Giona, la tempesta si placa e questo provoca una nuova reazione di timore da parte dei marinai: *wayyîre'û .. yir'â gedôlâ 'et yhwh* (v. 16). Per la terza volta si usa il termine *yr'* riferito ai naviganti, ma questa volta nei confronti del Signore, a cui offrono sacrifici e voti [86].

All'ovvio sollievo per la cessazione del pericolo e al sentimento di riconoscenza espresso negli atti di culto [87], si accompagna questo grande timore del Signore che è certamente diverso dalla paura precedente, ma insieme vi si riferisce. I marinai prima temono per la loro vita (*wayyîre'û*: v. 5) perché si è scatenata una tempesta; poi temono grandemente (*wayyîre'û .. yir'â gedôlâ*: v. 10) quando capiscono la vera origine del pericolo; infine temono grandemente il Signore (*wayyîre'û .. yir'â gedôlâ 'et yhwh*: v. 16) [88] quando, per il perire del responsabile, la tempesta è placata [89]. La paura sfocia nel grande, timoroso rispetto riconoscente cui, come già altrove notato, non è estraneo lo sgomento che la relazione alla trascendenza sempre provoca [90]. Questo elemento è qui particolarmente evidente: i marinai che, salvi, innalzano voti e sacrifici al Signore, lo riconoscono come origine misteriosa di quella forza terribile della natura che poteva annientarli e che è stata placata solo al prezzo della vita di un altro.

Ma l'aspetto fondamentale del nuovo timore rimane il riconoscimento di Dio per quello che è, nell'accoglienza della sua verità di Signore sovrano del creato. In una progressione sottolineata dall'uso dei termini, la fede dei pagani parte da un rapporto molteplice con dèi diversi, ciascuno il suo (*wayyiz'ăqû 'îš 'el* ***'ĕlōhâw***: v. 5; *qerā' 'el* ***'ĕlōhèkā***: v. 6), per giungere al culto del solo Signore (*wayyiqre'û 'el* ***yhwh***: v. 14; *wayyîre'û ... 'et* ***yhwh*** *wayyizbeḥû zebaḥ le****yhwh***: v. 16). Il passaggio è determinato dalla confessione di Giona che proclama un timore rivolto a quell'unico Dio che è il

---

86 La ripetizione del verbo *yr'* nel capitolo è molto significativa e svolge un ruolo importante per la comprensione del testo. Cfr. in particolare WOLFF, «Jonah – The Reluctant Messenger», 15-17, e il suo Commento, 97-98.99.

87 I verbi *zbḥ* e *ndr*, usati per i marinai, sono poi ripresi e utilizzati da Giona nel suo salmo di ringraziamento, in connessione con *qôl tôdâ*: cfr. 2,10.

88 Va notata la specificazione dell'oggetto del timore, lasciato indefinito finché si trattava di paura. Cfr. lo stesso fenomeno in Es 14,10.31.

89 Lo sviluppo della frase sulla paura nei vv. 5.10.16 è ben illustrato da FRÄNKEL, citato da MAGONET (*Form and Meaning*, 32) che tratta di questo particolare fenomeno stilistico in Giona definito «growing phrase».

90 Cfr. pp. 143-145.

Signore (*wᵉ'et* ***yhwh 'ĕlōhê*** *haššāmayim 'ănî yārē'*: v. 9)[91]. È questa proclamazione ambigua che permette ai marinai il riconoscimento della verità di Dio nella fede e nel timore. Con un paradosso tipico del nostro libro, Giona porta a compimento la sua missione di profeta convertendo quei nauti pagani con la confessione della propria tenace fuga da quel Dio cui ora anche essi possono credere.

3. **L'arcano**

Abbiamo già accennato nel cap. I[92] a quel particolare tipo di esperienza umana in cui il soggetto entra in contatto con una misteriosa dimensione della realtà, dai contorni oscuri e terrorizzanti. È quello che chiamiamo il mondo dell'arcano, ove più si manifestano le paure ataviche dell'uomo davanti a tutto ciò che sfugge alle capacità delimitanti della razionalità.

Nella Scrittura, si tratta per lo più di esperienze accennate (sogni, incubi, oscurità, ecc.), che difficilmente sono oggetto di una narrazione. Ci è sembrato però di poter assumere come testo esemplificativo il racconto della consultazione di Saul dalla negromante di En-Dor (1 Sam 28). In esso infatti, il problema centrale e l'origine del terrore di Saul è la prospettiva della propria fine, ma tutto si svolge in un rapporto oscuro con un'entità che irrompe tra i vivi venendo dalla morte. L'atmosfera è quella di un sogno terrificante, un incubo senza risveglio, in una realtà per un momento invasa dal mondo tetro e misterioso delle ombre.

1 Sam 28,3-25[93]

La consultazione della negromante di En-Dor viene decisa da Saul in prossimità dello scontro finale con i Filistei e dopo inutili tentativi di conoscere il volere di Dio. Samuele, evocato dalla donna, predice al re la sua sicura morte e la disfatta di Israele nella battaglia che si sta per svolgere.

---

[91] Cfr. anche COHN, *Das Buch Jona*, 90-91.

[92] Cfr. pp. 25-26.

[93] Cfr. LODS, *La Croyance à la Vie Future et le Culte des Morts*, 242-262; REINACH, «Le souper chez la sorcière»; H. SCHMIDT, «*'ôb*»; VATTIONI, «La necromanzia nell'A.T.»; SCHMIDTKE, «Träume, Orakel und Totengeister»; LUST, «On Wizards and Prophets»; BAKON, «Saul and the Witch of Endor»; BEUKEN, «1 Sam 28: The Prophet as 'Hammer of Witches'»; SMELIK, «The Witch of Endor»; EBACH – RÜTERSWÖRDEN, «Unterweltsbeschwörung im A.T.»; POULSSEN, «Saul in Endor»; DONNER, *Die Verwerfung*, (8)-(17); HUTTER, «Religionsgeschichtliche»; FOKKELMAN, *Narrative Art*, 596-622; HAGAN, *The Battle Narrative*, 215-223; GROTTANELLI, «Messaggi dagli Inferi». Siamo anche a conoscenza di due Dissertazioni sul nostro testo, che però non abbiamo potuto consultare: BEILNER, *Die Totenbeschwörung im ersten Buch Samuel*; HARTMANN, *Die Totenbeschwörung im A.T.*

— *La paura della negromante*

Il v. 3, che dà l'avvio all'episodio, ne pone le premesse menzionando la morte di Samuele e anche il provvedimento regale di mettere al bando negromanti e indovini [94]. Quando perciò Saul si presenta alla pitonessa di En-Dor per ottenerne le prestazioni, la reazione della donna è di allarme, e il suo atteggiamento si fa guardingo. Con cautela, essa fa riferimento al provvedimento del re (v. 9: *hinnēh 'attâ yāda'tā 'ēt 'ăšer 'āśâ šā'ûl 'ăšer hikrît*...) ed esplicita il rischio mortale cui la espone la richiesta fattale (*welāmâ 'attâ mitnaqqēš benapšî lahămîtēnî*) [95]. Ciò che è in gioco è la sua vita, ed essa lo ribadirà alla fine, ricordando al sovrano paralizzato dalla paura il pericolo cui ella si era esposta: *šāme'â šipḥātekā beqôlekā wā'āśîm napšî bekappî* [96] (v. 21).

Allo stato di inquietudine e timore della negromante risponde il giuramento di Saul che ha lo scopo di tranquillizzarla allontanando da lei la minaccia. Egli si fa garante della di lei impunità (*ḥay yhwh 'im yiqqerēk 'āwōn baddābār hazzeh*: v. 10), e questo vince le ultime resistenze della donna.

Ed anche quando un nuovo sgomento si impadronirà di lei all'apparire di Samuele (v. 12) [97], ancora interverrà la parola autorevole di Saul a calmarla, e questa volta nella sua qualità di re: *wayyō'mer lāh hammelek 'al tîre'î* (v. 13).

---

[94] Si è molto discusso sul senso preciso da dare ai termini *'ōbôt* e *yidde'ōnîm* (in particolare il primo) del v. 3, che i diversi autori riferiscono agli spiriti, agli strumenti per evocarli, ai negromanti, ecc. Rimandiamo ai Commenti e alla letteratura sul tema indicata nella nota precedente.

[95] WEINGREEN insiste sull'aspetto di messa al bando nel provvedimento di Saul e suggerisce perciò che il riferimento alla morte fatto dalla donna (*lahămîtēnî*) non sia tanto ad una esecuzione giudiziale quanto piuttosto ad un essere lasciata morire «through banishment: that is, you will be the cause of my death» («The Pi'el in Biblical Hebrew», 28).

[96] Sulle varie espressioni che indicano il fatto di mettere a repentaglio la propria vita, cfr. p. 275.

[97] *wattēre' hā'iššâ 'et šemû'ēl wattiz'aq beqôl gādôl wattō'mer hā'iššâ 'el šā'ûl lē'mōr lāmmâ rimmîtānî we'attâ šā'ûl.*
Il motivo del grido della negromante non è chiaro nel contesto e si è cercato di rendere più logica la sequenza degli eventi con alcune modifiche testuali. Si è proposto di leggere *šā'ûl* invece di *šemû'ēl* come oggetto del vedere della donna: essa riconosce il re e perciò si spaventa (cfr. BUDDE, 180-181; MCKANE, 161-162; MAUCHLINE, 182). Oppure si modifica *wattēre'* in *wattîrā'*: la donna è colta da paura all'idea di evocare Samuele, anche perché capisce che colui che glielo chiede è Saul (cfr. JOÜON, «Notes de critique textuelle», 470). O ancora, si opera un cambiamento più radicale e si ricostruisce l'inizio del versetto in *wattišma' hā'iššâ 'et šem šemû'ēl* (cfr. HERTZBERG, 178). Ma vari autori mantengono il TM (cfr. KEIL, 207-208; DHORME, 242-243; ACKROYD, 214; STOEBE, 485; MCCARTER, 421; FOKKELMAN, *Narrative Art*, 605-606), per lo più connettendo il riconoscimento del re con la visione di Samuele, o caratterizzando quest'ultima come inaspettata o particolarmente impressionante. Per altre spiegazioni, cfr. STOEBE, 493-494.

Ora, la vicenda può procedere e giungere al suo compimento. La donna è stata sollevata dal peso angosciante di una prestazione proibita e sarà proprio lei, ormai liberata dalla paura, a offrire l'ultimo conforto al re annientato dalla visione del proprio destino (cfr. più avanti, vv. 21ss.).

— *La paura del re Saul*

La vicenda di paura di Saul così come viene presentata nel nostro capitolo conosce tappe e configurazioni diverse. Il grande timore inizia con la minaccia filistea (v. 5): alla vista (*wayyar'*) dei nemici accampati, Saul soccombe al terrore (*wayyīrā' wayyeḥĕrad libbô me'ōd*).

La reazione emotiva sbocca però in un tentativo di superamento e il re interroga Dio (*wayyiš'al .. beyhwh*: v. 6), per averne un responso ed aiuto. Nel momento del pericolo l'uomo che si sente perso cerca un punto di sicurezza verso cui orientarsi, e chiede una parola che lo strappi all'orrore silenzioso della propria situazione. Ed è chiaro che la prima àncora di salvezza è Dio, nelle cui mani è ogni potere e da cui tutto dipende.

Ma Dio tace per Saul, e questo rende ancora più profonda l'angoscia del re in pericolo che si ritrova, privato di ogni aiuto, irrimediabilmente solo davanti al proprio destino. È così che matura la drammatica decisione di ricorrere ad altro: *wayyō'mer šā'ûl la'ăbādâw baqqešû lî 'ēšet ba'ălat 'ôb we'ēlekâ 'ēlèhā we'edrešâ bāh* (v. 7). Nel bisogno disperato di rimanere vivo, Saul si rivolge al mondo dei morti per avere dal luogo dell'eterno silenzio[98] una parola che gli veniva negata dal Dio vivente[99]. Il cerchio dell'assurdo sembra ormai chiudersi su quest'uomo segnato da un abbandono cui non sa rassegnarsi.

Tanto tormento emerge esplicito nel discorso a Samuele, in cui il re si dice ormai vinto ed espone una situazione disperata. L'angoscia da cui è sopraffatto è originata dai Filistei che ha visto e da un Dio che non può più vedere né sentire perché si è per sempre ritirato da lui e tace. L'unica speranza di vita gli viene ormai da quel morto irritato e troppo lontano a

---

[98] Cfr. l'uso della radice *dmm* per indicare la morte (cfr. Ger 8,14; 48,2; 51,6; ecc.) e la denominazione di *dûmâ* per lo Sheol in Sal 94,17; 115,17. Tromp preferisce per questo termine, soprattutto in rapporto ad Ez 27,32, il senso di «fortress», ma fa riferimento anche al silenzio e conclude con l'annotazione: «In Egypt also there is an oppressive silence in the nether world: the Beyond is referred to as 'the town of silence, the domain of rest'» (*Primitive Conceptions of Death*, 76-77).

[99] Lust («On Wizards and Prophets», 133) sottolinea che i verbi *hlk 'el* e *drš* usati nel v. 7 sono quelli normalmente adoperati per la consultazione profetica. Ma qui, invece di consultare Dio, si consulta una donna «*ba'ălat 'ôb*».

Pure il verbo *bqš(Pi)* con cui Saul ordina ai suoi la ricerca della negromante è significativo. Gunn annota: «It is the last time in our story that Saul, who for so long has sought (*bqš*) David, seeks anyone» (*The Fate of King Saul*, 108). Il re che dava la caccia all'avversario per ucciderlo, ora va in cerca di un morto per essere salvato dai nemici accampati contro di lui.

cui si rivolge, supplichevole, cercando di muoverlo a pietà perché gli dica cosa deve fare (v. 15)[100].

La risposta di Samuele è però di una sentenza mortale senza appello (vv. 16-19). Dio è ormai nemico dichiarato di Saul (*w^{e}yhwh sār mē'ālèkā wayhî 'ārekā*: v. 16)[101] e intende portare fino in fondo la propria inflessibile decisione nei confronti del re. Ancora riemerge la vecchia storia dell'episodio di Amaleq (v. 18), a segnare in modo ostinato, quasi puntiglioso, un destino senza perdono e senza ritorno. Il regno delle ombre invade così il presente di Saul con tutto il suo mistero e la sua realtà di morte: il re ripudiato ormai gli appartiene (*ûmāḥār 'attâ ûbānèkā 'immî*: v. 19).

Davanti a questa irruzione della morte nella propria vita, il timore di Saul si fa incontenibile ed egli cade a terra in preda al terrore: *waymahēr šā'ûl wayyippōl m^{e}lō' qômātô 'arṣâ wayyīrā' m^{e}'ōd middibrê š^{e}mû'ēl* (v. 20[102]; cfr. anche v. 21: *nibhal m^{e}'ōd*). Egli si era finora dibattuto cercando una via di uscita: la paura dei Filistei lo aveva mosso alla ricerca del responso di Dio e poi, quello fallito, dell'aiuto dell'oltretomba. Ma ora, l'angoscia si fa paralisi e Saul, senza più lottare, a terra come morto, si abbandona alla propria fine[103]. Davanti al silenzio di Dio (*lō' 'nh*: vv. 6.15), egli ha gridato (*qr'*: v. 15) per avere risposta. Ma quando il tacere divino si è trasformato in annuncio di morte[104], allora anche Saul entra nel mutismo cadaverico di chi rinuncia ormai a vivere.

---

[100] Va notato, nel discorso di Saul, l'insistenza sulla propria miseranda situazione e sull'ostinato e disperante silenzio di Dio: *ṣar lî m^{e}'ōd ûp^{e}lištîm nilḥāmîm bî wē'lōhîm sār mē'ālay w^{e}lō' 'ānānî 'ôd gam b^{e}yad hann^{e}bî'im gam baḥălōmôt wā'eqrā'eh l^{e}kā l^{e}hôdî'ēnî māh 'e'ěśeh*.

[101] Il TM presenta una *lectio difficilior* dal punto di vista teologico, affermando l'inimicizia di Dio nei confronti di Saul. Tale lettura è stata spesso modificata, ma va invece mantenuta. Cfr. la documentazione e la discussione in BARTHÉLEMY, *Critique Textuelle*, I, 217-218.

Alla stessa opera si faccia anche riferimento per la spiegazione del difficile *lô* nel prosieguo del discorso di Samuele (*wayya'aś yhwh lô ka'ăšer dibber* ...: v. 17). Il pronome di 3ª pers. si riferisce a Davide, questa figura che ormai ossessiona la vita di Saul e che viene esplicitamente menzionato alla fine del versetto: *wayyitt^{e}nāh l^{e}rē'ăkā l^{e}dāwid* (cfr. *ibid.*, 218-219).

In questa linea, anche il gioco sonoro tra *'ārekā* (v. 16) e *rē'ăkā* (v. 17) diventa significativo: Dio è il vero *nemico* di Saul, a favore di Davide che ne è invece non il rivale ma il *compagno*.

[102] «La caída de Saúl 'cuan largo era' (recordemos su estatura prócer) está ensayando la próxima caída final»: ALONSO SCHÖKEL, 141. Cfr. anche FOKKELMAN, *Narrative Art*, 618.

[103] A proposito del verbo *bhl (Ni)* del v. 21, BEUKEN indica un certo numero di testi in cui esso esprime «that fright in which the grip of death on man becomes visible». E conclude: «Now that all strenght has left Saul, the woman reads *rigor mortis* on his face» («1 Samuel 28», 12).

[104] Cfr. il commento di ALONSO SCHÖKEL, 141, al proposito: «... El silencio es ya castigo, comienza el castigo final. Pero Saúl no lo resiste en vida, y en su desesperación va a escuchar la voz de los muertos. Que va a resultar la voz de la muerte, que lo convoca».

È infine la donna che intervenendo presso di lui lo strapperà per un momento a quell'orrore pietrificato. Essa che, nel suo timore, era stata rassicurata dalla parola autorevole del re (vv. 10.13), ora con la sua parola di sollecitudine lo aiuta ad attraversare la paura e lo riporta al dovere di vivere costringendolo a mangiare [105].

Termina così la notte dell'arcano, e l'imponente sovrano, ritrovata la propria statura (*wayyāqom mēhā'āreṣ*: v. 23) [106], riprende il cammino nella notte del proprio destino (... *wayyāqūmû wayyēlᵉkû ballaylâ hahû'*: v. 25).

* * *

Il grande problema posto dai testi studiati in questo capitolo è soprattutto quello delle relazioni dell'uomo con Dio. Si rivela infatti lì una trascendenza e una alterità che, benché generatrici di vita, evocano la morte con la loro soverchiante potenza, insostenibile dall'umana creaturalità. La paura entra così anche nell'ambito religioso, le cui istituzioni, regole cultiche e mediazioni, nel rendere possibile il rapporto al divino, sembrano servire anche a delimitare il pericolo di una prorompente e minacciosa onnipotenza.

Ma se l'alterità spaventa, non è più tranquillizzante il rapporto con se stessi e con la propria forza vitale. I testi che studieremo nel cap. V mostreranno infatti quanto esposta e indifesa sia la vita che ognuno porta racchiusa nel proprio fragile corpo.

---

[105] Il digiuno di Saul e il pasto offertogli dalla negromante sono stati da alcuni autori interpretati come elementi rituali connessi con l'evocazione dei morti: cfr. REINACH, «Le souper chez la sorcière»; MCCARTER, 421 (che interpreta così il digiuno del re); HAGAN, *The Battle Narrative*, 221 (a proposito del pasto). Anche STOEBE, 496, afferma che il digiuno poteva far parte del rituale necromantico, ma che qui serve piuttosto a caratterizzare lo stato di estrema tensione di Saul. GUNN (*The Fate of King Saul*, 109) e HAGAN (*op. cit.*, 220) collegano invece l'astinenza dal cibo con la battaglia imminente (cfr. 1 Sam 14). Comunque sia, l'assunzione del pasto da parte del re è un modo con cui la vita continua per lui, anche se ormai a un passo dalla morte.

[106] Il verbo *qwm* usato per Saul (contrapposto a *wayyippōl mᵉlō' qômātô 'arṣâ*: v. 20) indica il rialzarsi da terra, ma è insieme gesto simbolico con cui egli si solleva dalla sua postura mortale e ritrova la propria dignità (per il rapporto tra la radice *qwm* e l'idea di rianimarsi, prendere coraggio, non avere paura, cfr. p. 273, n. 35). FOKKELMAN nota però che si tratta di un rialzarsi solo parziale: il re non si tiene in piedi, ma si siede sul letto, come un malato (*Narrative Art*, 621).

Capitolo Quinto

La paura per l'alterazione del corpo

Ci occuperemo in questo capitolo di quelle particolari situazioni di patologie o alterazioni somatiche che, ponendo il corpo in pericolo o in prossimità di morte, fanno sperimentare al soggetto la paura della sofferenza e del proprio annientamento. L'interesse non è dunque sulla reazione di paura davanti alla violenza fisica che si può subire in un'aggressione o uno scontro di tipo «esterno» (cfr. soprattutto cap. III), ma piuttosto sull'esperienza di una minaccia annidata all'*interno*, quella dell'alterazione somatica in quanto tale.

Entro questo ambito, distinguiamo due grandi campi, quello della malattia e quello del parto. Si tratta di eventi certamente non rari nell'esistenza umana, e di cui si parla nella Scrittura, ma quasi mai esprimendone in modo esplicito la componente emozionale di paura.

L'angoscia e la paura compaiono infatti nelle varie situazioni dolorose dei soggetti, ma nei casi in cui la sofferenza è chiaramente determinata dalla malattia, il testo biblico si fa scarno e annota il fatto patologico senza descriverne le ripercussioni emotive sul soggetto [1]. Lo stesso avviene, pur con particolarità che preciseremo più sotto, quando si descrive un parto.

La brevità del presente capitolo corrisponde perciò a questo dato oggettivo di scarsità di elementi, nel testo biblico, concernenti il nostro tema.

Per quel che riguarda la malattia, pur consapevoli dei molti riferimenti alla sofferenza e alle sue ripercussioni psicologiche presenti nei Salmi, abbiamo scelto di studiare il cantico di Ezechia in Is 38. In esso infatti il contesto di malattia è chiarificato dal testo in cui è inserito e che ne parla esplicitamente (vv. 1.9.21). Tale esplicitazione contestuale manca invece nei Salmi, per i quali resta perciò sempre difficile stabilire la vera natura della sofferenza di cui si parla. In essi infatti anche i rife-

[1] Citiamo alcuni esempi di testi riguardanti personaggi colti da malore e da infermità nella storia dell'Antico Testamento: 1 Sam 25,37-38 (Nabal); 1 Re 14,1ss (Abia, figlio di Geroboamo); 17,17ss (il figlio della vedova di Zarepta); 2 Re 4,18-20 (il figlio della Sunamita); 8,7ss (Ben Hadad, re di Aram); 13,14 (il profeta Eliseo); 2 Cron 16,12 (Asa, re di Giuda); 21,18-19 (Ioram, re di Giuda).

rimenti espliciti ad alterazioni corporee possono essere solo metaforici, o esprimere delle somatizzazioni che procedono da stati emozionali [2].

Per quel che riguarda l'evento del parto, esso viene, pur se raramente, descritto nella sua dimensione di difficoltà e di dolore (Gen 35,16-20; 1 Sam 4,19-22 [3]; cfr. anche Gen 3,16; 1 Cron 4,9), ma senza mai insistere sull'aspetto soggettivo e in particolare sull'esperienza di paura da parte della donna. D'altra parte, la dimensione paurosa del parto è ben riconosciuta nei testi biblici, al punto che quella della partoriente diventa un'immagine tipica per descrivere gli uomini attanagliati dall'angoscia in situazioni generatrici di panico (cfr. Is 13,7-8; Ger 6,24; 30,5-6; Sal 48,6-7; ecc.) [4]. In questa sede, a partire dall'immagine della primipara nel testo di Ger 4,31 rifletteremo su quegli elementi tipici dell'esperienza del parto che ne hanno consentito l'assunzione metaforica in riferimento alla paura.

1. La malattia

Is 38,9-20 [5]

Il cantico di Ezechia è inserito, nel testo di Isaia, all'interno dell'episodio della malattia e della guarigione del re di Giuda (vv. 1-8.21-22) [6].

---

[2] La letteratura sui temi del dolore, della malattia, e del lamento del sofferente nell'Antico Testamento in genere e nei Salmi in specie è molto abbondante. Cfr. in particolare: LODS, «Les idées des Israélites sur la maladie»; WESTERMANN, «Struktur und Geschichte der Klage»; SCHARBERT, *Der Schmerz im Alten Testament*; HEMPEL, *Heilung als Symbol und Wirklichkeit*; HUMBERT, «Maladie et médecine dans l'Ancien Testament»; SEYBOLD, *Das Gebet des Kranken im Alten Testament*; GERSTENBERGER – SCHRAGE, *Leiden*, 9-117; SEYBOLD – MÜLLER, *Krankheit und Heilung*, 11-79; GERSTENBERGER, *Der bittende Mensch*; FOHRER, «Krankheit im Lichte des Alten Testaments»; FUCHS, *Die Klage als Gebet*.

[3] Questi due testi si riferiscono a parti con eccezionali complicanze e ad esito letale, dunque con connotazioni molto specifiche di patologia e di prossimità alla morte. Di essi, e in particolare del primo (Gen 35), ci occuperemo nella Conclusione (cfr. pp. 279-284).

[4] Cfr. SCHARBERT, *Der Schmerz im A.T.*, 78; PEINADOR, «Los dolores de parto en la Sda. Escritura»; ALONSO SCHÖKEL, *Estudios de poética hebrea*, 352-353.

[5] Cfr. BEGRICH, *Der Psalm des Hiskia*; DE BOER, «Notes on Text and Meaning of Isaiah 38»; SEYBOLD, *Das Gebet des Kranken*, 147-153; NYBERG, «Hiskias Danklied»; SOGGIN, «Il 'Salmo di Ezechia' in *Isaia* 38»; VAN DER KOOIJ, *Die alten Textzeugen des Jesajabuches*.

Segnaliamo anche alcuni articoli concernenti problemi particolari posti dai singoli versetti: G.R. DRIVER, «Linguistic and Textual Problems», 46-47 (vv. 10.14.16.17); DAHOOD, «Textual Problems in Isaiah», 401-402 (v. 10); TOURNAY, «Relectures bibliques concernant la vie future», 482-489 (v. 16); DAHOOD, «Hebrew-Ugaritic Lex. II», 398 (v. 15); «Hebrew-Ugaritic Lex. IV», 407 (v. 14); «Vocative *Lamedh* in the Psalter», 304 (v. 20); «Hebrew-Ugaritic Lex. V», 432.435 (vv. 14.18); «Proverbs 8,22-31», 520 (v. 12); R. WEISS, «Textual Notes», 127-129 (v. 12); DAHOOD, «*ḥādel* 'Cessation'» (v. 11); «Phoenician Elements in Isaiah», 69 (v. 12); AIROLDI, «Nota a Is. 38,16»; DAHOOD, «Third Masculine Singular with Preformative *t*-», 100 (vv. 12.13); BALDACCI, «I paralleli di *dām*», 510 (v. 10).

[6] L'episodio è riportato anche in 2 Re 20,1-11. Cfr. inoltre 2 Cron 32,24.

Un morbo mortale aveva colpito il re che, all'annuncio della propria morte da parte del profeta Isaia, si rivolge al Signore e viene guarito. Il brano di cui ci occupiamo è un canto di ringraziamento che viene appunto messo sulle labbra di Ezechia in questa occasione. In esso l'orante, ricordando nel lamento l'angoscia della sofferenza e della prossimità della morte, celebra l'intervento di Dio e il suo dono di liberazione e di salvezza.

Il testo è di difficile lettura e presenta molti problemi, per alcuni dei quali è solo possibile dare soluzioni ipotetiche e provvisorie.

— *La prossimità della morte*

La situazione che viene presentata è di una gravissima infermità che non sembra lasciare speranza. Il re è condannato a morirne: cfr. v. 1: *bayyāmîm hāhēm ḥālâ ḥizqiyyāhû lāmût ... ṣaw l^{e}bêtekā kî mēt 'attâ w^{e}lō' tiḥyeh.*

L'esperienza della malattia si configura come un'angosciosa prossimità della morte all'uomo, visualizzata e sperimentata nella corporeità colpita. Il corpo, che è il luogo veicolante la vita, si trasforma in una grande minaccia mortale. E il soggetto si fa portatore di un'aggressione che, benché riconducibile anche all'esterno, trova però il suo annidamento all'interno della persona stessa. L'uomo così profondamente ferito nella propria integrità sperimenta una fragilità e impotenza radicali in una lotta che sembra metterlo contro se stesso. Per non morire, egli deve sconfiggere un nemico che non gli è davanti, ma ormai lo occupa al punto da identificarsi con lui. Vincerlo, equivale a uccidere qualcosa di sé. Il soggetto sa – se non nella coscienza, almeno a livello della propria corporeità – che non potrà uscire indenne da una tale battaglia.

Quando poi questo scontro solitario del corpo avviene nei confronti di una patologia esiziale, la solitudine dell'uomo malato si fa ancora più profonda, perché radicalizzata dalla presenza distruttiva della morte. Il malato viene ridotto a un penoso isolamento psicologico, spesso aggravato da un'inevitabile segregazione sociale e ambientale. La vita gli sfugge, in tutte le sue manifestazioni e a tutti i suoi livelli, mentre sempre più ingrandisce la sua sofferenza mortale.

Questa drammatica esperienza viene espressa, nel nostro testo, dalla gestualità disperata del re Ezechia e dalle parole del suo cantico, che fanno seguito alla notizia della sua inguaribile infermità. Egli, accolto l'annuncio della fine ormai imminente, si volta contro il muro e, in preda al pianto, invoca il Signore: *wayyassēb ḥizqiyyāhû pānâw 'el haqqîr wayyitpallēl 'el yhwh ... wayyēbk ḥizqiyyāhû b^{e}kî gādôl* (vv. 2.3).

Il gesto è significativo. Il girarsi contro il muro è un modo per interrompere il rapporto con ciò che si ha intorno, è una sorta di rifiuto del reale per chiudersi in una solitudine senza contatti [7]. Questo tentativo di isolarsi può anche aver avuto come motivazione la preghiera e il bisogno di essere solo con Dio [8], ma certamente implica pure una forte componente di reazione psicologica alla prospettiva di morire [9]. L'interruzione delle relazioni con gli altri esseri umani è in tal modo un gesto con cui si significa la morte e la sua inaccettabilità. La progressiva separazione dalla vita che la malattia provoca con la sua lenta erosione nel corpo non lascia indenne il nucleo spirituale dell'uomo che ne è colpito.

Questa esperienza di prossimità alla morte e perciò di lontananza dai vivi è esplicitata verbalmente nel cantico che vogliamo esaminare. L'angoscia del re prende la forma minacciosa delle porte dello Sheol pronte a richiudersi su di lui (v. 10) [10], mentre si acuisce in lui la nostalgia di una vita che si sta perdendo (v. 11) [11].

---

[7] Una simile reazione è descritta a proposito di Acab nel racconto della vigna di Nabot in 1 Re 21,4 (*wayyābōʾ ʾaḥʾāb ʾel bêtô sar w*^{e}*zāʿēp ... wayyiškab ʿal miṭṭātô wayyassēb ʾet pānâw w*^{e}*lōʾ ʾākal lāḥem*). Per l'analogia e la diversità tra i due testi, cfr. Wildberger, 1449.

[8] Cfr. Delitzsch, 387; Procksch, 462; Kissane, 407; Young, 510.

[9] Ci sembra interessante un rilievo sperimentale segnalato dal famoso etologo K. Lorenz proprio a proposito dell'assunzione di tale posizione. Egli, studiando il comportamento di animali forzatamente isolati dai compagni di specie, ha potuto osservare tutta una serie di disturbi comportamentali di risposta all'ambiente sociale. Questi si sono dimostrati analoghi a quelli rilevati da R. Spitz in bambini costretti a vivere in ospedale. Tratto caratteristico di tali soggetti è il tentativo di sottrarsi il più possibile a ogni contatto e stimolo esterno. Il segno «patognomonico» di questo consiste nello stare in posizione prona con il viso rivolto contro il muro. Cfr. Lorenz, *L'aggressività*, 264-265.

[10] *ʾănî ʾāmartî bidmî yāmay ʾēlēkâ b*^{e}*šaʿărê š*^{e}*ʾôl puqqadtî yeter š*^{e}*nôtāy.*
Il versetto è stato variamente interpretato, in particolare per quel che riguarda l'espressione *bidmî* e il verbo *puqqadtî*. Anche la sticometria risente delle diverse scelte di senso operate dagli autori. Ne diamo una breve panoramica.

La maggior parte degli studiosi interpreta il termine *d*^{e}*mî* nel senso di «metà, punto centrale», dalla radice *dmh*, con riferimento a volte esplicito anche al senso di quiete, tranquillità. Il significato è quello di un doversene andare a metà della vita, e nel mezzo del suo quieto scorrere (cfr. Delitzsch, 390; Marti, 262; Condamin, 227; Duhm, 253; G. R. Driver, «Linguistic and Textual Problems», 46; Nyberg, «Hiskias Danklied», 89; Soggin, «Il 'Salmo di Ezechia'», 178; Alonso – Sicre, 260; Wildberger, 1442). Precisano in un modo diverso l'idea di quiete Kissane, 408-409 e Young, 517: il primo riferendosi al concetto di cessazione (non dunque una morte prematura, ma la fine della vita), e il secondo parlando di un momento di pausa intervenuto nella vita del re, che lo fa pensare alla morte. Altri autori fanno invece riferimento alla radice *dmm* con senso di paura (della morte: de Boer, «Notes on Text», 178-179) oppure con significato di sofferenza e desolazione (si tratterebbe allora di una radice *dmm* II: Dahood, «Textual Problems», 401-402; Kaiser, 315). Nella stessa linea semantica va Baldacci, ipotizzando una lettura *dām* con significato di sofferenza («I paralleli di *dām*», 510). Infine, Begrich, *Der Psalm des Hiskia*, 51 e Procksch, 464, modificano in *b*^{e}*rum*: «auf der Höhe», «im Zenith».

Anche il verbo *puqqadtî* ha avuto diverse spiegazioni, che possono essere riassunte in due grandi linee interpretative. La prima connette il verbo con le porte degli Inferi ed esprime l'idea della costrizione in quel luogo, dell'esservi assegnato, consegnato, trattenu-

Le immagini usate per riferirsi a questo ineluttabile procedere verso la morte sono originali e di grande efficacia. La vita del re è come una tenda da pastore (*kᵉ'ōhel rōʿî*[12]: v. 12a) che gli viene strappata via, ed egli è come un tessitore che mentre intreccia la trama della propria vita, ne vede troncato il filo (*qippadtî kā'ōrēg ḥayyay middallâ yᵉbaṣṣᵉʿēnî*: v. 12b)[13].

---

to per il resto degli anni (MARTI, 262; CONDAMIN, 227; DUHM, 253; BEGRICH, *Der Psalm*, 52; PROCKSCH, 464; G. R. DRIVER, «Linguistic and Textual Problems», 46-47; DE BOER, «Notes on Text», 177; DAHOOD, «Textual Problems», 401-402; KISSANE, 409; KAISER, 315; NYBERG, «Hiskias Danklied», 88.89; SOGGIN, «Il 'Salmo di Ezechia'», 178; WILDBERGER, 1440). La seconda posizione rapporta invece il verbo solo con *yeter šᵉnôtāy* e lo interpreta nel senso di essere privato del resto della vita (DELITZSCH, 390-391; YOUNG, 517-518; ALONSO – SICRE, 260; OSWALT, 678). Questi ultimi autori mantengono perciò la sticometria del TM, a differenza di quelli dell'altro gruppo, con la sola eccezione di SOGGIN.

Qualunque soluzione venga scelta per risolvere i problemi del testo, esso fa comunque riferimento a una vicinanza angosciosa della morte, come ad una irruzione di essa nella vita del re che è ormai giunto alle soglie degli Inferi.

[11] *'āmartî lō' 'er'eh yāh yāh bᵉ'ereṣ haḥayyîm*
lō' 'abbîṭ 'ādām ʿôd ʿim yôšᵉbê ḥādel.

Anche nel caso di questo versetto, abbiamo alcune difficoltà, poste dal doppio *yāh* e dall'ultimo termine *ḥādel*. La menzione del nome di Dio (sia esso mantenuto nella forma ripetitiva *yāh yāh* oppure, come più frequentemente avviene, mutato in *yhwh*) può avere una doppia funzione sintattica. Esso può essere assunto come oggetto del verbo *r'h*, ed è questo ciò che fa la maggior parte degli autori: cfr. DELITZSCH, 391; MARTI, 262; CONDAMIN, 227; DUHM, 253; BEGRICH, *Der Psalm*, 52; PROCKSCH, 463; DE BOER, «Notes on Text», 179; KISSANE, 409; YOUNG, 518; AUVRAY, 316; KAISER, 316; SOGGIN, «Il 'Salmo'», 177.178; ALONSO – SICRE, 260; WILDBERGER, 1440.1442; OSWALT, 678. Ma il termine *yāh* potrebbe anche essere inteso come vocativo (cfr. DAHOOD, «*ḥādel* 'Cessation'»), oppure come una esclamazione (così NYBERG, «Hiskias», 90, che traduce: «ach weh! ach Jammer!»). In questi ultimi due casi, il sintagma non è più *r'h* + compl. ogg., ma *r'h bᵉ*, che infatti DAHOOD traduce con «enjoy».

Quanto al termine *ḥādel*, esso viene spesso modificato in *ḥeled* (per metatesi; cfr. la discussione in THOMAS, «Some observations», 12-13). Noi preferiamo mantenere la lettura del TM che fa riferimento al mondo della cessazione e della morte. Così fanno DE BOER, «Notes on Text», 179; DAHOOD, «*ḥādel* 'Cessation'»; AUVRAY, 316 (che però aggiunge un punto interrogativo); NYBERG, «Hiskias», 90. A noi sembra che anche DELITZSCH (390.391), nel suo commento – peraltro alquanto complicato – a questo versetto, propenda per questa posizione. Per la discussione del problema a livello di critica testuale, cfr. BARTHÉLEMY, *Critique Textuelle*, II, 264-265, le cui conclusioni portano ancora a preferire la lettura *ḥādel*.

Il senso del versetto esprime dunque il lamento angosciato e nostalgico del re che, ormai appartenente alla morte, è per sempre separato dagli uomini. Ancor più tragicamente, tale rottura e alienazione (almeno secondo la lettura più corrente del I stico) riguarda anche il rapporto stesso con Dio.

[12] La modificazione in *rōʿîm*, spesso eseguita e suggerita anche nell'apparato di *BHS*, non ci sembra necessaria. La forma *rōʿî* può infatti essere aggettivale (cfr. DELITZSCH, 391), o conservare l'antico *yod* della radice (cfr. DAHOOD, «Proverbs 8,22-31», 520: «In Ugaritic regularly, in Phoenician and Hebrew sporadically, the *lamedh y/w* roots preserved the final consonants with participial forms»).

[13] Manteniamo il TM e assumiamo la forma di 3ª pers. *yᵉbaṣṣᵉʿēnî* come forma impersonale. Cfr. ALONSO – SICRE, 260: «Como un tejedor devanaba yo mi vida, y me cortan la trama».

L'immagine della tenda esprime bene il senso acuto di precarietà e fragilità che coglie il malato e il morente. Mentre il corpo si deteriora, viene meno l'ultima sicurezza e cade ogni illusione di eternità. Ciò che sembrava dover essere perenne e indistruttibile si rivela debole e indifeso. La vita nella carne è provvisoria: non una casa dalle solide fondamenta, ma gli inermi teli di una tenda di pastore.

Nella stessa linea va la similitudine del tessitore, ma nel sussulto della sorpresa immeritata. Sembra di cogliere qualcosa di ingiusto nella visione del tessuto reciso dal filo che ne andava ricamando la trama. Terminato o no che fosse il lavoro, prematura o no che sia la morte, sempre questa è un'aggressione, un troncare violento che defrauda la persona del suo bisogno e della sua volontà di vita. L'uomo intesse la sua esistenza, ma è un altro a tagliarne per sempre il filo [14].

La percezione di una violenza subìta, che fa parte di questa esperienza di fine, è ulteriormente esplicitata nei vv. 13 e 14, ove l'orante si sente stritolato e aggredito come da un leone [15], e pigola e geme come un uccello [16].

Il ricorso ad un'immagine tipica di debolezza quale quella di un indifeso uccello in contrasto con la ferocia aggressiva e potente di un leone, esprime bene il sentimento del malato che si sente perduto. È insita nella comparazione una sproporzione drammatica che non lascia speranza. La percezione che il soggetto ha di sé e della propria situazione è di tale

[14] Nel nostro testo, il cambio di soggetto nel v. 12b che sottolinea l'idea di un intervento esterno non voluto e il termine *d^{e}mî* del v. 10 con il suo probabile senso di metà, fanno pensare alla coscienza di una vita interrotta nella sua pienezza, non ancora interamente vissuta. Altra cosa è il ricongiungersi ai padri «sazi di giorni» (*ś^{e}baʿ yāmîm*: Gen 35,29; cfr. anche 25,8) dei patriarchi, ove l'esistere sembra aver percorso tutte le sue possibilità. Eppure, anche in quel caso la morte è negazione, e non esprime positività, ma comunque e sempre «*non*-vita».

[15] v. 13: *kāʾărî kēn y^{e}šabbēr kol ʿaṣmôtāy*...
L'immagine del leone è da alcuni riferita al dolore del malato (cfr. DELITZSCH, 392; MARTI, 262-263; CONDAMIN, 227) o alla morte (cfr. NYBERG, «Hiskias», 88). La maggioranza dei commentatori la rapporta però esplicitamente a Dio stesso (cfr. BEGRICH, *Der Psalm*, 58; YOUNG, 520-521; KAISER, 322; ALONSO – SICRE, 261; WILDBERGER, 1443; OSWALT, 684), in qualche caso anche inserendo il nome di *yhwh* nel testo del versetto (così PROCKSCH, 464.465; cfr. anche *BHS*). Il riferimento a Dio ci sembra appropriato nel contesto. Il malato, in balìa del suo male, è in realtà aggredito da Dio: Egli è l'origine ultima della sua sofferenza, percepito perciò come temibile nemico (cfr., come linea di pensiero tipica a questo proposito, la tematica del libro di Giobbe).

[16] v. 14: *k^{e}sûs ʿāgûr kēn ʾăṣapṣēp ʾehgeh kayyônâ*...
Anche nel v. 13 è probabilmente espresso un atteggiamento di lamento, se si corregge il primo termine in *šiwwaʿtî* (TM: *šiwwîtî*), come fa la maggior parte dei commentatori: cfr. MARTI, 262; CONDAMIN, 227; DUHM, 254; BEGRICH, *Der Psalm*, 52; PROCKSCH, 465; KISSANE, 409; KAISER, 316; ALONSO – SICRE, 260; WILDBERGER, 1443; OSWALT, 679. Per lo *status quaestionis* sul problema e altre possibilità di interpretazione, cfr. WILDBERGER, 1443; BARTHÉLEMY, *Critique Textuelle*, II, 267.

esposizione al pericolo che la propria consistenza personale è ridotta alla gracilità di un uccello, di cui un leone può frantumare le fragilissime ossa con la facilità di un gioco.

Il confronto delle immagini dice tutta l'angoscia e il terrore da cui l'uomo è afferrato [17], e insieme ne dipinge la miserevole situazione in modo tale da ingenerare compassione. Il malato sta pregando, e paragonare il proprio lamento al pigolìo spaventato di un uccello dovrebbe intenerire colui che lo ascolta e muoverlo a pietà [18]. La ricerca di aiuto è spasmodica (*dallû ʿênay lammārôm*) e si verbalizza nel grido di soccorso: *'ădōnāy ʿăšeqâ lî ʿorbēnî* [19] (v. 14b).

Si tratta però di appellarsi a Dio contro Dio stesso: a chi rivolgersi se proprio Lui ha deciso e fatto ciò per cui l'orante si lamenta? [20]. Eppure, dopo questo grido, qualcosa cambia e si apre al re malato la prospettiva della salvezza (vv. 15-16) [21].

---

[17] Sull'uso delle comparazioni e delle metafore per esprimere l'alterata percezione di sé e dell'altro che l'uomo sperimenta sotto la paura, cfr. pp. 193-199.232-234.

[18] È questo forse un elemento secondario rispetto a quello dell'espressione dei propri sentimenti attraverso l'immagine, ma è fenomeno non raro quando l'uomo si rivolge al proprio persecutore per averne grazia. Se, come sembra, il leone del nostro testo è Dio, quello stesso Dio a cui l'orante si rivolge, avremmo qui una modalità espressiva con cui, insistendo sulla sproporzione, si cerca di mostrare il non senso di ciò che sta avvenendo per provocarne la cessazione. Si tratterebbe allora di qualcosa di analogo a ciò che fa Giobbe rivolgendosi a Dio con la domanda: «Perché nascondi il tuo volto e mi tratti come un nemico? Una *foglia dispersa dal vento* (*ʿāleh niddāp*) vuoi spaventare, e perseguitare una *paglia secca* (*qaš yābēš*)?» (Giob 13,24-25; cfr. anche 14,1-3). Cfr. anche l'appello di Davide a Saul: «Contro chi è uscito il re d'Israele? Chi vai perseguitando? un *cane morto* (*keleb mēt*), una *pulce* (*parʿōš*)?» (1 Sam 24,15; cfr. anche 26,20).

[19] Sul senso e la connotazione giuridica della frase, cfr. WILDBERGER, 1463.

[20] Cfr. v. 15a: *mâ 'ădabbēr weʾāmar lî wehû' ʿāśâ.*
Manteniamo il TM, dando al verbo *'mr* il senso di dire, pronunciare una decisione: Dio viene così riaffermato come origine della sofferenza dell'orante. Altri invece riferiscono il verbo a una promessa di salvezza da parte di Dio (cfr. DELITZSCH, 393; CONDAMIN, 228; cfr. anche l'interpretazione proposta da BARTHÉLEMY, *Critique*, II, 272). Ma più frequentemente viene modificato in *we'ōmar (lô)* (cfr. MARTI, 263; DUHM, 255; BEGRICH, *Der Psalm*, 52; PROCKSCH, 466; KAISER, 316; NYBERG, «Hiskias», 93; ALONSO – SICRE, 260; WILDBERGER, 1444).

[21] Il v. 15b e poi soprattutto il v. 16 sono di difficile decifrazione. Il problema del v. 15 risiede soprattutto nella forma verbale *'eddaddeh*. Alcuni la interpretano come *Hitp* della radice *ddh*, come nel Sal 42,5 (DELITZSCH, 393; CONDAMIN, 228; OSWALT, 680; cfr. anche BARTHÉLEMY, *Critique*, II, 273). Altri invece la modificano riferendola a *ydh,Hi* (BEGRICH, *Der Psalm*, 52; PROCKSCH, 466; WILDBERGER, 1444, con *status quaestionis* a cui rimandiamo), oppure a *ndd*, leggendo poi *šēnâ* o anche il plur. *šenôt* ma nel senso di sonno (MARTI, 263; DUHM, 255; ALONSO – SICRE, 260). A seconda delle scelte testuali, dunque, il versetto conclude il lamento (con l'immagine dell'orante insonne per l'amarezza che lo abita), o inizia la parte del rendimento di grazie (con il riferimento all'incedere verso Dio e alla lode).

Quanto al v. 16, difficilissimo in tutte le sue parti, ne è possibile una lettura basata solo su ipotesi. Rimandiamo per questo ai vari Commenti e alla discussione in BARTHÉLEMY, *Critique*, II, 273-275.

— *L'intervento di salvezza*

Con il v. 17, inizia l'affermazione esplicita e la descrizione del mutamento operato da Dio nella vita minacciata dell'orante: *hinnēh lᵉšālôm mar lî mār*[22]. La fossa annientatrice, cui il re sembrava destinato, non ne ha ottenuto la vita e Dio è intervenuto a fare salvezza[23].

Il ricordo del pericolo corso è ancora presente e il sollievo si esprime nel menzionarlo ancora per poterlo negare sempre più esplicitamente. Si accumulano così le designazioni della morte scampata (v. 17: *šaḥat bᵉlî*; v. 18: *šᵉ'ôl, māwet, bôr*), per affermare la sua impossibilità di prevalere. Dio non poteva lasciare il re nel regno del silenzio, ove non può risuonare la sua lode[24]. L'orrore del non-essere che coglie l'uomo davanti alla propria morte, è anche l'orrore di Dio che vede chiudersi per sempre la bocca che può lodarlo. Colui che sta morendo è colui che, facendo conoscere ai figli il Signore, potrebbe perpetuare indefinitamente il rendimento di grazie alla sua fedeltà.

Il cantico termina così con il grido trionfante di una vita ridonata (*ḥay ḥay ... kāmônî hayyôm*: v. 19), che scioglie l'angoscia nel canto. Il re che doveva andarsene allo Sheol nella metà dei suoi giorni (*bidmî yāmay*: v. 10), può ora suonare le lodi di Dio nel tempio del Signore per tutti i suoi giorni (*kol yᵉmê ḥayyênû*: v. 20)[25].

2. Il parto

Nell'oracolo sull'invasione che si abbatterà su Giuda, in Ger 4,31, Gerusalemme è personificata e si applica a lei l'immagine della pri-

---

[22] La duplicazione del termine *mar* può essere una ripetizione intenzionale per dare forza intensiva alla frase (cfr. Delitzsch, 394; de Boer, «Notes on Text», 183; Young, 525), o da eliminare non traducendo una delle due occorrenze (Duhm, 255; Begrich, *Der Psalm*, 52; Procksch, 464; Kaiser, 316; Alonso – Sicre, 260; Wildberger, 1445). Potrebbe però anche trattarsi, e noi propendiamo per questa soluzione, di un gioco sonoro tra *mar* (amarezza) e la forma *Qal* di *mwr* (mutare, cambiare): cfr. Marti, 264; Condamin, 228; Kissane, 411; Nyberg, «Hiskias», 95. Avremmo così una variazione stilistica del fenomeno della ripetizione presente nei vv. 11 (*yāh yāh*) e 19 (*ḥay ḥay*).

[23] L'espressione *wᵉ'attâ ḥāšaqtā napšî miššaḥat bᵉlî* del v. 17 presenta una difficoltà interpretativa per quel che concerne il verbo *ḥšq*, spesso mutato in *ḥśk*. Noi preferiamo mantenere il TM secondo le indicazioni di Barthélemy, *Critique*, II, 275-276 a cui rimandiamo per la discussione del problema e la documentazione. Il senso ivi proposto è pregnante: «tu t'es attaché à mon âme au point de l'arracher à la fosse».

[24] Cfr. vv. 18-19:
*kî **lō'** šᵉ'ôl **tôdekkā** māwet **yehalᵉlekkā** **lō' yᵉśabbᵉrû** yôrᵉdê bôr **'el 'ămittekā***
*ḥay ḥay hû' **yôdekā** kāmônî hayyôm 'āb lᵉbānîm **yôdîa' 'el 'ămittekā**.*
Cfr. anche Sal 6,6; 30,10; 88,11-13; 115,17.

[25] La trasformazione della paura in sollievo riconoscente, e del grido di angoscia in canto di lode è elemento che si ritrova anche in altri testi a segnalare la fine del pericolo e il superamento dello stato di minaccia. Cfr. pp. 270-271.

mipara colta dai dolori del parto, a significarne tutta la sofferenza e l'angoscia:

kî qôl kᵉḥôlâ šāmaʿtî ṣārâ kᵉmabkîrâ
qôl bat ṣiyyôn tityappēḥ tᵉpārēś kappèhā
'ôy nā' lî kî ʿāyᵉpâ napšî lᵉhōrᵉgîm[26].

Gerusalemme è paragonata ad una donna al suo primo parto (*kᵉmabkîrâ*), in preda alle doglie inarrestabili. Di essa si descrive il grido (*qôl*, ripetuto due volte), l'ansimare (*tityappēḥ*), il tendere le palme (*tᵉpārēś kappèhā*). Il corpo si presenta in situazione convulsa, si tende e si inarca, non più sotto controllo, sia per il dolore (*kᵉḥôlâ*)[27] che per l'angoscia (*ṣārâ*) che questo provoca.

Come già detto, siamo davanti ad una immagine tipica della paura[28], ove emozione e somatizzazione si uniscono a creare una visione angosciante che diventa paradigmatica. Dire partoriente è dire paura.

L'immagine è sempre usata in riferimento a situazioni di grave minaccia e serve a descrivere la reazione di indicibile sgomento che si impadronisce di chi è in pericolo o in frangenti angosciosi. Può trattarsi, ad esempio, del profeta davanti a una visione spaventosa (cfr. Is 21,2-4; cfr. anche Ger 4,19), di Gerusalemme personificata o della sua popolazione terrorizzate dall'invasione imminente o dalla prospettiva della deportazione (cfr. Ger 6,24; 13,21; 22,23; Mi 4,9-10), dei re confrontati con Dio (cfr. Sal 48,7), di Babilonia nel giorno della punizione (cfr. Is 13,8), dei prodi di Moab o di Edom ormai sconfitti (cfr. Ger 48,41; 49,22). Sempre, l'immagine è di qualcosa che si presenta all'uomo con una forza ineluttabile, davanti a cui non c'è scampo. E allora si geme, ci si contorce, si è presi dai dolori[29], ci si sente come donne nel parto[30]. La comparazione è di straordinaria efficacia, e dipinge l'uomo in preda alla paura nelle sue connotazioni più appariscenti e visibili. Il corpo stesso è trasformato dall'angoscia che se ne è impadronita, e su di esso si sovrappone l'immagine di una donna sconvolta e sofferente, smarrita nel proprio dolore.

---

[26] Per il senso di quest'ultimo stico del versetto, cfr. p. 110, n. 47.

[27] La derivazione è dal verbo *ḥwl*/*ḥyl*. Cfr. p. 110, n. 49.

[28] Solitamente, l'immagine usata non è quella della primipara, ma più genericamente della partoriente (*yôlēdâ*). Per un elenco dei testi in cui questa immagine compare e delle espressioni che vi vengono usate, cfr. p. 233.

[29] I dolori «da partoriente» esprimono bene, oltre che l'angoscia e la paura, anche una loro tipica somatizzazione che si manifesta con spasmi e crampi viscerali. L'emozione è totalizzante, e mentre sgomenta il cuore, modifica anche il corpo.

[30] L'esperienza di paura che questa immagine esprime viene anche esplicitata da termini precisi. Cfr. ad es. Is 13,7-8 (*yādayim rph*; *lēbāb mss,Ni*; *bhl,Ni*; *tmh*); 21,3-4 (*ʿwh,Ni*; *bhl,Ni*; *lēbāb tʿh*; *pallāṣût*; *ḥărādâ*); Ger 6,24 (*yādayim rph*; *ṣārâ*).

Sulla base di questi dati offerti dalla Scrittura, vorremmo ora fornire alcune *linee di riflessione* sull'evento del parto, per ricercare una migliore comprensione della metafora stessa.

Il riferimento è ad un evento che, benché influenzato dai diversi modelli culturali, rappresenta un'esperienza antropologica comune, ed è a questa che facciamo riferimento [31]. In particolare, la Scrittura sottolinea del parto il carattere di estrema sofferenza ed angoscia, talmente tipico da diventare un punto di riferimento per paragonarvi altri tipi di angustia [32]. Questo elemento precipuo, in passato anche legato ad un più alto tasso di mortalità e comunque sempre presente nell'esperienza del partorire, è ciò su cui soprattutto vogliamo riflettere per trarne delle indicazioni di senso [33].

Una situazione di impotenza

Nel parto, la donna si trova in balìa di qualcosa che è in lei, in una fase terminale di un lungo processo che si è svolto al suo interno e le appartiene,

---

[31] Certamente, il partorire di una donna oggi conosce delle modalità sconosciute al mondo biblico. In particolare, la medicalizzazione della gravidanza e del parto e l'uso (spesso esasperato e indiscriminato) di tecnologie sempre più avanzate hanno mutato il volto della nascita umana, anche se non così radicalmente da alterarne la dimensione esperienziale naturale. È soprattutto la dimensione sociale dell'evento ad essere stata modificata dalla pratica dell'ospedalizzazione della partoriente, che la separa dal suo ambiente e sembra snaturare il parto rendendolo quasi una patologia invece che un evento fisiologico. Molto diversa doveva essere l'esperienza di una donna biblica che dava alla luce il suo bambino all'interno del proprio villaggio, in una rete fittissima di relazioni affettive e familiari, portando a compimento un'attesa dalle ampie dimensioni sociali. Confrontare questa immagine con quella di una donna di una nostra città, sola tra estranei in una sala parto che ha tutta l'apparenza di una sala operatoria, dà un'idea della enorme distanza tra i due diversi mondi esperienziali. Eppure, l'evento fisiologico è lo stesso e perciò in larga parte lo sono anche le ripercussioni emozionali e psichiche che esso provoca. È proprio questa basilare somiglianza nella diversità che consente la nostra comprensione dell'immagine della partoriente usata dagli autori biblici in riferimento alla paura.

[32] Il paragone degli uomini in preda al terrore con la donna che partorisce, conosciuto anche nel mondo assiro-babilonese e a Qumran (cfr. RAVASI, *Il libro dei Salmi*, I, 863), è invece sconosciuto alla nostra cultura. Possiamo comunque immaginare che sia stato il carattere di evento sociale, diremmo pubblico, del parto a rendere spontanea l'associazione. In un villaggio, la partoriente è forse visibile e senz'altro udibile da tutti. Le sue grida ne testimoniano tutta la sofferenza, più che in altre esperienze di dolore. È comprensibile che la frequenza dell'avvenimento e la sua esasperata gestualità lo abbiano facilmente reso il simbolo di ogni altra esperienza di angoscia.

[33] In un suo saggio, dibattendo la problematica del parto e della condizione femminile odierna rispetto alla maternità, GIANINI BELOTTI afferma: «I vari metodi di psicoprofilassi del parto che si sono succeduti negli ultimi decenni non hanno mantenuto la promessa di sopprimere il dolore, perché l'ipotesi che esso avesse origine soltanto nella mente condizionata della donna e non nel suo corpo si è dimostrata falsa» (*Non di sola madre*, 42). Cfr. anche MACFARLANE, *Psicologia della nascita*, 49-50. Questa presenza preponderante del dolore testimoniata nella nostra cultura rappresenta, almeno stando ai testi, l'elemento più appariscente del parto anche nel mondo biblico.

ma che ora si esteriorizza, sfuggendo completamente al suo controllo. Come già durante la gravidanza ella non poteva gestire la crescita del bambino nel suo grembo, ma solo prenderne atto ed accettarla, così ora, e in misura ancora maggiore, ella non può controllare l'impulso a nascere che spinge il bambino fuori di lei.

Ciò la mette in situazione di estrema impotenza davanti alla sofferenza che cresce paurosamente in lei con il procedere del travaglio. Ella non può rifiutarsi al dolore perché non può più rifiutarsi alla nascita del figlio, e assecondarne l'espulsione è la sola possibilità per continuare a vivere. Così, mentre il dolore evoca la morte, il corpo deve assumerlo proprio per non morire. La sofferenza invasiva non lascia spazio alla libertà e la donna deve piegarsi alle sue leggi, impotente a modificarne il decorso.

La sofferenza visualizzata

La situazione di impotenza appena descritta si accompagna alla necessità di una partecipazione attiva all'evento che si sta svolgendo. Lo voglia o no la donna, il suo corpo è costretto, nonostante il dolore, a contrazioni e movimenti istintivi e necessari che si adeguano alla meccanica del travaglio e ne aiutano il procedere.

Ma poiché nel parto il progredire del travaglio implica un intensificarsi della sofferenza, la donna si trova come a favorire, con la sua stessa situazione somatica, l'accrescimento del dolore. In questa sorta di lacerazione anche conflittuale, il corpo della partoriente diventa luogo tipico di visibilità del dolore, che esso manifesta e accompagna nel suo progredire. E mentre la sofferenza cresce, la deformazione somatica lentamente operata dalla gravidanza nella madre si trasforma nella contrazione spasmodica che permette la fuoriuscita del bambino.

L'ignoto

Nell'esperienza del parto, angoscia interiore e dolore fisico si uniscono in un complesso stato di sofferenza. Il corpo è nello spasimo delle doglie, e l'anima in quello della paura. La donna che sta per dare alla luce un figlio si trova infatti davanti a un compito che sa doloroso e di cui però ignora i precisi contorni. Non è solo la sofferenza a spaventarla, ma tutto ciò che di ignoto e incontrollabile è in quella esperienza. Non solo l'impatto sempre misterioso con il dolore, ma anche l'impossibilità di prevederne gli sviluppi e la fine, il non sapere quanto durerà, come evolverà, se avrà esito positivo o se la morte (rischio reale che il corpo avverte) prenderà il sopravvento.

Questa dimensione psicologica è ancora più esasperata nella primipara, di cui si parla nel testo di Ger 4,31. Essa infatti affronta un'esperienza completamente sconosciuta, un dolore ancora mai provato e perciò tanto più angoscioso e incontrollabile. Oltre al dato oggettivo della maggiore difficoltà e sofferenza per il primo figlio, c'è in lei tutto il peso di un ignoto che riesce probabilmente a configurare solo attraverso il ricordo del grido di altre donne che hanno partorito prima di lei. Manca l'esperienza del decorso del dolore, delle proprie reazioni, della propria resistenza fisica e psichica, manca soprattutto l'esperienza della fine che apre ad una gioia che cancella il passato. L'ignoto assume così i contorni minacciosi di una indefinibile durata. La donna è invasa da un dolore che sembra non debba finire mai e che accresce lo stato d'ansia e di allarme trasformandolo in una morsa angosciosa senza apparenti vie d'uscita.

La solitudine

Ad aggravare ancora la tensione, si aggiunge una componente di solitudine, inevitabile quando si affrontano situazioni cruciali di sofferenza, e ancor più quando esse hanno in loro una potenzialità di morte. La donna è in qualche modo sotto minaccia, confrontata ad un evento che potrebbe anche distruggerla, un'alterità, quella del figlio, che preme per vivere e potrebbe mettere in pericolo la vita di lei.

Ma il paradosso è proprio che questa minacciosa alterità è quella della propria carne, di un figlio desiderato e voluto. Perciò la solitudine della partoriente può farsi lacerante, perché questo figlio che lotta insieme a lei per vivere non le è compagno, ma si può trasformare in nemico, origine della sua sofferenza e possibile minaccia per la sua vita [34].

La nascita e la morte si sfiorano allora pericolosamente nella coscienza della donna. Il mistero del dono della vita ha in sé qualcosa della morte che va attraversato e lo rende temibile, esperienza traumatica per chi partorisce e per chi è partorito [35].

L'applicazione dell'immagine agli uomini

Abbiamo visto che l'immagine della partoriente è spesso usata per descrivere il terrore di soldati, capi, uomini di guerra (cfr. Ger 48,41; 49,22;

[34] Nella pratica clinica non è infrequente riscontrare questo particolare tipo di esperienza. Esso può essere in alcune donne talmente pronunciato da indurle, subito dopo il parto (anche se per breve tempo), a rifiutare di vedere il bambino che è stato la causa di tanta sofferenza.

[35] Il trauma del nascere è stato ridimensionato in tempi recenti, sia dal punto di vista fisico che psichico. Sembra che il bambino, durante la difficile discesa del canale da parto, sia protetto da stimolazioni eccessive e dolorose per mezzo di una specie di «narcosi fisiologica» (cfr. GIANINI BELOTTI, *Non di sola madre*, 27-28). Ma è questa un'ipotesi dibattuta e resta comunque il fatto che oggettivamente la nascita rappresenta un passaggio faticosissimo e angusto, che la fa in qualche modo assomigliare alla morte. Cfr. anche MACFARLANE, *Psicologia della nascita*, 72-74 e OLIVERIO FERRARIS, *Psicologia della paura*, 56-61.

50,43; Sal 48,7). Coloro che sono l'emblema della forza e del sangue freddo diventano non solo donne [36], ma donne in condizioni di massima debolezza e senza più possibilità di controllo né su se stesse né sulla situazione che stanno vivendo. L'alterazione che la paura provoca negli esseri umani è talmente profonda e appariscente da poter essere espressa attraverso l'impossibile paradosso di uomini che partoriscono (cfr. in particolare Ger 30,6).

Proprio questa interazione tra le due situazioni esperienziali della paura e del parto aiuta a capire meglio ambedue. In realtà, ciò che porta a compimento la comprensione dell'immagine della partoriente è il terminare della sua sofferenza nella nascita del bambino. Tutto il dolore angosciante della donna è modificato dalla luce che getta su di esso il suo compiersi nel venire al mondo di un nuovo essere umano (cfr. Giov 16,21).

Ma invece, per parlare della paura non si parla di nascita. Anzi, sottilmente la si esclude applicando l'immagine ai maschi. Questo dato è significativo perché sottolinea il fatto che, quando il terrore si impadronisce dell'uomo, tutto viene modificato nella sua consistenza personale. La paura viene con ciò presentata in tutta la sua realtà di sconvolgimento e in certo modo di sterilità, come una forza travolgente che trasforma la persona e la getta in balìa dell'urlo inutile e solitario dell'angoscia.

È così che il soldato abituato alla morte diventa come una primipara, sgomenta e perduta davanti ad un dolore di cui non sa nulla, ancora ignara di quel trionfo del dare la vita che la rende un po' simile a Dio.

* * *

L'esperienza dell'alterazione del corpo esaminata in questo capitolo mostra quanto problematica sia la vita nella carne, anche al di là di ogni aggressione esteriore. È al proprio interno che l'uomo porta scritta la necessità della sua fine, e la paura si radica proprio in questo suo sperimentarsi tanto peribile da sentire la morte persino quando genera la vita.

L'esperienza della paura, generalizzata e totalizzante, appare perciò collegata con le esperienze fondamentali dell'uomo, nella relazione a se stesso, agli altri, e a ciò che lo supera. Il porsi davanti alla morte ne è la chiave, e chiede un nuovo rapportarsi alla verità che può essere solo accolto come dono gratuito che viene dall'Alto.

36 È questa un'altra immagine che viene usata in contesti simili. Cfr. p. 232.

PARTE TERZA

LA PAURA NEI SUOI ELEMENTI STRUTTURALI

Nella Parte Prima del nostro lavoro abbiamo offerto una panoramica generale dell'emozione della paura e soprattutto abbiamo fornito i dati fondamentali riguardanti il vocabolario di base. Nella Parte Seconda poi abbiamo visto alcuni esempi di situazioni di timore, così da esaminare il fenomeno nel suo svolgersi ed articolarsi in un preciso quadro contestuale. Ora, nella Parte Terza, intendiamo offrire uno studio di tipo sintetico che presenti l'emozione della paura nel suo insieme, prendendo in esame i vari momenti del suo processo e le sue componenti essenziali così come compaiono in tutto l'Antico Testamento.

Se dunque la Parte Prima è servita a chiarire i modi con cui si esprime linguisticamente la realtà del temere, e la Parte Seconda ha mostrato come tale realtà si verifica nelle varie contingenze della storia umana, ora la Parte Terza intende esaminarne gli elementi strutturali, indicarne l'ulteriore vocabolario, mostrare le relazioni e la complessità delle sue componenti.

Nell'organizzazione dei vari elementi sparsi nei numerosissimi testi che parlano del temere umano, ci siamo rifatti a uno schema logico di base desunto dai testi stessi e di tipo prevalentemente «temporale», riferito cioè al progressivo svolgersi del fenomeno. Inizieremo perciò dal sorgere della paura nell'uomo (cap. VI), per poi vederla in atto ed esaminarne il manifestarsi (cap. VII), fino al momento terminale del suo superamento da parte del soggetto (cap. VIII) [1].

Va da sé che i molti e vari elementi di cui tratteremo non si trovano mai contemporaneamente nei testi biblici che descrivono la paura, ed anche le tre tappe del suo svolgersi, che corrispondono ai tre capitoli della Parte, solo raramente sono presentate nel loro susseguirsi in modo completo. Lo schema logico a cui ci rifacciamo ha dunque alcune caratteristiche di astrazione (ma non di arbitrarietà), d'altronde necessarie per permettere l'esposizione e la comprensione del fenomeno che ci interessa.

In questa Parte del nostro lavoro, faremo riferimento anche a testi in cui non compaiono termini propri di paura, ma che trattano dei suoi effetti, o in cui comunque vengono presentate situazioni che solitamente provocano timore. L'emozione della paura infatti può essere descritta nelle sue manifestazioni e nelle sue conseguenze senza che sia necessario nominarla in modo esplicito. Facciamo qualche esempio.

---

[1] Il comportamento animale, con le sue caratteristiche istintuali, ci fornisce una conferma di questa articolazione del fenomeno della paura nelle sue componenti più semplici. MANNONI (*La peur*, 66) le organizza in una pratica tavola riassuntiva. In essa si inizia con la comparsa di un pericolo, cui fa seguito la paura e le due possibilità reattive della fuga o dell'aggressione. Dove la fuga non sia possibile, avviene lo scontro tra minacciante e minacciato, oppure quest'ultimo procede alla neutralizzazione del pericolo per mezzo di un atteggiamento

Nel racconto del combattimento tra Davide e Golia (1 Sam 17)[2], si afferma esplicitamente il grande timore di Israele nei confronti del Filisteo usando l'espressione *wayyēḥattû wayyīr^{e}'û m^{e}'ōd* (v. 11). Questo viene poi ripetuto al v. 24, ma aggiungendo la menzione della fuga: *wayyānūsû mippānâw wayyîr^{e}'û m^{e}'ōd*. Quando poi, morto Golia, è la volta dei Filistei ad essere in situazione di inferiorità, si dice solo *wayyānūsû* (v. 51), ma è evidente che quella fuga è determinata dalla paura e la manifesta, anche se questa non viene nominata.

Una cosa analoga si presenta nel racconto di Gen 3 (vv. 8.10) in cui si dice che Adamo ed Eva, dopo il peccato, si nascondono (*ḥb', Hitp*) al sopraggiungere di Dio. Ma quando Adamo spiega il suo comportamento, afferma: ho avuto paura (*yr'*) e mi sono nascosto (*ḥb', Ni*).

La stessa cosa avviene pure in situazioni e con manifestazioni anche meno evidenti. Così, nell'episodio di Isacco a Gerar, si narra che egli, pensando di poter essere ucciso a causa di Rebecca, la presentò come sorella e non come moglie. Il testo esplicita: *wayyō'mer 'ăḥōtî hî' kî yārē' lē'mōr 'ištî* (Gen 26,7). Ma negli episodi paralleli in cui Abramo ha lo stesso comportamento e fa passare Sara per sua sorella (Gen 12,11-13; 20,11-13), si riferisce la motivazione della possibilità di venire ucciso[3], senza però menzionare la paura. Eppure, è chiaro che è il timore a spingere Abramo alla menzogna, per non correre il rischio di essere assassinato.

---

di sottomissione che provoca i processi inibitori dell'aggressività nell'altro animale. Finita la minaccia, si ritorna allo stato di calma. Riproduciamo lo schema di MANNONI:

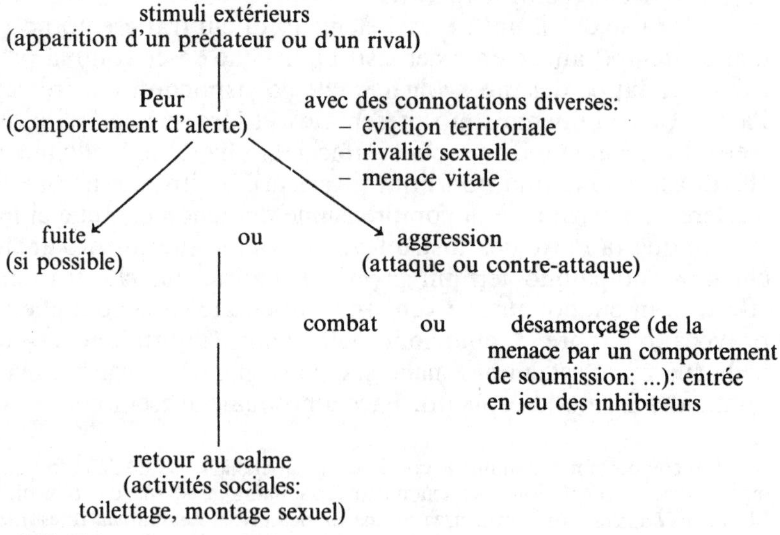

[2] Cfr. pp. 111-114.

[3] Gen 12,12: *w^{e}'ām^{e}rû 'ištô zō't w^{e}hār^{e}gû 'ōtî...*
Gen 20,11: *'ên yir'at 'ĕlōhîm bammāqôm hazzeh wahărāgûnî 'al d^{e}bar 'ištî.*

L'esplicitazione dei termini non è dunque sempre necessaria per descrivere l'emozione di cui ci stiamo occupando, potendo essa presentarsi in modo multiforme e con una ricchissima gamma di variazioni e di componenti. Tanta ricchezza sarà appunto l'oggetto di studio di questa Terza Parte del nostro lavoro. Di ogni elemento di cui tratteremo, cercheremo di offrire degli esempi il più possibile significativi e chiarificatori, ma senza alcuna pretesa di esaustività [4].

---

[4] Tale scelta è necessariamente imposta dalla grandissima quantità di attestazioni bibliche sulla paura e i suoi molti elementi. Data l'ovvietà della cosa, nell'offerta degli esempi lungo la trattazione di questa Terza Parte, eviteremo di norma la ripetizione dell'indicazione «ecc.», che resta perciò sottintesa.

Capitolo Sesto

La nascita della paura

In questo capitolo ci occuperemo del temere umano nella sua fase iniziale, esaminandone il sorgere nei suoi vari aspetti e componenti. Lo studio verterà perciò prima sull'elemento precipuo della *percezione del pericolo* nelle sue diverse forme, e poi sull'oggetto di tale percezione, cioè l'*oggetto spaventoso* causa del timore, con le varie modalità del suo presentarsi. Infine, esamineremo gli *scopi dell'intimorire*, alla ricerca delle motivazioni che possono indurre l'uomo a provocare la paura in un suo simile.

1. La percezione (del pericolo)

La paura viene definita «una reazione emotiva di fronte ad un pericolo esterno riconosciuto come tale dalla coscienza» [1]. È proprio questa consapevolezza che determina la paura nell'individuo: senza di essa non c'è insorgenza del timore.

Numerosi testi biblici segnalano in modo esplicito questa esperienza di percezione del pericolo che precede e fa nascere la paura. Tale percezione si ha solitamente, ma non esclusivamente, attraverso i sensi dell'udito e della vista e può essere immediata o, come frequentemente avviene, mediata da una parola che annuncia e descrive la minaccia [2]. Per mezzo di schemi, forniamo alcuni esempi del fenomeno; passeremo poi a vederne alcune altre particolarità. Come si potrà osservare, riguardo allo stesso oggetto di paura possono comparire termini diversi per indicare sia la percezione che il timore o le sue manifestazioni e conseguenze.

---

[1] *EncPsich*, 282. Cfr. anche Boutonier, *Contribution à la psychologie*, 10; Mannoni, *La peur*, 8-9.

[2] A volte, l'udire (*šmʿ*) o il vedere (*rʾh*) esprimono una percezione più generica e globale della realtà e stanno ad indicare il fatto di venire a sapere qualcosa, prenderne coscienza, rendersene conto.

1.1. *L'udito*

parola o suono	percezione	oggetto	paura [3]	conseguenze	
	šm'	preparativi di aggressione nemica	*yr' mippenê*		1 Sam 7,7
ngd(Hi) lē'mōr		» »	*yr'*		2 Cron 20,2-3
ngd(Ho) lē'mōr		» »	*lēbāb nw' ke...*		Is 7,2
	šm'	notizie temibili sul nemico	*rgz, ḥîl, bhl(Ni), ra'ad,...*		Es 15,14-16
	šm'	» »	*lēbāb mss(Ni), rûḥ lō' qwm 'ôd*		Gios 2,11
	šm'	» »	*yr' me'ōd*		Gios 10,1-2
šēma'	*šm'*	» »	*rgz, ḥyl mippenê*		Deut 2,25
šōma'	*šm'*	» »	*yādayim rph, ṣārâ, ḥîl*		Ger 6,24
šēma'	*šm'*	» »	*yādayim rph, ṣārâ, ḥîl*		Ger 50,43
ngd(Ho)		» »	*yr' me'ōd lenapšôt mippenê*		Gios 9,24
(*šwb*) *lē'mōr*		notizie su Esaù e i suoi 400	*yr' me'ōd, ṣrr le*		Gen 32,7-8
qôl šôpār ...	*šm'*	suono di guerra	*ḥyl, lēb hmh le*	*lō' ḥrš(Hi)*	Ger 4,19
šôpār tq'(Ni)		» »	*ḥrd*		Am 3,6
qôl ...	*šm'(Hi)*	rumore di esercito		*nws* (2x), *'zb*	2 Re 7,6-7
miqqôl ...		invasione	*ripyôn yādāyim*		Ger 47,3
miqqôl ...		» »		*brḥ*	Ger 4,29
dibrê ...	*šm'*	sfida di Golia	*ḥtt, yr' me'ōd*		1 Sam 17,11
	šm'	decisione di morte	*yr'*	*brḥ*	Ger 26,21
	šm'	morte di Abner	*yādayim rph, bhl(Ni)*		2 Sam 4,1
bw' šemū'â		morte di Saul		*nws, ḥpz lānûs*	2 Sam 4,4
ngd(Hi)		situazione disperata dei Giudei	*ḥyl(Hitpalp) me'ōd*		Est 4,4
	šm'	notizia di punizione esemplare	*yr'*		Deut 13,12
debārîm	*šm'*	parole del rotolo	*pḥd 'îš 'el rē'ēhû*		Ger 36,16
dbr(Pi) be'oznayim		eventi riguardanti Abimelek	*yr' me'ōd*		Gen 20,8
š'g		ruggito del leone	*yr'*		Am 3,8

[3] Non indichiamo qui solo i termini studiati nel cap. II, ma anche quelli esprimenti la paura nei suoi effetti, somatizzazioni, ecc., che riprenderemo poi nel cap. VII. Consideriamo invece conseguenze le reazioni quali il grido (d'aiuto), la fuga, il nascondersi.

1.2. *La vista*

percezione	oggetto del vedere	paura	conseguenze	
r'h	schieramento nemico	*yr', lēb ḥrd me'ōd*		1 Sam 28,5
r'h	fatti e cose temibili del nemico	*gwr me'ōd mippenê, qwṣ mippenê*		Num 22,2-3
r'h	» »	*yr' min* (negato)		Deut 20,1
nś' 'et ʿênayim wehinnēh	esercito del Faraone	*yr' me'ōd*	*ṣʿq 'el yhwh*	Es 14,10
r'h	Golia	*yr' me'ōd*	*nws mippenê*	1 Sam 17,24
r'h	disastro militare	*bhl(Ni)*	*pnh lipnê*	Giud 20,41-42
ḥāzût (+*ngd,Ho*)	distruzione	*ḥalḥālâ, ṣîrîm, lēbāb tʿh, ...*[4]		Is 21,2-4
r'h	morte del campione		*nws*	1 Sam 17,51
r'h	successi dell'avversario	*gwr mippenê*		1 Sam 18,15
r'h	teofania (Sinai)	*nwʿ*	*ʿmd mērāḥōq*	Es 20,18
r'h	punizione divina	*yr', ḥyl me'ōd*		Zacc 9,5
r'h	» »	*yr'*		Sal 52,8
r'h	nome di Dio su Israele	*yr' min*		Deut 28,10
r'h (... *wehinnēh*)	volto splendente di Mosè	*yr' min* (+inf.)	(≠ *gešet*)	Es 34,30
r'h	fantasma di Samuele	(v. 13: *yr'*, negato)	*zʿq beqôl gādôl*	1 Sam 28,12 [5]
r'h	denaro misteriosamente rimesso nei sacchi	*yr'*		Gen 42,35 (cfr. vv. 27-28)
r'h	pericolo		*str(Ni)*	Prov 27,12 (= 22,3[*Q*])

Cfr. anche Is 41,5; Ab 3,10; Sal 77,17; 97,4; 114,3 [6].

---

[4] Tra i molti termini di paura presenti in Is 21,3 abbiamo anche le espressioni *naʿăwētî miššemōaʿ nibhaltî mēre'ôt*, che possono essere intese come indicazione di un terrore che impedisce di sentire e vedere, oppure di un timore provocato proprio da ciò che si vede e si ode. Cfr. p. 57, n. 154.

[5] Sul versetto e le sue difficoltà, cfr. p. 151, n. 97.

[6] In questi testi, abbiamo delle chiare personificazioni, con cui si attribuisce la paura alla terra, alle isole, alle acque, agli abissi. Cfr. anche p. 102, n. 26.

1.3. *La consapevolezza del pericolo*

Gli esempi sopra riportati indicano chiaramente che ci troviamo in un ambito esperienziale. La paura nasce nell'uomo quando egli sente o vede qualcosa di minaccioso, che rappresenta un pericolo o ne segnala la presenza e la possibilità [7]. Non è determinante in che modo la minaccia giunga alla coscienza: può risultarne modificata l'intensità dell'emozione, ma non il suo sorgere. Così, il successo di un avversario nelle sue imprese provoca timore sia che lo si constati di persona (cfr. 1 Sam 18,15), sia che ne giunga la notizia (cfr. Neem 6,16). Golia impaurisce Israele sia facendo sentire la propria voce di sfida (cfr. 1 Sam 17,11), che mostrandosi alla sua vista (cfr. 1 Sam 17,24). Si ha paura dell'esercito nemico pronto all'attacco perché vengono riferiti i suoi preparativi di aggressione (cfr. Is 7,2), o perché se ne ode direttamente il frastuono (cfr. Ger 4,29), o perché se ne vede l'accampamento (cfr. 1 Sam 28,5); ecc. Comunque gli giungano, l'uomo interpreta ed elabora i dati e gli stimoli che provengono dall'ambiente esterno (o dal suo corpo: cfr. la malattia), ed in tal modo configura la minaccia che lo spaventa [8].

Per indicare questa consapevolezza del pericolo (o comunque la relazione ad un oggetto temibile e la sua percezione), vengono utilizzati in ebraico anche altri termini come *ydʿ, zkr,* ecc.:

soggetto	percezione		oggetto	paura	
Filistei	*šmʿ ’et qôl hatt^{e}rûʿâ*	*ydʿ*	*kî ’ărôn yhwh bā’*	*yr’*	1 Sam 4,6-7
Saul	*r’h* (il successo di Davide: v. 27)	*ydʿ*	*kî yhwh ʿim dāwid*	*yr’ mipp^{e}nê*	1 Sam 18,28-29
Giobbe		*zkr*	prosperità degli empi (vv. 7ss)	*bhl(Ni), pallāṣût*	Giob 21,6
Davide		*śym b^{e}lēbāb*	parole dei Filistei	*yr’ m^{e}’ōd mipp^{e}nê*	1 Sam 21,13
Giobbe		*byn (Hitpo)*	decisione di Dio (vv. 13-14)	*bhl(Ni) mipp^{e}nê, pḥd min*	Giob 23,15

Cfr. anche Is 19,17.

[7] Lo stesso fenomeno si presenta pure quando non si tratta solo di paura vera e propria, ma anche di timore reverenziale:

r’h	il grande segno di Dio	*yr’ ’et yhwh*	Es 14,31
šmʿ	il giudizio emesso dal re	*yr’ mipp^{e}nê hammelek*	1 Re 3,28
r’h	la sapienza divina in lui		

Cfr. anche Ab 3,2; Sal 40,4.

[8] Si veda a tale proposito l'interessante testo di 2 Re 7 ove Dio fa udire (*šmʿ,Hi*) agli Aramei un forte rumore come di un esercito (v. 6) ed essi, interpretatolo e trattane la conclusione di essere attaccati da forze ingenti confluite insieme da diversi paesi, fuggono abbandonando tutto (v. 7). Cfr. anche Es 14,24-25 e, in diverso contesto, Giud 6,20-23.

La minaccia che giunge alla coscienza può dunque essere reale, prefigurata, ricordata, immaginata, ma è comunque necessario che sia percepita. Non siamo alle prese con un sentimento diffuso d'angoscia, non configurabile (cfr. ad esempio le forme depressive ansiose [9] o le fobie [10]), ma con la reazione di paura che risponde ad uno stimolo e ad un oggetto precisabile e delimitato.

1.4. *Annotazioni sintattiche*

Il rapporto tra la percezione e la paura è per lo più espresso in modo paratattico:

Es 15,14 :	*šām^{e}'û 'ammîm*	*yirgāzûn ...*	
1 Sam 7,7 :	*wayyišm^{e}'û b^{e}nê yiśrā'ēl*	*wayyīr^{e}'û mipp^{e}nê ...*	
Sal 52,8 :	*w^{e}yir'û ṣaddîqîm*	*w^{e}yîrā'û*	
Gen 42,35 :	*wayyir'û 'et ṣ^{e}rōrôt ...*	*wayyîrā'û*	
Is 7,2 :	*wayyuggad ... nāḥâ ...*	*wayyāna' l^{e}bābô ...*	
1 Sam 21,13 :	*wayyāśem dāwid ... bilbābô*	*wayyīrā' m^{e}'ōd mipp^{e}nê ...*	
Gen 3,10 :	*'et qōl^{e}kā šāma'tî ..*	*wā'îrā'*	*kî 'êrōm 'ānōkî*
Num 22,2-3 :	*wayyar' bālāq ...*	*wayyāgor .. mipp^{e}nê .. m^{e}'ōd* *wayyāqoṣ .. mipp^{e}nê ...*	*kî rab hû'*
1 Sam 4,6-7 :	*wayyišm^{e}'û ... wayyō'm^{e}rû* *... wayyēd^{e}'û ...*	*wayyīr^{e}'û ..*	*kî 'ām^{e}rû ...*

Cfr. anche Gen 32,7-8; Es 20,18; Deut 19,20; Gios 9,24; 1 Sam 28,5; Ger 26,21; Zacc 9,5; Sal 77,17; Est 4,4.

Tale rapporto può anche essere esplicitato per mezzo di congiunzioni:

Giud 20,41 :	*wayyibbāhēl 'îš binyāmîn*	*kî*	*rā'â kî nāg^{e}'â 'ālâw hārā'â*
Ger 49,23 :	*bôšâ ḥămāt w^{e}'arpād* *nāmōgû bayyām d^{e}'āgâ ...*[11]	*kî*	*š^{e}mū'â rā'â šām^{e}'û*
Gios 2,9-10 :	*yāda'tî kî ...* *w^{e}kî nāp^{e}lâ 'êmatkem 'ālênû* *w^{e}kî nāmōgû ... mipp^{e}nêkem*	*kî*	*šāma'nû 'ēt 'ăšer ...*

---

[9] «Le forme depressive ansiose sono caratterizzate dal logoramento in espressioni ansiose stereotipate di smarrimento e di angoscia e da previsioni catastrofiche. Si tratta di paure generalizzate che producono un'attesa costante del peggio»: OLIVERIO FERRARIS, *Psicologia della paura*, 110. Proprio la mancanza di una minaccia reale che legittimi lo stato di paura è ciò che contraddistingue l'ansia (cfr. *EncPsich*, 282). Cfr. anche p. 253.

[10] La fobia è definita dalla psicologia come una paura persistente senza rapporto con un pericolo reale. Cfr. *LexPsych*, 665; JERVIS, *Manuale critico di psichiatria*, 265-269; OLIVERIO FERRARIS, *Psicologia della paura*, 115ss.

[11] Su quest'ultima espressione, cfr. p. 69, n. 226.

Is 21,2-4:			*ḥāzût qāšâ huggad lî ...*
		ʿal kēn	
	māl^{e}ʾû motnay ḥalḥālâ ...		
	naʿăwêtî .. nibhaltî ...		

Oppure si può esprimere la proposizione secondaria con infinito costrutto + preposizione:

Ger 36,16 :	*wayhî*	*k^{e}šomʿām*		*ʾet kol hadd^{e}bārîm*	*pāḥădû ʾîš ʾel rēʿēhû*
Gios 5,1 :	*wayhî*	*kišmōʿ*	*kol malkê ...*	*ʾēt ʾăšer ...*	*wayyimmas l^{e}bābām ...*
Gios 10,1-2 :	*wayhî*	*kišmōʿ*	*ʾădōnî ṣedeq*	*kî lākad ...*	*wayyîr^{e}ʾû m^{e}ʾōd kî ...*
1 Sam 17,24 :			*w^{e}kōl ʾîš ..*		
		birʾôtām		*ʾet hāʾîš*	*wayyānûsû .. wayyîr^{e}ʾû m^{e}ʾōd*

1.5. *La percezione sottintesa*

Gli esempi finora visti esplicitano la componente percettiva con termini specifici. Ma la cosa è sottintesa e implicita anche dove questi termini non compaiono. Così, ad esempio, la paura provocata dal nemico pronto a combattere è solitamente determinata dal fatto che lo si vede o che ne vengono annunciate le manovre. Ma si può esprimere la stessa cosa anche solo dicendo che se ne ha paura perché viene ad aggredire, tralasciando con ciò di esplicitare il modo con cui se ne giunge a conoscenza. Il fenomeno si può vedere chiaramente con lo schema seguente:

1 Sam 7,7 :	*wayyaʿălû ... ʾel yiśrāʾēl*	*wayyišm^{e}ʿû b^{e}nê yiśrāʾēl*	*wayyīr^{e}ʾû mipp^{e}nê ..*
Is 7,1-2 :	*ʿālâ ... lammilḥāmâ ʿal ...*	*wayyuggad l^{e}bêt dāwid ...*	*wayyānaʿ l^{e}bābô ...*
1 Sam 28,4s :	*wayyiqqāb^{e}ṣû ...*	*wayyarʾ šāʾûl ʾet ...*	*wayyīrāʾ wayyeḥĕrad ...*
Giud 10,9 :	*wayyaʿabrû ... l^{e}hillāḥēm ...*		*wattēṣer l^{e}yiśrāʾēl m^{e}ʾōd*

Può essere utile vedere anche un altro esempio, particolarmente interessante perché all'interno di una stessa pericope. Si tratta del timore di Saul nei confronti di Davide (1 Sam 18) a motivo dei successi di quest'ultimo, sintetizzati al v. 14: *wayhî dāwid l^{e}kol d^{e}rākāw maśkîl w^{e}yhwh ʿimmô*. L'atteggiamento di Saul a questo proposito viene così espresso in tre diversi versetti:

v. 12		*kî hāyâ yhwh ʿimmô*	*wayyīrāʾ šāʾûl millipnê dāwid*
v. 15	*wayyarʾ šāʾûl*	*ʾăšer hûʾ maśkîl m^{e}ʾōd*	*wayyāgor mippānâw*
v.28s	*wayyarʾ šāʾûl wayyēdaʿ*	*kî yhwh ʿim dāwid ...*	*wayyōʾsep šāʾûl lērōʾ mipp^{e}nê dāwid ʿōd*

Si può dunque concludere che, anche se il vedere o il sentire o il percepire non vengono esplicitati, è comunque il fatto che l'oggetto o l'evento spaventoso si presenti al soggetto (o alla sua immaginazione) che determina in esso la paura. Non c'è timore finché l'uomo non si trova confrontato con una minaccia, di fronte ad essa [12], e tanto più grande sarà la paura quanto più la sua causa sarà prossima o percepita come tale.

1.6. *La mancata percezione (lo stolto)*

In netto contrasto con quanto detto finora è la figura dello stolto, incapace di rendersi conto della minaccia. La sua incoscienza lo getta in braccio al pericolo e la sua mancanza di timore è in realtà incapacità di discernimento del reale e di assunzione della propria verità.

Perciò lo stolto (*petî, na'ar ḥăsar lēb*: Prov 7,7) è paragonato a un animale incauto preso in trappola o a un uccello che si precipita nella rete che lo uccide (cfr. Prov 7,22-23) [13]. Mentre l'astuto (*'ārûm*) si accorge del pericolo e lo evita, lo sconsiderato (*petî*) prosegue e dovrà pagarne lo scotto (Prov 22,3) [14]. La mancanza di cautela dello sciocco (*kᵉsîl*) si contrappone alla prudenza del saggio (*ḥākām*) che teme e perciò si tiene lontano da ciò che può danneggiarlo (Prov 14,16) [15].

Un personaggio emblematico a questo proposito è Nabal, così come viene presentato nel racconto di 1 Sam 25. Nel suo discorso a Davide, Abigail lo definisce deplorevolmente stolto giocando proprio sul nome stesso del marito: *'îš habbᵉliyya'al ... kišmô ken hû' nābāl šᵉmô ûnᵉbālâ 'immô* (v. 25) [16]. Nabal si rivela essere un uomo ottuso e arrogante (*qāšeh wᵉra' ma'ălālîm*: v. 3), incapace di rendersi conto del pericolo che lo sovrasta. Nella sua incoscienza, egli provoca una situazione di grave minac-

---

[12] Cfr., a tale proposito, l'uso preposizionale di *pānîm* con i verbi di paura: *lipnê, millipnê, mippᵉnê*. Cfr. la tabella a p. 88.

[13] Va notata in particolar modo l'efficace formulazione finale: *kᵉmahēr ṣippôr 'el pāḥ wᵉlō' yāda' kî bᵉnapšô hû'* (v. 23).

[14] *'ārûm rā'â rā'â wᵉnistār* (*Q*) *ûpᵉtāyîm 'ābᵉrû wᵉne'ĕnāšû* (cfr. 27,12).

[15] *ḥākām yārē' wᵉsār mērā' ûkᵉsîl mit'abbēr ûbôṭēḥ*.
Cfr. pure 28,14: *'ašrê 'ādām mᵉpaḥēd tāmîd ûmaqšeh libbô yippôl bᵉrā'â*.
Può essere anche interessante rifarsi alla descrizione dello struzzo in Giob 39,16-17: il suo essere senza intelligenza (*ḥokmâ, bînâ*) lo fa faticare insensatamente (*lᵉrîq*) senza che questo lo turbi (*bᵉlî pāḥad*). Ben diverso è invece il non temere del cavallo di cui si parla subito dopo (*yiśḥaq lᵉpaḥad wᵉlō' yēḥat*: v. 22): non stupidità, ma fierezza e potenza. Per complemento, cfr. anche p. 273, n. 37.

[16] Per lo studio della radice *nbl* e del termine *nᵉbālâ*, cfr. Roth, «NBL»; A. Phillips, «Nebalah». In modo particolare, questi autori insistono sui sensi di separazione e di trasgressione espressi dalla radice. In questa prospettiva, Nabal è colui che opera una ingiusta rottura di relazione di alleanza rifiutando di compensare la protezione accordatagli da Davide (cfr. vv. 16.21).

cia sottovalutandone completamente la portata, in una stoltezza che lo fa ignaro dell'imminenza del disastro. È invece un suo servo a comprendere la gravità della situazione, e poi sua moglie Abigail, che rimedia alla prepotenza del marito. Quando poi finalmente questi verrà messo al corrente di ciò che è avvenuto, il trauma emotivo sarà troppo forte per lui. Nabal lo stolto muore così ucciso dallo spavento per ciò che sarebbe potuto accadere e dalla rabbia impotente di chi si vede smascherato nella sua arrogante stupidità [17].

2. **L'oggetto spaventoso**

Ci occupiamo ora dell'oggetto della percezione, di ciò che causa la paura con le sue caratteristiche di minaccia e pericolo. Cercheremo, con esempi, di delinearne l'aspetto, i vari modi con cui si presenta e viene percepito, i particolari fenomeni che ad esso si riferiscono, le sue diverse modalità di induzione della paura nei soggetti [18].

2.1. *L'aspetto spaventoso*

Il pericolo si può presentare con diverse caratteristiche e una grande molteplicità di elementi. Noi qui intendiamo solo indicare, a grandi linee, alcune formalità a cui si possono ricondurre i vari aspetti che rendono temibile un oggetto o una situazione.

2.1.1. La grandezza e la potenza

Sembrano essere questi i due aspetti basilari dell'oggetto minaccioso, che vanno considerati insieme (anche se non necessariamente compaiono

---

[17] La morte di Nabal è solitamente e giustamente collegata allo shock della rivelazione dello scampato disastro (cfr. ACKROYD, 199; MAUCHLINE, 171; R.P. GORDON, «David's Rise», 49). Ma KEIL, 195, e DHORME, 228, parlano anche di una possibile reazione di ira, che KEIL precisa come «Aerger, dass er sich von seiner Frau so hatte demütigen lassen». Certamente la paura deve essere stata una componente fondamentale di quella morte, ma la caratterizzazione di Nabal permette di pensare anche ad una sua reazione sproporzionata al fatto di dover accettare un'evoluzione delle cose andata al di là del suo controllo. Innanzitutto, perché questo ha voluto dire un venire a patti e sottomettersi a una specie di sbandato verso il quale si era mostrato sprezzante (cfr. vv. 10-11). Ma probabilmente anche perché ciò era avvenuto su avviso di un servo e per iniziativa autonoma della moglie che, pur se nel tentativo di salvarlo, si dimostra critica nei suoi confronti e non propriamente «sottomessa».

In altra direzione interpretativa va invece LEVENSON, che fa piuttosto riferimento al trauma (spropositato e grottesco) per la perdita materiale subìta («1 Samuel 25 as Literature», 17).

[18] In questo paragrafo, ci rifaremo anche a testi che descrivono un pericolo senza segnalare esplicitamente la risposta di paura da parte del soggetto. Quando questa è presente, ne indicheremo tra parentesi il vocabolario, e lo stesso faremo per eventuali sue manifestazioni e conseguenze.

uniti) perché sono evocatori l'uno dell'altro. Ciò che è grande fa paura perché potenzialmente capace di fare del male, dunque potente [19]. E ciò che è potente fa paura perché presenta un aspetto di superiorità soverchiante che schiaccia l'altro con la grandezza della propria forza, efficacia, capacità di male. Elenchiamo alcuni modi con cui queste due qualità si esprimono [20].

A) Superiorità numerica e grandezza del nemico

– *ʿam rab* (*min*)	: Es 1,9 (+ *ʿāṣûm*; vv. 10ss: provvedimenti per decimare Israele); Num 22,3 (*gwr, qwṣ mipp^{e}nê*); Deut 20,1 (*lō' tîrā' mēhem*); Is 13,4 (vv. 6-8: *yll,Hi; yādayim rph; ...*)
– *qāhāl w^{e}ʿam rāb*	: Ez 26,7 (+ *b^{e}sûs ûb^{e}rekeb ûb^{e}pārāšîm*)
– *ʿam rāb kaḥôl...*	: Gios 11,4 [21] (v. 6: *'al tîrā' mipp^{e}nêhem*)
– *ʿammîm rabbîm*	: Is 17,12 (v. 14: *ballāhâ*)
– *gôyim rabbîm*	: Ez 26,3
– *hāmôn rāb*	: Dan 11,11; 2 Cron 20,2.12.15 (v. 3: *yr'*; v. 15: *'al tîr^{e}'û w^{e}'al tēḥattû mipp^{e}nê*)
– *hāmôn rab min hāri'šôn*	: Dan 11,13 (+ *ḥayil gādôl, r^{e}kûš rāb*)
– *hămôn ḥăyālîm rabbîm*	: Dan 11,10
– *rib^{e}bôt ʿām*	: Sal 3,7 (*lō' 'îrā'*; v. 5: *qr' 'el yhwh*)
– *rabbîm*	: Sal 3,2.3 (v. 5: *qr' 'el yhwh*); 56,3 (v. 4: *yr'*); 119,157
– *rabbû*	: Sal 25,19 (v. 17: *ṣārôt lēbāb, m^{e}ṣûqôt*); 38,20
– *mâ rabbû*	: Sal 3,2 (v. 5: *qr'*)
– *rabbû miśśaʿărôt rō'š*	: Sal 69,5 (v. 4: *yāgaʿtî b^{e}qor'î*)

[19] Tra gli animali, questa regola generale è ampiamente sfruttata nei combattimenti. In essi, il soggetto che assume un atteggiamento di minaccia cerca di apparire all'altro di dimensioni molto più grandi di quanto in realtà non sia. Così, ad esempio, nella «imposizione col fianco» dei pesci, l'angolatura che essi mantengono rispetto all'avversario è tale da offrirgli allo sguardo i contorni massimi del corpo, con le pinne spiegate che ne aumentano le dimensioni. Lo stesso scopo raggiunge presso altri animali il fenomeno del rizzarsi del pelo, delle piume, il tendersi del collo, ecc. Cfr. LORENZ, *L'aggressività*, 157-158.331; MANNONI, *La peur*, 58-59. Nei combattimenti tra uomini, gli elmi, le armature, i cimieri svolgono analoga funzione.

[20] Le distinzioni che siamo costretti ad operare per necessità espositive vanno ovviamente considerate in modo molto attenuato, trattandosi di fattori che interagiscono e sono spesso nella realtà indivisibili.

[21] La grandezza e la quantità sono in vario modo enfatizzate lungo tutto il versetto: *wayyēṣ^{e}'û hēm w^{e}kol maḥănêhem ʿimmām ʿam rāb kaḥôl 'ăšer ʿal ś^{e}pat hayyām lārōb w^{e}sûs wārekeb rab m^{e}'ōd.*

- *rabbû mē'arbeh*[22] *w^{e}'ên lāhem mispār* : Ger 46,23 (v. 24: *bwš(Hi)*; v. 21: *pnh(Hi), nws*)
- *gôy gādôl* : Ger 6,22 (v. 24: *yādayim rph, ṣārâ, ḥîl*)
- *hāmôn gādôl* : 1 Re 20,13.28
- *q^{e}hal gôyim g^{e}dōlîm* : Ger 50,9 (v. 8: *nwd*)
- *'am gādôl wārām min* : Deut 1,28 (con lo sviluppo: *'ārîm g^{e}dōlōt ûb^{e}ṣûrōt baššāmāyim w^{e}gam b^{e}nê 'ănāqîm*; v. 29: *lō' ta'arṣûn w^{e}lō' tîr^{e}'ûn mēhem*; v. 28: *mss(Hi) 'et lēbāb*)
- *'am gādôl wārām b^{e}nê 'ănāqîm* : Deut 9,2
- *'am gādôl w^{e}rab wārām kā'ănāqîm* : Deut 2,10.21
- *n^{e}pîlîm b^{e}nê 'ănāq* : Num 13,33
- *'anšê middôt* : Num 13,32
- cfr. anche Golia e la sua armatura : 1 Sam 17,4-7 (v. 11: *ḥtt, yr' m^{e}'ōd*; v. 24: *nws mipp^{e}nê, yr' m^{e}'ōd*).

Anche Dio e il suo mistero si presentano con delle caratteristiche di grandezza e superiorità soverchiante che vanno però precisate. Possiamo individuare tre linee fondamentali:

— Dio è santo[23], grande e terribile:

Es 15,6 *y^{e}mîn^{e}kā yhwh ne'dārî bakkōḥ y^{e}mîn^{e}kā yhwh tir'aṣ 'ôyēb*
7 *ûb^{e}rōb g^{e}'ôn^{e}kā tahărōs qāmèkā ...*
11 *mî kāmōkâ bā'ēlîm yhwh mî kāmōkâ ne'dār baqqōdeš nôrā'*[24] *t^{e}hillōt 'ōśēh pele'*

Sal 96,4 *kî gādôl yhwh ûm^{e}hullāl m^{e}'ōd nôrā' hû' 'al kol 'ĕlōhîm*

Sal 99,3 ... *gādôl w^{e}nôrā' qādôš hû'*

Cfr. anche Gen 28,17; Deut 7,21; 1 Sam 2,2; Is 6,3-5; 8,13; Sal 47,3; 76,2.5.8.12; 99,5.9; Neem 1,5; 4,8.

---

[22] La similitudine con le cavallette serve a descrivere l'entità innumerevole ed estremamente compatta dell'esercito nemico. Cfr. p. 104.

[23] La radice *qdš* e la nozione di santità che essa esprime sono state esaurientemente esaminate nell'ampio studio di Gilbert, «Le Sacré dans l'A.T.» (con bibliografia). Cfr. pure *DBS*, alla voce «Sacré (et Sainteté)».

[24] Sul termine *nôrā'*, cfr. Becker, 46-48; *THAT*, I, 769-770; *TWAT*, III, 879-880.

— Dio si manifesta nel fuoco divorante:

Deut 5,25: *weʿattâ lāmmâ nāmût kî tō'kelēnû hā'ēš haggedōlâ hazzō't* ...[25]

Is 33,14 : *pāḥădû beṣiyyôn ḥaṭṭā'îm 'āḥăzâ reʿādâ ḥănēpîm*
mî yāgûr lānû 'ēš 'ôkēlâ mî yāgûr lānû môqedê ʿôlām

Cfr. anche Es 19,16.18 (v. 16: *ḥrd*); 20,18 (*nwʿ, ʿmd mērāḥōq*); Deut 4,11-12.36; 18,16.

— Ciò che Dio fa è smisurato[26]:

cfr. in particolare i grandi canti di creazione come Sal 104 e Giob 38–39.40–41:

Dio crea l'universo; pone le fondamenta della terra e la misura; racchiude il mare nei suoi limiti; fa fumare i monti; stende un telo, ed è il cielo; annoda fili, e sono quelli delle stelle; il suo carro sono le nubi; suo compagno di giochi il mostruoso Leviatan; ecc.

B) Potenza e capacità distruttiva

La potenza distruttiva è attribuita a diversi soggetti:

— il nemico, con i suoi mezzi bellici e le sue armi (carri, cavalli, archi, frecce, lance, spade, ecc.):

Es 14–15[27] (14,10: *yr' me'ōd*); Is 5,28; Ger 46,3-4 (in contrapposizione, vv. 5-6); Ez 21,19-21 (v. 20: *mwg lēb*); 26,7-12; Nah 2,4-5 (v. 7: *mwg(Ni)*; v. 11: *lēb mss(Ni), piq birkayim, ...*); 3,2-3.

Tale forza è spesso segnalata dal fragore, che aumenta nell'altro la paura:

2 Re 7,6: *qôl rekeb qôl sûs qôl ḥayil gādôl* (v. 7: *nws, ʿzb*)

Is 13,4 : *qôl hāmôn .. demût ʿam rāb qôl še'ôn* ...
(vv. 7-8: *yādayim rph, lēbāb mss(Ni), ...*)

Ger 47,3: *miqqôl šaʿăṭat parsôt 'abbîrâw mēraʿaš lerikbô hămôn galgillâw* ...
(v. 3b: *ripyôn yādāyim*)

Cfr. anche Is 5,29-30; 17,12-13a (in contrapposizione, vv. 13b-14); Ger 6,23; 8,16; Nah 3,2.

---

[25] Cfr. anche l'opposizione *bāśār – 'ēš* nel v. 26.

[26] Ci riferiamo qui in particolare alla manifestazione della grandezza di Dio nelle sue opere di creazione. L'aspetto «spaventoso» non è dunque associato alla percezione di un pericolo o di una minaccia, ma alla sensazione di trovarsi di fronte a una grandezza incommensurabile che lascia sgomenti (cfr. Giob 40,4; 42,2-3). Cosa diversa è invece la manifestazione della potenza punitiva e devastatrice di Dio, di cui ci occuperemo poco più avanti.

[27] Cfr. p. 100.

— l'avversario personale, con i suoi mezzi di sopraffazione (menzogna, oppressione, violenza, ecc.):

Sal 5,10; 17,9-12 (v. 6: *qr'*; v. 1: *rinnâ, tᵉpillâ*); 22,13-14.17-19 (v. 2: *šᵉ'āgâ*; v. 3: *qr', lō' dûmiyyâ*; v. 12: *ṣārâ*); 35,11-12.15-16.19-21; 55,10-12. 20-22 (vv. 5-7: *'êmôt māwet, yir'â, ra'ad,...*)[28].

— coloro che detengono il potere e la ricchezza e possono trasformarli in strumenti di ingiustizia e sopraffazione:

Is 5,8ss; Am 2,6-8; 4,1[29].

— gli elementi naturali (fuoco, acqua, tempesta, ecc.):

Es 9,23-25; 2 Re 1,10-12 (vv. 13-14: prostrazione e supplica);
Is 30,30-31 (v. 31: *ḥtt*); Giona 1,4 (v. 5: *yr', z'q 'el 'ĕlōhîm*); Sal 29.

— Dio nella punizione[30]:

Is 2,10.19-21 (v. 10: *ṭmn,Ni*; *paḥad*); Sof 1,14-18; Sal 83,14-16 (v. 18: *bwš*; *bhl,Ni*).

C) Onnipresenza minacciosa e inarrestabilità

— Un particolare rilievo merita l'uso di termini esprimenti idea di circondare, avvolgere:

'pp	: Sal 18,5	*'ăpāpûnî ḥeblê māwet* *wᵉnaḥălê bᵉliyya'al yᵉba'ătûnî*
	Sal 116,3	*'ăpāpûnî ḥeblê māwet ... ṣārâ wᵉyāgôn 'emṣā'*
sbb	: Sal 18,6	*ḥeblê šᵉ'ôl sᵉbābûnî ...* (v. 7: *baṣṣar lî 'eqrā'*)
	Sal 22,13	*sᵉbābûnî pārîm rabbîm ...*
	17	*kî sᵉbābûnî kᵉlābîm ...*
	cfr. anche Sal 17,11-12; 88,17-18	
missābîb	: Ger 4,17	*kᵉšōmᵉrê śāday hāyû 'ālèhā missābîb*
	Ger 51,2	*kî hāyû 'ālèhā missābîb bᵉyôm rā'â*
	cfr. anche l'espressione *māgôr missābîb* (Ger 6,25; 20,3; ecc.)	

Cfr. anche *ktr,Pi* (Sal 22,13) e *nqp,Hi* (Sal 17,9; 88,18).

---

[28] Cfr. pp. 119-121.

[29] Anche il potente non necessariamente ingiusto fa paura per la sua capacità di dominio e decisione sulla vita altrui. Cfr. Prov 20,2:
naham kakkᵉpîr 'êmat melek   mit'abbᵉrô ḥôtē' napšô.

[30] Se la «presenza» punitiva di Dio è spaventosa, lo può essere anche la sua «assenza», il suo ritrarsi, il suo tacere, che abbandonano l'uomo in potere della morte. L'accento si sposta, e ciò che fa paura è che la potenza divina non venga in aiuto. Il pericolo non è più nella vicinanza dell'aggressore, ma nella lontananza di chi può difendere e nella solitudine che ne consegue. Cfr. Sal 13,2-5; 74,10-11.18-19; 94,3-7.

— Alcune metafore riferite al nemico suggeriscono la stessa valenza semantica:

l'acqua che tutto invade e travolge (Is 8,7-8a; Ger 46,7-8);
l'uccello che distende le sue ali sopra il paese (Is 8,8b; Ger 48,40);
le cavallette (Giud 7,12);
l'aurora (Gioel 2,2);
la rugiada (2 Sam 17,12).

Questa ed altre immagini verranno poi precisate nel paragrafo a ciò destinato [31].

— Va infine ricordata l'idea di onnipresenza e onnipotenza di Dio legata all'affermata impossibilità di sottrarsi a Lui:

Ger 23,24; Am 9,1-4.

D) Unità e compattezza del nemico

La potenza dell'avversario è accresciuta e resa più temibile dalla coesione interna:

Gios 9,2 : *wayyitqabbeṣû yaḥdāw lehillāḥēm ... peh 'eḥād*
Ger 6,23 : *'ārûk ke'îš lammilḥāmâ* (v. 24: *yādayim rph, ṣārâ, ḥîl*)
Cfr. anche Deut 28,7.25; Ger 50,42 (// 6,23).

2.1.2. La ferocia

Questa dimensione non si identifica con le precedenti né necessariamente le accompagna. Un esercito numeroso è infatti pericoloso, ma può non essere feroce, e viceversa un manipolo d'uomini feroci è pericoloso anche se non è grande. Si tratta comunque di una connotazione aggravante: dove c'è ferocia, la minaccia si ingrandisce e la paura cresce perché si è a contatto con una dimensione di precisa volontà di male, priva di ogni forma di pietà.

— Essa può essere indicata dei nemici in modo esplicito:

Ger 50,42: *'akzārî hēmmâ welō' yeraḥēmû* (v. 43: *yādayim rph, ṣārâ, ḥîl*)
Is 13,18 : *ûperî beṭen lō' yeraḥēmû 'al bānîm lō' tāḥûs 'ênām*
Cfr. anche Deut 28,50; Ger 6,23; 21,7 [32].

---

[31] Cfr. pp. 194-198.

[32] La stessa mancanza di pietà è esplicitata per Dio in Ger 13,14: *wenippaṣtîm 'îš 'el 'āḥîw wehā'ābôt wehabbānîm yaḥdāw ... lō' 'eḥmôl welō' 'āḥûs welō' 'ăraḥēm mēhašḥîtām.*

— Oppure può essere evocata da quegli animali che per esperienza si sanno aggressivi, sanguinari (cfr. in italiano la denominazione di «bestie feroci»). Essi fanno paura (cfr. Am 3,8: *'aryēh šā'āg mî lō' yîrā'*), e diventano metafore per il nemico e l'avversario indicati nelle loro caratteristiche di crudeltà e violenza. La stessa immagine può essere applicata anche a Dio, quando viene percepito come nemico o si vuole esprimere l'esperienza di una sua qualche aggressione [33].

2.1.3. L'incomprensibilità

È questa una ulteriore aggravante che, quando si accompagna a una o ambedue le dimensioni precedenti della grandezza e della ferocia, aggiunge un elemento generatore di grandissima paura. Il soggetto viene infatti messo in stato di inferiorità e di massima vulnerabilità perché, non potendo capire l'altro, non è in grado di comprenderne le intenzioni e di prevederne le reazioni. Egli si ritrova così gettato nello sgomento perché privato di qualunque mezzo di difesa, lasciato a un buio della mente che può solo popolarsi di fantasmi.

Tale dimensione può essere sperimentata nel rapporto con Dio, quando si manifesta come trascendenza inspiegabile, da cui non si sa come difendersi. Come esempi tipici, si possono ricordare gli emblematici racconti dell'arca in 1 Sam 6 e 2 Sam 6 [34].

Ma l'aspetto pauroso legato all'estraneità e alla difficoltà di comprensione è soprattutto evidente ed esplicitato a proposito dei popoli nemici, nell'elemento caratteristico della incomprensibilità della lingua [35]:

Deut 28,49 : *gôy 'ăšer lō' tišma' lᵉšōnô*
Is 33,19 : *'am 'imqê śāpâ miššᵉmô' nil'ag lāšôn 'ên bînâ*
Ger 5,15 : *gôy lō' tēda' lᵉšōnô wᵉlō' tišma' mah yᵉdabbēr*

2.1.4. L'inevitabilità e imprevedibilità

Questa dimensione dell'oggetto spaventoso è collegata alla precedente e anche all'idea della cosa inarrestabile [36]. Ciò che soprattutto viene

---

[33] Anche per questo tipo di immagini rinviamo al paragrafo pertinente: cfr. pp. 194-195.

[34] Cfr. pp. 136-138 e 130-133.

[35] Sono interessanti a questo proposito alcuni dati forniti dagli studi sulla psicologia infantile. Da essi risulta che l'apprendimento del linguaggio da parte del bambino fa notevolmente diminuire in lui la paura dell'estraneo ed anche l'angoscia di separazione. Mentre progredisce l'apprendimento linguistico si riduce la sfera dell'ignoto e perciò anche la paura e il senso di isolamento che gli sono collegati (cfr. OLIVERIO FERRARIS, *Psicologia della paura*, 71-72). Quando dunque, per la diversità della lingua, si riproduce nell'uomo l'impossibilità di comunicare, la sfera dell'ignoto e dell'estraneità si dilata, aprendo la strada al timore.

[36] Cfr. in particolare le immagini elencate a p. 186.

sottolineato è l'impossibilità di mettersi in salvo che genera nel soggetto il sentimento terribile dell'essere esposto a ciò che distrugge senza alcuna via possibile di salvezza. In tal senso è anche significativa, per i nemici, la menzione della velocità. Alcuni esempi:

- Is 47,11 : *ûbā' 'ālayik rā'â lō' tēd^e'î šaḥrāh*[37]
  wattippōl 'ālayik hōwâ lō' tûk^{e}lî kapp^{e}rāh
  w^{e}tābō' 'ālayik pit'ōm[38] *šô'â lō' tēdā'î*
- Ab 1,8 : *w^{e}qallû minn^{e}mērîm sûsâw ...*
  ûpārāšâw ... yā'ūpû k^{e}nešer ḥāš le'ĕkôl
- Am 5,19 : *ka'ăšer yānûs 'îš mipp^{e}nê hā'ărî ûp^{e}gā'ô haddōb*
  ûbā' habbayit ... ûn^{e}šākô hannāḥāš

Cfr. anche Is 24,18; Ger 48,44; Sof 1,18; Giob 15,21-23.

2.1.5. Il coraggio

Nel confronto soprattutto bellico il coraggio e la decisione del nemico sono in se stessi causa di paura, anche quando non sono accompagnati, ad esempio, da superiorità numerica e da mezzi offensivi adeguatamente potenti. Per essi infatti supplisce la temerarietà, che è un modo con cui si manifesta la coscienza della propria forza: una certezza di vittoria che è già in parte come averla ottenuta[39].

Abbiamo già visto come la provocazione lanciata da Golia spezzasse il coraggio di Israele non solo per le dimensioni imponenti dello sfidante ma anche per l'arrogante certezza di vittoria che manifestava (cfr. 1 Sam 17)[40].

In modo simile, il grido di guerra o di trionfo lanciato da un esercito può avere conseguenze disastrose sul morale degli avversari, intimiditi dalla percezione di una determinazione nei nemici che ne moltiplica la forza e li fa apparire invincibili. Un esempio tipico è il grido che manifesta ai Filistei l'effetto galvanizzante su Israele della venuta dell'arca sul campo:

1 Sam 4,5-7: *wayyārī'û kol yiśrā'ēl t^{e}rû'â g^{e}dôlâ ... wayyišm^e'û p^{e}lištîm ...*
  wayyīr^e'û .. kî 'ām^{e}rû bā' 'ĕlōhîm ... wayyō'm^{e}rû 'ôy lānû ...

Cfr. anche Gios 6,10.16; Giud 7,20-21; Ger 50,15.

---

[37] Per quel che riguarda il senso di *šaḥrāh*, cfr. la discussione in DELITZSCH, 474, che indica il significato di «beschwören, wegzaubern».

[38] Anche il concetto di «improvviso» è importante per l'aspetto che stiamo esaminando. Su di esso, cfr. DAUBE, *The Sudden*, 1-12.

[39] È utile a questo proposito ricordare il fenomeno della «imposizione» presso gli animali. Si tratta dell'assunzione di alcuni atteggiamenti corporei che traducono l'intenzionalità minacciosa e hanno lo scopo di impressionare l'avversario con l'esibizione di una determinazione impavida ed intimidatoria. Cfr. LORENZ, *L'aggressività*, passim; MANNONI, *La peur*, 59-60.

[40] Cfr. p. 112.

2.1.6. Accumulo dei vari aspetti

Tutte le caratteristiche temibili che abbiamo schematicamente suddiviso ed elencato sono spesso collegate tra di loro e compaiono insieme in riferimento alla stessa causa di paura. Tale accumularsi di aspetti spaventosi serve a descrivere l'oggetto, o la situazione, come particolarmente terrificante. Diamo alcuni esempi:

- Deut 28,49-52: il nemico è veloce, dalla lingua incomprensibile, di particolare ferocia, inarrestabilmente «invasivo».
- Is 5,26-30: l'invasore è veloce, sempre vigile, potentemente armato, coraggioso e forte come un leone.
- Ez 26,7-12: l'esercito è grande, numerosissimo, potente, con pesanti mezzi bellici, inarrestabile.

Cfr. anche Ger 5,15-17; 6,22-23; 50,41-42; Ab 1,5-11.

2.1.7. Annotazioni sintattiche

Come già visto per il rapporto tra percezione e paura, anche quello tra la causa di timore e la paura che ne consegue può essere espresso in vari modi.

Si può usare la forma paratattica (con o senza coordinazione):

Gios 7,5	:	*wayyird^{e}pûm ... wayyakkûm ..*	*wayyimmas l^{e}bab ...*	
1 Sam 31,3	:	*wayyimṣā'ūhû hammōrîm ...*	*wayyāḥel m^{e}'ōd mēhammōrîm*	
Is 19,1	:	*hinnēh yhwh rōkēb ... ûbā'..*	*w^{e}nā'û ... mippānâw* *ûl^{e}bab miṣrayim yimmas ..*	
Ger 49,22	:	*hinnēh kannešer ya'ăleh ...*	*w^{e}hāyâ lēb ... k^{e}lēb 'iššâ ..*	
Giona 1,4-5	:	*wayhî sa'ar gādôl ...*	*wayyîr^{e}'û hammallāḥîm*	*wayyiz'ăqû ...*
2 Sam 10,13	:	*wayyiggaš ... lammilḥāmâ ..*		*wayyānûsû ..*
Is 10,29	:	*'āb^{e}rû ma'bārâ ...*	*ḥār^{e}dâ ...*	*nāsâ*
Sal 30,8	:	*histartā pānèkā*	*hāyîtî nibhāl*	

Cfr. anche Giud 10,9; 2 Re 10,1-4; Ger 48,40-41; Ez 30,4; Sal 104,29.

Oppure si esplicita il rapporto sintatticamente, con congiunzioni o infinito costrutto + preposizione:

	wayyîr^{e}'û hā'ănāšîm	*kî*	*hûb^{e}'û bêt yôsēp*	Gen 43,18
	yirg^{e}zû kol yōš^{e}bê ..	*kî* *kî*	*bā' yôm yhwh* *qārôb*	Gioel 2,1
hêlîlî ša'ar *za'ăqî 'îr*	*nāmôg p^{e}lešet kullēk*	*kî*	*miṣṣāpôn 'āšān bā'*	Is 14,31
hipnû nāsû .. *lō' 'āmādû*		*kî*	*yôm 'êdām bā' 'ălêhem*	Ger 46,21

hêlîlû	*kol yādayim tirpènâ* *w^{e}kol l^{e}bab .. yimmās*	*kî* *ʿal kēn*	*qārôb yôm yhwh ...*	Is 13,6-7
	mippānâw 'ebbāhēl ...	*ʿal kēn*	*kî yašlîm ḥuqqî ...*	Giob 23,14-15
	yeḥĕrad libbî ...	*'ap l^{e}zō't*	*yaggîd ʿālâw rēʿô ...*	Giob 36,33 37,1
	wayyak lēb dāwid 'ōtô	*'aḥărê kēn*	*sāpar 'et hāʿām*	2 Sam 24,10
	wayyak lēb dāwid 'ōtô	*(wayhî)* *'aḥărê kēn* *ʿal 'ăšer*	*kārat 'et kānāp ...*	1 Sam 24,6
	nibʿattî wā'epp^{e}lâ ...		*... ûb^{e}bō'ô*	Dan 8,17

Cfr. anche 1 Sam 30,6; Ez 30,2-3.

2.1.8. Innocuità degli idoli

In contrapposizione agli oggetti o situazioni temibili di cui stiamo trattando, si possono porre gli idoli. Essi sono nulla, vacuità e vanità (*hebel w^{e}'ên bām môʿîl*: Ger 16,19; *šeqer .. w^{e}lō' rûḥ bām hebel hēmmâ maʿăśēh taʿtūʿîm*: Ger 10,14-15; 51,17-18)[41]. Essi non rappresentano un luogo di alterità, sono incapaci di tutto e perciò non possono incutere paura, perché non è in loro potere di fare alcunché, né positivamente né negativamente: *'al tîr^{e}'û mēhem kî lō' yārēʾû w^{e}gam hêṭêb 'ên 'ôtām* (Ger 10,5)[42].

2.2. *L'alterazione della percezione*

Dopo aver descritto l'aspetto spaventoso dell'oggetto di paura, è opportuno ritornare sulla percezione per mostrare alcune particolarità del suo connotarsi in riferimento all'oggetto stesso.

---

[41] Cfr. anche Is 41,24.29; Ger 2,11.13.28; 10,8. Cfr. inoltre p. 132, n. 30.

[42] Cfr. anche Is 41,23 (sec. *Ketib*: cfr. p. 36). In Sof 1,12 la stessa idea è applicata empiamente a Dio.

Aggiungiamo che neppure il falso profeta e il suo annuncio devono essere temuti. Egli non parla in nome di Dio e non è perciò portatore di alcuna parola di autorità e di potenza (cfr. Deut 18,22: *hû' haddābār 'ăšer lō' dibb^{e}rô yhwh b^{e}zādôn dibb^{e}rô hannābî' lō' tāgûr mimmennû*).

2.2.1. La sproporzione tra soggetto e oggetto

Le dimensioni e gli aspetti paurosi elencati nel paragrafo precedente ribadiscono l'importanza della percezione per la nascita della paura e la specificano come *percezione della cosa in quanto minacciosa e invincibile per quel soggetto* che ne sta avendo coscienza. In altri termini, il timore sorge in una situazione di rapporto tra soggetto e oggetto; esso nasce da un confronto tra i due che appare sproporzionato, dove è in gioco la percezione dell'altro come forte, aggressivo, potente, e di se stesso come debole, vittima, indifeso, ecc. La paura si verifica al punto di incontro tra le due percezioni, lì dove si fa evidente lo squilibrio delle forze.

Tale esperienza e consapevolezza della sproporzione è variamente esplicitata e formulata, per mezzo di comparazioni e con l'insistenza su alcuni tratti particolarmente pericolosi dell'oggetto del timore. Alcuni esempi:

– Num 22,3-6:
timore : *wayyāgor mô'āb mippᵉnê hā'ām mᵉ'ōd kî rab hû' wayyāqoṣ ...*
sproporzione : *yᵉlaḥăkû ... kilḥōk haššôr 'et yereq haśśādeh ...*
'am yāṣā' ... kissâ 'et 'ên hā'āreṣ ... 'āṣûm hû' mimmennî

– 1 Sam 4,7-8:
timore : *wayyīrᵉ'û happᵉlištîm kî 'āmᵉrû bā' 'ĕlōhîm ...*
sproporzione : *lō' hāyᵉtâ kāzō't 'etmôl šilšōm ...*
mî yaṣṣîlēnû miyyad hā'ĕlōhîm hā'addîrîm hā'ēlleh ...

– 2 Cron 14,10:
reazione : *wayyiqrā' 'āsā' 'el yhwh 'ĕlōhâw wayyō'mar*
sproporzione : *yhwh 'ên 'immᵉkā la'zôr bên rab lᵉ'ên kōḥ ...*

Cfr. anche la già segnalata ripetizione del termine *rāb* in 2 Cron 20,2.12.15[43]; e le varie espressioni comparative come:

ḥāzāq min	Num 13,31
rab min	Deut 7,17 (v. 18: *lō' tîrā' min*); 20,1 (*lō' tîrā' mîn*)
'āṣûm min	Num 22,6 (v. 3: *gwr mᵉ'ōd mippᵉnê, qwṣ mippᵉnê*)
rab wᵉ'āṣûm min	Es 1,9 (v. 10: provvedimenti); Deut 7,1
gādôl wᵉ'āṣûm min	Deut 9,1
gādôl wārām min	Deut 1,28 (*mss(Hi) lēbāb*; v. 29: *lō' ta'arṣûn ...*)

[43] Cfr. pp. 96.98-99.

All'interno di questa esperienza di sproporzione tra la pericolosità della minaccia e la propria debolezza, si situa anche la percezione di una solitudine che rende ancora più vulnerabili. Il soggetto si sa completamente inerme davanti a ciò che lo distrugge, perché consapevole che nessuno può aiutarlo. Questo senso di abbandono, che manifesta la gravità della situazione, può essere significato e sottolineato dalle espressioni (*w^{e}*)*'ên ʿōzēr* (*l^{e}*) (cfr. Sal 22,12; 107,12; Lam 1,7) e *w^{e}'ên maṣṣîl* (cfr. Is 42,22; Sal 7,3; Giob 5,4).

2.2.2. La sproporzione amplificata

La percezione del pericolo e della propria vulnerabilità davanti ad esso non è solo generatrice di paura, ma può a sua volta essere influenzata dal timore che ha provocato. Il soggetto spaventato, sotto la spinta dell'emozione, è portato a maggiorare le dimensioni della minaccia. Questo provoca un aumento di paura che a sua volta provoca un ingigantimento del pericolo, in un circolo vizioso che altera sempre più le proporzioni. Si può così verificare quella reazione esasperata del soggetto che proietta minacce dove non ci sono o le esagera in modo sproporzionato[44]:

- Sal 53,6 *šām pāḥădû paḥad* ***lō' hāyâ*** *paḥad*
- Lev 26,17 *w^{e}nastem w^{e}***'ên*** *rōdēp 'etkem*
  36 *w^{e}hēbē'tî mōrek bilbābām ... w^{e}rādap 'ōtām qôl ʿāleh niddāp*
  *w^{e}nāsû m^{e}nūsat ḥereb w^{e}nāp^{e}lû w^{e}***'ên*** *rōdēp*
  37 *w^{e}kāš^{e}lû 'îš b^{e}'āḥîw k^{e}mipp^{e}nê ḥereb w^{e}rōdēp* ***'āyin*** ...
- Is 30,17 *'elep 'eḥād*[45] *mipp^{e}nê gaʿărat 'eḥād*
  mipp^{e}nê gaʿărat ḥămiššâ tānūsû

Cfr. anche Deut 32,30; Gios 23,10; Giob 15,21-22.

All'alterata percezione dell'oggetto minaccioso può corrispondere quella del soggetto, nella linea di una esagerata debolezza e piccolezza:

Num 13,32-33: *hā'āreṣ ... 'ereṣ 'ōkelet yôš^{e}bèhā hî' w^{e}kol hāʿām ...*
'anšê middôt ... wann^{e}hî b^{e}ʿênênû kaḥăgābîm w^{e}kēn hāyînū b^{e}ʿênêhem

Cfr. anche Giob 13,25: *heʿāleh niddāp*[46] *taʿărôṣ w^{e}'et qaš yābēš tirdōp*

---

[44] La scienza psicologica conosce bene questo fenomeno: «La persona spaventata tende a fissare la propria attenzione principalmente sulle situazioni e sugli aspetti ansiogeni della realtà di cui ingigantisce la portata» (Oliverio Ferraris, *Psicologia della paura*, 16). Nella Bibbia è particolarmente suggestivo al proposito il testo di Sap 17.

[45] L'espressione *'elep 'eḥād* può essere mantenuta e intesa come una precisazione: non solo mille, ma «*un* migliaio» (in riferimento all'altro *uno*, *'eḥād*, che è la causa della fuga); oppure «mille riuniti in unità», non dispersi. Cfr. Barthélemy, *Critique Textuelle*, II, 214-215.

[46] L'immagine qui usata è la stessa che nel testo sopra indicato di Lev 26,36 serviva ad indicare l'inconsistenza della minaccia.

Come si vede da questi esempi, la metafora serve a sottolineare l'aspetto della sproporzione. Lo stesso avviene per le immagini usate per indicare la minaccia [47].

2.2.3. L'alterazione indotta

Una percezione alterata e distorta della minaccia e di sé può anche essere indotta nel soggetto da altri individui che gli presentano la gravità del pericolo e la sproporzione della sua debolezza. Ciò può corrispondere a verità, e allora il soggetto si rende conto della situazione e la paura ne è la risposta adeguata. Oppure può venire esagerato, e il soggetto allora altera la propria percezione sotto l'influenza dell'altro e viene indotto a una paura immotivata [48]. Diamo due esempi:

- Ger 38,1-4:
  paura indotta : *hû' mᵉrappē' 'et yᵉdê 'anšê hammilḥāmâ ... lᵉdabbēr...* (v. 4)
  motivo : *hayyōšēb bā'îr hazzō't yāmût ...* (v. 2)

- Deut 1,20-28:
  paura indotta : *'aḥênû hēmassû 'et lᵉbābēnû lē'mōr*
  motivo : *'am gādôl wārām mimmennû 'ārîm gᵉdōlōt ...* (v. 28)
  realtà : *ṭôbâ hā'āreṣ 'ăšer yhwh .. nōtēn lānû* (v. 25)

In contrapposizione a quanto finora esposto sull'alterazione della percezione, si pongono due diverse situazioni. Da parte del soggetto, il coraggio e la ritrovata fiducia che ristabiliscono le giuste proporzioni; e da parte di altri, le esortazioni a non temere che sdrammatizzano il pericolo opponendovi la certezza di un aiuto più grande. Questi due aspetti, che segnano la fine del timore, verranno descritti nel cap. VIII [49].

2.3. *Le metafore e le immagini* [50]

In stretta connessione con quanto detto sulla percezione, appare il fenomeno della metaforizzazione dell'oggetto pauroso [51].

---

[47] Cfr. § 2.3 (pp. 194-199).
[48] Cfr. anche più avanti, pp. 200-201 sul fenomeno del contagio.
[49] Cfr. in particolare pp. 257-266.
[50] Nel linguaggio della retorica classica, si distingue tra metafora («l'uomo è un leone») e similitudine o paragone («l'uomo è come un leone»), insistendo in particolar modo sull'elemento di maggiore brevità della prima figura rispetto alla seconda (cfr. LAUSBERG, *Handbuch der literarischen Rhetorik*, 285-291). Il significato che esse esprimono è comunque lo stesso (cfr. anche RICOEUR, *La métaphore vive*, 34-40). Perciò noi le tratteremo insieme, senza operare distinzioni precise. Indicheremo comunque con un asterisco i testi in cui il paragone tra cosa e immagine è esplicitato grammaticalmente dalle particelle *kᵉ*, *kᵉmô*, *ka'ăšer*.
[51] Per la metaforizzazione del soggetto impaurito, cfr. pp. 232-234.

Abbiamo già visto che, quando l'uomo si trova davanti a qualcosa che lo spaventa, questo viene percepito con i contorni alterati, reso mostruoso dalla sua valenza intimidatoria. Si tratta di una specie di deformazione della realtà in cui il pericolo, proprio in quanto tale, assume sembianze non sue, che corrispondono invece alla percezione della minaccia da parte del soggetto e che vengono da questi proiettate sull'oggetto di paura.

Sorge così spontaneo l'uso di metafore, che possono servire sia a descrivere un evento o una cosa che incute timore a qualcun altro, sia ad esprimere il modo con cui il soggetto stesso percepisce e descrive ciò che lo spaventa. In ambedue i casi si fa riferimento a ciò che serve da immagine come a qualcosa che solitamente genera timore. È questo che permette la metaforizzazione, in cui perciò l'elemento della paura può anche rimanere implicito. Così, ad esempio, se il Salmista afferma che i suoi nemici sono (come) leoni, egli sta confessando la propria paura davanti ad essi, anche senza dirla. La ferocia e l'aggressività dei suoi avversari sono paurose come lo sono quelle belve, ed è perché egli ne percepisce tutta la tremenda pericolosità che può assimilarli a quegli animali.

Indichiamo ora alcune metafore usate dall'Antico Testamento per designare ciò che spaventa.

2.3.1. Metafore usate per i nemici

A) Gli animali

— *Gli animali feroci*

La ferocia e la forza proverbiali di certe belve le rendono facili immagini per i nemici e in genere per gli uomini visti come particolarmente violenti e minacciosi. Gli aggressori vengono così dipinti nelle loro caratteristiche bestiali più temibili e si dice di loro che sono grandi, invincibili, armati di zanne e artigli potenti, pronti a sbranare, seminatori di morte. Il leone [52] è un'immagine in tal senso molto ricorrente, ma non unica, ché anzi i testi presentano una certa varietà. Gli esempi sono numerosi:

leone :	*'ărî*	Num 23,24*; Ger 50,17; Nah 2,12; Sof 3,3
	'aryēh	Ger 4,7 (v. 9: *lēb 'bd*; *šmm,Ni*; *tmh*); Gioel 1,6; Mi 5,7*; Nah 2,13; Sal 7,3*; 22,14.22 (vv. 15-16: *lēb kaddônāg* + *mss(Ni), kōḥ ybš, ...*)
	k^{e}*pîr*	Is 5,29*; Ez 19,3.6 (v. 7: *šmm min*); Mi 5,7*; Nah 2,12; Sal 35,17
	l^{e}*bî*	Sal 57,5
	lābî'	Num 23,24*; Is 5,29*; Gioel 1,6

[52] Sulla metafora biblica del leone, il suo vocabolario e il suo senso, cfr. KAPLAN, *The Lion in the Hebrew Bible* (con bibliografia).

lupo	:	*ze'ēb*	Sof 3,3
toro	:	*'abbîr*	Sal 22,13 (vv. 15-16: *lēb kaddônāg* ...)
		par	Sal 22,13 (vv. 15-16: *lēb* ...)
cane	:	*keleb*	Sal 22,17.21 (vv. 15-16: *lēb* ...)
mostri marini	:	*tannîm/tannîn*	Ger 51,34*; Ez 29,3; 32,2*

Cfr. anche le espressioni che, pur senza nominare gli animali, si riferiscono all'idea dello sbranare e descrivono l'avversario che divora, inghiotte, o spalanca la bocca (magari per accusare o schernire), in atteggiamenti che evocano quelli delle belve alle prese con la loro preda:

- Sal 27,2 : *biqrōb ʿālay m^erēʿîm le'ĕkōl 'et b^eśārî* (v. 1: *yr'* e *pḥd*, negati)
- Sal 35,21 : *wayyarḥîbû ʿālay pîhem*
- Lam 2,16 : *pāṣû ʿālayik pîhem ... wayyaḥarqû šēn 'ām^erû billāʿnû*
- Sal 124,3 : *'ăzay ḥayyîm b^elāʿûnû baḥărôt 'appām bānû*

Cfr. pure Is 49,19; Sal 35,16.25; Lam 3,46 (v. 47: *paḥad*).

Anche Dio viene spesso presentato con l'immagine di un animale feroce, la cui potenza aggredisce e spaventa:

leone	:	*'ărî*	Is 38,13*[53]; Lam 3,10(*Q*)
		'aryēh	Is 31,4*; Ger 49,19*; 50,44*; Os 11,10* (vv. 10b.11: *ḥrd*)
		k^epîr	Is 31,4*; Os 5,14*
		lābî'	Os 13,8*
		šaḥal	Os 5,14*; 13,7*
pantera	:	*nāmēr*	Os 13,7*
orso	:	*dōb*	Os 13,8*; Lam 3,10

Cfr. anche l'uso di verbi come *blʿ,Pi* (Sal 55,10); *š'g* (Ger 25,30; Am 1,2); *šbr(Pi) ʿăṣāmôt* (Lam 3,4).

— *Altri animali*

Anche altre bestie, considerate pericolose o dannose, pur con caratteristiche diverse, possono essere usate come immagini per gli uomini. Ad esempio, l'aquila, uccello rapace che domina su vasti territori e a cui difficilmente si può sfuggire (è veloce[54], può vedere la preda da lonta-

[53] Cfr. p. 160, n. 15.

[54] Cfr. 2 Sam 1,23: *minn^ešārîm qallû mē'ărāyôt gābērû*: la comparazione con l'aquila è basata sulla velocità (cfr. anche Ger 4,13; Lam 4,19), mentre quella con il leone sulla forza (cfr. anche Giud 14,18).

no, copre lunghe distanze)[55], oppure il serpente, non feroce ma velenoso, infido e nascosto, che coglie alla sprovvista. Altri animali ancora (in particolar modo le cavallette) sono invece usati a proposito del nemico per indicarne la quantità[56], la difficoltà a difendersene, l'inarrestabile capacità distruttiva[57]. Diamo un elenco:

uccello rapace:	*ʿayit*	Is 46,11
aquila :	*nešer*	Deut 28,49*; Ger 48,40* (v. 41: *lēb hyh k^{e}leb 'iššâ m^{e}ṣērâ*); 49,22* (*lēb hyh k^{e}leb ...*); Ez 17,3
serpente :	*nāḥāš*	Ger 8,17; Sal 140,4*
	ʿakšûb	Sal 140,4
locusta :	*'arbeh*	Giud 7,12* (v. 10: *yr'*)
	yeleq	Ger 51,14*[58] (cfr. anche v. 27*)
api :	*d^{e}bôrâ*	Is 7,18
mosche :	*z^{e}bûb*	Is 7,18
tafano :	*qereṣ*	Ger 46,20[59]

Cfr. anche l'immagine del bue (*šôr*) che divora l'erba, usata in Num 22,4* (cfr. v. 3: *gwr m^{e}'ōd, qwṣ*)[60].

B) La massa delle acque

Le caratteristiche inarrestabili e dilaganti del nemico possono essere evocate e descritte con l'immagine dell'acqua: la grande distesa del mare mugghiante, i fiumi in piena che invadono la terra, i pericolosi torrenti che improvvisamente si gonfiano e tutto travolgono:

---

[55] L'aquila però è anche utilizzata come immagine positiva, e precisamente di Dio che si prende cura del suo popolo come l'uccello dei suoi piccoli: Deut 32,11; cfr. anche Es 19,4. In Is 31,5 la similitudine è più genericamente con gli uccelli, *ṣippŏrîm*.

[56] Cfr. la comparazione tipica: *rabbû mē'arbeh w^{e}'ên lāhem mispār* (Ger 46,23).

[57] Cfr. anche p. 104. In Gioel 2,3ss, l'immagine si rovescia, e sono le cavallette ad essere paragonate ad un esercito di invasori che distrugge e provoca paura (v. 6: *ḥyl, pānîm qibb^{e}ṣû pā'rûr*).

[58] Cfr. Rudolph, 308.

[59] La metafora del tafano si fa più comprensibile guardando al primo stico del versetto: l'Egitto, su cui l'insetto si posa, è una giovenca (*ʿeglâ*).

[60] La similitudine è usata da Moab a proposito dell'invasione da parte di Israele ed esprime bene il senso di sgomento e la percezione della minaccia. Il bue, di per sé, non è un animale pericoloso né dannoso, ma diventa esiziale se considerato in rapporto all'erba del suo pascolo.

y^e'ōr	Ger 46,7*.8*
yām	Is 5,30*[61]; 17,12* (v. 14: *ballāhâ*); Ger 51,42[62]
mayim (*rabbîm*)[63]	Is 17,12*.13* (v. 14: *ballāhâ*); Ger 47,2 (*z'q*; *yll,Hi*); Sal 18,17; 124,4.5
mê hannāhār	Is 8,7
nāhār	Ger 46,7*.8*
naḥal	Ger 47,2 (*z'q*; *yll,Hi*).

Cfr. anche l'immagine della tempesta e del turbine in Is 28,2 (*k^{e}zerem bārād śa'ar qāṭeb k^{e}zerem mayim kabbîrîm šōṭ^{e}pîm*); cfr. pure Ger 4,11-13.

C) Altre metafore

La percezione dell'elemento spaventoso nel nemico può essere espressa anche con altre metafore che alludono a un'esperienza di distruzione o di morte. Così, gli aggressori possono essere descritti come cacciatori o pescatori che catturano prede inermi, come guardiani minacciosi, o come tagliaboschi che avanzano abbattendo gli alberi uno dopo l'altro.

Ma si può ricorrere anche ad immagini che non evocano direttamente un pericolo e servono invece ad illustrare una particolare caratteristica di ciò che spaventa. Allora, si può dire che i nemici sono numerosi come la sabbia che è sulla riva del mare, oppure si paragona un esercito alla rugiada che al mattino ricopre il suolo (e non si sa da dove venga), o all'aurora che sorge e si diffonde improvvisa e prepotente, senza che alcuno la possa fermare.

Elenchiamo i termini e le espressioni usati:

dawwāg	Ger 16,16
ḥôl 'ăšer 'al ś^{e}pat hayyām	Gios 11,4* (v. 6: *'al tîrā' mipp^{e}nêhem*); Giud 7,12*; 1 Sam 13,5* (v. 6: *ḥb',Hitp*)
ḥōṭ^{e}bê 'ēṣîm	Ger 46,22* (v. 24: *bwš,Hi*)
ṭal	2 Sam 17,12*
ṣayyād	Ger 16,16

---

[61] Consideriamo soggetto di questo versetto lo stesso del precedente: si tratta del nemico, il cui strepito è come il mugghiare del mare: cfr. WILDBERGER, 226; ALONSO – SICRE, 138; OSWALT, 170.

[62] Anche in questo testo il senso può essere ambiguo, ma è probabile che il mare sia usato in senso metaforico per indicare gli invasori di Babilonia: cfr. RUDOLPH, 289; WEISER, 437.

[63] Cfr. H. G. MAY, «Some Cosmic Connotations of *mayim rabbîm*».

šaḥar	Gioel 2,2* [64]
šōm^{e}rê śāday	Ger 4,17* [65]

Cfr. inoltre tutta la gamma di verbi attinenti all'attività venatoria [66] che vengono applicati all'uomo (o a Dio) che perseguita e aggredisce altri uomini [67]:

drk qešet	Sal 11,2; Lam 3,12 (Dio)
ṭmn môq^{e}šîm	Sal 64,6 (v. 2: *śîḥ, paḥad*)
ṭmn paḥ l^{e}	Sal 140,6 (v. 7: *taḥănûnîm*); 142,4 (*rûḥ ʿṭp(Hitp)*; v. 3: *śîḥ, ṣārâ*)
ṭmn rešet	Sal 9,16
kwn(Pol) ḥiṣṣîm ʿal yeter	Sal 11,2
kwn(Hi) rešet l^{e}	Sal 57,7
krh šîḥâ lipnê/l^{e}	Sal 57,7; 119,85
prś rešet (ʿal)	Os 7,12 (Dio); Sal 140,6
ṣwd	Lam 3,52
šyt môq^{e}šîm l^{e}	Sal 140,6 (v. 7: *taḥănûnîm*)

Cfr. anche Ger 18,20.22; Ez 12,13 (Dio); Mi 7,2; Sal 10,8-9; 35,7; 64,8 (Dio); 119,61.110.

2.3.2. Metafore per la minaccia in genere

Vogliamo ora indicare brevemente alcune immagini che servono a descrivere la situazione stessa di pericolo e di paura, più che coloro che la provocano. L'esperienza che queste metafore evocano è di una situazione

---

[64] In realtà, si tratta di cavallette, ma descritte come fossero un esercito (cfr. anche n. 57). Sulla pericope di Gioel 2, cfr. BOURKE, «Le jour de Yahvé dans Joël».

[65] Cfr. p. 108, n. 42.

[66] Non è sempre possibile distinguere chiaramente tra attività venatoria e bellica, tra le quali c'è analogia e a volte uso delle stesse armi (ad es., arco e frecce). Le indicazioni sono comunque di testi dal senso metaforico.

[67] L'aggressore può dunque essere paragonato ad animali, ma anche a coloro che li cacciano. Le due immagini si rimandano a vicenda, e il cacciatore (di altri uomini) è come la bestia predatrice, al cui istinto egli sovrappone però una consapevole volontà di male e l'uso di armi nascoste e di maggiore potenza (l'agguato diventa lo scavare la fossa o tendere la rete, le unghie e i denti si tramutano in frecce, ecc.; cfr. in particolare Sal 57,5.7). Alla luce della moderna etologia comparata, bisognerebbe anche aggiungere che, mentre nel mondo animale l'aggressione mortale intraspecifica è pressoché inesistente, per l'uomo diventa invece la norma, con tutte le pericolose conseguenze che ciò comporta per la sopravvivenza stessa della specie.

angosciante che avvolge il soggetto, lo cattura senza che se ne avveda, lo incalza senza scampo:

— acqua [68]:

mayim	Sal 69,2; 88,18* (*bīʿûtîm*: v. 17); Giob 27,20* (*ballāhôt*); Lam 3,54
maʿămaqqê mayim	Sal 69,3
mišberê māwet	2 Sam 22,5 (v. 7: *ṣar, qr'*)
naḥălê beliyyaʿal	Sal 18,5 (*bʿt,Pi*; v. 7: *ṣar, qr', šwʿ,Pi*)
šipʿat mayim	Giob 22,11 (v. 10: *paḥad*)

— lacci [69]:

ḥeblê māwet	Sal 18,5 (v. 7: *ṣar, qr', šwʿ,Pi*); 116,3 (//*meṣārê še'ôl*; *ṣārâ*)
ḥeblê še'ôl	Sal 18,6 (» »)
môqešê māwet	Sal 18,6 (» »)
paḥ	Sal 91,3 (v. 5: *paḥad lāylâ*); 124,7; Giob 18,9
paḥîm	Giob 22,10 (// *paḥad pit'ōm*)
rešet	Sal 25,15 (v. 17: *ṣārôt lēbāb, meṣûqôt*); Giob 18,8

Cfr. anche gli altri termini presenti in Giob 18,8-10: *ḥebel, malkōdet, ṣammîm, śebākâ* (v. 11: *ballāhôt*)

— nemici e assedianti:

Giob 6,4	: *bīʿûtê 'ĕlôh yaʿarkûnî* [70]
Giob 15,24	: *yebaʿătūhû ṣar ûmeṣûqâ titqepēhû kemelek ʿātîd lakkîdôr*
Giob 18,11	: *sābîb biʿătūhû ballāhôt wehepîṣūhû leraglâw* [71]

Cfr. anche il termine *megûrîm* in Lam 2,22 [72].

---

[68] Come abbiamo già visto, l'acqua serve anche come metafora per i nemici ed è spesso problematico operare una distinzione tra i due usi dell'immagine. Le indicazioni che forniamo a tale proposito hanno solo lo scopo di mostrare la possibilità di diverse sfumature di senso.

[69] Cfr., per i nemici, la corrispondente immagine del cacciatore.

[70] Il verbo *ʿrk* è tipico per esprimere lo schierarsi a battaglia. Ciò che lo stico evoca è dunque l'immagine di una schiera di terrori disposti contro Giobbe e pronti ad assalirlo. Il TM può essere mantenuto, dando al suffisso valore dativale. Per altre soluzioni, cfr. ALONSO – SICRE, 149.

[71] Diamo a *pwṣ(Hi)* senso di incalzare, perseguitare (cfr. ALONSO – SICRE, 270): come degli assedianti, i terrori stanno intorno (*sābîb*) al malvagio e lo incalzano ad ogni passo.

[72] Cfr. p. 62.

2.4. *Il contagio*

Fenomeno tipico della paura, il contagio la fa nascere o l'aumenta in coloro che, davanti ad un pericolo, assistono alle manifestazioni di paura che questo provoca in altri [73]. In tal modo il soggetto del timore, e il suo stesso temere, diventano causa di paura per un altro. La cosa è in un certo rapporto con quanto detto sopra sulla percezione indotta e sullo scoraggiamento, ma con alcune differenze e precisazioni da segnalare.

L'induzione della percezione del pericolo può essere provocata in un soggetto anche da chi è estraneo alla cosa, o comunque non sotto la spinta diretta della paura. Un esempio abbastanza tipico si può trovare nella predicazione del profeta che si fa portavoce di una minaccia che può anche non essere motivo di timore per lui, ma solo per coloro che lo ascoltano. Emblematico a questo riguardo è il caso di Giona (cfr. 3,4ss). Egli è e vuole rimanere estraneo al destino della città cui è inviato, e la distruzione che proclama non è per lui motivo di paura, ma anzi di desiderio. Eppure, proprio il suo annuncio provoca nei Niniviti una nuova percezione della loro realtà che li confronta con la morte e li porta a cercare di sfuggirle con la penitenza [74].

In altri casi invece la paura è provocata da chi, essendo spaventato, è portato a delineare la situazione come paurosa anche per gli altri (cfr. Num 13,25-33; 2 Sam 17,8-10). In questo caso si può parlare di un contagio, che passa attraverso la parola e la comunicazione di un'esperienza. Tale comunicazione può anche non essere alterata, nella sua sostanza, con maggiorazioni ed esagerazioni determinate dalla paura. Anche nel caso di semplici informazioni di pericolo imminente o di notizie cattive riportate nella loro oggettività, quanto più il messaggero è emotivamente coinvolto in ciò che riferisce, tanto più ne rimarrà turbato chi ascolta.

Ma il timore ha anche una forma di contagio più istintivo, solitamente di massa, non filtrato dalla coscienza, che scatta quasi meccanicamente in conseguenza della paura di un altro, soprattutto quando questa assume certe modalità di manifestazione. Così è, ad esempio, per il grido (Is 24,18: *hannās miqqôl happaḥad...*) [75], la fuga (2 Sam 10,14: *rā'û*

---

[73] Cfr. OLIVERIO FERRARIS, *Psicologia della paura*, 31-32.35-36.

[74] Nel racconto di Giona, il timore non è esplicitamente indicato come reazione dei Niniviti, ma la loro penitenza ha di mira l'eliminazione del pericolo di perire (*w^{e}lō' nō'bēd*: 3,9), proprio come la preghiera dei marinai (*w^{e}lō' nō'bēd*: 1,6), a cui ricorrevano mossi dalla paura (*wayyîr^{e}'û*: 1,5).

[75] Cfr. anche quanto detto a proposito di Ger 4,19 (pp. 110-111). Nel caso del contagio, la «sovrapposizione delle voci» lì descritta si fa ancora più evidente e tipica del fenomeno. Si urla perché si è spaventati, ma sentire urlare anche gli altri aumenta la propria paura e fa gridare ancora più forte, innestando una spirale pressoché inarrestabile.

kî nās .. wayyānūsû mippᵉnê ...)[76] e tutte le situazioni in cui le reazioni di panico si visualizzano in modo evidente.

Tipico a questo riguardo è proprio il contagio della paura in guerra. Cfr. Deut 20,8:

hayyārē' wᵉrak hallēbāb yēlēk wᵉyāšōb lᵉbêtô wᵉlō' yimmas 'et lᵉbab 'eḥâw kilbābô.

Manifestazione esasperata di ciò è il panico di massa che può verificarsi durante battaglie o imboscate, con urla e fuga disordinata, in un crescendo di paura senza più controllo (cfr. Giud 7,21-22; 1 Sam 14,14-16.20; 2 Cron 20,23).

Lo stesso fenomeno di diffusione della paura si può riscontrare anche in una fase più iniziale, in cui ad esempio la fuga non è ancora operativa, ma serpeggia come proposito contagioso:

Es 14,25 : *wayyō'mer miṣrayim 'ānûsâ mippᵉnê yiśrā'ēl...*

Ger 46,16 : *wayyō'mᵉrû qûmâ wᵉnāšūbâ 'el 'ammēnû ... mippᵉnê ḥereb..*

Cfr. anche Num 14,3-4; 2 Re 7,6-7.

All'interno di questa stessa linea semantica può forse essere interpretata l'espressione *'îš 'el rē'ēhû/'āḥîw* usata a volte con verbi di paura (*ḥrd*: Gen 42,28; *tmh*: Gen 43,33; Is 13,8; *pḥd*: Ger 36,16). In essa si può forse ravvisare una forma stereotipata per indicare reciprocità, nel senso appunto di una diffusione dell'emozione all'interno di un gruppo o una collettività, in una specie di contagio reciproco[77].

2.5. *Diventare «occasione di paura»*

Ci occupiamo ora di quel particolare fenomeno per cui qualcuno diventa occasione, causa di paura per l'altro, non nel senso che quest'ultimo lo tema (= oggetto della paura) o tema le stesse cose di cui quello ha paura (= contagio), ma nel senso che si spaventa *a proposito* di lui. In questo caso uno fa paura, non perché egli sia l'oggetto diretto di quel timore, ma perché ne è la causa indiretta che lo provoca, solitamente a motivo della sua situazione dolorosa. Coloro che ne sono spettatori riman-

[76] Diversa è invece la paura che insorge quando si constata che gli altri sono già fuggiti (cfr. 1 Cron 10,7). In questo caso entra in gioco piuttosto lo sgomento dell'abbandono.

[77] In tal modo, può forse non essere più necessario ricorrere alla spiegazione della *constructio praegnans* (volgersi, guardarsi l'un l'altro con sgomento, tremando: cfr. GK 119*gg*) o invertire l'ordine del testo ponendo il verbo di parola prima dell'espressione *'îš 'el rē'ēhû* (cfr. la nota di *BHS* a Ger 36,16). Si vedano al proposito i vari Commenti ai testi in questione.

gono intimoriti perché temono che ciò che vedono possa verificarsi anche per loro e perché comunque lo spettacolo della sofferenza e della paura è esperienza paurosa. Se poi la situazione «spaventosa» è il risultato di una punizione, può essere particolarmente sottolineato l'aspetto di «lezione» intimidatoria [78].

Questo particolare modo di essere oggetto di paura si può esprimere con diversi sintagmi:

hyh		*ballāhôt*		Ez 27,36; 28,19
hyh		*ḥerpâ* *ûg^{e}dûpâ* *mûsār* *ûm^{e}šammâ*	*l^{e}*	Ez 5,15
hyh		*ḥerpâ* *ûpaḥad*	*min/l^{e}* *l^{e}*	Sal 31,12 [79]
hyh		*l^{e}'ālâ* *(û)l^{e}šammâ* *w^{e}liqlālâ* *ûl^{e}ḥerpâ*		Ger 42,18; 44,12
hyh		*l^{e}za'ăwâ*	*l^{e}*	Deut 28,25
hyh		*liśḥōq* *w^{e}limḥittâ*	*l^{e}*	Ger 48,39
hyh		*l^{e}šammâ*	*(b^{e})*	Ger 50,23; 51,41
hyh		*l^{e}šammâ* *l^{e}māšāl* *w^{e}lišnînâ*	*(b^{e})*	Deut 28,37
ntn [80]	+ suff.	*ballāhôt*		Ez 26,21
ntn	+ suff.	*l^{e}za'ăwâ (Q)* *l^{e}šammâ* *w^{e}lišrēqâ*		2 Cron 29,8

[78] Cfr. anche più avanti, p. 205.

[79] Il testo del versetto è complesso: *mikkol ṣōr^{e}ray hāyîtî ḥerpâ w^{e}lišăkēnî m^{e}'ōd ûpaḥad limyuddā'āy*. Se *m^{e}'ōd* viene modificato, allora si avrebbe un altro sintagma simile agli altri due: *mādôn l^{e}* (cfr. KRAUS, 393), o *'ēd l^{e}* (cfr. RAVASI, I, 574).

[80] Con il verbo *ntn* è possibile una certa ambiguità semantica a motivo del suo doppio senso di «dare, consegnare» e «rendere, far diventare». Pur essendo quest'ultimo il significato da riconoscere all'interno dei sintagmi che stiamo esaminando, le due letture possono integrarsi vicendevolmente: si è «resi» occasione di paura per un altro perché si è stati «consegnati» alla paura, e colmati di essa.

ntn	+ suff.	*l^e^za'ăwâ (Q)*	*l^e^*	Ger 15,4
ntn	+ suff.	*l^e^za'ăwâ (Q)* *l^e^'ālâ* *ûl^e^šammâ* *w^e^lišrēqâ* *ûl^e^ḥerpâ*	*l^e^* (*b^e^*)	Ger 29,18
ntn	+ suff.	*l^e^za'ăwâ (Q)* *l^e^rā'â* *l^e^ḥerpâ* *ûl^e^māšāl* *lišnînâ* *ûliqlālâ*	 *l^e^* (*b^e^*)	Ger 24,9
ntn	*'et*	*l^e^za'ăwâ (Q)*	*l^e^*	Ger 34,17
śym	*'et*	*l^e^šammâ* *w^e^lišrēqâ*		Ger 19,8

Cfr. anche i seguenti testi in cui può mancare il sintagma esprimente l'idea di «essere occasione di paura» [81], ma che comunque presentano situazioni dolorose a cui si reagisce con la paura da parte di altri: Lev 26,32 [82]; Ger 18,16; 49,17; Ez 26,15-16; Giob 17,6-8; 18,20.

La reazione di coloro che sono spettatori della altrui situazione «spaventata» e «spaventosa» può essere variamente espressa [83]:

'ḥz śā'ar	Giob 18,20
ḥrd	Ez 26,16 (+ gestualità di lutto)
ndd	Sal 31,12
nwd(Hi) b^e^rō'š	Ger 18,16
pānîm r'm	Ez 27,35

[81] Va ricordato che le espressioni in cui è usato il termine *šammâ* possono, a seconda dei casi, enfatizzare l'aspetto del diventare causa di paura oppure quello più oggettivo della distruzione. Quest'ultimo senso sembra soprattutto riconoscibile nei testi in cui compare l'esplicitazione *mē'ên yôšēb* o simili: cfr. ad es. Is 5,9; Ger 46,19; 48,9 (tutti con *hyh l^e^šammâ*); Ger 4,7 e 51,29 (con *śym l^e^šammâ*); Ger 2,15 e 50,3 (con *šyt l^e^šammâ*).

[82] Cfr. pp. 40-41.

[83] Merita di essere rilevato un certo atteggiamento di scherno e di derisione che può far parte delle reazioni di chi assiste all'altrui punizione o disgrazia. Non si tratta qui della derisione del pericolo che lo minimizza rivelandolo appunto come «risibile» e perciò non realmente spaventoso (cfr. Ab 1,10; Sal 2,4; Giob 5,22; 39,22). Si tratta piuttosto di un atteggiamento che non smentisce la paura ma cerca di rimuoverla mettendo distanza psicologica tra sé e la situazione che può essere causa di timore.

ś'r śa'ar	Ez 27,35
šmm ('al)	Lev 26,32; Ger 18,16; 19,8; Ez 26,16; 27,35; Giob 17,8 ...
šrq 'al	Ger 19,8; 49,17; Ez 27,36

2.6. *Il pericolo mortale*

Abbiamo già segnalato nella parte lessicografica (cap. II) e nel § 2.3.2 del presente capitolo alcuni termini e immagini che vengono usati nell'Antico Testamento per designare un pericolo [84]. Ora vogliamo brevemente indicare altri modi che servono ad esprimere la situazione di pericolo con l'indicazione *esplicita* che la vita vi è messa in gioco e si può perderla. Non ci riferiamo all'assunzione del rischio da parte dell'individuo che mette audacemente a repentaglio la propria esistenza [85], ma al modo per dire il pericolo mortale indipendentemente dall'atteggiamento del soggetto nei suoi confronti (e prescindendo perciò dalla menzione o meno della paura).

In particolare, ci sembrano interessanti le seguenti espressioni:

Prov 7,23	:	*w^{e}lō' yāda' kî* ***b^{e}napšô*** *hû'*
1 Re 2,23	:	***b^{e}napšô*** *dibber .. 'et haddābār hazzeh*
Num 17,3	:	*haḥaṭṭā'îm hā'ēlleh* ***b^{e}napšōtām***
Prov 20,2	:	*mit'abb^{e}rô* (= il re) ***ḥôṭē' napšô***
Ab 2,10	:	*ya'aṣtā bōšet l^{e}bêtekā ...* ***w^{e}ḥôṭē' napšekā***
Giud 18,25	:	*pen yipg^{e}'û bākem ... w^{e}****'āsaptâ napš^{e}kā w^{e}nepeš*** *bêtekā*
Prov 18,7	:	*pî k^{e}sîl m^{e}ḥittâ lô ûś^{e}pātâw* ***môqēš napšô***

Cfr. inoltre i sintagmi che indicano il pericolo mortale in quanto attivamente provocato da un altro: *bqš(Pi) nepeš* (1 Sam 20,1; Sal 35,4; 54,5); *qwh(Pi) nepeš* (Sal 56,7); ecc. [86].

3. **Scopi dell'intimorire**

Tra le possibili finalità dell'impaurire, cioè del tentativo consapevole di provocare timore in un altro, ci sembra di poter indicare due linee fondamentali, quella positiva della deterrenza e quella negativa della sopraffazione.

---

[84] Cfr. pp. 47.50 e 198-199. Cfr. anche la radice *ṣrr* (p. 254, n. 151).
[85] Di questo si tratterà nel cap. VIII: cfr. p. 275.
[86] Cfr. la lista indicata da WESTERMANN, *THAT*, II, 87.

3.1. *Deterrenza e scoraggiamento*

La paura può essere ingenerata in un altro a suo favore e servire a tenerne sotto controllo i comportamenti impedendogli di fare certe azioni con la prospettiva delle conseguenze nefaste che potrebbero avere su di lui.

Tali conseguenze possono essere presentate al soggetto nella concretezza di punizioni esemplari inflitte ad altri, che diventano per lui di monito perché non commetta gli stessi errori e agisca invece in modo consono a giustizia:

Deut 13,12; 19,20	:	*yišmeʿû weyīrāʾû(n)*	*welōʾ yôsīpû laʿăśôt (ʿôd) kaddābār hārāʿ hazzeh*
Deut 17,13	:	*yišmeʿû weyīrāʾû*	*welōʾ yezîdûn ʿôd*
Deut 21,21	:		*(ûbīʿartā hārāʿ miqqirbekā ...)*
		yišmeʿû weyīrāʾû	
Ez 23,48	:		*(wehišbattî zimmâ min hāʾāreṣ)*
		weniwwasserû ...	*welōʾ taʿăśènâ kezimmatkenâ*
Sal 64,10	:	*wayyîreʾû ...*	*wayyaggîdû pōʿal ʾĕlōhîm ûmaʿăśēhû hiśkîlû*

Cfr. anche Ez 23,10; gestualità e situazioni come quelle descritte in 1 Sam 11,7; espressioni e testi già segnalati nel § 2.5 (pp. 201-204).

In altri casi invece il soggetto non è impaurito da una punizione, ma viene posto davanti a considerazioni scoraggianti e prospettive future paurose (più o meno corrispondenti alla realtà):
cfr. il rapporto degli esploratori in Canaan:

hēmassû ʾet lebābēnû (Deut 1,28; cfr. Num 13,31-33)

e l'invito alla resa di Geremia:

merappēʾ ʾet yedê- (Ger 38,4).

3.2. *La sopraffazione*

Poiché la paura confonde e infiacchisce il soggetto, si può ricorrere ad essa per mettere un avversario in situazione di inferiorità ed averne più facilmente ragione.

Tipico a tale proposito è l'uso della paura per sconfiggere il nemico in guerra:

– 2 Cron 32,18: *wayyiqreʾû beqôl gādôl yehûdît ʿal ʿam ...*
leyāreʾām ûlebahălām lemaʿan yilkedû ʾet hāʿîr

– Is 7,6 : *naʿăleh bîhûdâ ûneqîṣennâ wenabqīʿennâ ʾēlênû*

Cfr. anche lo stratagemma di Gedeone (Giud 7) e quanto già detto sul coraggio e l'uso dell'urlo di guerra da parte dei nemici [87].

[87] Cfr. pp. 105 e 188.

Nella stessa linea, si può usare la paura per sopraffare l'avversario mettendo in fuga i soldati così da isolare il loro capo e renderlo vulnerabile (ma salvando in tal modo i suoi). Cfr. il piano di Achitofel contro Davide (2 Sam 17,2):

w^{e}'ābô' 'ālâw ... w^{e}haḥăradtî 'ōtô w^{e}nās kol hā'ām 'ăšer 'ittô w^{e}hikkêtî 'et hammelek l^{e}baddô.

Ma la sopraffazione può avvenire anche al di fuori dello scontro bellico e prendere la forma di un condizionamento, operato per mezzo della paura, che induca l'altro ad un comportamento sbagliato tale da perderlo.

È l'uso intimidatorio della minaccia, degli intrighi, della violenza a danno del soggetto che si vuole spaventare:

cfr. l'azione dei Samaritani contro i Giudei:

m^{e}rappîm y^{e}dê 'am .. ûm^{e}ball^{e}hîm(K) 'ôtām libnôt (Esd 4,4)

e quella dei nemici di Neemia:

m^{e}yār^{e}'îm 'ôtānû lē'mōr yirpû y^{e}dêhem min hamm^{e}lā'kâ w^{e}lō' tē'āśeh (Neem 6,9)

w^{e}sanballaṭ ś^{e}kārô l^{e}ma'an śākûr hû' l^{e}ma'an 'îrā' w^{e}'e'ĕśeh kēn w^{e}ḥāṭā'tî ... l^{e}ma'an y^{e}ḥār^{e}pûnî (Neem 6,12-13; cfr. anche v. 14: *hāyû m^{e}yār^{e}'îm 'ôtî*; e v. 19: *l^{e}yār^{e}'ēnî*) [88].

* * *

Abbiamo visto in questo capitolo che la paura nasce con la percezione del pericolo, che provoca una nuova percezione di sé e della propria corporeità minacciata. La vita nella carne comporta da parte del soggetto una costante esperienza del proprio corpo che però diventa particolare quando esso, nel pericolo, è prossimo a perire.

Con il nascere della paura, si rivela in modo puntuale alla consapevolezza dell'uomo ciò che in realtà è costante e strutturale: che la sua vita è sotto la minaccia. Così, la massima coscienza di essere vivo sembra paradossalmente realizzarsi nel momento in cui si avverte di rischiare la morte. Cosa questo provochi nell'uomo, nelle sue varie dimensioni, sarà l'oggetto di studio del prossimo capitolo.

---

[88] Tale atteggiamento intimidatorio ingiusto può essere percepito anche in Dio e in coloro che si servono indebitamente del suo nome. È questo, ad esempio, il dramma che percorre tutto il libro di Giobbe, che lotta contro un Dio che lo spaventa e contro degli amici che vogliono indurlo, per paura, alla menzogna (cfr., come testo emblematico, Giob 13).

Capitolo Settimo

Il fenomeno della paura

L'oggetto di studio di questo capitolo è l'emozione della paura nei suoi elementi costitutivi. Non più il suo nascere, ma i modi con cui si manifesta una volta insorta nell'uomo: alterazioni somatiche e comportamentali, effetti collaterali, conseguenze, ecc.

Di questi elementi indicheremo anche il vocabolario, introducendo così nel nostro studio una terminologia complementare a quella esaminata nel capitolo secondo. Ma mentre lì il lavoro era incentrato sull'analisi lessicografica dei singoli termini, qui l'interesse è piuttosto su una visione d'insieme del fenomeno della paura in vista di una sua comprensione. Il vocabolario verrà perciò presentato sinteticamente con lo scopo di mostrare la varietà degli elementi e il loro strutturale situarsi nell'ambito dell'emozione in questione.

Le forme che la paura può assumere e le sue diverse manifestazioni possono presentarsi in modo apparentemente contraddittorio [1]. L'uomo in preda al timore può gridare (Is 13,6-8; Sal 34,18), oppure ammutolirsi, incapace di proferire parola (Gen 45,3; 2 Sam 3,11). Può darsi alla fuga (1 Sam 17,24.51), oppure impietrirsi davanti a ciò che spaventa, senza più muoversi (Es 15,16) [2]. Può arrendersi (2 Re 10,1-5), o tentare di difendersi (Ger 4,5), o aggredire passando al contrattacco (Gios 10,1-4); ecc. Si tratta in realtà di un'emozione molto complessa, non riducibile a uno schema precostituito, e che subisce l'influenza di fattori ambientali, caratteriali, fisici, ecc.

Va infine ricordato che, nel descriverne gli elementi, non si devono mai assumere rigidamente le distinzioni che è necessario operare. Perciò,

---

[1] Anche dal punto di vista fisiologico, la paura comporta alterazioni che possono essere contrastanti. Si pensi, ad es., alle modificazioni circolatorie e respiratorie, ove può presentarsi grande eccitabilità oppure inibizione (accelerazione o rallentamento del ritmo cardiaco e di quello respiratorio, vasocostrizione o vasodilatazione, aumento o diminuzione dell'ampiezza di respiro, ecc.).

[2] Mannoni, descrivendo le «paure iperboliche», distingue tra «panique» e «épouvante». Pur trattandosi di due termini quasi sinonimi, si attribuisce al panico una componente fondamentale di tendenza alla fuga che invece manca nello spavento, che si presenta piuttosto con fenomeni di paralisi e anestesia (Mannoni, *La peur*, 82-83).

la linea di demarcazione tra l'emozione della paura e le sue manifestazioni deve restare fluida; i suoi effetti possono essere intesi nella loro materialità, o voler solo fare riferimento all'emozione che esprimono; le stesse reazioni e conseguenze possono essere in un soggetto puramente istintive, e in un altro il risultato di una decisione calcolata, e così via.

Tenendo conto di tali precisazioni, in questo capitolo procederemo delineando dapprima *le manifestazioni e gli effetti* primari della paura a vari livelli e secondo diverse modalità. Poi passeremo a vedere le *conseguenze*, istintive o ragionate, del timore e la sua *finalità*. Termineremo infine con brevi accenni ad *altre reazioni* che possono verificarsi davanti al pericolo.

1. **Manifestazioni ed effetti**

Abbiamo già studiato nel cap. II i numerosi modi con cui l'ebraico indica il temere umano, dalla paura allo spavento, dall'agitazione al tremore. Ma il campo espressivo è molto più ricco e comprende anche tutte le manifestazioni e gli effetti che la paura produce nell'uomo sia a livello somatico che psicologico, i vari modi che servono ad esprimerne l'intensità, le immagini utilizzate per evocare e descriverne l'esperienza.

Nel fenomeno della paura, il rapporto che intercorre tra la sfera emotiva e quella fisiologica è problematico e non può essere delineato con assoluta precisione [3]. Una certa distinzione tra i due livelli è però necessaria, perché consente una prima descrizione dell'emozione e permette di organizzarne i vari aspetti secondo due grandi insiemi fenomenologici di base [4]. Restando nel campo delle manifestazioni e degli effetti della paura, si può perciò distinguere, a grandi linee, tra le alterazioni somatiche che si producono nel soggetto in preda al timore e le alterazioni della sua situazione emotiva. Ma in realtà, le due cose sono spesso interdipendenti e si confondono. Così, ad esempio, la reazione fisiologica del tremare può produrre oppure esprimere una incapacità psichica di reagire; questa a sua volta può portare ad uno stato di impietrimento anche psicologico, ma di cui lo svenimento può essere una somatizzazione estrema.

---

[3] La teoria periferica delle emozioni di James e Lange afferma che le varie emozioni consistono nella percezione dei diversi eventi e mutamenti fisiologici che si producono nel soggetto in rapporto a certi stimoli. Secondo tale teoria, dunque, prima si verifica la modificazione fisica e solo in seguito quella emozionale, che non è altro che la percezione e la presa di coscienza della alterazione fisiologica che si sta verificando. Altri studi hanno poi meglio precisato la natura delle reazioni di paura e i diversi fattori che le determinano, ma senza veramente giungere a dirimere la questione della sequenza temporale o di causalità tra evento fisiologico ed emotivo. Cfr., sulla questione, Zavalloni, «La vita emotiva», 379-382, e Oliverio Ferraris, *Psicologia della paura*, 36-43.

[4] Cfr. Mannoni, *La peur*, 7-8.

Tenendo conto di tutto questo, noi faremo uso solo parziale di tale divisione di ambiti e distingueremo tra alterazioni *somatiche* e alterazioni delle *facoltà* dell'individuo, ma riferendo queste ultime sia alla sfera psichica che a quella fisica.

1.1. *Alterazioni del corpo*

La moderna fisiologia e psicologia danno indicazioni molto precise e dettagliate sulle varie modificazioni che l'emozione può produrre nella corporeità umana e sui meccanismi che vi presiedono [5]. Pur senza alcuna tecnicità, anche nella Bibbia sono numerosi i riferimenti alle manifestazioni somatiche della paura e al loro vario presentarsi. In questo paragrafo, vogliamo appunto indicare tali alterazioni del corpo, inteso sia genericamente nel suo insieme che in modo più specifico nelle sue varie parti (indipendentemente dal fatto che esse vengano usate in senso proprio o traslato).

1.1.1. Termini generici

Ricordiamo le radici già studiate che della paura esprimono soprattutto il tremare, l'agitazione, il movimento corporeo determinato dall'emozione. In particolare:
zw῾ (pp. 74-75), *ḥpz* (pp. 72-73), *ḥrd* (pp. 52-54), *mwg* (pp. 68-70), *pḥd* (pp. 48-51), *plṣ* (pp. 77-78), *rgz* (pp. 54-56), *r῾d* (pp. 79-80). Cfr. inoltre *g῾š* (pp. 84-85), *hwm* (pp. 66-68), *hmm* (pp. 71-72), *nwṭ* (p. 82), *nw῾* (p. 84), *r῾š* (pp. 83-84).

Ma altre radici vanno aggiunte a questa lista. Si tratta di termini il cui significato non si sovrappone semplicemente a quello di temere, quasi in sinonimia [6], ma che presentano tratti particolari e un senso molto più specifico. Li trattiamo brevemente.

A) *ḤYL/ḤWL* [7]

Il significato primario di questa radice è collegato alla sofferenza del parto («avere le doglie»), con frequente applicazione alle situazioni di angoscia e di timore, sia in senso figurato che in riferimento a certe somatizzazioni tipiche dell'emozione (in particolare gli spasmi viscerali) [8].

---

[5] Cfr. ZAVALLONI, «La vita emotiva», 377-379; MARKS, *Fears and Phobias*, 36-47; BENEDETTI, *Neuropsicologia*, 345-346; OLIVERIO FERRARIS, *Psicologia della paura*, 27-28. 36-43; MANNONI, *La peur*, 13-16.

[6] Cfr. quanto già detto a p. 29.

[7] Cfr. SCHARBERT, *Der Schmerz*, 21-27; BAUMANN, *TWAT*, II, 898-902 (con bibliografia).

[8] Sul rapporto tra parto e paura, cfr. quanto già detto alle pp. 162-167.

Diamo uno schema con alcuni esempi di tale uso nell'ambito della paura:

soggetto	situazione paurosa o causa di paura	radice *ḥyl*	correlati [9]	
popoli	fama di Israele	*ḥyl mippenê*	*rgz, paḥad, yir'â*	Deut 2,25
popoli	invasione di cavallette	*ḥyl mippenê*	*pānîm qbṣ(Pi) pā'rûr*	Gioel 2,6
Saul	arcieri	*ḥyl me'ōd min*		1 Sam 31,3
Babilonia	invasione	*ḥyl kayyôlēdâ*	*yādayim rph, lēbāb mss(Ni), ...*	Is 13,7-8
empio	angoscie legate alla malvagità	*ḥyl(Hitpo)*	(vv. 21.24: *qôl peḥādîm, ṣar, ..*)	Giob 15,20
Ester	notizia dolorosa	*ḥyl(Hitpalp) me'ōd*		Est 4,4
Gerusalemme	invasione	*(bw') ... ḥîl kayyōlēdâ*	*ḥăbālîm, nḥn(Ni)*	Ger 22,23
Filistei	evento Mar Rosso	*ḥîl 'ḥz*	*rgz, bhl(Ni), ra'ad, mwg(Ni), 'êmātâ, ...*	Es 15,14-16
Gerusalemme	deportazione	*ḥîl ḥzq(Hi) kayyôlēdâ, ḥyl*	*rw'(Hi) rē', gwḥ* [10] *kayyôlēdâ*	Mi 4,9-10
Etiopia	distruzione di Egitto e alleati	*ḥalḥālâ hyh be*	*ḥrd(Hi)*	Ez 30,9
profeta	caduta di Babilonia	*motnayim māle'û ḥalḥālâ*	*ṣîrîm ..., 'wh(Ni), bhl(Ni), t'h ...*	Is 21,3-4

Cfr. anche Ger 4,19 [11]; 5,22; 6,24; 50,43; Ez 30,4; Nah 2,11; Zacc 9,5; Sal 48,7; 55,5 [12]; (77,17; 97,4) [13]; Giob 6,10.

B) *ḤĂBĀLÎM* [14] e *ṢÎRÎM* [15]

Nello stesso ambito della radice precedente si pongono questi due termini che indicano i dolori e gli spasmi che accompagnano il parto.

---

[9] Intendiamo il termine «correlato» nel suo senso più ampio, come già indicato alla p. 30.

[10] La forma *wāgōḥî* può essere letta come imperativo di *gwḥ/gyḥ*, con senso di urlare (cfr. RUDOLPH, 85). Per altre posizioni, cfr. WOLFF, 102, e HILLERS, 58.

[11] Cfr. p. 110, in particolare n. 49.

[12] Cfr. pp. 120-121.

[13] Cfr. p. 176, n. 6.

[14] Sulla radice *ḥbl*, cfr. SCHARBERT, *Der Schmerz*, 18-20; FABRY, *TWAT*, II, 716-720 (specialmente 720).

[15] Cfr. SCHARBERT, *Der Schmerz*, 20-21.

Anch'essi possono essere usati per indicare lo stato di paura e l'alterazione somatica che l'accompagna:

Gerusalemme	punizione	*ḥăbālîm 'ḥz kᵉmô 'ēšet lēdâ*[16]		Ger 13,21
Gerusalemme	invasione	*ḥăbālîm bw' lᵉ*	*ḥîl kayyōlēdâ, nḥn(Ni)*	Ger 22,23
Damasco	distruzione	*ḥăbālîm 'ḥz kayyôlēdâ*	*rph, nws, reṭeṭ, ṣārâ*	Ger 49,24
Babilonesi	distruzione	*'ḥz ṣîrîm waḥăbālîm*	*bhl(Ni), ḥyl kayyôlēdâ, tmh, pᵉnê lᵉhābîm*	Is 13,8
profeta	caduta di Babilonia	*ṣîrîm 'ḥz kᵉṣîrê yôlēdâ*	*ḥalḥālâ, 'wh(Ni), bhl(Ni)*	Is 21,3
profeta	visione	*ṣîrîm hpk(Ni) 'al*	*lō' 'ṣr kōḥ*	Dan 10,16

C) *Ś'R*[17]

Il senso è legato all'idea di orrore, raccapriccio, orripilazione. Il verbo è denominativo (cfr. BDB e ZOR), da *śē'ār* (capelli, peli) e può fare riferimento al fenomeno somatico del drizzarsi dei peli connesso con lo stato emotivo di orrore e di paura[18]. Diamo lo schema con le occorrenze:

cieli	idolatria del popolo	*ś'r*	*šmm, ḥrb*	Ger 2,12
re delle isole	caduta di Tiro	*ś'r śa'ar*	*pānîm r'm, šmm 'al*	Ez 27,35
re dei popoli	caduta dell'Egitto e sue conseguenze	*ś'r śa'ar 'al*	*ḥrd 'îš lᵉnapšô, šmm(Hi) 'al*	Ez 32,10
orientali	fine dell'empio	*'ḥz śa'ar*[19]	*šmm(Ni) 'al*	Giob 18,20

D) *ŠA'ĂRÛR*

Il termine compare, in diverse forme, in Ger 5,30 (*ša'ărûrâ*, in congiunzione con *šammâ*); 18,13 (*ša'ărūrit*); 23,14 (*ša'ărûrâ*); Os 6,10 (*ša'ărûriyyâ, Q*).

---

[16] Sull'inf. *lēdâ* (da *yld*), cfr. KB, 494.

[17] Le radici omonime *ś'r* sono tre (ma una è un *hapax*, in Deut 32,17, di incerta catalogazione). Noi ci riferiamo a quella indicata da ZOR come *ś'r* 3.

[18] L'orripilazione connessa con i brividi è tra i sintomi che possono presentarsi negli stati di paura o di aggressività reattiva, quando l'uomo deve affrontare una situazione pericolosa. Si tratta, secondo gli etologi, del vestigio di una reazione vegetativa riscontrabile negli animali, nei quali il rizzarsi del pelo ha lo scopo di farli apparire più grandi agli occhi dell'avversario. Cfr. LORENZ, *L'aggressività*, 330-331.

[19] Il verbo è al plurale (*'āḥăzû*), accordato con il soggetto *qadmōnîm*. Il TM può essere mantenuto (cfr. anche p. 77, n. 269), senza ricorrere a cambiamenti per rendere *śa'ar* soggetto (grammaticale o logico) del verbo. Cfr. lo *status quaestionis* in ALONSO – SICRE, 271.

La maggior parte dei Dizionari lo situa sotto una radice *š'r* III (cfr. BDB, GES, KB[I]), con il significato di «cosa orribile». Sembra però che il termine sia più appropriatamente da connettere con la radice *ś'r* di cui abbiamo appena trattato. È quanto suggerisce Joüon («Notes de lexicographie», *MUSJ* IV, 17), seguito da ZOR. In questo caso, il senso di cosa orribile, che pure va mantenuto, si specificherebbe nella linea di «cosa orripilante», connessa con l'effetto somatico del brivido.

E) *SMR*

Il verbo *smr* è usato una volta in *Qal* (Sal 119,120) e una in *Pi* (Giob 4,15). Il senso sembra essere connesso con l'idea di cosa rigida e appuntita [20], da cui il significato di rabbrividire e avere la pelle d'oca, fenomeni in cui si verifica l'erezione dei peli e della cute.

Nel Sal 119,120 il soggetto è il corpo (*bāśār*) del salmista, che rabbrividisce per (*min*) la paura (*paḥad*) di Dio. In parallelo è usato il sintagma *yr' min.*

In Giob 4,15 invece, il soggetto sono i peli del corpo (*śa'ărat bāśār*) di Elifaz che gli si drizzano quando si sente sfiorare il viso durante una visione da incubo [21]. La situazione di paura è descritta al v. 14 con i termini *paḥad, rᵉ'ādâ, pḥd(Hi).*

Dei termini derivati *sāmār* e *masmēr*, solo il primo può forse presentare un certo rapporto con il nostro tema [22]. Si tratta di un *hapax legomenon* che serve a designare le cavallette (*yeleq sāmār*) a cui vengono paragonati i cavalli che avanzano contro Babilonia (Ger 51,27). Il riferimento sembra essere all'aspetto «ispido» di tali insetti [23], ma non va forse esclusa una connessione con l'orrore che essi possono provocare e che può renderli «orripilanti» [24].

---

[20] Cfr. ZOR: «*rigide immobilis stat* res» (556, voce *sāmar*), «in acumen desiit, spitz sein» (452, voce *masmēr*).

[21] Cfr. al proposito Paul, «Job 4,15».

[22] *masmēr*, cui KB aggiunge come forma distinta *maśmērâ*, significa «chiodo» ed è privo di relazione con l'emozione della paura.

[23] Cfr. BDB: bristling, rough; GES e KB: borstig; ZOR: horridus, hirsutus. Il commento di Alonso – Sicre, 647, precisa bene il senso dell'immagine: «Es original el epíteto aplicado a la langosta, que responde a un tiempo después de la muda y quiere describir la apariencia de la tropa 'erizada' de armas».

[24] Cfr. GES, che oltre al significato «borstig» indica: «od. schaurig».

1.1.2. Le parti del corpo [25]

Passiamo ora ad elencare le varie espressioni che descrivono la paura nelle sue manifestazioni legate alle diverse parti del corpo [26].

A) Il volto

Luogo tipico della visibilità e dell'espressività, il volto rende manifeste le interne emozioni dell'uomo [27]. Per quanto concerne la paura, indichiamo le seguenti modificazioni:

pānîm	*ḥwr*		(pallido)	Is 29,22
pānîm	*r'm*		(sconvolto)	Ez 27,35
pānîm	*hpk(Ni)*	*l^eyērāqôn*	(pallido, terreo) [28]	Ger 30,6
pānîm	*qbṣ(Pi)*	*pā'rûr*	(arrossato o senza colore?) [29]	Gioel 2,6; Nah 2,11
p^enê		*l^ehābîm*	(infiammato) [30]	Is 13,8

---

[25] Per una visione d'insieme sulle varie parti del corpo dell'uomo e il loro uso e senso, cfr. DHORME, *L'emploi métaphorique*.

[26] Ricordiamo che lo stato emozionale a cui facciamo riferimento è, come abbiamo già avuto modo di notare altre volte, molto complesso e ricco di sfumature spesso indelimitabili in categorie precise. D'altra parte il nostro interesse in questa sede è solo di mostrare il rapporto intercorrente, in senso largo, tra evento emozionale e somatico. Perciò non faremo distinzioni, indicando le parti del corpo, tra un loro uso proprio (per indicare una somatizzazione reale) o figurato (con senso traslato, in riferimento a loro funzioni, a qualità o realtà che possono significare, ecc.). Ugualmente non distingueremo tra paura in senso stretto, e invece angoscia, o sgomento doloroso, ecc. Al termine del paragrafo daremo uno schema riassuntivo con le varie parti del corpo e indicheremo allora i termini precisi di paura e angoscia che sono ad esse correlate.

[27] Cfr. DHORME, *L'emploi métaphorique*, 49-51; JOHNSON, «Aspects of the Use», 155-156; VAN DER WOUDE, *THAT*, II, 437-438.

[28] Cfr. DHORME, *L'emploi métaphorique*, 51.

[29] Cfr. *THAT*, II, 437-438. Ambedue i sensi sembrano possibili, anche dal punto di vista fisiologico. Infatti, tra le modificazioni circolatorie indotte dalla paura si può verificare sia la costrizione dei vasi sanguigni che la loro dilatazione, con conseguente pallore oppure rossore del volto.

[30] Il testo di Is 13,8 usa l'immagine della partoriente. Il volto in fiamme può perciò fare anche riferimento al viso «congestionato» della donna sotto lo sforzo delle spinte del travaglio.

B) Gli occhi e le orecchie[31], la bocca e la gola

	ʿayin	*dʾb*	Sal 88,10
	ʿayin	*ʿšš*	Sal 31,10
	ʿayin	*ʿšš, ʿtq*	Sal 6,8
	ʿênayim	*ḥšk*	Lam 5,17
	ʿênayim	*klh*	Giob 11,20
kilyôn	*ʿênayim*		Deut 28,65
	ʾoznayim	*ḥrš*	Mi 7,16
	ʾoznayim	*ṣll*	1 Sam 3,11; 2 Re 21,12; Ger 19,3
	śepātayim	*ṣll*	Ab 3,16
	lāšôn	*mudbāq malqôḥayim*[32]	Sal 22,16
	nepeš	*ʿšš*[33]	Sal 31,10

C) Mani e braccia

Queste membra del corpo umano servono spesso a designare la potenza, la forza e la capacità dell'uomo (e anche di Dio)[34]. Quando perciò di esse si indica un certo venir meno, a vari livelli e in diversi modi, si vuole descrivere una situazione e una esperienza di debolezza e di scoraggiamento[35] che può avere attinenza o anche coincidere con lo stato di timore[36].

---

[31] Per quel che riguarda le alterazioni degli occhi descritte nella Scrittura, si tratta spesso di fenomeni determinati da cause fisiche quali la malattia, la vecchiaia, il pianto, ecc. In alcuni casi però sembra di poter riconoscere qualcosa di più specifico, come un annebbiamento della vista dovuto proprio allo stato emotivo. Sono questi i testi che segnaleremo.

Quanto alle orecchie, il loro rintronare o assordarsi descrive la situazione dell'uomo frastornato e stordito da ciò che sente e a cui reagisce emotivamente.

[32] La «lingua attaccata al palato» descrive la secchezza delle fauci per mancanza di salivazione, uno dei fenomeni tipici dell'emozione.

[33] Il senso dell'espressione sembra essere quello dell'irritazione e secchezza della gola connesse con l'angoscia e la paura e forse anche con certe loro conseguenze quali il pianto e il grido (cfr. Sal 69,4: *yāgaʿtî beqorʾî niḥar gerônî kālû ʿênay*). Lo stesso verbo *ʿšš* è usato, nel nostro testo, pure in riferimento allo stomaco (*beṭen*), all'occhio (*ʿayin*: vedi sopra) e, nel v. 11, alle ossa (*ʿăṣāmîm*). Sul rapporto tra il Sal 31 e la situazione di pianto, cfr. COLLINS, «The Physiology of Tears», 185-188.

[34] Cfr. DHORME, *L'emploi*, 139-141; BIARD, *La puissance de Dieu*, 29-31; VAN DER WOUDE, *THAT*, I, 670.672-673. In italiano, si usa l'espressione «persona *di polso*» per indicare un individuo energico, dotato di forte personalità ed attitudine al comando.

[35] Cfr. ACKROYD, *TWAT*, III, 441.

[36] All'inverso perciò, le mani «forti» indicano il coraggio, e rafforzarle vuol dire incoraggiare. Cfr. pp. 272 e 263.

Va aggiunto che l'uso dei termini in questo senso può anche essere proprio, e non solo figurato. La paura infatti può provocare nell'uomo uno stato ipotensivo e paralizzante che rende appunto fiacche (cfr. *rph*) braccia e mani, o le fa convulse e incapaci di movimenti appropriati (cfr. *bhl,Ni*).

Indichiamo i vari sintagmi:

	yādayim	*rph* [37]	Is 13,7; Ger 6,24; Ez 7,17; ...
	yādayim	*rāpôt*	Is 35,3; Giob 4,3
ripyôn	*yādayim*		Ger 47,3
	yādayim	*bhl(Ni)*	Ez 7,27
lō' mṣ' [38] (sogg.: i soldati)	*yādayim*		Sal 76,6
	z^erō'ôt	*npl*	Ez 30,25

D) Gambe, ginocchia, piedi

Gli effetti di indebolimento che la paura può avere sull'uomo sono fortemente percepiti a livello degli arti inferiori e sono anche tra i più carichi di conseguenze. Se infatti le mani, in situazione di pericolo, sono fondamentali per potersi proteggere e difendere (sono esse che maneggiano le armi), le gambe sono preposte al movimento e sono esse che con la loro forza e agilità consentono un eventuale attacco difensivo e soprattutto la fuga. L'alterazione provocata dall'emozione può invece rendere gli arti inferiori vacillanti, essi tremano, perdono la loro consistenza e diventano in un certo senso inservibili [39]:

---

[37] Gli stessi termini, ma con *yādayim* oggetto del verbo al *Pi*, servono a designare l'azione dello scoraggiare e spaventare altri: Ger 38,4 (*rp'*); Esd 4,4 (// *blh,Pi*).

[38] Il «non trovare più le proprie mani» indica il venir meno delle forze e della capacità di combattere (= le mani che non rispondono più). A questo testo, Dhorme (*L'emploi*, 141) e Biard (*La puissance*, 30) accostano quello di Gios 8,20 ove si trova l'espressione *w^elō' hāyâ bāhem yādayim lānûs hēnnâ wāhēnnâ*. Essi traducono: «il n'y eut plus en eux de main», e aggiungono la spiegazione: «pour dire que les bras leur en tombèrent, qu'ils n'eurent plus de force». Cfr. anche BDB, GES, KB. Il senso della frase ci sembra però incerto, ed appare più probabile l'interpretazione di Joüon («Divers emplois métaphoriques», 454), seguita da ZOR, che dà a *yādayim* senso di «spazio» per fuggire: gli abitanti di Ai, intrappolati, non hanno più alcuna scappatoia, in nessuna direzione (cfr. v. 22: *wayyihyû l^eyiśrā'ēl battāwek 'ēlleh mizzeh w^e'ēlleh mizzeh*).

[39] In particolar modo, questi sintomi sono riferiti alle ginocchia, dove si articola la forza muscolare che permette all'uomo di tenersi in piedi. Cfr. Dhorme, *L'emploi*, 156.

	birkayim	*kōš^{e}lôt*	Is 35,3
	birkayim	*kōr^{e}ʿôt*	Giob 4,4
piq	*birkayim*		Nah 2,11
	birkayim	*hlk mayim*[40]	Ez 7,17; 21,12
	regel	*mwṭ*	Sal 94,18[41]

Cfr. anche Ab 3,16[42].

E) Il ventre e le viscere

Facciamo qui riferimento in genere alla parte inferiore del tronco del corpo umano, in particolare il bacino e gli organi che esso racchiude, che sono in stretto rapporto con le emozioni[43]. Per quel che concerne la paura e l'angoscia, segnaliamo le espressioni:

---

[40] Le ginocchia che «vanno in acqua» possono forse rappresentare un sintomo di paura molto concreto e far riferimento all'emissione involontaria di urina (cfr. G. R. Driver, «Some Hebrew Medical Expressions», 260). In questo caso *birkayim* sarebbe un eufemismo per l'organo genitale maschile, come avviene per il termine *birku* in accadico (da notare che in questa stessa lingua, l'urina è detta *mê purîdî*, «l'acqua delle gambe»: cfr. Dhorme, *L'emploi*, 108.155).

Un'idea analoga si può forse ritrovare in Sal 22,15: *kammayim nišpaktî.* Si tratterebbe qui dell'esperienza di disfacimento del salmista che, in preda alla sofferenza e alla paura, perde la propria consistenza mentre si fanno massicci i sintomi di liquefazione del corpo, tipici dell'emozione: diarrea, accentuata poliuria, sudorazione profusa, pianto. Cfr. a questo proposito il commento di Beauchamp, *Psaumes nuit et jour*, 224: «Les émotions intérieures ne sont décrites que par leur effets physiques. Ce qui était sec se liquéfie, la langue humide devient sèche, d'où les deux images contraires de l'eau (15) et de la poussière (16). C'est la mort». La lettura strettamente «fisiologica» non va comunque esasperata. Il testo poetico si presenta infatti con una forza allusiva che gioca a diversi livelli.

[41] Il vacillare dei piedi (cfr. anche il sintagma *p^{e}ʿāmîm mwṭ,Ni*) può indicare una situazione di insicurezza, di cedimento e di pericolo sia fisici che morali (cfr. ad es. Deut 32,35; Sal 17,5; 38,17; 66,9). Nel caso del Sal 94 da noi indicato, il contesto sembra però specificare una circostanza di minaccia mortale (v. 17: *šāk^{e}nâ dûmâ napšî*) che getta nell'angoscia (*śarʿappîm*; v. 19). Il vacillare esprime perciò quella situazione di incertezza e confusione oggettivamente legata al pericolo e soggettivamente percepita dall'individuo in connessione con la paura.

[42] Il testo di Ab 3,16 è difficile nella sua parte centrale (*w^{e}taḥtay 'ergāz 'ăšer*), ma può essere letto rivocalizzando *'ăšur* («acc. limitationis»), in riferimento al tremare dei piedi e dei passi. Cfr. Rudolph, 238. Cfr. anche p. 55, n. 142.

[43] Cfr. Dhorme, *L'emploi*, 128-137; Scharbert, *Der Schmerz*, 92-93. In particolare per le viscere (*mēʿîm*), cfr. Ringgren, *TWAT*, IV, 1037-1038.

	motnayim	*ml'*	*ḥalḥālâ*	Is 21,3
ḥalḥālâ	*b^{e}motnayim*			Nah 2,11
	beṭen	*rgz*		Ab 3,16
	beṭen	*ʿšš*		Sal 31,10
	mēʿîm	*rtḥ(Pu), lōʾ dmm*		Giob 30,27
	mēʿîm	*ḥmr(Pualal)*		Lam 1,20
	mēʿîm	*ḥmr(Pualal)*		
	kābēd	*špk(Ni)*	*lāʾāreṣ*[44]	Lam 2,11

Cfr. anche Ger 4,19 (*mēʿay mēʿay*), e forse 1 Re 3,26[45].

F) Le ossa

Anche le ossa, che formano l'intelaiatura del corpo, possono partecipare alla vita affettiva dell'uomo[46]. Esse rappresentano infatti la struttura portante della persona e servono perciò talvolta ad esprimere le modificazioni che gli stati emozionali provocano sulla consistenza (fisica e psichica) dell'individuo.

Esemplifichiamo con alcuni sintagmi in relazione al nostro tema:

	ʿăṣāmîm	*bhl(Ni)*	Sal 6,3
	ʿăṣāmîm	*ʿšš*	Sal 31,11
rāqāb bwʾ	*baʿăṣāmîm*		Ab 3,16
	ʿăṣāmôt	*rḥp*	Ger 23,9
	ʿăṣāmôt	*prd(Hitp)*	Sal 22,15
pḥd(Hi)	*ʿăṣāmôt*		Giob 4,14

Cfr. anche Sal 42,11; 102,4.

G) Il cuore

Il cuore, per l'ebreo, è l'organo più importante dell'uomo, sia dal punto di vista fisico che psichico e spirituale. È il centro dell'esistere, sede

[44] Sul senso di questa espressione e sul ruolo delle viscere nella fisiologia del pianto (v. 11a: *kālû badd^{e}māʿôt ʿênay*), cfr. COLLINS, «The Physiology of Tears», specialmente 20-35.

[45] Il testo si riferisce all'episodio del giudizio di Salomone e descrive la reazione della vera madre del bambino davanti alla prospettiva che il figlio venga tagliato in due. Di essa si dice: *nikm^{e}rû raḥămèhā ʿal b^{e}nāh*. Si tratta di commozione e pena, ma a cui non è probabilmente estranea una componente di angoscia e spavento per ciò che stanno per fare al bimbo.

[46] Cfr. PIDOUX, *L'homme dans l'A.T.*, 30-31. Per l'uso di *ʿăṣāmîm* con senso di «membra», cfr. invece DELEKAT, «Zum hebräischen Wörterbuch», 49-52.

della conoscenza, della volontà e di gran parte dei sentimenti[47]. Anche per quel che concerne il nostro tema, esso svolge una funzione di rilievo. Gli esempi sono molto abbondanti[48]:

	lēb	*'bd*	Ger 4,9
	lēb	*hmh l^e*	Ger 4,19; cfr. 48,36
	lēb	*hpk(Ni)*	Lam 1,20
	lēb	*ḥyl*	Sal 55,5
	lēb	*ḥll*[49]	Sal 109,22
	lēb	*ḥrd*	1 Sam 4,13; 28,5
	lēb	*yṣ'*[50]	Gen 42,28
	lēb	*yr'*	Sal 27,3
k's(Hi)	*lēb*		Ez 32,9
	lēb	*mwg*	Ez 21,20
	lēb/lēbāb	*mss(Ni)*[51]	Gios 2,11; Is 13,7; Ez 21,12; ...
mss(Hi)	*lēb/lēbāb*		Deut 1,28; (Gios 14,8)
nw'(Hi)	*lēb*		Num 32,7 (*Q*). 9
	lēbāb	*nw' (k^enô' 'āṣê ya'ar)*	Is 7,2
nik'ēh	*lēbāb*		Sal 109,16
	lēb	*nkh(Hi) 'et*+suff.[52]	1 Sam 24,6; 2 Sam 24,10

---

[47] La letteratura a proposito del «cuore» nell'A.T. è molto vasta. Per una visione d'insieme con relativa bibliografia, rimandiamo ai Dizionari Teologici. Sul rapporto tra cuore e paura, cfr. in particolare R. LAUHA, *Psychophysischer Sprachgebrauch*, 140-145. 147-150; FABRY, *TWAT*, IV, 428-430.

[48] Per mostrare la centralità del cuore in rapporto alla paura, segnaleremo anche quei casi in cui l'uso di *lēb* con termini di paura è di tipo metonimico (cfr. ad es. Sal 27,3).

[49] Cfr. GERLEMAN («Der Sinnbereich "fest–los(e)"») che, studiando la radice *ḥll*, vi trova la connotazione di liquefazione, mollezza, debolezza.

[50] R. LAUHA accosta a questa espressione quella di *nepeš yṣ'* in Cant 5,6, dando anche a quest'ultima il senso di paura (*Psychophysischer Sprachgebrauch*, 150-152).

Il sintagma *nepeš yṣ'*, che in Gen 35,18 si riferisce al morire di Rachele (*wayhî b^eṣē't napšāh kî mētâ*...), nel Cantico esprime una violenta emozione connessa con il parlare dell'amato (*b^edabb^erô*) o con il suo essersene andato (*dbr* con senso di andar via: cfr. POPE, 525-526). Il senso sembra dunque essere quello di un forte turbamento emotivo non necessariamente collegato alla paura e determinato o – positivamente – dalla vicinanza di chi si ama e si desidera, o – negativamente – dallo sgomento di non trovarlo più. In italiano si potrebbe rendere il testo di Cant 5,6 (tenendo anche conto del diverso uso del sintagma in Gen 35,18) traducendo: «mi sono sentita morire».

[51] Il cuore che fonde e si scioglie (cfr. anche più sotto il sintagma con *rkk*: rammollirsi), ha il suo antonimo nel cuore duro e indurito (cfr. p. 274). Cfr. anche GERLEMAN, «Der Sinnbereich».

[52] Cfr. pp. 117-118.

nimhărê	*lēb*		Is 35,4
	lēb	*npl ʿal*+suff. [53]	1 Sam 17,32
	lēb	*sʿr(Ni)*	2 Re 6,11
	lēb	*ʿzb* +suff.	Sal 40,13
	lēb	*ʿṭp*	Sal 61,3
	lēb/lēbāb	*pḥd*	Is 60,5; Sal 119,161
paḥad	*lēbāb*		Deut 28,67
ṣārôt	*lēbāb*		Sal 25,17
	lēb	*raggāz*	Deut 28,65
	lēbāb	*rkk*	Deut 20,3; Is 7,4; ...
rkk(Hi)	*lēb*		Giob 23,16
rak	*lēbāb*		Deut 20,8; 2 Cron 13,7
bw'(Hi) mōrek	*bᵉlēbāb*		Lev 26,36
	lēb	*šbr(Ni)*	Ger 23,9
šbr	*lēb*		Sal 69,21
	lēb	*šmm(Hitpo)*	Sal 143,4
timhôn	*lēbāb*		Deut 28,28
	lēbāb	*tʿh*	Is 21,4
	lēbāb	*hyh lᵉmāyim*	Gios 7,5 (+ *mss,Ni*)
	lēb	*hyh kaddônāg*	Sal 22,15 (+ *mss,Ni*)
	lēb	*hyh kᵉlēb 'iššâ mᵉṣērâ*	Ger 48,41; 49,22
	lēb	*ntr mimmᵉqômô*	Giob 37,1 (+ *ḥrd*)

H) Schema riassuntivo

Riassumiamo ora la trattazione sulle parti del corpo per mezzo di uno schema che presenta tre differenti gruppi di testi: quello in cui compaiono insieme parti diverse del corpo e altri termini esplicitamente riferiti alla paura, quello in cui si trovano indicate insieme diverse parti del corpo (senza correlati), e quello in cui i correlati si accompagnano a termini riferiti a una sola parte del corpo.

---

[53] Un significato analogo è attribuito da alcuni autori anche all'espressione *yippᵉlû bᵉlēb* di Sal 45,6: cfr. Schedl, «Neue Vorschläge», 312; Alonso Schökel, *Treinta Salmos*, 172. Ma a motivo della posizione della *atnaḥ*, che separa i nostri due termini connettendo *yippᵉlû* con ciò che precede, è forse da preferire la lettura di *bᵉlēb* nel senso di «senza coraggio» (con *bᵉ* privativo: cfr. Ravasi, I, 811, che però giudica migliore tradurre con «senza vita»). Per altre posizioni rispetto al nostro testo (in particolare, il cambiamento in *yippōl lēb*), cfr. King, *A Study of Psalm 45*, 72-73; Kraus, 486-487.

	beṭen	*birkayim*	*yādayim*	*lēb/lēbāb*	*lāšôn*	*mēʿîm*	*motnay*
Sal 31,10-11	*ʿšš*						
Is 13,7-8			*rph*	*mss(Ni)*			
Is 35,3-4		*kšl*	*rph*	*nimhărê*			
Ab 3,16	*rgz*						
Deut 28,65				*raggāz*			
Is 21,3-4				*tʿh*			*ḥalḥāl*
Ez 7,17-18		*hlk mayim*	*rph*				
Lam 1,20				*hpk(Ni)*		*ḥmr(Pualal)*	
Ez 21,12		*hlk mayim*	*rph*	*mss(Ni)*			
Nah 2,11		*piq*		*mss(Ni)*			*ḥalḥāl*
Sal 22,15-16				*mss(Ni)*	*mudbāq* ..		
Gios 2,11				*mss(Ni)*			
Gios 5,1				*mss(Ni)*			
Ger 4,19				*hmh*		+ suff.	
Ger 23,9				*šbr(Ni)*			
Giob 4,3-4		*krʿ*	*rph*				
Gen 42,28				*yṣʾ*			
Deut 20,3				*rkk*			
Deut 20,8				*rak*			
2 Sam 4,1			*rph*				
Is 19,1				*mss(Ni)*			
Ger 4,9				*ʾbd*			
Ger 6,24; 50,43			*rph*				
Ger 30,5-7							
Ger 51,46				*rkk*			
Ez 7,27			*bhl(Ni)*				
Ez 27,35							
Ez 32,9-10				*kʿs(Hi)*			
Gioel 2,6							
Sof 3,16			*rph*				
Sal 6,3-4							
Sal 55,5-6				*ḥyl*			
Giob 4,14-15							
Giob 23,16				*rkk(Hi)*			

[54] Facciamo riferimento a *rûḥ* con senso di fiato. Benché non sia propriamente una
del corpo, ci sembra utile segnalarlo qui con questo significato preciso. La trattazione del
ne in genere verrà invece fatta nel paragrafo seguente.

epeš	ʿayin	ʿăṣāmîm	pānîm	rûaḥ [54]	ś^{e}pātayim	Correlati
š	*ʿšš*	*ʿšš*				*ṣrr l^{e}*
			l^{e}hābîm			*bhl(Ni), ḥyl, tmh, ...*
						yr'
		rāqāb			*ṣll*	*ṣārâ*
	kilyôn					*da'ăbôn nepeš*
						bhl(Ni), pallāṣût, ...
						pallāṣût
						ṣrr l^{e}
				khh(Pi)		
			qbṣ(Pi) pā'rûr			
		prd(Hitp)				
				lō' qwm		
				lō' hyh		
		rḥp				
						ḥrd
						yr', ḥpz, ʿrṣ
						yr'
						bhl(Ni)
						nwʿ [55]
						šmm(Ni), tmh
						ṣārâ, ḥîl kayyôlēdâ
			hpk(Ni) l^{e}yērāqôn			*ḥărādâ, paḥad, kayyôlēdâ, ṣārâ*
						yr'
						š^{e}māmâ
			rʿm			*šmm, śʿr*
						šmm(Hi), śʿr, ḥrd
			qbṣ(Pi) pā'rûr			*ḥyl*
						yr'
		bhl(Ni)				*nepeš bhl(Ni) m^{e}'ōd*
						'êmôt, yir'â, raʿad, pallāṣût
		pḥd(Hi)				*paḥad, r^{e}ʿādâ, smr(Pi)*
						bhl(Hi)

55 Cfr. p. 84, n. 298.

1.2. *Alterazioni delle facoltà*

In stretta connessione con quanto esposto sulle modificazioni del corpo, trattiamo ora delle alterazioni che la paura e lo sgomento provocano sulle facoltà psichiche e fisiche del soggetto. Si tratta in genere di disturbi del comportamento, e di indebolimento delle capacità intellettive e di reazione. Elenchiamo brevemente i vari aspetti.

1.2.1. *rûḥ*

In connessione con il nostro tema, il termine *rûḥ* può essere usato sia in senso fisico (il respiro, il fiato che si abbrevia e si mozza per effetto dell'emozione), sia psichico (lo spirito che viene meno per l'angoscia, le facoltà che si annebbiano, la forza d'animo che si affievolisce). La distinzione tra i due sensi non può essere precisa e le due sfere sono spesso interdipendenti.

Diamo alcuni esempi di questi usi di *rûḥ* in connessione con il turbamento della paura [56]:

sintagma	correlati	
rûḥ ʿṭp(Hitp) ʿal	v. 3: *ṣārâ*	Sal 142,4
	lēb šmm (Hitpo)	Sal 143,4
rûḥ klh		Sal 143,7
rûḥ pʿm(Ni)		Gen 41,8; Dan 2,1
rûḥ bqq(Ni)	v. 1: *lēbāb mss(Ni)*	Is 19,3
rûḥ khh(Pi)	*lēb mss(Ni), yādayim rph, birkayim hlk mayim*	Ez 21,12
rûḥ lō' qwm ʿôd b^{e}	*lēbāb mss(Ni)*	Gios 2,11
rûḥ lō' hyh ʿôd b^{e}[57]	*lēbāb mss(Ni)*	Gios 5,1

Cfr. anche Dan 10,17: *n*^{e}*šāmâ lō' niš'ārâ bî.*

[56] Cfr. anche alla p. 255 altri testi che sembrano più chiaramente collegati con l'angoscia.

[57] Lo stesso sintagma è usato anche in 1 Re 10,5; 2 Cron 9,4 (cfr. R. LAUHA, *Psychophysischer*, 153). Ma il senso non è di paura, ed esprime invece il «restare senza fiato» per la meraviglia (davanti alla saggezza e alla ricchezza di Salomone).

1.2.2. Diminuzione delle capacità

Il turbamento indotto dall'emozione può provocare uno stato confusionale e un indebolimento delle facoltà con varie conseguenze. Il soggetto può rimanere stordito, frastornato, andare barcollando, accusare una diminuzione delle capacità di reazione psichica e di destrezza fisica, ecc.

Indichiamo i termini e le espressioni più significativi tentando una catalogazione approssimativa tra i sintomi di stato confusionale e di stordimento, e quelle che invece sembrano essere delle conseguenze di indebolimento, diminuita abilità fisica, torpore, ecc. I due aspetti in realtà sono congiunti, non solo perché si verificano insieme, ma perché l'uno è espressione e conseguenza dell'altro: lo smarrimento psichico si manifesta nell'incapacità fisica, e la modificazione fisica prodotta dall'emozione ha risonanze psichiche. Il nostro tentativo di distinzione ha perciò solo lo scopo di organizzare il materiale lessicografico esemplificativo sulla base dell'aspetto che sembra prevalente [58].

Stato confusionale	Indebolimento	
mhh(Hitpalp) [59], *šʿʿ, škr*	*nwʿ, tardēmâ*	Is 29,9-10
šwl(Hitpo)	*nwm šēnâ, lō' mṣ' yādayim*	Sal 76,6
hll(Hitpo)	*gʿš(Hitpo)*	Ger 25,16 [60]
ʿwh(Ni), lēbāb tʿh		Is 21,3-4
šiggāʿôn, ʿiwwārôn, timhôn lēbāb		Deut 28,28; (cfr. Zacc 12,4)
hyh k^{e}*'îš šikkôr ūk*^{e}*geber ʿăbārô yāyin*		Ger 23,9
'oznayim ṣll / ḥrš		1 Sam 3,11; Mi 7,16; ...
ḥt'(Hitp) mišš^{e}*bārîm*		Giob 41,17 [61]
nbl		Sal 18,46
bwk(Ni)		Est 3,15
y'l(Ni)		Ger 50,36
	kōḥ lō' ʿmd b^{e}*-, n*^{e}*šāmâ lō' š'r(Ni) b*^{e}*-*	Dan 10,17

[58] In alcuni casi la distinzione appare quasi impossibile o comunque molto discutibile. Cfr. ad es. l'immagine dell'ubriaco, ove l'aspetto confusionale e il barcollare del corpo sono indivisibili. Il nostro interesse però in questo momento non è di giungere a una precisione in tal senso, ma solo di offrire una qualche organizzazione del materiale che ne renda più facile e comprensibile la lettura.

[59] Cfr. p. 76, n. 267.

[60] Cfr. p. 85.

[61] Cfr. p. 123, in particolare n. 98.

(Stato confusionale)	(Indebolimento)	
	kōḥ lō' š'r(Ni) be-, *lō' 'ṣr kōḥ*	Dan 10,8
	'ên kōḥ be-	2 Cron 20,12
	kšl, npl	Ger 46,6
	gebûrâ nšt	Ger 51,30
	rph	Ger 49,24
	yādayim rph	Is 13,7; ...
	yādayim bhl(Ni)	Ez 7,27
	birkayim kōšelôt	Is 35,3
	piq birkayim	Nah 2,11
	regel mwṭ	Sal 94,18 [62]
	'umlal	Sal 6,3
	l'h	Giob 4,5

Cfr. inoltre alcune radici studiate nel cap. II:
bhl (p. 57), *hwm* (pp. 66-67), *hmm* (pp. 71-72), *ḥpz* (pp. 72-73), *ḥtt* (pp. 42-46), *šmm* (pp. 39-41), *tmh* (p. 76).

Ricordiamo infine che anche il campo semantico della vergogna [63] può avere attinenza con gli effetti confusionali della paura. Cfr. ad es. Is 20,5 (*ḥtt, bwš*); 37,27 (*qiṣrê yād, ḥtt, bwš*); Sal 6,11 (*bwš, bhl(Ni) me'ōd*); 83,18 (*bwš, bhl(Ni), ḥpr, 'bd*).

1.2.3. Effetto paralizzante

La confusione e l'indebolimento appena trattati possono giungere a forme anche più gravi di paralisi delle facoltà psicologiche e fisiche. La sopraffazione della paura sull'uomo si può esprimere infatti in una incapacità di reazione agli eventi che diventa di impedimento all'agire. Questo può risolversi a beneficio del soggetto, se l'inibizione riguarda azioni pericolose, ma può perderlo se blocca in lui l'impulso alla fuga o altri impulsi difensivi o offensivi. In forma esasperata, ciò può giungere anche a provocare, nel soggetto spaventato, un fenomeno di «impietrimento», cioè di blocco e incapacità a pensare e fare qualunque cosa, che paralizza completamente l'individuo lasciandolo in balìa del pericolo.

---

[62] Cfr. n. 41 del presente capitolo.
[63] Cfr. KLOPFENSTEIN, *Scham und Schande nach dem A.T.*

A) Impossibilità ad agire

La radice *ykl* usata in negazione può servire talvolta ad esprimere l’impossibilità all’azione determinata dalla paura, a diversi livelli. Il verbo significa infatti «potere», «essere capace», un concetto oggettivo che può assumere senso di «osare» se letto in chiave soggettiva. Se perciò viene negato, si può con esso esprimere l’effetto inibitorio del timore che provoca nel soggetto una impossibilità ad agire sia fisica (= non potere), sia morale o psicologica (= non osare). Alcuni esempi:

lō’ ykl	*laʿănôt ’ōtô*	*kî nibhălû*	Gen 45,3
lō’ ykl ʿôd	*l^{e}hāšîb dābār*	*miyyir’ātô*	2 Sam 3,11
lō’ ykl	*lāleket .. lidrōš ..*	*kî nibʿat*	1 Cron 21,30
lō’ ykl	*laʿălōt ’el har ..*	(v. 16: *ḥrd*)	Es 19,23 [64]
mî ykl	*laʿămōd lipnê yhwh*		1 Sam 6,20
hêk ykl	*l^{e}dabbēr*	(v. 19: *’al tîrā’*)	Dan 10,17

Cfr. anche Es 40,35; 2 Sam 17,17; 1 Re 8,11; 2 Re 4,40; 2 Cron 5,14; 7,2.

Anche la domanda retorica senza *ykl* può servire ad esprimere lo stesso concetto. Cfr. ad esempio Num 24,9:

kāraʿ šākab ka’ărî ûk^{e}lābî’ mî y^{e}qîmennû.

B) Impietrimento e lipotimìa

L’effetto paralizzante della paura sull’uomo può giungere fino all’impietrimento, che lo congela nel terrore e la cui estrema conseguenza somatica è lo svenimento [65]:

- *dmm kā’āben* — Es 15,16 (correlati: *’êmātâ*, *paḥad*, ecc.)
- *npl ʿal pānîm* [66] — Dan 8,17 (correlato: *bʿt,Ni*)
  rdm(Ni) ʿal pānîm ’ārṣâ — Dan 8,18
  hyh nirdām ʿal pānîm .. ’ārṣâ — Dan 10,9

[64] Cfr. pp. 126-127.

[65] In realtà, c’è qualcosa di ancora più estremo, ed è il sopravvenire della morte che può verificarsi in concomitanza con l’emozione della paura. Nella Scrittura, come esempio di ciò (anche se insieme ad altre componenti), ricordiamo la fine di Nabal (cfr. pp. 180-181, in particolare n. 17).

[66] L’espressione *npl ʿal pānîm* di Dan 8,17 è poi specificata nel v. 18 come svenimento (*nirdamtî*). Ma il gettarsi a terra può manifestare il timore anche senza necessariamente implicare la perdita di coscienza (cfr. Giud 13,20; 1 Sam 28,20; Ez 11,13). Oppure, può essere gesto di prostrazione davanti a colui che si teme. In questo caso, non si tratta più di un effetto paralizzante del timore, ma di un attivo tentativo di non incorrere nel pericolo che l’altro potrebbe rappresentare. Cfr. più avanti, pp. 248-250.

In questo contesto va ricordato anche il testo di Ger 47,3: *lō' hipnû 'ābôt 'el bānîm mēripyôn yādāyim.*

In esso si esprime l'esperienza dell'impotenza e della rinuncia ad ogni tentativo di difesa e di opposizione alla minaccia che incombe. L'«indebolimento delle mani» dice il venir meno sia del coraggio che della forza, a tal punto che anche i figli vengono lasciati a se stessi, in un'attesa ineluttabile della fine che tutto distrugge. È il vero arrendersi, che lascia alla morte di fare il suo corso, senza neppure più desiderio di salvarsi e di salvare. La paura di morire paralizza anche la volontà di vita e il terrore mortale mette le vittime in condizione di completa resa di fronte a ciò che è l'oggetto del loro terrore.

1.3. *Qualificazione e intensità della paura*

Nel suo manifestarsi, la paura presenta gradi diversi di intensità, sia a livello soggettivo (di percezione ed esperienza da parte dell'individuo) che oggettivo (di riscontro del fenomeno e degli effetti che esso provoca nel soggetto).

Abbiamo già visto, studiando la terminologia, che l'emozione di cui stiamo trattando può presentarsi in una vasta gamma di gradazioni che vanno dal semplice turbamento fino al terrore e al panico. Ora, in questo paragrafo, vogliamo indicare i modi con cui si può esprimere l'idea di «maggiorazione», cioè le varie possibilità che la lingua ebraica possiede per dire che l'emozione (sia essa ansia, o timore, o panico) è molta, molto grande, incontenibile, ecc.

1.3.1. Avverbi e aggettivi

L'uso di avverbi e aggettivi è il modo più semplice e frequente di qualificazione. Gli esempi sono vari:

bhl(Ni)	*m^{e}'ōd*	1 Sam 28,21; Sal 6,4.11
ḥyl	*m^{e}'ōd*	1 Sam 31,3; Zacc 9,5
ḥyl(Hitpalp)	*m^{e}'ōd*	Est 4,4
yr'	*m^{e}'ōd*	Gen 20,8; Es 14,10; Gios 10,2; 1 Sam 12,18; 17,24; 21,13; 28,20; 31,4
ṣrr l^{e}	*m^{e}'ōd*	Giud 2,15; 10,9; 1 Sam 28,15; 30,6; 2 Sam 24,14
yr'	*m^{e}'ōd m^{e}'ōd*	2 Re 10,4
yr'	*harbēh m^{e}'ōd*	Neem 2,2
'rṣ	*rabbâ*	Giob 31,34
na'ărāṣ	*rabbâ*	Sal 89,8 [67]

[67] Cfr. p. 60, n. 172.

ḥărādâ	*g^{e}dôlâ*	Dan 10,7
ṣārâ	*g^{e}dôlâ*	Neem 9,37
m^{e}hûmâ	*g^{e}dôlâ m^{e}'ōd*	1 Sam 5,9; 14,20
m^{e}hûmōt	*rabbôt*	Am 3,9; 2 Cron 15,5
ṣārôt	*rabbôt*	Sal 71,20

Un'ulteriore maggiorazione può essere espressa con l'aggiunta di un altro verbo di paura oltre all'avverbio:

		gwr	*m^{e}'ōd*	+	*qwṣ*	Num 22,3
		yr'	*m^{e}'ōd*	+	*ṣrr l^{e}*	Gen 32,8
ḥtt	+	*yr'*	*m^{e}'ōd*			1 Sam 17,11
yr'	+	*ḥrd*	*m^{e}'ōd*			1 Sam 28,5

1.3.2. Accusativo interno

Anche l'uso dell'accusativo interno, soprattutto se accompagnato da un aggettivo, può enfatizzare il senso di paura:

pḥd	*paḥad*[68]	Sal 14,5; cfr. anche Deut 28,67
hwm[69]	*m^{e}hûmâ g^{e}dōlâ*	Deut 7,23
yr'	*yir'â g^{e}dôlâ*	Giona 1,10.16
ḥrd	*ḥărādâ g^{e}dōlâ 'ad m^{e}'ōd*	Gen 27,33
(*ḥrd*	*'et kol haḥărādâ hazzō't*	2 Re 4,13)[70]

1.3.3. Diverse coniugazioni dello stesso verbo

La ripetizione del verbo esplicita l'insistenza e la forza dell'emozione, anche dal punto di vista sonoro:

Ab 1,5: *w^{e}hittamm^{e}hû t^{e}māhû.* Cfr. anche Is 29,9[71].

1.3.4. Catena costrutta con termini maggiorativi

L'idea di superlativo si può esprimere anche costruendo i sostantivi di paura con particolari termini quali *māwet*[72] e *'ĕlōhîm* o *yhwh*[73]:

---

[68] In altre occorrenze dell'espressione, *paḥad* ha piuttosto senso di pericolo: cfr. p. 50.

[69] Sulla forma verbale, cfr. S. R. DRIVER, 104.

[70] Cfr. p. 52, n. 120.

[71] Cfr. p. 76.

[72] Cfr. in italiano l'espressione «una paura da morire».

[73] Sull'uso «superlativo» di *māwet* e dei nomi di Dio, cfr. BAUMGÄRTEL, *Elohim ausserhalb des Pentateuch*; THOMAS, «A Consideration»; SAYDON, «Some unusual ways»;

'êmôt	*māwet*		Sal 55,5 [74]
m^{e}hûmat	*māwet*		1 Sam 5,11 [75]
ḥerdat	*'ĕlōhîm*		1 Sam 14,15 [76]
ḥittat	*'ĕlōhîm*		Gen 35,5 [77]
paḥad	*'ĕlōhîm*		2 Cron 20,29 [78]
paḥad	*yhwh*		1 Sam 11,7 [79]; 2 Cron 14,13
m^{e}hûmat	*yhwh*	*rabbâ*	Zacc 14,13 [80]

1.3.5. Accumulo di termini di paura

In alcuni testi, l'intensità e la gravità dello stato emotivo vengono descritte usando insieme più espressioni o termini di paura (alcuni dei quali già esprimenti a loro volta l'idea di superlativo). Questo fenomeno è già risultato evidente quando, in diversi schemi, abbiamo segnalato i molti correlati che compaiono in un testo. È sufficiente ora ricordare qualche esempio:

– Is 13,7-8: *kol yādayim tirpènâ w^{e}kol l^{e}bab 'ĕnôš yimmās*
w^{e}nibhālû ṣîrîm waḥăbālîm yō'ḥēzûn kayyôlēdâ y^{e}ḥîlûn
'îš 'el rē'ēhû yitmāhû p^{e}nê l^{e}hābîm p^{e}nêhem

– Is 21,3-4: *māl^{e}'û motnay ḥalḥālâ ṣîrîm 'ăḥāzûnî k^{e}ṣîrê yôlēdâ*
na'ăwêtî miššᵉmō' nibhaltî mēr^{e}'ôt
tā'â l^{e}bābî pallāṣût bī'ătātnî 'et nešep ḥišqî śām lî laḥărādâ

Cfr. anche Es 15,14-16; Ger 50,43; Ez 21,12; 26,16; Nah 2,11; Ab 3,16; Sal 48,6-7; 55,5-6; Giob 4,14-15.

1.3.6. Negazione dell'antonimo

Un altro modo per insistere sull'idea di paura e amplificarla può essere quello di far seguire ai termini che l'esprimono un loro antonimo negato, che serve così a qualificare l'emozione stessa [81].

RIN, «The *mwt* of Grandeur»; THOMAS, «Some further remarks»; DAHOOD, «Hebrew-Ugaritic Lex. XII», 391; DE BOER, «*Yhwh* as epithet».

[74] Cfr. p. 64, n. 195.

[75] Cfr. p. 68 (in particolare, n. 218).

[76] Cfr. THOMAS, «A Consideration», *passim*.

[77] Cfr. ZOR, alla voce *ḥittâ*.

[78] Cfr. BAUMGÄRTEL, *Elohim ausserhalb*, 31.

[79] Cfr. DE BOER, «*Yhwh* as epithet», 235.

[80] Cfr. p. 68 (in particolare, n. 219).

[81] Lo stesso fenomeno si verifica anche per gli antonimi, e allora sono i termini di paura ad essere usati in negazione. Cfr. ad es. Is 12,2 (*'ebṭaḥ w^{e}lō' 'epḥād*); Ez 34,28 (*lābeṭaḥ w^{e}'ên maḥărîd*); Giob 21,9 (*šālôm mippāḥad*). Cfr. anche Ger 30,10 (= 46,27); Ez 39,26; Sal 56,5.12.

Ad esempio:

paḥad	*wᵉ'ên šālôm*	Ger 30,5
mᵉhûmâ	*wᵉlō' hēd hārîm*	Ez 7,7 [82]

1.3.7. Le metafore

Anche le metafore e le immagini possono svolgere funzione qualificativa nei confronti del timore e dirne l'intensità insistendo su un suo aspetto particolare.

Cfr. le metafore già indicate per designare i nemici e il pericolo [83], e il paragrafo 1.4. del presente capitolo sulle immagini usate per i soggetti di paura.

1.3.8. Indicazioni totalizzanti

Segnaliamo infine alcuni modi con cui si può sottolineare la forza della paura indicandone la capacità di sopraffazione sull'individuo e la sua tendenza totalizzante sui soggetti e sulla loro esistenza.

A) La sopraffazione

La forza cosificante e incontrollabile della paura può essere significata per mezzo di espressioni che descrivono la sua azione e i suoi effetti sull'uomo come qualcosa che lo afferra, lo copre, lo invade senza scampo [84]. Elenchiamo i vari sintagmi, usando per i termini l'ordine soggetto – verbo oppure verbo – complemento:

ḥîl	*'ḥz*		Es 15,14
ḥăbālîm	*'ḥz*		Ger 13,21
	'ḥz	*pallāṣût*	Giob 21,6 [85]
ṣîrîm	*'ḥz*		Is 21,3
ṣārâ waḥăbālîm	*'ḥz*		Ger 49,24

---

[82] La frase è stata variamente interpretata e modificata (cfr. ZIMMERLI, 162). A noi sembra di poter mantenere il TM accettando per *hēd* il senso di «giubilo, grido di gioia» (cfr. GES, ZOR, e in particolare BDB che esplicitamente segnala l'opposizione con *mᵉhûmâ*).

[83] Così, ad es., se il nemico è come un leone vuol dire che la paura che incute è proporzionata alla grande ferocia tipica di questo animale; se i terrori che assalgono l'uomo sono come un esercito schierato vuol dire che lo scontro è impari e l'uomo ne è sopraffatto; ecc. Cfr. pp. 193-199.

[84] Va qui ricordato anche quanto già indicato sui vari effetti della paura come l'indebolimento, la confusione, la paralisi delle facoltà, ecc. Cfr. pp. 223-226.

[85] Cfr. p. 77, n. 269.

	'ḥz	*ṣîrîm waḥăbālîm*	Is 13,8 [86]
ra'ad	*'ḥz*		Es 15,15
r^e'ādâ	*'ḥz*		Is 33,14; Sal 48,7
	'ḥz	*śā'ar*	Giob 18,20 [87]
ṣîrîm	*hpk(Ni) 'al*		Dan 10,16
ballāhôt	*hpk(Ho)* [88] *'al*		Giob 30,15
ḥîl	*ḥzq(Hi)*		Mi 4,9
reṭeṭ	*ḥzq(Hi)*		Ger 49,24
šammâ	*ḥzq(Hi)*		Ger 8,21
pallāṣût	*ksh(Pi)*		Ez 7,18; Sal 55,6
	nkh(Hi)	*battimmāhôn*	Zacc 12,4
	nkh(Hi)	*b^etimhôn lēbāb*	Deut 28,28
'êmâ	*npl 'al*		Gios 2,9
'êmātâ wāpaḥad	*npl 'al*		Es 15,16
'êmôt māwet	*npl 'al*		Sal 55,5
ḥărādâ g^edōlâ	*npl 'al*		Dan 10,7
paḥad	*npl 'al*		Giob 13,11; Est 8,17; ...
paḥad yhwh	*npl 'al*		1 Sam 11,7
	npl(Hi) 'al	*'îr ûb^ehālôt*	Ger 15,8
ballāhôt	*nśg(Hi) kammayim*		Giob 27,20

Cfr. inoltre:

- l'uso di *b't(Pi)* con altri termini di paura come soggetto (*'êmâ*, *ballāhôt*, *pallāṣût*) [89]
- la metafora del «rivestirsi» di spavento e terrore (*lbš š^emāmâ*: Ez 7,27 [90]; *lbš ḥărādôt* [91]: Ez 26,16) [92]
- la qualificazione determinata dall'avverbio *missābîb* (cfr. Ger 6,25; 46,5; 49,29).

[86] Come in Giob 21,6, pure in Is 13,8 il termine indicante paura (o i suoi effetti) è oggetto del verbo *'ḥz*. Cfr. anche WILDBERGER, 502.

[87] Cfr. n. 19 del presente capitolo.

[88] Sulla forma verbale, cfr. GORDIS, 334.

[89] Cfr. pp. 65-66.

[90] Cfr. anche il v. 18, con il già citato sintagma *pallāṣût ksh(Pi)*.

[91] Anche la forma plurale *ḥărādôt* ha probabilmente forza intensiva: cfr. ZOR; *TWAT*, III, 178.

[92] L'immagine è molto efficace nel suo collegamento con il lutto, soprattutto in Ez 26,16: alla caduta di Tiro, i principi depongono le vesti lussuose, e l'abito da lutto di cui si rivestono è il terrore.

B) La generalizzazione (totalità dei soggetti)

La situazione di paura può presentarsi come generalizzata e riguardante tutti gli individui di uno stesso gruppo, come in una specie di «panico generale» che esprime tutta la gravità dell'evento.

Tipico a questo proposito è l'uso, specie se ripetuto, di *kol*:

- *w^e**kōl** 'îš yiśrā'ēl ... wayyānūsû .. wayyîr^e'û m^e'ōd* (1 Sam 17,24)
- ***kol** hayyādayim tirpènâ w^e**kol** birkayim telaknâ māyim* (Ez 7,17)
- *w^{e}ḥalḥālâ b^e**kol** motnayim ûp^{e}nê **kullām** qibb^{e}ṣû pā'rûr* (Nah 2,11)

Cfr. anche Is 13,7; Ger 4,29; Est 9,2.

Anche il menzionare diverse categorie di soggetti può esprimere idea di totalità:

- *wayyuggad l^{e}bêt dāwid ... wayyāna' l^{e}bābô ûl^{e}bab 'ammô ...* (Is 7,2)
- *yō'bad lēb hammelek w^{e}lēb haśśārîm*
  w^{e}nāšammû hakkōhănîm w^{e}hann^{e}bî'îm yitmāhû (Ger 4,9)

Cfr. anche 1 Sam 13,7 [93]; Ger 50,36-37; Ez 7,26-27.

Ricordiamo infine il fenomeno di generalizzazione e diffusione della paura con il contagio e, in quest'ambito, l'uso dell'espressione *'îš 'el rē'ēhû / 'āḥîw* [94].

C) La durata (totalità del tempo)

Ci riferiamo all'esplicitazione della paura come stato costante nella vita di un individuo. Essere spaventati sempre, notte e giorno, in ogni momento, significa vivere un'esperienza fortissima di insicurezza e timore:

ḥrd	*lirgā'îm* [95]	Ez 26,16; 32,10
pḥd	*laylâ w^{e}yômām*	Deut 28,66
pḥd(Pi)	*tāmîd*	Prov 28,14
pḥd(Pi)	*tāmîd kol hayyôm*	Is 51,13 [96]
bhl(Ni)	*'ădê 'ad*	Sal 83,18

---

[93] Cfr. pp. 52-53.

[94] Cfr. pp. 200-201.

[95] Interpretiamo *lirgā'îm* nel modo tradizionale: «in ogni momento, continuamente». Per altri sensi, cfr. VAN DIJK, *Ezekiel's*, 32-33.

[96] Nei due testi di Prov 28,14 e Is 51,13 va pure notata la forza intensiva della forma *Pi*. Cfr. anche p. 50.

1.4. *Immagini*[97] *di paura*

Come già indicato nel cap. VI (pp. 190-193), la paura induce nell'uomo un'alterazione della percezione che riguarda non solo l'oggetto spaventoso ma anche il soggetto stesso. La situazione dell'individuo spaventato può perciò essere efficacemente descritta con immagini che esprimono sia l'esperienza di colui che teme, sia il modo con cui egli appare agli altri.

1.4.1. Donne e partorienti

Il venir meno della forza e del coraggio negli uomini, in particolare nei combattenti, li fa simili alle donne, intese come soggetti emblematici di debolezza, incapacità a combattere, pavidità:

soggetti	causa di paura	le «donne»	correlati	
Egiziani	mano di Dio	*hyh kannāšîm*	*ḥrd, pḥd*	Is 19,16
gente di Babilonia	spada	*hyh lenāšîm*	v. 36: *y'l(Ni), ḥtt*	Ger 50,37
eroi di Babilonia	aggressione	*hyh lenāšîm*	*ḥdl lehillāḥēm, gebûrâ nšt*	Ger 51,30
Niniviti	aggressione	*nāšîm*	*ptḥ šeʿārîm*	Nah 3,13

Come si può vedere, i termini correlati specificano il senso dell'immagine situandola in un preciso contesto di paura. In particolare, poi, Ger 51,30 sottolinea la rinuncia alla lotta e Nah 3,13 addirittura la resa incondizionata: la forza di Ninive è solo apparente, e i suoi abitanti non sono che donne che lasciano spalancarsi le porte davanti al nemico[98].

Al contrario perciò, il coraggio si esprime nell'essere virili (cfr. 1 Sam 4,9: *hitḥazzequ wihyû la'ănāšîm*)[99].

---

[97] Cfr. quanto già detto nel cap. VI (p. 193, n. 50). Anche nel presente capitolo, se il sintagma non viene riportato integralmente, indicheremo con un asterisco i testi in cui la comparazione è esplicitata grammaticalmente.

[98] L'espressione usata in Nah 3,13 è diversa da quella degli altri testi e molto incisiva. Il verso recita:

hinnēh ʿammēk nāšîm beqirbēk ***le'ōyebayik*** *pātôḥ niptеḥû šaʿărê 'arṣēk* ...

Al centro, *le'ōyebayik* ci sembra poter avere funzione di «double-duty modifier» (sul fenomeno stilistico, cfr. DAHOOD, «A New Metrical Pattern»), riferito sia a ciò che precede (il popolo come donne nei confronti dei nemici) sia a ciò che segue (le porte vengono aperte per i nemici).

[99] Per altre espressioni indicanti il coraggio, cfr. cap. VIII, in particolare pp. 262.272.

Anche la metafora della partoriente, come figura di ulteriore debolezza e di grande sofferenza, è usata per descrivere gli uomini attanagliati dalla paura. Abbiamo già esaminato il senso dell'immagine nel cap. V [100], ci limitiamo perciò ad indicare i sintagmi usati:

ṣîrîm 'ḥz	*k^e ṣîrê yôlēdâ*	Is 21,3
ṣārâ ḥzq(Hi), ḥîl	*kayyôlēdâ*	Ger 6,24; 50,43
r^e'ādâ 'ḥz, ḥîl	*kayyôlēdâ*	Sal 48,7
ṣārâ waḥăbālîm 'ḥz	*kayyôlēdâ*	Ger 49,24
ḥîl ḥzq(Hi)	*kayyôlēdâ*	Mi 4,9
ḥyl, gwḥ [101]	*kayyôlēdâ*	Mi 4,10
'ḥz ṣîrîm waḥăbālîm, ḥyl	*kayyôlēdâ*	Is 13,8
ḥăbālîm bw', ḥîl	*kayyôlēdâ*	Ger 22,23
yādayim 'al ḥălāṣayim	*kayyôlēdâ*	Ger 30,6
ḥăbālîm 'ḥz	*k^e mô 'ēšet lēdâ* [102]	Ger 13,21
ṣārâ	*k^e mabkîrâ*	Ger 4,31
hyh lēb ...	*k^e lēb 'îššâ m^e ṣērâ*	Ger 48,41; 49,22

1.4.2. Animali

Alcuni animali solitamente impressionabili, paurosi, o capaci di fuga veloce possono servire da metafora per l'uomo quando se ne vuole descrivere l'atteggiamento impaurito e le sue conseguenze [103]. A volte poi l'accento è posto, più particolarmente, sulla dimensione di piccolezza e di debolezza del soggetto e sulla sua percezione di sproporzione nei confronti del pericolo. Forniamo degli esempi:

- *ṣ^e bî* (la gazzella messa in fuga: Is 13,14*)
- *ṣō'n* (il gregge disperso: Is 13,14*)
- *śeh* (la pecora inseguita dai leoni: Ger 50,17)
- *ḥăgābîm* (le locuste nei confronti dei giganti: Num 13,33*) [104]

---

[100] Cfr. pp. 162-167.
[101] Cfr. n. 10 del presente capitolo.
[102] Cfr. n. 16 del presente capitolo.
[103] Al contrario perciò, le bestie forti ed aggressive sono usate come metafora dell'uomo coraggioso: cfr. cap. VI, pp. 194-195.
[104] La stessa metafora, anche se con terminologia diversa, può servire ad indicare l'aggressore (cfr. p. 196). In questo caso si insiste sulla quantità devastante, nell'altro (Num 13,33) sulla piccolezza delle dimensioni. In Nah 3,17 l'immagine (*kā'arbeh, k^e gôb*) è applicata invece ai capi di Assiria che volano via e si dileguano al momento della distruzione.

Ma sono soprattutto gli uccelli ad essere usati come metafora per l'uomo confrontato con la minaccia e in preda alla paura:

– uccello in fuga o nascosto:	*ʿôp, qēn*	(Is 16,2*)
	yônâ	(Ger 48,28*)
	ṣippôr	(Sal 11,1)
– uccello cacciato o preso nel laccio:	*ṣippôr*	(Sal 124,7*; Lam 3,52*)
– uccello davanti al leone:	*sûs ʿāgûr,*	
	yônâ	(Is 38,14*) [105]
	ṣippôr,	
	yônâ	(Os 11,11*)

1.4.3. Altre immagini

Indichiamo infine altri tipi di immagini che servono a descrivere gli effetti della paura sull'uomo:

- agitazione e fuga:
  w^{e}nîn^{e}wēh kibrēkat mayim...: Nah 2,9; cfr. v. 7 (cfr. anche Ger 49,23 [106])
- stato confusionale:
  hāyîtî k^{e}'îš šikkôr ûk^{e}geber ʿăbārô yāyin: Ger 23,9 (cfr. anche Is 29,9)
- il tremare e il fondersi del cuore:
  wayyānaʿ l^{e}bābô ... k^{e}nôaʿ ʿăṣê yaʿar mipp^{e}nê rûaḥ: Is 7,2
  hāyâ libbî kaddônāg nāmēs b^{e}tôk mēʿāy: Sal 22,15
- cfr. anche, come espressione di debolezza impotente, Is 37,27.

2. **Conseguenze** (reazioni e provvedimenti)

Passiamo ora ad esaminare le reazioni istintive o intenzionali che l'uomo può avere quando viene colto dalla paura, e le varie decisioni operative che può prendere davanti alla minaccia e al timore che ne deriva.

La linea di demarcazione con quanto precede (§ 1: manifestazioni ed effetti) deve essere lasciata abbastanza fluida, soprattutto per quel che riguarda le reazioni. Anch'esse infatti sono modi con cui la paura si manifesta, ma con delle caratteristiche un po' diverse, o di accentuata gestualità, o in quanto si presentano più chiaramente come un fenomeno susseguente a quello dell'emozione vera e propria. L'attenzione in questo paragrafo è dunque posta su una certa operatività che consegue al timore, e sulle varie risposte che il soggetto può dare alla situazione di pericolo, più o meno adeguate e più o meno condizionate dalla paura stessa.

[105] Cfr. pp. 160-161.
[106] Cfr. p. 69, n. 226.

2.1. *Reazioni (istintive e/o intenzionali)*

Davanti al pericolo, il soggetto può reagire in vari modi, sotto la spinta della paura. Egli può gridare, darsi alla fuga, rifiutarsi di fare ciò di cui ha timore, oppure cadere nell'irragionevole.

Tali reazioni possono essere semplicemente guidate dall'istinto, oppure implicare una esplicita e intenzionale ricerca di salvezza.

2.1.1. Il grido

A) Il grido istintivo

L'urlo è una reazione di paura che può presentarsi sia come fatto puramente istintivo, sia in quanto emesso con una finalità intenzionale. Non sempre è possibile distinguere chiaramente tra le due dimensioni, ma possiamo indicare come istintivo quel gridare davanti al pericolo che non manifesta esplicitamente un intento di salvezza, ma solo esprime il sentimento di spavento e di orrore davanti a una minaccia. Questo può anche avere ripercussioni positive (l'avversario si intimorisce, altri vengono avvisati del pericolo e possono mettersi in salvo, altri corrono in aiuto, ecc.), ma non sono tali possibili conseguenze a provocare il grido. Esso è piuttosto un modo con cui il soggetto manifesta la propria angoscia impotente e la propria debolezza [107]. Alcuni esempi:

causa di paura	grido	paura esplicitata	
invasione	*yll(Hi)*	vv. 7-8: *yādayim rph,* *lēbāb mss(Ni), bhl(Ni), ...*	Is 13,6
invasione	*yll(Hi), zʿq*	*mwg(Ni)*	Is 14,31
invasione	*zʿq, yll(Hi)*	v. 3: *lōʾ pnh(Hi) ...,* *mēripyôn yādāyim*	Ger 47,2
devastazione	*zʿq, ntn qôl*	(v. 41: *lēb ...* *kelēb ʾîššâ meṣērâ*)	Ger 48,34
cibo avvelenato	*ṣʿq*		2 Re 4,40
devastazione	*qôl ṣeʿāqâ, zeʿāqâ*		Ger 48,3-4
devastazione	*qôl zeʿāqâ*		Ger 51,54
invasione	*ṣhl qôl*	v. 29: *ḥrd*	Is 10,30
intervento di Dio	*qôl* ḥărādâ	*paḥad*; v. 6: *pānîm hpk(Ni) leyērāqôn*	Ger 30,5
distruzione	*qôl* happaḥad	v. 17: *paḥad*	Is 24,18

Cfr. anche Num 14,1; Giud 7,21 [108]; 1 Sam 5,10; Ger 25,34.36; Ez 21,17; Mi 4,9.

[107] Cfr. anche quanto detto a proposito di Ger 4,19 (pp. 110-111).

[108] Il verbo *rwʿ(Hi)* usato in questo testo può avere doppio senso: cfr. p. 107, n. 40.

B) Il lamento

Al grido di paura può anche ricollegarsi il lamento che scaturisce da situazioni paurose e a proposito di esse. Si tratta di una reazione di angoscia che geme sulla propria sorte e su quella altrui. Ad esso si possono anche accompagnare gestualità di lutto [109]. Qualche esempio:

lamento		lutto	paura	
yll(Hi) ʿal, *zʿq l^{e}, hgh ʾel*				Ger 48,31
lēb hmḥ *kaḥălîlîm l^{e}/ʾel*				Ger 48,36
yll(Hi)	*ʾêk ḥattâ ...*			Ger 48,39
nśʾ qînâ ʿal	*ʾêk ʾābadt ...*	v. 16: *yrd ...,* *yšb ʿal hāʾāreṣ, ...*	v. 16: *ḥrd, šmm ʿal*	Ez 26,17
yll(Hi) ʿal		*ḥgr śaq, b^{e}kî*		Is 15,2-3
ʾănāḥâ			v. 10: *ṣrr, ʿšš, ...*	Sal 31,11
śyḥ, hmh			vv. 5-6: *ʾêmôt,* *yirʾâ, raʿad, ...*	Sal 55,18
zʿq, ʾmr	*ʾăhāh*	(*npl ʿal pānîm*)		Ez 9,8
ʾmr	*ʾăhāh ..* *ʾêkâ naʿăśeh*		v. 16: *ʾal tîrāʾ*	2 Re 6,15
ʾmr	*ʾôy lî*			Is 6,5
qôl (k^{e}ḥôlâ)	*ʾôy nāʾ lî*		*ṣārâ k^{e}mabkîrâ*	Ger 4,31
ʾmr	*ʾôy lānû*		*yrʾ*	1 Sam 4,7.8
(v. 8: *yll,Hi*)	*ʾôy lānû*	v. 8: *ḥgr śaqqîm,* *spd*	v. 9: *lēb ʾbd,* *šmm(Ni), tmh*	Ger 4,13
	hôy		*ṣārâ*; v. 6: *pānîm* *hpk(Ni) l^{e}yērāqôn*	Ger 30,7

Cfr. anche Is 15,5; 16,7; 24,16; Ger 4,10; Ez 27,30-32; Sal 77,4.

Va qui menzionato pure il pianto, come manifestazione di angoscia: cfr. in particolare Is 22,4; 38,3; Ger 9,17; 14,17; Sal 6,7-8; 119,28; Giob 16,16.20; Lam 2,11; 3,48.49.

C) Il grido intenzionale

L'intenzionalità nel grido di paura (che non esclude e anzi può accompagnare il fatto istintivo) è ravvisabile nel grido d'aiuto che l'uomo

---

[109] In relazione al tema della paura, bisogna distinguere tra le manifestazioni di lutto che esprimono il dolore per una sciagura (propria o altrui), e quei gesti di penitenza che sono invece intesi a placare Dio o un avversario nel tentativo di evitare la disgrazia. Di questo secondo tipo di gestualità ci occuperemo più avanti, trattando dei provvedimenti (pp. 248-250).

minacciato e in preda al timore rivolge sia ad altri uomini che a Dio. In questo caso, la paura non paralizza le facoltà, ma anzi si esprime in una ricerca di trovare scampo: il soggetto, facendo ricorso ad altri e coinvolgendoli, tenta in tal modo di salvarsi.

causa di paura	grido	paura	
pericolo	*qr' 'el* (Dio), *šw'(Pi)*	*ṣārâ*	Giona 2,3
pericolo	*qr', šw'(Pi) 'el* (Dio)	*ṣar*	Sal 18,7
pericolo	*šw'(Pi) 'el* (Dio)		Sal 22,25
pericolo	*qr' 'el* (Dio)		Sal 55,17
tempesta	*z'q 'el* (dèi)	*yr'*	Giona 1,5
mali e pericoli	*z'q / ṣ'q 'el* (Dio)	*ṣar*	Sal 107,6.13.19.28
nemico	*ṣ'q 'el* (Dio)	*yr' m^e'od*	Es 14,10
oppressione	*ṣ'q 'el* (Dio)		Giud 10,12
	z'q 'el (dèi)	*'ēt ṣārâ*	14
oppressione	*ṣ'q 'el* (Dio)	*'ēt ṣārâ*	Neem 9,27
fuoco (ira divina)	*ṣ'q 'el* (Mosè)		Num 11,2

Cfr. anche Gios 24,7; Giud 4,3; 6,6; Is 19,20.

D) Il grido di allarme

Altra modalità di grido intenzionale è quello di allarme, con il quale si segnala il pericolo anche per gli altri. Vale qui quanto già detto a proposito del contagio: se l'allarme è dato da chi è in preda alla paura, può scatenare in colui che l'ascolta una paura ancora maggiore. In esso infatti al timore per la minaccia segnalata si aggiungerà anche quello che proviene dal sentire lo spavento altrui davanti a quella minaccia.

Cfr. Gioel 2,1 : *rw'(Hi) // tq' šôpār* (paura: *rgz*)
Os 5,8 : *rw'(Hi) // tq' šôpār, ḥăṣōṣ^erâ* [110]

E) Il silenzio

Come il timore può provocare il grido, così può anche far ammutolire l'uomo che, o perché impietrito o perché non osa, non è più in grado di emettere alcun suono [111]:

[110] Per altri testi in cui si fa riferimento a tipi di segnali d'allarme non vocali (vessilli, trombe, ecc.), cfr. Is 18,3; Ger 4,5-6; 6,1; Os 8,1.

[111] Parliamo qui dell'effetto paralizzante della paura e non del tacere intenzionale davanti alla minaccia per non essere notato e sfuggire così al pericolo (cfr. p. 241). Va an-

causa di paura	silenzio	paura	
Giuseppe riconosciuto	*lō' ykl lạ'ănôt*	*bhl(Ni)*	Gen 45,3
ira di Abner	*lō' ykl lᵉhāšîb dābār*	*yr'*	2 Sam 3,11
giudizio di Dio	*šqṭ*	*yr'*	Sal 76,9 [112]
prodigi di Dio	*śym yād 'al peh*	*'oznayim ḥrš;* v. 17: *rgz, pḥd, yr'*	Mi 7,16
prosperità degli empi	*śym yād 'al peh*	*šmm(Hi)* [113]; (v. 6: *bhl(Ni), pallāṣût*)	Giob 21,5

Anche il timore reverenziale e il rispetto possono indurre al silenzio: cfr. Ab 2,20; Sof 1,7; Zacc 2,17: *has mippᵉnê* (Dio)

Giob 40,4: *śym yād lᵉmô peh*

Giob 29,9-10: *'ṣr bᵉmillîm, śym kap lᵉpeh, qôl ḥb'(Ni)* [114], *lāšôn dbq lᵉḥēk*

Va infine notato che, con diversa connessione alla paura, la riduzione al silenzio è segno di distruzione e sconfitta. Cfr. Ger 51,54-57: con un ultimo grido di terrore (*qôl zᵉ'āqâ*: v. 54), il grande frastuono (*qôl gādôl*: v. 55) della potenza di Babilonia si spegne nel silenzio mortale della devastazione (vv. 55-57).

Cfr. inoltre Sal 63,12 (*yissākēr pî dôbᵉrê šāqer*); Giob 5,16 (*wᵉ'ōlātâ qāpᵉṣâ pîhā*); 32,15 (*ḥattû lō' 'ānû 'ôd he'tîqû mēhem millîm*) [115].

2.1.2. L'allontanamento dal pericolo

La minaccia manifesta tutta la sua spaventosa pericolosità nella misura in cui si fa sempre più prossima all'uomo. La reazione tipica di risposta a questo livello è dunque il tentativo di allontanarsi da ciò che spaventa, in una ricerca, sia istintiva che ragionata, di stornare da sé il

che precisato che in contrapposizione al grido e al silenzio determinati dal timore si situa invece la parola come atto di coraggio (cfr. Ger 1,7-8; Ez 2,6-7; Giob 9,35; 32,15ss.), e infine la lode, testimonianza di una paura superata per intervento di Dio (cfr. cap. VIII, pp. 270-271).

[112] Il soggetto è la terra, personificata.

[113] Cfr. p. 39, e in particolare n. 56.

[114] Il verbo è al plurale, perché si accorda con il *nomen rectum* della catena costrutta *qôl nᵉgîdîm*. Cfr. ALONSO – SICRE, 411.

[115] Cfr. cap. II, p. 45.

pericolo imminente [116]. Questa distanza che il soggetto cerca di porre tra sé e la minaccia è raggiungibile in modi diversi: fuga, ricerca di un nascondiglio e di un rifugio, fuga psicologica [117].

A) La fuga

La fuga, come il grido, può essere sia istintiva che intenzionale e calcolata. Essa si presenta come la reazione più immediata di allontanamento da ciò che spaventa e concretizza la difesa da esso con il ritrarsi impulsivo per mettersi in salvo. Mentre nel grido prende corpo l'angoscia e l'orrore anche senza che ciò possa essere di aiuto, nella fuga si esteriorizza l'impossibilità ad affrontare la minaccia e il tentativo concreto di sfuggirle. Diamo alcuni esempi:

causa di paura	reazione di fuga	paura esplicitata	
leone	*nws mipp^{e}nê*		Am 5,19
vista di Golia	*nws mipp^{e}nê*	*yr' m^{e}'ōd*	1 Sam 17,24
morte di Golia	*nws*		1 Sam 17,51
disfatta militare	*nws b^{e}raglayim*	*hmm*	Giud 4,15
rumore di esercito	*nws, nws 'el nepeš-*		2 Re 7,7
distruzione	*nws* (// *mlṭ(Pi) nepeš-*)		Ger 48,6
distruzione	*pnh(Hi) lānûs*	*rph, reṭeṭ,* *ṣārâ waḥăbālîm*	Ger 49,24
imboscata	*pnh lipnê*	v. 41: *bhl(Ni)*	Giud 20,42
	pnh, nws		45
disfatta militare	*swg(Ni) 'āḥôr,* *nws mānôs w^{e}lō' pnh(Hi)*	*ḥtt,* *māgôr missābîb*	Ger 46,5
invasione	*nws*	*ḥrd*	Is 10,29
	ndd, 'wz(Hi)		31 [118]
armi e battaglia	*ndd mipp^{e}nê*		Is 21,15

[116] L'allontanamento dal pericolo si pone in contrasto con l'effetto paralizzante della paura e si verifica molto più frequentemente. Nel mondo animale, l'impulso alla fuga è di fatto la reazione tipica davanti alla minaccia ed ha una forza capace di soffocare ogni altra pulsione (cfr. LORENZ, *L'aggressività*, 133).

[117] Non esaminiamo qui la decisione ponderata di rimuovere la causa del pericolo con il *suo* allontanamento, che mette in moto delle considerazioni razionali che la qualificano piuttosto come «provvedimento» (cfr. p. 248). Le due cose però (allontanamento *dal* pericolo e allontanamento *del* pericolo) sono in relazione tra di loro (cfr. ad es. quanto visto nell'episodio dell'arca tra i Filistei, p. 136).

[118] Notare la connessione con il grido nel v. 30: *ṣhl qôl.* Cfr. anche Ger 48,3-4 (grido). 6 (fuga). 34 (grido). 39 (fuga).

(causa di paura)	(reazione di fuga)	(paura esplicitata)	
distruzione	*ndd yaḥad, brḥ*	v. 5: *m^{e}hûmâ*	Is 22,3
decreto di morte	*brḥ mipp^{e}nê*	(v. 14: *yr'*)	Es 2,15
terrore di Dio	*ntn ('et 'ōy^{e}bîm) 'ōrep*	*'êmâ, hmm*	Es 23,27

Cfr. anche Gios 7,12; 1 Re 19,3; Is 17,13; 24,18; 30,16-17[119]; Ger 46,21.

Rispetto alla fuga come pulsione istintiva, si può ravvisare una più specifica intenzionalità del fuggire (pur senza insistere su divisioni troppo nette) in quelle situazioni di allontanamento dalla minaccia che tendono al raggiungimento cosciente di precise finalità. L'accento si sposta dunque dal concetto di fuga «da» qualcosa, a quello di fuga «verso» una precisa direzione e luogo che permettano la salvezza. Anche a questo proposito presentiamo alcuni esempi:

causa di paura	allontanamento	verso	paura	
decreto di morte	*brḥ, bw'*	*miṣrayim*	*yr'*	Ger 26,21
uccisione di Godolia	*hlk, bw'*	*miṣrayim*	*yr' mipp^{e}nê*	Ger 41,17-18
uccisione di Godolia	*qwm, bw'*	*miṣrayim*	*yr' mipp^{e}nê*	2 Re 25,26
intronizzazione di Salomone	*qwm, hlk*	*'îš l^{e}darkô*	*ḥrd*	1 Re 1,49
	qwm, hlk	(ai corni dell'altare)	*yr' mipp^{e}nê*	50
invasione dell'Egitto	*qwm, šwb*	*'el 'amm^{e}'el 'ereṣ* ..		Ger 46,16
giorno del Signore contro Babilonia	*pnh*	*'îš 'el 'ammô*	metafora: *kiṣbî muddāḥ*	Is 13,14
	nws	*'îš 'el 'arṣô*		
spada dell'invasore in Babilonia	*pnh*	*'îš 'el 'ammô*	metafora (v. 17): *śeh p^{e}zûrâ* ...	Ger 50,16
	nws	*'îš 'el 'arṣô*		

Per altri esempi di decisione di allontanamento, cfr. Es 14,25; Num 14,4; 2 Sam 15,14; 1 Re 22,36.

Cfr. inoltre, con sfumatura ancora diversa, il tenersi lontano del popolo dal monte della teofania (Es 20,18: *wayya'amdû mērāḥōq*; cfr. Deut 5,30: *šûbû lākem l^{e}'ohŏlêkem*).

---

119 Al v. 15 è esplicitato ciò che sarebbe contrario alla fuga e all'agitato timore che essa manifesta: conversione, calma, fiducia nel Signore (*šûbâ, naḥat, hašqēṭ, biṭḥâ*). Per altri antonimi dello stesso tipo, cfr. cap. VIII, pp. 275-276.

B) Il nascondersi[120]

Collegato con la fuga è il nascondersi, cioè il tentativo di sottrarsi alla minaccia rendendosi inaccessibili ad essa. Tale forma di reazione davanti alla situazione paurosa può essere istintiva o ragionata, e si può trovare menzionata da sola oppure in connessione con la fuga e quasi esplicitata come sua finalità. Alcuni esempi:

minaccia	fuga	nascondersi		paura	
Dio		*ḥb'(Hitp) mippᵉnê*	*bᵉtôk ʿēṣ*		Gen 3,8
		ḥb'(Ni)		*yr'*	10
nemico		*ḥb'(Hitp)*	*bammᵉʿārôt ...*		1 Sam 13,6
visione	*brḥ*	*ḥb'(Ni)*		*ḥărādâ gᵉdôlâ*	Dan 10,7
pericolo		*str(Ni)*			Prov 27,12
Dio	*(nwʿ, nwd)*	*str(Ni)*			Gen 4,14
giudizio di Dio		*bw'*	*baṣṣûr*	*pḥd*	Is 2,10
		ṭmn(Ni) mippᵉnê	*beʿāpār*		
invasione	*brḥ*	*bw'*	*beʿābîm*		Ger 4,29
		ʿlh	*bakkēpîm*		
rovina	*nws, pnh(Ho)*	*ʿmq(Hi) lāšebet*			Ger 49,8
distruzione	*nws, nwd mᵉʿōd*	*ʿmq(Hi) lāšebet*		v. 29: *māgôr missābîb*	Ger 49,30

Cfr. anche 1 Sam 20,5; 23,19; 2 Sam 17,9; Is 26,20; Ger 48,28; Am 9,3[121].

Anche il tacere può avere a che fare con il nascondersi. L'uomo impaurito che tenta di sottrarsi alla minaccia può ricorrere al silenzio per non essere notato, per sfuggire all'attenzione e all'udito (oltre che alla vista) di chi rappresenta per lui un pericolo.

Cfr. Giob 31,34: *kî 'eʿĕrôṣ hāmôn rabbâ ûbûz mišpāḥôt yᵉḥittēnî*
wāʼeddōm lō' 'ēṣē' pātaḥ.

Nella stessa linea si può forse interpretare la strana scena descritta in Am 6,10.

---

[120] Sul campo semantico del nascondersi e nascondere, cfr. BALENTINE, «A Description of the semantic Field», e *The Hidden God*, 2-14.

[121] Una reazione diversa, ma che si può situare in questo contesto, è quella di chi tenta di sottrarsi al pericolo mortale della visione di Dio. In questo caso però, l'uomo non nasconde se stesso per non essere visto, ma invece si nasconde il volto per non vedere. È come una specie di fuga che, senza interporre distanza, si ritrae dal pericolo di una relazione mortale. Cfr. come esempio tipico Es 3,6b: *wayyastēr mōšeh pānāw kî yārē' mēhabbîṭ 'el hā'ĕlōhîm.*

C) Il rifugio

Quando l'uomo, davanti al pericolo, fugge in una precisa direzione per salvarsi, questo è spesso connesso con la ricerca di un rifugio, di un luogo in cui riparare ed essere al sicuro. Tale ricerca di scampo può indirizzarsi verso un luogo nascosto, in cui occultarsi; la salvezza poggia allora sulla probabilità di non essere trovato. Ma può anche trattarsi di un luogo conosciuto al nemico, che però può fungere da rifugio sicuro perché inaccessibile, o ben difeso, o presso sovrani potenti, ecc.[122]. È a questa seconda idea di «rifugio» che qui ci riferiamo:

persecuzione	*mlṭ(Ni)*	*'el 'ereṣ p^{e}lištîm*	1 Sam 27,1
	(brḥ)		4
invasione	*'sp(Ni), bw'*	*'el 'ārê hammibṣār*	Ger 4,5
nemici	*šmr k^{e}'îšôn ...*		Sal 17,8
	str(Hi) + suff.	*b^{e}ṣēl k^{e}nāpayim*	
sventura	*ṣpn* + suff.	*b^{e}sukkōh*	Sal 27,5
	str(Hi)	*b^{e}sēter 'ohŏlô, b^{e}ṣûr ..*	
pericoli	*yšb, lyn(Hitpo)*	*b^{e}sēter, b^{e}ṣēl*	Sal 91,1
		(maḥsî ûm^{e}ṣûdātî)	2
	skk(Hi) l^{e}	*b^{e}'ebrâ*	4
	ḥsh	*taḥat k^{e}nāpayim*	

D) La fuga psicologica

Accanto alla fuga che pone distanza fisica tra il soggetto e la minaccia, si può presentare una diversa forma di allontanamento dal pericolo che chiameremo fuga psicologica, cioè quel desiderio di essere lontani da ciò che impaurisce e che, non trovando riscontro nella realtà, si rifugia nel sogno di una lontananza irreale e illusoria.

Cfr. il sogno impossibile del Sal 55,7-8:
mî yitten lî 'ēber kayyônâ 'āûpâ w^{e}'eškōnâ
hinnēh 'arḥîq n^{e}dōd 'ālîn bammidbār[123]

---

[122] Come si può vedere, la fuga, il nascondersi e il cercare rifugio sono nozioni in rapporto tra di loro e spesso inscindibili. Così, ad es., la fuga di Adonia determinata dal timore per Salomone finisce ai corni dell'altare che rappresentano un luogo di rifugio sicuro anche se non è occulto (1 Re 1,50-53). Invece, gli abitanti di Moab sono invitati ad andare a dimorare (nascosti) tra le rupi, e lì potranno trovare rifugio, come le colombe (Ger 48,28). Gli aspetti si intersecano e, come sempre, il nostro distinguerli non intende dimenticare la loro interdipendenza ma solo ricercare una più chiara linea espositiva.

[123] Cfr. p. 121.

oppure il desiderio di essere temporalmente lontani dal presente angoscioso, come viene espresso in Deut 28,67:

babbōqer tō'mar mî yittēn 'ereb
ûbā'ereb tō'mar mî yittēn bōqer mippaḥad lebābekā ...

La realtà è insostenibile, con la sua carica di angoscia, e la si vorrebbe diversa. Di essa non si accetta alcuna forma, in un continuo anelare ad essere altrove (Sal 55) o in una situazione mai uguale a quella in cui si è (Deut 28). È il rifiuto del realistico presentarsi dell'esistenza, e può diventare rifiuto di esistere [124].

Manifestazione estrema di questa incapacità di accettare la realtà è il *desiderio della morte.* Davanti ad una minaccia che tocca tanto profondamente l'essere da risultare psicologicamente insostenibile, l'uomo giunge al diniego della vita. Paradossalmente, quando si è confrontati con la morte e terrorizzati da essa, allora si vuole morire, desiderando la non-vita come fuga ultima e disperata da un ineluttabile pauroso che si è incapaci di sopportare. Non vivere (più) significa non dover (più) morire.

Tale desiderio di definitiva sottrazione a una situazione angosciante si può manifestare in forme diverse:

- desiderio e richiesta di morte: Num 14,2 (Israele spaventato all'idea di entrare in Canaan); 20,3-4 (il popolo davanti alla prospettiva di morire di sete nel deserto); 1 Sam 31,3-4 (Saul davanti ai nemici che lo stanno sopraffacendo) [125]; 1 Re 19,3-4 (Elia ricercato a morte da Gezabele); Giob 7,13-16 (Giobbe spezzato dalla sofferenza) [126]
- desiderio di non essere mai nati: cfr. Giob 3 e Ger 20,14-18
- caduta nell'incoscienza del sonno, come rifiuto della realtà che assomiglia al morire: cfr. Giona 1,5 e anche 1 Re 19,5
- sogno fantastico di trovare nello Sheol un nascondiglio e un rifugio (*ṣpn*, *str*) in attesa che passi l'ira di Dio e all'Onnipotente torni la nostalgia della sua creatura: cfr. Giob 14,13-15.

2.1.3. Il rifiuto di agire

Alcune azioni sono causa di paura per l'uomo, non solo per le loro conseguenze, ma perché pongono l'individuo in situazioni che egli consi-

---

[124] Una forma più attenuata di tale «fuga dalla realtà» è la reazione istintiva, davanti a ciò che si teme, di autorassicurarsi convincendosi che invece tutto va bene: cfr. Giud 5,28-30.

[125] Cfr. p. 116, n. 70.

[126] Cfr. in particolare il v. 15. Per le varie possibilità di lettura del testo, rimandiamo ad ALONSO – SICRE, 153-154.

dera inaccettabili e da cui è intimorito. Il soggetto allora, a motivo della sua paura e come sua diretta conseguenza, può rifiutarsi di fare ciò che lo spaventa.

Esempio tipico è il rifiuto di uccidere davanti ad un ordine che lo richiede:

– Giud 8,20

comando : *qûm hărōg 'ôtām*
rifiuto : *w^{e}lō' šālap hanna'ar ḥarbô*
paura : *kî yārē' kî 'ôdennû nā'ar*

– 1 Sam 31,4 // 1 Cron 10,4

comando : *š^{e}lōp ḥarb^{e}kā w^{e}doqrēnî bāh ...*
rifiuto : *w^{e}lō' 'ābâ nōśē' kēlâw*
paura : *kî yārē' m^{e}'ōd*

Cfr. anche l'esortazione a non temere (*'al tîrā'û*) e avere coraggio (*ḥizqû wihyû libnê ḥāyil*) che accompagna l'ordine di uccidere in 2 Sam 13,28. E inoltre la domanda di Davide all'Amalecita: *'êk lō' yārē'tā lišlōḥ yād^{e}kā l^{e}šaḥēt* ... (2 Sam 1,14).

Qualcosa di simile, ma con elementi diversi, avviene in certe forme di rinuncia e di resa che si possono verificare, come luogo emblematico, in guerra. Anche lì ci si può rifiutare di combattere, ma non perché si abbia paura di uccidere, bensì di essere uccisi. Ciò a cui ci si rifiuta in questo caso non è propriamente l'azione che intimorisce, ma l'agire che mette in situazione di pericolo; ed è quest'ultimo che spaventa [127]. Si verifica così qualcosa che assomiglia a quello che abbiamo chiamato l'effetto paralizzante della paura, ma con delle componenti più specifiche di rinuncia e di volontà di rifiuto.

Cfr. Ger 51,30 : *ḥād^{e}lû gibbôrê bābel l^{e}hillāḥēm yāš^{e}bû bamm^{e}ṣādôt nāš^{e}tâ g^{e}bûrātām hāyû l^{e}nāšîm*
Ez 7,14 : *tāq^{e}'û battāqô' w^{e}hākîn hakkōl w^{e}'ên hōlēk lammilḥāmâ*

Cfr. anche il rifiuto degli Israeliti di entrare nella Terra perché impauriti dalle dimensioni dei suoi abitanti:

Deut 1,26 : *w^{e}lō' 'ăbîtem la'ălōt ...*
28 : *'aḥênû hēmassû 'et l^{e}bābēnû ...*
29 : *lō' ta'arṣûn w^{e}lō' tîr^{e}'ûn mēhem ...*

---

127 Va però notato che una tale componente di paura delle conseguenze può anche entrare nel rifiuto di uccidere il re (cfr. 1 Sam 31,4) o, ancor più, qualcuno da lui protetto (cfr. 2 Sam 18,11-13).

La stessa cosa può verificarsi anche nella paura «per» gli altri, quando cioè una persona, a motivo del proprio timore, impedisce ad un altro di fare qualcosa rifiutandogli il suo consenso. Caso tipico, il rifiuto di Giacobbe di far partire Beniamino per l'Egitto (Gen 42,35-37). Il ritrovamento del denaro nei sacchi ha spaventato (*yr'*: v. 35) Giacobbe e i suoi figli e perciò il padre vuole costringere Beniamino a non partire (*lō' yērēd bᵉnî ʿimmākem*) per il timore che gli possa capitare una disgrazia (*ûqᵉrā'āhû 'āsôn ...*: v. 38).

2.1.4. Il venir meno della ragione

La paura può esercitare sul soggetto un totale condizionamento che può giungere fino a fargli perdere le sue capacità di raziocinio. Non si tratta solo dello stato confusionale di cui abbiamo già parlato (cfr. § 1.2.2.), ma dello sragionare attivo di chi ha perso il controllo di sé. In questa situazione, l'individuo pensa e reagisce in modo tale da provocare tutta una serie di comportamenti irrazionali, confusi, che lo gettano, ormai senza padronanza, in una condizione sempre più pericolosa e negativa [128]. Segnaliamo alcuni esempi:

a) lo sragionare che altera la realtà:

cfr. quanto già detto sul grido di protesta di Israele in Es 14,11-12, sull'esagerata alterazione della percezione e sulla fuga dalla realtà [129]

b) il ricorso a ciò che è vano, falso, portatore di morte:

- Is 19,3: gli Egiziani in preda alla paura e al non-senso (*wᵉnābᵉqâ rûḥ miṣrayim bᵉqirbô waʿăṣātô 'ăballēʿ*; cfr. anche v. 1: *lēbāb mss,Ni*), ricorrono a maghi e indovini
- Is 28,15: i capi del popolo cercano salvezza dalla morte facendo alleanza con essa (*kāratnû bᵉrît 'et māwet ...*) [130] e cercano rifugio (*maḥseh*) e nascondiglio (*str,Ni*) nella menzogna e nell'inganno
- Ger 2,13.27-28: davanti alla fine che si approssima, Israele abbandona la sorgente per scavarsi cisterne incrinate e cerca salvezza in un legno e una pietra [131]

---

[128] Si veda, a questo riguardo, Sap 17,12ss.

[129] Cfr. pp. 100-101.192-193.242-243.

[130] È l'estrema follia di chi cerca scampo alla distruzione giungendo a patti e asservendosi a ciò che lo distrugge, così che, per paura di morire, si diventa schiavi della Morte stessa (cfr. Ebr 2,15).

[131] Si noti in particolare la tragica ironia del v. 28:
wᵉ'ayyēh 'ĕlōhèkā 'ăšer ʿāśîtā lāk yāqûmû 'im yôšîʿûkā bᵉʿēt rāʿātekā.
Cfr. tutta la linea profetica di polemica e smascheramento dell'inutilità degli idoli.

- Ger 4,30: Gerusalemme ormai stretta d'assedio cerca un'impossibile via d'uscita nel tentativo inutile e insensato di sedurre i suoi stessi assassini [132]

c) l'agire irrazionale nel panico colletivo: fuga precipitosa e reazione difensiva e offensiva senza discernimento, fino al colpirsi vicendevole tra compagni e alleati:

Giud 7,21-22 [133]; 1 Sam 14,14-20; 2 Cron 20,22-23 [134]; cfr. anche Is 19,2; Zacc 14,13.

2.2. *Provvedimenti*

Le osservazioni dell'etologia sul comportamento degli animali in situazioni di pericolo rilevano due reazioni fondamentali che il soggetto minacciato può avere: la fuga oppure l'aggressione. I meccanismi fisiologici coinvolti in tali reazioni sono tuttora in esame, ma è certo che nel tipo di risposta che l'animale dà al pericolo entrano sempre dei fattori ambientali, di stato fisico del soggetto, di necessità di difesa della prole, ecc. [135]. Anche nell'essere umano la paura provoca spesso aggressività [136], ma il modo di porsi dell'uomo davanti alla minaccia è assai più complesso ed articolato e può far entrare in gioco delle componenti raziocinanti anche molto elaborate.

In questo paragrafo vogliamo appunto occuparci delle molteplici risposte che l'uomo può dare al pericolo usando la propria capacità di valutazione e di decisione. Dunque non la paralisi o la reazione solamente istintiva, ma tutta quella serie di provvedimenti che il soggetto mette in atto, spinto ma non sopraffatto dal timore, per fronteggiare la situazione in modo adeguato. Tali provvedimenti possono mirare sia alla distruzione del pericolo mediante operazioni aggressive sia alla sua rimozione per mezzo di opportune misure difensive o di neutralizzazione [137].

---

[132] Cfr. p. 109.

[133] Cfr. pp. 106-107.

[134] Cfr. pp. 96-97.

[135] Cfr. Oliverio Ferraris, *Psicologia della paura*, 39-41 e lo studio di Lorenz, *L'aggressività*.

[136] Cfr. Benedetti, *Neuropsicologia*, 364-369; Oliverio Ferraris, *op. cit.*, 88-92.

[137] Si noterà, tra gli esempi che daremo, il frequente ricorso all'aiuto altrui da parte del soggetto impaurito. Questi, davanti alla minaccia, cerca compagni, alleati, difensori, e in particolare si rivolge a Dio per averne soccorso. Si tratta della comprensibile ricerca di protezione da parte di chi riconosce la propria incapacità e impossibilità a salvarsi da solo. Ma più profondamente, in quella ricerca si rivela il peso angosciante della solitudine come situazione che rende più vulnerabili al pericolo non solo fisicamente ma anche psicologicamente, così che, alla paura della minaccia, si aggiunge quella di essere soli. I dati della psicologia dicono che tale paura è talmente forte da poter persino indurre la vittima a creare un rapporto di connivenza e a cercare rifugio nel proprio persecutore (cfr. Oliverio Ferraris, *op. cit.*, 53.64-69).

Forniamo una serie di esempi raggruppati secondo alcune modalità molto generiche, segnalando solo testi in cui le misure prese sono chiaramente presentate come conseguenza della paura [138].

2.2.1. Aggressione (militare o no)

– Gios 10,1-4: Adoni-Zedeq viene a sapere della presa di Ai e dell'accordo tra Giosuè e i Gabaoniti, ha paura (*yr' mᵉ'ōd*: v. 2) e chiede aiuto ad altri re per passare all'offensiva e attaccare Gabaon.
– Es 1,8-16: la crescita eccessiva degli Israeliti (*ʿam ... rab wᵉʿāṣûm mimmennû*: v. 9) spaventa gli Egiziani (*qwṣ mippᵉnê*: v. 12) che cercano di renderli inoffensivi e limitarne l'espansione prima con i lavori forzati e poi facendone uccidere i neonati.
– Num 22,1-6: davanti ad Israele che si era accampato presso il Giordano, Moab è preso da timore (*gwr mᵉ'ōd mippᵉnê, qwṣ mippᵉnê*: v. 3) e manda a chiamare Balaam perché venga a maledire Israele.
– Cfr. anche la vicenda di Saul e Davide, e l'aggressività scatenata nel re dal timore per il rivale (cfr. pp. 114-116).

2.2.2. Misure difensive di vario genere

– Nah 2,2 e 3,14: si prepara la distruzione di Ninive; questa deve approntare dei piani di difesa: sorveglianza, provviste per l'assedio, costruzioni difensive (non si menziona la paura in diretta connessione con le opere difensive, ma è poi descritta al momento dell'assalto e della distruzione: cfr. 2,7-11).
– Is 22,5-11: si prepara contro Gerusalemme una aggressione terribile (cfr. v. 5: *yôm mᵉhûmâ ûmᵉbûsâ ûmᵉbûkâ*) e vengono perciò prese varie misure difensive (approvvigionamento di acqua, fortificazione delle mura, ecc.).
– Gen 32,8-9: Giacobbe spaventato (*yr' mᵉ'ōd, ṣrr lᵉ*: v. 8) dalla notizia dell'avvicinarsi di Esaù, si prepara ad un possibile attacco del fratello dividendo in due il proprio accampamento per metterne in salvo almeno una parte.
– Lam 4,17: gli abitanti di Gerusalemme in preda all'angoscia (mancano i termini espliciti, ma la situazione la indica con chiarezza) sono descritti in atteggiamento di spasmodica attesa di aiuto da parte di altri:
tiklènâ ʿênênû 'el ʿezrātēnû hābel
bᵉṣippiyyātēnû ṣippînû 'el gôy lō' yôšīaʿ.

[138] Il nostro intento non è di fornire un elenco dei molti modi con cui si può avere ragione del nemico o di qualunque altra minaccia, ma dei modi con cui si può rispondere

– 2 Sam 14,15-16: la donna di Teqoa, nel suo discorso fittizio, si dice spaventata dal popolo (*yērᵉ'ūnî hā'ām*: v. 15) e perciò ricorre al re per essere difesa e salvata.

2.2.3. Allontanamento del pericolo e tentativi di neutralizzarlo

a) *Allontanamento*

– 1 Sam 5–6: l'arca catturata dai Filistei li colpisce con piaghe ed essi, terrorizzati (*šmm*: 5,6; *mᵉhûmâ gᵉdôlâ mᵉ'ōd*: 5,9; *mᵉhûmat māwet*: 5,11), decidono di allontanarla dal loro territorio (5,8.10.11; 6,2 ss).

– 2 Sam 6,1-10 (// 1 Cron 13,5-13): Uzza muore per aver toccato l'arca; Davide ha paura di Dio (*wayyīrā'* .. *'et yhwh*: v. 9) e decide di non portare l'arca a Gerusalemme e di tenerla lontana da sé.

Cfr. anche 1 Sam 18,12-13.

b) *Menzogna e inganno*

– Gen 26,7: Isacco mente sul conto della moglie e la dichiara sua sorella, per paura di essere ucciso (*kî yārē' lē'mōr 'ištî pen yahargūnî ...*). Cfr. anche Gen 12,11-13; 20,11 [139].

– 1 Sam 21,11-14: Davide a Gat è riconosciuto dai ministri di Achis, ha paura (*yr' mᵉ'ōd mippᵉnê*: v. 13) e si finge pazzo.

– Gios 9,3-27: gli abitanti di Gabaon inducono gli Israeliti a fare alleanza con loro simulando un lungo viaggio, come venissero da molto lontano. La motivazione dell'inganno è fornita da loro stessi quando, scoperti, vengono interrogati da Giosuè: saputo che gli Israeliti dovevano sterminare gli abitanti del paese, avevano avuto paura per le loro vite e perciò avevano organizzato quel piano (*wannîrā' mᵉ'ōd lᵉnapšōtênû mippᵉnêkem wanna'ăśēh ...*: v. 24).

c) *Resa, tentativi di placare e muovere a pietà*

– 2 Re 10,1-5: Ieu sfida con una dichiarazione di guerra i capi di Samaria ed essi, impauriti (*yr' mᵉ'ōd mᵉ'ōd*: v. 4), si sottomettono accettando le sue condizioni.

– 2 Cron 17,10-11: i regni intorno a Giuda sono presi da un sacro terrore (*paḥad yhwh*: v. 10) e perciò evitano di muovergli guerra e inviano doni e tributi al re.

---

alla minaccia *quando si ha paura*. Data la molteplicità e diversità degli esempi, la loro organizzazione in gruppi è solo indicativa e necessariamente generica.

[139] Ricordiamo anche la menzogna di Sara in Gen 18,15: ella, che aveva riso all'annuncio della nascita del figlio, nega, per paura, di averlo fatto (*wattᵉkaḥēš ... kî yārē'â*). La reazione qui sembra però più istintiva che ragionata.

- Gen 32,14-22: Giacobbe spaventato (*yr' m^e'ōd, ṣrr l^e*: v. 8) dall'avvicinarsi di Esaù, dopo aver diviso in due l'accampamento (vv. 8-9), cerca di placare il fratello con l'invio di doni.
- Gen 33,3: Giacobbe ormai in prossimità del fratello che teme, si prostra a terra sette volte (*wayyištaḥû 'arṣâ šeba' p^e'āmîm*) davanti a lui.
- 2 Re 1,9-14: dopo che il fuoco divino richiesto da Elia ha ucciso due contingenti di soldati, il capo del terzo gruppo si prostra davanti al profeta e supplica di aver salva la vita (*wayyikra' 'al birkâw ... wayyitḥannēn ...*: v. 13).

d) *Aggiramento del pericolo e altre forme di neutralizzazione*

- Est 8,17 e 9,3: dopo il decreto del re a favore del popolo d'Israele, presi dalla paura (*paḥad npl 'al*), molti abitanti del paese si fanno giudei (8,17) e i governatori sostengono ed aiutano la causa ebraica (9,3).
- Giud 6,25-27: Gedeone è incaricato dal Signore di demolire l'altare di Baal. Ma poiché ha paura dei suoi (*yr'*: v. 27), lo fa di notte.
- 2 Re 6,8-11: il re di Aram è turbato e agitato (*wayyissā'ēr lēb melek ..*: v. 11) perché Israele riesce sempre a prevenire le sue mosse e cerca perciò di scoprire la presenza di un traditore tra i suoi.
- Giona 1,5-15: i marinai impauriti dalla tempesta (*yr'*: v. 5) cercano di trovare scampo alleggerendo la nave e buttando tutto in mare, poi gettano le sorti per risalire alla causa della disgrazia scoprendo il colpevole e infine lo fanno cadere in mare.

2.2.4. Il ricorso a Dio: azioni liturgiche e preghiera

Sappiamo che, davanti a ciò che spaventa, è normale reazione il ricorso ad altri che, essendo più forti, possano portare aiuto e salvezza. Oppure, in presenza di un potente che può rappresentare una minaccia, si cercano i mezzi per placarlo e muoverlo a pietà. Questi due atteggiamenti si ritrovano anche nei confronti di Dio come realtà suprema capace di salvare e sommamente potente.

Abbiamo già visto come il grido di aiuto rivolto al Signore sia una frequente reazione di paura [140]. Ora vogliamo fare riferimento a quella preghiera e ricerca di Dio che si esprime non in grido spontaneo ma in forme di liturgia, di penitenza e di preghiera che suppongono un atto di decisione da parte del soggetto.

---

140 Cfr. pp. 236-237.

- 1 Sam 28,5-6: Saul, terrorizzato alla vista dell'esercito filisteo (*wayyīrā' wayyeḥĕrad libbô mᵉ'ōd*: v. 5), consulta l'oracolo (*wayyiš'al .. bᵉyhwh*: v. 6).
- 1 Sam 7,7-9: i Filistei muovono contro Israele e questo, spaventato (*yr' mippᵉnê*: v. 7), chiede a Samuele di rivolgersi al Signore e invocarlo (*'al taḥărēš mimmennû mizzᵉʿōq 'el yhwh* ...: v. 8). Samuele allora offre un agnello e prega.
- Giona 3,4-9: in risposta all'annuncio profetico di distruzione, il re di Ninive proclama il digiuno e la penitenza [141].
- 2 Cron 20,1-19: all'annuncio dei tre eserciti in marcia contro di lui, Giosafat ha paura (*yr'*: v. 3) e decide di ricorrere al Signore (*drš lᵉyhwh*: v. 3); proclama un digiuno (*qr' ṣôm*: v. 3) e convoca il popolo per una grande liturgia (vv. 4-19).
- Giud 10,9-10: gli Ammoniti passano il Giordano con intenzioni aggressive, Israele è preso dall'angoscia (*wattēṣer lᵉyiśrā'ēl mᵉ'ōd*: v. 9) e prega confessando il proprio peccato (*wayyizʿăqû ... 'el yhwh lē'mōr ḥāṭā'nû lāk* ...: v. 10).
- Gios 7,5-9: dopo una sconfitta militare, Israele è in preda alla paura (*wayyimmas lᵉbab hāʿām wayhî lᵉmāyim*: v. 5) e Giosuè, con gestualità di penitenza e lutto, prega il Signore (cfr. v. 6: vesti strappate, prostrazione a terra davanti all'arca, polvere sul capo).
- Esd 9: i matrimoni misti contratti dagli Israeliti gettano i capi del popolo nel timore e nella costernazione (v. 4: *ḥrd*; vv. 3.4: *šmm, Po*) ed Esdra, in penitenza, prega il Signore (cfr. v. 5: vesti strappate, in ginocchio, con le palme tese verso Dio).

3. **Finalità della paura**

La reazione di paura svolge funzione di salvaguardia della vita da ciò che la minaccia: il soggetto che prende coscienza del pericolo, spinto dal timore, tenta di mettersi in salvo, prende dei provvedimenti, evita il male (la «deterrenza»), ecc. Il rapporto primario è con la morte, è essa l'origine di ogni paura, e il corpo minacciato si modifica sotto il terrore di morire e si predispone a vivere ad ogni costo [142]. Questo è particolarmente evidente negli animali, nei quali lo stato di allarme provoca reazioni finalizzate:

---

[141] Sul rapporto tra questo testo e la paura, cfr. p. 200, n. 74.

[142] Cfr. MANNONI, *La peur*, 52: «La peur qui ... est essentiellement peur de la mort est probablement plus profondément enracinée au fond de l'être humain que bon nombre d'autres pulsions, sexuelles ou autres. En effet, ce qui compte ici c'est essentiellement la préservation de l'individu et, à travers lui, de l'espèce qui doit acquérir ces mécanismes de mise en alerte afin de se sauvegarder».

modificazioni fisiologiche per facilitare l'attacco o la fuga, mimetismo, ricerca di rifugio, richiami, convergenza nel gruppo, ecc.

Negli uomini la cosa è meno evidente, essendo le pulsioni istintuali meno totalizzanti e potendo invece il timore paralizzare la ragione. Di fatto, non tutte le reazioni di paura sono adeguate al pericolo e possono talvolta perdere la loro funzione biologica. Così, nell'esaminare gli effetti del timore sull'uomo, abbiamo visto che essi possono anche risultare dannosi all'individuo, o essere sproporzionati allo stimolo e indurre a comportamenti negativi. In modo paradossale, si potrebbe dire che, perché nell'uomo la paura svolga la sua funzione, è necessario un ricorso alla razionalità che vinca la paura stessa e apra l'uomo a una dimensione diversa, non solo istintuale. Questo diventa definitivo in rapporto alla fede. Perché l'uomo possa veramente essere salvo è necessario che la funzionalità «salvifica» del timore si apra a un suo superamento nella ricerca e nell'accoglienza di una diversa e più radicale salvezza, quella che viene da Dio [143].

Indichiamo ora schematicamente alcuni sintagmi utilizzati in ebraico per esprimere quella salvezza a cui tende l'uomo in pericolo, nel senso fondamentale di «scampare alla morte» mettendosi in salvo:

– *hlk*	*'el nepeš* (+suff.)	1 Re 19,3
– *nws*	*'el nepeš* (+suff.)	2 Re 7,7 [144]
– *mlṭ(Ni)*	*'al nepeš* (+suff.)	Gen 19,17
– *mlṭ(Pi)*	*nepeš* (+suff.)	Ger 48,6 (+*nws*); 51,6 (//*nws*)
– *nṣl(Pi)*	*nepeš* (+suff.)	Ez 14,14 (cfr. v. 16: *nṣl,Ni*)
–	*nepeš* (+suff.) *nṣl(Ni)*	Gen 32,31
–	*nepeš* (+suff.) *ḥyh*	Ger 38,17 (//*ḥyh*). 20 (+*yṭb* l^e)
–	*nepeš* (+suff.) *mlṭ(Ni)* *mippaḥ* .. k^e*ṣippôr*	Sal 124,7 (//*mlṭ,Ni*)
– *mlṭ(Ni) miyyad*		1 Sam 27,1 (//*mlṭ,Ni* [*'el*]; ≠ *sph,Ni* [b^e*yad-*]); Dan 11,41
– *nṣl(Ni) mikkap rā'*		Ab 2,9
– *mlṭ(Ni)*		1 Sam 19,10 (+*nws*). 12 (+*brḥ*)
– *plṭ*		Ez 7,16
– *lō' 'bd*		Giona 1,7; 3,9
– *lō' mwt*		Gios 20,9 (//*nws*)

[143] Cfr. anche cap. VIII, in particolare pp. 260-261.276-277.

[144] Nel testo di 2 Re 7,7 va notata l'esplicitazione del fatto che la fuga per salvarsi è accompagnata dall'abbandono di tutto quello che si ha. Si evidenzia così la perdita di preoccupazione, tipica dell'uomo impaurito, per tutto ciò che non è la propria vita da salvare. Cfr. anche i marinai nella tempesta in Giona 1,5.

4. Altre reazioni davanti al pericolo

Accanto alla paura vera e propria, si possono segnalare altri atteggiamenti quali la cautela, la vigliaccheria e l'angoscia. Un esame approfondito di questi temi ci porterebbe troppo lontano dal nostro centro di interesse. Ci limitiamo perciò a dare alcune brevissime indicazioni.

4.1. *Il mettersi in guardia e la cautela*

Ci riferiamo qui alla situazione di circospezione e di prudenza di chi prende le dovute precauzioni e cerca di evitare l'eventualità di un danno a sé o agli altri. Si tratta dunque di un atteggiamento preveniente che si assume non tanto in presenza di un pericolo quanto piuttosto in previsione di esso e senza necessariamente implicare una reazione emotiva di paura.

Indichiamo alcuni esempi di sintagmi usati per esprimere questo tipo di atteggiamento e di comportamento:

šmr(Ni) (*m^{e}'ōd*)	Deut 2,4; 1 Sam 19,2; 2 Re 6,10
šmr(Ni) *b^{e}* (spada)	2 Sam 20,10 (in negazione)
šmr(Ni) *min* (compagno)[145]	Ger 9,3 (// *'al bṭḥ 'al*)
šmr(Ni) *mipp^{e}nê* (angelo di Dio)	Es 23,21

Cfr. anche la prudente esitazione di Elihu a parlare in presenza di anziani in Giob 32,6 (*zāḥaltî wā'îrā' min*...)

Questo atteggiamento di cautela nell'uomo può giungere fino al punto di *evitare* di fare ciò che si ritiene pericoloso:

šmr(Ni)		*min*	+ inf.	(azione da evitare)	2 Re 6,9
šmr(Ni)		*'al*	+ *yiqtol*	(» »)	Giob 36,21
šmr(Ni)	*l^{e}* (*dativus commodi*)[146]		inf.	(» »)	Es 19,12
šmr(Ni)	*l^{e}* (» »)	*'el*[147]	+ *yiqtol*	(» »)	Es 10,28
šmr(Ni)	*l^{e}* (» »)	*pen*	+ *yiqtol*	(» »)	Es 34,12; Deut 11,16
šmr(Ni)	*l^{e}nepeš* (+suff.)	*pen*	+ *yiqtol*	(» »)	Deut 4,15-16
šmr(Ni)	*b^{e}nepeš* (+suff.)	*w^{e}'al*	+ *yiqtol*	(» »)	Ger 17,21

---

[145] Senso analogo ha probabilmente l'espressione *ḥidlû lākem min hā'ādām* in Is 2,22, e forse anche *ḥădal l^{e}kā mē'ĕlōhîm* in 2 Cron 35,21.

[146] Cfr. JOÜ 133*d*.

[147] La lettura *'el* è del codice di Leningrado. Altri manoscritti hanno invece la negazione *'al*. Cfr. *BHS*.

4.2. *La vigliaccheria*

La paura e le reazioni che essa provoca, le conseguenze operative che ne derivano, l'atteggiamento di cautela e circospezione tendono, come abbiamo visto, alla salvaguardia dell'incolumità della persona. Ma questa tendenza positiva può, in certe circostanze oggettive o sottoposta ad una lettura soggettiva, connotarsi negativamente e assumere i contorni dispregiativi della viltà. Negli atteggiamenti dettati dalla vigliaccheria, infatti, sembra che il salvarsi la vita sia a discapito dell'onore e della dignità personale, a cui si è pronti a rinunciare pur di non patire danno. La paura, con le sue conseguenze, diventa così causa di disonore e motivo di vergogna.

Tale idea si trova espressa nella metafora già esaminata della donna (cfr. in particolare Ger 51,30 e Nah 3,13)[148], e in certe presentazioni di eventi di fuga o di resa che sono descritti come vergognosi ed umilianti:

– 2 Sam 19,4 : *wayyitgannēb hā'ām bayyôm hahû' lābô' hā'îr ka'ăšer yitgannēb hā'ām* ***hanniklāmîm*** *b^e^nûsām bammilḥāmâ*

– Ger 48,39 : *'êk hipnâ 'ōrep mô'āb* ***bôš*** *w^e^hāyâ mô'āb* ***liśḥōq***...

Cfr. anche Ez 7,14.16-18.

4.3. *L'angoscia e l'ansia*

La distinzione tra angoscia, ansia e paura non è facile e gli studiosi non sempre concordano. Dal punto di vista della psicologia, potremmo dire che in genere si parla di paura per indicare l'emozione puntuale che risponde a stimoli reali e reagisce a situazioni di pericolo oggettivamente delineabili. L'ansia sembra invece riferirsi a uno stato emotivo più duraturo ma anche più vago, focalizzato su stimoli indefiniti, non sempre oggettivamente pericolosi, essenzialmente intrapsichici. Un'ansia molto accentuata, con componenti depressive, può essere invece indicata come angoscia[149]. I confini tra i tre stati rimangono comunque a volte indelimitabili.

Nella Scrittura, operare una tale distinzione è ulteriormente complicato dalla scarsità delle attestazioni, e dalla mancanza di descrizioni specifiche e di un interesse di tipo tecnico da parte degli autori, così che angoscia e paura si intersecano e compaiono spesso congiunte. Perciò noi abbiamo frequentemente parlato di paura e angoscia insieme quando volevamo indicare i sintomi o le conseguenze di uno stato emotivo reattivo a una situazione dolorosa, di pericolo, ecc.

---

[148] Cfr. p. 232.

[149] Cfr. OLIVERIO FERRARIS, *Psicologia della paura*, 18-22; MANNONI, *La peur*, 40-47.

Sembra comunque che una certa terminologia sia più specificatamente riferita non allo spavento puntuale, ma a quello stato diffuso di ansia, malessere psichico, timore, sofferenza e disperazione, che potremmo chiamare «angoscia»[150]. Va però sottolineato che nei testi biblici essa ha sempre riferimento a uno stimolo reale.

Indichiamo brevemente i termini e sintagmi più significativi.

4.3.1. *ṣrr* I

La radice fa riferimento all'idea di cosa stretta, angusta, che ben si applica all'esperienza psichica e ai sintomi di costrizione e difficoltà respiratoria tipici dello stato di angoscia[151]. In rapporto a questo, viene normalmente usato il sintagma *ṣrr l*^{e} oppure i sostantivi *ṣar* e *ṣārâ*[152]. Qualche esempio:

causa angosciante	angoscia	correlati	
incontro con Esaù	*ṣrr l*^{e}-	*yr' m*^{e}*'ōd*	Gen 32,8
distruzione	*ṣrr l*^{e}-	*mēʿîm ḥmr(Pualal),* *lēb hpk(Ni)*	Lam 1,20
pericolo di essere ucciso	*ṣrr l*^{e}*- m*^{e}*'ōd*		1 Sam 30,6
morte di Gionata	*ṣrr l*^{e}*- ... ʿal*		2 Sam 1,26
pericoli mortali	*ṣar l*^{e}-	*qr' yhwh,* *šwʿ(Pi) 'el 'ĕlōhîm*	Sal 18,7
pericoli e sventure	*ṣar l*^{e}-	*ṣʿq 'el yhwh,* *m*^{e}*ṣûqôt*	Sal 107,6
tormenti legati all'empietà	*ṣar*	*bʿt(Pi), m*^{e}*ṣûqâ*	Giob 15,24
situazione miserevole	*ṣar rûḥ*	*śyḥ b*^{e}*mar nepeš*	Giob 7,11
invasione	*ṣārâ*	*yādayim rph,* *ḥîl kayyôlēdâ*	Ger 6,24
pericoli mortali	*ṣārâ*	*yāgôn; m*^{e}*ṣārîm*	Sal 116,3
situazione difficile	*ṣārâ*	vv. 2.4: *ṣʿq, hmh,* *śyḥ, rûḥ ʿṭp(Hitp)*	Sal 77,3
pericolo e aggressione	*ṣārâ*	*śîḥ*; vv. 2.4: *zʿq,* *rûḥ ʿṭp(Hitp)*	Sal 142,3

[150] Sul tema, cfr. GRELOT, *Dans les angoisses*, 10-129.

[151] Anche per questa radice si può dare una certa variazione di senso a seconda se il punto di vista è oggettivo («pericolo») o soggettivo («angoscia»). Cfr. ALONSO SCHÖKEL, «El punto de vista», 366-368. La distinzione resta comunque problematica e non è sempre operabile.

[152] L'espressione *ṣar l*^{e} pone dei problemi di catalogazione. Essa infatti può essere una forma verbale costruita in modo impersonale (cfr. all'imperfetto le attestazioni *wayyēṣer*/

4.3.2. *'ṭp* III

Il verbo *'ṭp* ha il senso di essere debole, languire. Applicato all'animo umano, esprime il suo venir meno per l'angoscia e la disperazione: cfr. l'espressione *rûḥ 'ṭp(Hitp)* (*'al*) in Sal 77,4; 142,4; 143,4; e *lēb 'ṭp* in Sal 61,3.

4.3.3. *ṣwq*

La radice esprime idea di oppressione e angustia, con la doppia possibile connotazione, oggettiva e soggettiva. In alcuni casi il senso soggettivo sembra prevalere:

māṣôq Sal 119,143

meṣûqâ Sof 1,15; Sal 25,17; 107,6.13.19.28; Giob 15,24.

In tutte queste occorrenze compare anche, in congiunzione o in parallelo, il termine *ṣar* o *ṣārâ*.

4.3.4. *p'm*

L'idea espressa è quella di un forte turbamento che può avere componenti angosciose:

- a motivo di un sogno inquietante e incomprensibile: Gen 41,8 (*rûḥ p'm,Ni*); Dan 2,1 (*rûḥ p'm,Hitp*). 3 (*rûḥ p'm,Ni*)
- al pensiero delle azioni salvifiche di Dio in contrasto con la miseria del presente: Sal 77,5 (*nip'amtî welō' 'ădabbēr*; v. 4: *rûḥ 'ṭp,Hitp*).

4.3.5. Altri termini minori

- *pûqâ*: 1 Sam 25,31 (in congiunzione con *mikšôl lēb*)
- *rwd* in Sal 55,3 [153]
- cfr. anche Sal 94,19 (*śar'appîm*); Is 65,14 (*ke'ēb lēb, šēber rûḥ*); e forse Sal 34,19 (*nišberê lēb, dakke'ê rûḥ*).

---

wattēṣer le: Giud 2,15; 10,9; ecc.), oppure un sostantivo con preposizione (cfr. lo stesso uso con *ṣārâ* in Giona 2,3). A volte la distinzione è più chiara, ad es. per la presenza dell'avverbio *me'ōd* che invita a pensare ad una forma verbale o, all'inverso, perché viene usato l'articolo (*baṣṣar le*). Ma spesso si rimane nell'incertezza, compresi i casi in cui *ṣar le* è *nomen rectum* in una catena costrutta: ad es., in *beyôm ṣar lî*, il termine *ṣar* può essere un sostantivo (cfr. l'espressione *beyôm ṣārātî* in Gen 35,3; Sal 77,3; 86,7), o anche un verbo, come *qr'* in *beyôm 'eqrā'* (cfr. Sal 102,3, in cui le due espressioni sono usate in parallelo). Anche le Concordanze divergono e non aiutano a fare chiarezza. Per semplificare, noi consideriamo la forma *ṣar le* come verbale, tranne nel caso in cui venga usata con l'articolo.

[153] Cfr. p. 120, n. 85.

Ricordiamo infine la radice *d'g* già studiata nel cap. II (pp. 70-71), in particolare il sintagma *d'g l*[e] che serve ad esprimere l'atteggiamento di ansia e preoccupazione nei confronti di un altro.

* * *

In questo capitolo, abbiamo potuto vedere come con la paura si verifichino nell'uomo tutta una serie di modificazioni fisiologiche e psichiche e di conseguenze comportamentali. L'impulso, prepotente, è verso la salvezza; anche se con mezzi e reazioni non sempre adeguati, il corpo che sta percependo la vicinanza della morte si tende, spasmodico, verso la vita.

Ma non c'è vita possibile se non in rapporto a Colui che la dona. Cosa possa voler dire uscire dalla paura e conoscere questo nuovo rapporto con l'Origine della vita sarà l'oggetto di studio dell'ultima tappa del nostro lavoro.

Capitolo Ottavo

La fine della paura

La paura è una componente costante e necessaria della vita dell'uomo, ma è indispensabile che l'individuo possa attraversarla senza esserne sopraffatto fino a giungere a un suo positivo superamento. Pur consapevole della propria esistenza minacciata, la persona può infatti uscire dal dominio del timore e aprirsi a una diversa comprensione della realtà.

In questo capitolo ci occuperemo di tale fase terminale del processo del temere umano, cioè della sua fine. Cominceremo perciò esaminando il senso delle *esortazioni a non temere* e dell'aiuto che l'uomo può ricevere per diventare capace di affrontare la minaccia. Passeremo poi a delineare l'esperienza di *uscita dalla paura* da parte dell'individuo, per giungere infine alla prospettiva biblica di una *vita senza paura*, in cui l'uomo può finalmente giungere a quella dimensione di libertà dal timore che coincide con la salvezza.

1. L'esortazione a non temere

Quando l'uomo è sotto la minaccia, la sua paura può essere vinta dall'intervento di un altro che si presenti come capace di soccorrere e salvare. Con l'invito a non temere, o con un segno destinato a fondare la fiducia, l'uomo impaurito viene così aiutato a guardare con occhi diversi il pericolo e a ritrovare la capacità di affrontare il proprio timore e di superarlo.

1.1. *La formula «'al tîrā'» e il suo senso*

L'espressione *'al tîrā'* (ed altre equivalenti come *'al tēḥat* o *'al taʿărōṣ*) è stata oggetto di vari studi. In particolare, segnaliamo la monografia di E. W. Conrad, *Fear Not Warrior* [1], e la dissertazione di Bretón sul formulario profetico, in cui un paragrafo è consacrato alla formula di cui ora ci occupiamo [2]. Ad esse rimandiamo rispettivamente per lo studio delle pericopi, e per la documentazione bibliografica e l'elenco esaustivo

---

[1] Cfr., dello stesso autore, anche il precedente articolo «The 'Fear not' oracles».

[2] Cfr. Bretón, *Vocación y misión*, 142-152.

ed organizzato delle occorrenze e delle varianti. Noi ci limitiamo ad indicare alcune modalità per illustrare il fenomeno e comprenderne il senso.

1.1.1. La formula

L'esortazione a non temere si presenta con diverse modalità formali. Il verbo può essere solo uno (solitamente *yr'*) oppure essere accompagnato da altri verbi di paura, in congiunzione o in parallelo, o anche da antonimi [3]. La negazione è generalmente *'al*, ma può essere sostituita da *lō'*. Ciò che si teme può essere o no esplicitato, e con diverse preposizioni. Anche il motivo per cui non si deve temere può essere o no espresso e collegato in vario modo con l'esortazione stessa.

Per mezzo di esempi, offriamo un quadro illustrativo delle molte formalità e variazioni stilistiche [4]:

'al tîrā'û				1 Sam 12,20
'al tîrā' ..			*'ānōkî māgēn lāk*	Gen 15,1
'al tîr^{e}*'î*		*kî*	*šāma' 'ĕlōhîm* ...	Gen 21,17
'al tîrā'		(*kî*)	*'ănî yhwh 'ĕlōhèkā* *maḥăzîq y*^{e}*mînekā* ... *'ănî 'ăzartîkā*	Is 41,13
'al tîrā' mēhem		*kî*	*b*^{e}*yād*^{e}*kā n*^{e}*tattîm*	Gios 10,8
'al tîrā' mipp^{e}*nêhem*		*kî*	... *'ānōkî nōtēn* ...	Gios 11,6
'al tîrā' mipp^{e}*nê* ...		*hinn*^{e}*nî*	*nōtēn bô rûaḥ* ...	Is 37,6-7
'al tîrā' 'ōtô		*kî*	*b*^{e}*yād*^{e}*kā nātattî* ...	Num 21,34
lō' tîrā'ûm		*kî*	*'ênèkā hārō'ōt* ... *yhwh* ... *hannilḥām* ..	Deut 3,21-22
'al tîr^{e}*'û 'et 'am* .. *'al tîrā'ūm*		*kî*	*laḥmēnû hēm* ... *w*^{e}*yhwh 'ittānû*	Num 14,9
'al tîrā' kî [5] *ya'ăšir* ...		*kî*	*lō' b*^{e}*môtô yiqqaḥ* ..	Sal 49,17-18

[3] Ci riferiamo a verbi antonimi di *yr'*, ma che nel nostro caso fungono da sinonimi, essendo *yr'* in forma negativa.

[4] Prendiamo come punto di partenza la formula esortativa *'al* / *lō'* + *yr'*, indicando solo testi in cui essa è presente. Ricordiamo però che la stessa esortazione al coraggio può anche essere formulata per mezzo di espressioni equivalenti che indicheremo più avanti (pp. 261-262). Segnaliamo inoltre la forma *ûpen yērak l*^{e}*babkem w*^{e}*tîr*^{e}*'û* (Ger 51,46) e la domanda con funzione di negazione *mî 'att wattîr*^{e}*'î mē'ĕnôš* (Is 51,12).

[5] Anche in Ez 2,6 e 3,9 il *kî* che segue l'esortazione a non temere può fare riferimento al motivo della paura: il profeta non deve temere gli avversari *se* (o *quando*) starà tra spine e scorpioni, e neppure *se* si tratta di un popolo ribelle. Per le difficoltà testuali presenti in 2,6, cfr. ZIMMERLI, 10.

'al tîrā' *'al tištāʿ*		*kî* *kî*	*ʿimm^{e}kā 'ānî* *'ănî 'ĕlōhèkā* *'immaṣtîkā ...*	Is 41,10
'al tîrā' *w^{e}'al tēḥāt ...*		*r^{e}'ēh*	*nātattî b^{e}yād^{e}kā ...*	Gios 8,1
'al tîrā' ... *w^{e}'al tēḥat ..*		*kî hinn^{e}nî*	*môšîʿăkā ...*	Ger 30,10
'al tîr^{e}'û ḥerpat .. *ûmiggiddūpōtām* *'al tēḥāttû*		*kî*	*kabbeged yō'k^{e}lēm ...*	Is 51,7-8
lō' taʿarṣûn *w^{e}lō' tîr^{e}'ûn mēhem*			*yhwh ... yillāḥēm ...*	Deut 1,29-30
'al tîrā'î .. *'al yirpû yādāyik*			*yhwh .. b^{e}qirbēk ...*	Sof 3,16-17
'al yērak l^{e}babkem *'al tîr^{e}'û* *w^{e}'al taḥp^{e}zû* *w^{e}'al taʿarṣû mipp^{e}nêhem*		*kî*	*yhwh ... ʿimmākem ...*	Deut 20,3-4
'al tîrā'	*šālôm l^{e}kā*		*lō' tāmût*	Giud 6,23
'al tîrā' ...	*šālôm lāk* *ḥăzaq ...*			Dan 10,19
'al tîrā'û	*ḥizqû*	*hinnēh*	*'ĕlōhêkem ...*	Is 35,4
'al tîrā'û	*ḥizqû wihyû* *libnê ḥāyil*	*hălô' kî*	*'ānōkî ṣiwwîtî 'etkem*	2 Sam 13,28
'al tîr^{e}'û *w^{e}'al tēḥāttû*	*ḥizqû w^{e}'imṣû*	*kî*	*kākâ yaʿăśeh yhwh ...*	Gios 10,25
'al tîr^{e}'û *w^{e}'al taʿarṣû mipp^{e}nêhem*	*ḥizqû w^{e}'imṣû*	*kî*	*yhwh ... ʿimmāk*	Deut 31,6
'al tîrā'û	*teḥĕzaqnâ* *y^{e}dêkem*		*... 'ōšîaʿ 'etkem ...*	Zacc 8,13
'al tîrā'û	*hityaṣbû ...* *w^{e}'attem* *taḥărîšûn*		*yhwh yillākēm lākem*	Es 14,13-14
'al tîrā' *ûl^{e}bāb^{e}kā 'al yērak min ...*	*hiššāmēr* *w^{e}hašqēṭ*			Is 7,4
'al tîr^{e}'î ..	*gîlî ûś^{e}māḥî*	*kî*	*higdîl yhwh laʿăśôt*	Gioel 2,21

1.1.2. Il senso

L'esortazione a non temere si presenta come una parola di conforto e incoraggiamento rivolta all'individuo o alla collettività che si trovano in un frangente oggettivo di pericolo e in uno stato soggettivo di inquietudine e timore [6]. La situazione è quella dell'uomo confrontato con la paura, di qualunque genere essa sia [7]. In questo contesto emotivo ed esperienziale interviene la parola autorevole (solitamente di Dio o di un suo rappresentante) [8] che vuole provocare la cessazione della paura o evitarne l'insorgere [9].

La motivazione che viene esplicitata per fondare il nuovo atteggiamento di fiducia fa sempre riferimento a un diverso presentarsi della realtà nei confronti del soggetto: egli non è solo e impotente davanti a ciò che può distruggerlo, ma gli si rivela una presenza, una protezione e un aiuto che permettono di non temere più. Protezione e assistenza umana (cfr. ad es. 1 Sam 22,23; 2 Sam 13,28), ma soprattutto divina, con la quale Dio si fa carico della vita dell'uomo (cfr. Gen 21,17; 26,24; Es 14,13-14; Deut 1,29-30; Is 41,13; Ger 1,8; 2 Cron 20,15-17; ecc.).

Questa presenza di Dio accanto agli individui è garanzia di vittoria e di liberazione dal pericolo. La minaccia, che pure c'è, in realtà non è pericolosa per colui che è protetto dal Signore perché non ha la capacità di prevalere su di lui. A tale proposito si devono ricordare le assicurazioni del tipo «lo consegno in tuo potere» (*ntn b*^{e}*yād*: cfr. Num 21,34; Gios 8,1; 10,8): il nemico non è forte come sembra, la sua invincibile potenza in realtà è già stata vinta.

---

[6] Prescindiamo qui, perché non direttamente pertinente con il nostro discorso, dal problema dell'origine della formula e del suo situarsi in un determinato genere letterario. Sulla questione, cfr. BECKER, 50-55; DEROUSSEAUX, 90-97; E.W. CONRAD, *Fear Not Warrior*, 1-2; BRETÓN, *Vocación y misión*, 150-151.

[7] BRETÓN, *op. cit.*, 147-148 offre un quadro delle varie cause di paura collegate con la formula in esame: morte, contatto con la divinità, guerra, ecc.

[8] Cfr. BRETÓN, *op. cit.*, 149-150.

[9] In realtà, all'interno della generica formula «non temere» bisognerebbe distinguere tra un invito confortante destinato ad incoraggiare il destinatario, e ciò che invece potrebbe essere un preciso comando che impegna la responsabilità dell'individuo. Si tratta di sfumature di senso non sempre precisabili, ma è certo che c'è una diversità, ad esempio, tra l'esortazione rivolta ad Agar a non avere paura perché Dio ha udito il pianto del figlio (Gen 21,17) e la parola del Signore che chiede al popolo di non temere i segni del cielo come fanno i pagani, o gli idoli che non possono fare nulla (Ger 10,2.5). Oppure tra l'invito a non lasciarsi spaventare dal nemico che si sta per affrontare (cfr. Deut 31,6; Gios 8,1) e quello a non seguire il modo di pensare degli altri temendo ciò che essi temono (Is 8,12), o a non lasciarsi intimorire e inquietare dal fatto che un altro si arricchisca (Sal 49,17). Solo il contesto può aiutare a distinguere, perché la formulazione non presenta diversità dirimenti. Nel nostro discorso, noi facciamo riferimento alla formula in genere ma soprattutto tenendo conto del suo carattere di consolazione e incoraggiamento, che è anche il più frequente.

La parola che invita a non temere serve a fondare la fiducia, ad aiutare l'uomo a guardare oltre le apparenze delineate (e spesso alterate) dalla paura, per scoprire una diversa verità che è come una promessa (cfr. Es 20,20; Giud 6,23; 1 Sam 23,17; 1 Re 17,13; 2 Re 6,16; Is 37,6-7; 51,12; 2 Cron 32,7-8). L'uomo minacciato tende a chiudersi nelle sue considerazioni spaventate, da cui non può uscire da solo. Ma con l'esortazione, irrompe in quella vita una dimensione di alterità che smaglia la rete del timore. La nuova presenza segnalata dalla parola mette fine all'impotenza della solitudine [10] e apre l'individuo a una speranza capace di salvarlo [11].

1.2. *Altre espressioni di incoraggiamento*

1.2.1. L'esortazione che incoraggia

Come abbiamo segnalato nel paragrafo precedente, l'esortazione a non temere può assumere anche forme diverse dalla semplice formula *'al tîrā'*. Nello schema che abbiamo presentato si è potuto vedere come tale formula possa arricchirsi di altri elementi, e articolarsi con altri termini esprimenti paura (negata) o coraggio. Ma può anche avvenire che essa sia *sostituita* da altre espressioni [12]. Possiamo così avere esortazioni a non temere (in forma negativa con verbi esprimenti paura) o ad avere coraggio e fiducia (in forma positiva, usando radici che esprimono tali atteggiamenti), anche senza il verbo *yr'*. Gli esempi sono numerosi:

– Invito a non temere

lō' taʿărōṣ mipp^{e}nê	Deut 7,21
'al tēḥat mipp^{e}nê	Ger 1,17
'al tēḥāttû min	Ger 10,2
'al titmah ʿal	Qoh 5,7
'al yippōl lēb 'ādām ʿālâw	1 Sam 17,32
'al tipḥădû w^{e}'al tirhû [13]	Is 44,8
'al taʿărōṣ w^{e}'al tēḥat	Gios 1,9

Cfr. anche, con senso un po' diverso, *'al tirg^{e}zû* in Gen 45,24 [14]

---

[10] Cfr. anche p. 192 e p. 246 (n. 137).

[11] È importante notare che è la parola a mediare l'aiuto a non temere. Anche la nascita della paura è spesso provocata da una parola, quella dell'annuncio del pericolo che pone il soggetto davanti alla consapevolezza della minaccia (cfr. pp. 174-175). Ciò che fa finire il timore è invece un annuncio di segno completamente opposto.

[12] Cfr. ad esempio Deut 7, in cui si esprime la stessa cosa al v. 18 con la formula *lō' tîrā' mēhem* e al v. 21 con *lō' taʿărōṣ mipp^{e}nêhem*.

[13] Sul verbo *hapax* «*rhh*», cfr. p. 82.

[14] Cfr. p. 55, n. 140.

– Invito alla fermezza e al coraggio

ḥăzaq	Agg 2,4 (v. 5: *'al tîrā'û*)
ḥizqû (wᵉ'al yirpû yᵉdêkem)	2 Cron 15,7
ḥăzaq we'ĕmaṣ (mᵉ'ōd)	Gios 1,6.7.9
ḥăzaq wᵉya'ămēṣ libbekā	Sal 27,14; cfr. 31,25
teḥĕzaqnâ yᵉdêkem	Zacc 8,9
teḥĕzaqnâ yᵉdêkem wihyû libnê ḥayil	2 Sam 2,7
hitḥazzaq	1 Re 20,22
hitḥazzᵉqû wihyû la'ănāšîm	1 Sam 4,9

Cfr. anche, come possibilità, Gen 21,18: *wᵉhaḥăzîqî 'et yādēk bô* [15]

– Invito alla fiducia e alla gioia

biṭḥû bᵉ	Is 26,4; Sal 62,9
gîlû wᵉśimḥû bᵉ	Gioel 2,23 (cfr. v. 21: *'al tîrᵉ'î*; v. 22: *'al tîrᵉ'û*)
ronnî, hārî'û, śimḥî, 'olzî bᵉkol lēb	Sof 3,14 (cfr. v. 16: *'al tîrā'î...*)

---

[15] Le mani «forti» (*ḥzq*) si oppongono a quelle deboli e infiacchite (*rph*): le une fanno riferimento al coraggio, le altre alla paura e allo scoraggiamento. Quando il verbo *ḥzq* è usato in modo transitivo (in *Pi* o *Hi*), allora «rendere forti» le mani può voler dire «incoraggiare» se la mano o le mani sono altrui (cfr. § 1.2.2) e «prendere coraggio» se la mano o le mani sono le proprie. Diamo due esempi. In 1 Sam 23,16 Gionata incoraggia Davide (*wayḥazzēq 'et yādô bē'lōhîm*: la mano è di Davide), mentre in Neem 6,9 è Neemia stesso che prende coraggio (*ḥazzēq 'et yādāy*: le mani sono le proprie; cfr. n. 33).

A noi sembra che quest'ultimo senso possa essere riconosciuto anche nell'esortazione dell'angelo ad Agar in Gen 21,18: *wᵉhaḥăzîqî 'et yādēk* (= di Agar) *bô* (= il figlio). La frase è solitamente tradotta come un invito rivolto ad Agar a prendere e tenere per mano, tenere in braccio, tenere stretto il fanciullo (cfr. *BJ, RSV, NEB, EHS, NBE, TOB*). Vaccari però nella *SB*(PIB) traduce, a nostro parere più giustamente, «e confórtati a suo riguardo» (*bô* potrebbe anche essere inteso «a motivo di lui, in lui»: cfr. *bē'lōhîm* in 1 Sam 23,16). In effetti, il sintagma normalmente usato per esprimere l'idea di tenere qualcuno per mano è *ḥzq(Hi) bᵉyād*, ove la mano è di colui che viene afferrato (cfr. ad es. Giud 16,26; Is 51,18; Ger 31,32). Nel nostro caso si dovrebbe perciò pensare a un'espressione diversa, che faccia piuttosto riferimento al rendere forte, energica la propria mano sull'altro, cioè afferrarlo saldamente, tenerlo ben stretto. Ci sembra però che questo senso sia meno coerente con il contesto. Agar sta vagando nel deserto, lei e il figlio stanno per morire di sete e la parola che l'angelo le rivolge è parola di conforto e incoraggiamento: *'al tîrᵉ'î kî šāma' 'ĕlōhîm 'el qôl hanna'ar* (v. 17). L'espressione di cui stiamo trattando sembra proseguire nella stessa linea e non deve perciò essere intesa in senso materiale, ma traslato, come un'ulteriore esortazione a riprendere coraggio. Diventa allora più comprensibile anche la motivazione che segue: *kî lᵉgôy gādôl 'ăśîmennû.*

1.2.2. L'azione di incoraggiare

Abbiamo finora esaminato il contenuto e il senso delle parole di incoraggiamento. Vogliamo ora indicare alcuni modi con cui si può esprimere in ebraico l'atto stesso dell'incoraggiare.

Innanzitutto va ricordato il già segnalato sintagma *ḥzq(Pi) yād*[16], e altri ad esso simili. In realtà, queste espressioni possono anche avere senso proprio di rafforzare, dare vigore (soprattutto se è Dio il soggetto), o addirittura esprimere l'azione del dare man forte, aiutare un altro. Questi significati sono peraltro in stretta relazione tra di loro e l'uno può inglobare l'altro. Noi diamo qui alcuni esempi in cui il senso di «infondere coraggio» è più chiaro o comunque presente, anche se non esclusivo:

- 1 Sam 23,16-17 : ***wayḥazzēq 'et yādô*** *bē'lōhîm wayyō'mer 'ēlâw* ***'al tîrā'***...
- Is 35,3 : ***ḥazzᵉqû yādayim*** *rāpôt* ***ûbirkayim*** *kōšᵉlôt* ***'ammēṣû***
- Giob 4,3-4 : *hinnēh yissartā rabbîm wᵉ****yādayim*** *rāpôt* ***tᵉḥazzēq***
kôšēl yᵉqîmûn *millèkā* ***ûbirkayim*** *kōrᵉ'ôt* ***tᵉ'ammēṣ***
- Is 41,13 : *kî 'ănî yhwh 'ĕlōhèkā* ***maḥăzîq yᵉmînekā***
hā'ōmēr lᵉkā ***'al tîrā'*** *'ănî 'ăzartîkā*

Cfr. anche Ger 23,14; Ez 13,22; 30,24.25; Esd 6,22.

Segnaliamo inoltre il sintagma *dbr(Pi) 'al lēb*[17] che può avere il senso di incoraggiare, rassicurare, «rincuorare»: cfr. Gen 50,21 (con *'al tîrā'û*); 2 Sam 19,8; Is 40,2; 2 Cron 32,6 (v. 7: *ḥizqû wᵉ'imṣû 'al tîrᵉ'û wᵉ'al tēḥattû*) e forse 30,22.

1.3. *Il segno*

L'incoraggiamento e l'esortazione a non temere, che aiutano l'uomo ad attraversare e superare la paura, possono in alcuni racconti essere accompagnati o anche sostituiti da altre realtà con analoga funzione di richiamo e di rivelazione del divino come presenza di salvezza. Si può ricordare la benedizione su Obed-Edom, che libera Davide dalla paura di Dio e gli consente di ritentare il trasferimento dell'arca (2 Sam 6,9-12). Oppure la confessione di Giona, che aiuta nei marinai la scoperta del vero Dio e il passaggio dalla paura al suo timore (Giona 1,4-16). O ancora, il sogno del soldato madianita e la sua interpretazione, che danno a Ge-

---

[16] Cfr. l'inizio della nota precedente. I verbi *ḥzq* e *'mṣ* anche usati in forma transitiva con complemento oggetto personale possono indicare l'incoraggiamento: cfr. Deut 1,38 (*'ōtô ḥazzēq*); 3,28 (*wᵉḥazzᵉqēhû wᵉ'ammᵉṣēhû*).

[17] Cfr. Joüon, «Locutions hébraïques avec la préposition *'al*», 50-53; Fischer, «Die Redewendung *dbr 'l lb*».

deone il coraggio e la fiducia necessari per attaccare l'accampamento nemico (Giud 7,9-15)[18].

In connessione con questo ultimo testo va ricordata la decisiva funzione di sostegno e di aiuto svolta dai segni che Dio dona all'uomo per fondarne la fiducia e l'ascolto. Quando il reale si fa difficile e l'obbedienza esigente, il segno, accompagnato dalla parola, si fa esplicito portatore di una promessa che, mentre si appella alla fede, la rende possibile.

Così, a Mosè sgomento davanti alla missione, Dio dona un segno cui potersi riferire per credere al proprio invio (Es 3,10-12). Ma è una promessa che sarà verificabile solo quando la missione stessa sarà compiuta. Anche Gedeone impaurito dai nemici può riconoscere nel sogno del Madianita un segno della vicinanza di Dio, e infatti si prostra in adorazione (Giud 7,15), ma ha dovuto prima fidarsi della parola del Signore e scendere nell'accampamento avversario.

Il segno esige la fede. Davanti ad esso, l'uomo è chiamato a discernere e a credere, pure se si tratta di segni già realizzati, ricevuti senza attendere, donati oggi perché garantiscano il domani. L'opacità del reale non permette mai una decifrazione sicura, senza ambiguità.

I prodigi che Mosè può operare sembrano segni inequivocabili della presenza di Dio nella sua missione (Es 4,1-9). Eppure, anche i maghi d'Egitto possono fare altrettanto (Es 7,8-13.17-23). Il vello di Gedeone asciutto o bagnato di rugiada (Giud 6,36-40) o il figlio annunciato al re Acaz spaventato dall'aggressione siro-efraimita (Is 7,10-17) sembrano dare certezza che Dio ha deciso di venire in aiuto per liberare il suo popolo dalla minaccia. Ma neppure quei segni sono sufficienti senza la fede, perché nulla in realtà può garantire la fedeltà di Dio alla sua parola, se non Dio stesso.

Come nell'esortazione a non temere, così anche nel segno si rivela all'uomo una presenza che chiede disponibilità alla fiducia e rinuncia ai propri criteri. Si tratta di uscire dal chiuso di considerazioni solipsistiche e scoraggianti per aprire la propria spaventata impotenza a un aiuto che viene dall'alto. Come Abramo, l'uomo nell'angoscia deve uscire dalla propria casa per guardare verso il cielo, a riconoscere nelle stelle la promessa di una impossibile fecondità (cfr. Gen 15,1-6). L'accoglienza del segno, l'abbandono dei propri timori e delle proprie insicurezze per fidarsi solo di Dio chiede un atto fondamentale di fiducia che non si fondi sul segno ma sulla stessa e sola parola di Dio.

---

[18] Cfr. rispettivamente pp. 133.147-150.106.

2. **L'uscita dalla paura**

L'esperienza di paura giunge alla sua fine con il superamento del timore da parte del soggetto e con il venir meno della situazione oggettiva di minaccia. Ne conseguono nuovi atteggiamenti psicologici ed emotivi e decisioni operative che esprimono la gioia riconoscente di chi è finalmente uscito dalla paura.

2.1. *Il superamento del timore*

Intendiamo qui riferirci alle conseguenze provocate nel soggetto dall'accoglienza dell'invito a non temere, e più in generale ai modi con cui si esprime il superamento della paura.

2.1.1. Nuovo modo di percezione della realtà

Abbiamo già visto come l'invito a non temere si fondi su un nuovo presentarsi della realtà, diverso da come appare al soggetto impaurito. E infatti, l'uomo che si lascia rassicurare e decifra i segni della presenza di Dio nella propria esistenza entra in una nuova dimensione esperienziale che gli permette una diversa comprensione del pericolo e di sé. Se dunque la paura fa insorgere nel soggetto una percezione alterata della situazione [19], il superamento del timore permette il ristabilirsi delle giuste proporzioni e una più adeguata valutazione della realtà. Alcuni esempi:

- Giud 6,16: i Madianiti che aggrediscono Israele sono numerosi come cavallette (cfr. v. 5) e Gedeone è sgomento alla prospettiva di affrontarli (cfr. v. 15). Ma con l'aiuto di Dio, egli potrà sconfiggere i nemici come se fossero un uomo solo (*k*^{e}*'îš 'eḥād*)
- 1 Sam 17,34-37: Golia, enorme e mostruoso, spaventa Israele con la sua sfida, ma Davide, fidando sulla presenza divina, può affrontarlo senza lasciarsi impressionare: il Filisteo è solo un incirconciso, non più pericoloso di uno di quegli animali con cui un pastore è abituato a combattere [20]
- Is 7,4: ad Acaz, spaventato dall'annuncio dell'aggressione (cfr. v. 2), la parola di Dio svela la scarsa pericolosità dei re avversari: non sono che due pezzi di tizzoni che fanno un po' di fumo (*zanbôt hā'ûdîm hā'ăšēnîm*)

---

[19] Cfr. cap. VI, pp. 190-194.

[20] Cfr. p. 113.

– Ab 3,16-19: il profeta, preso da grande timore davanti all'intervento di Dio, sente vacillare i suoi passi (*w^e^taḥtay 'ergāz 'ăšur* [TM *'ăšer*][21]: v. 16). Ma il Signore è la sua forza, e le sue gambe diventano agili e salde come quelle delle gazzelle (*wayyāšem raglay kā'ayyālôt*: v. 19)

Cfr. anche Is 51,12; Sal 56,5.12.

2.1.2. Nuova capacità di intervento sulla realtà

Superando la paura, l'uomo diventa capace di fronteggiare e modificare la situazione che lo minaccia e di assumerla senza essere schiacciato dalle conseguenze. Non si tratta solo di mettere in atto dei provvedimenti conseguenti alla paura[22], ma di trovare la forza di reagire alla paura stessa e non solamente alla minaccia. Allora, si possono affrontare i nemici con determinazione inaspettata, e ingaggiare una battaglia decisiva (cfr. 1 Sam 4,7-10), oppure restare calmi, lasciando al Signore di difendere i suoi e di combattere la sua guerra (cfr. Es 14,10-14; 2 Cron 32,7-8). Si possono aggredire avversari numerosi e potenti con uno stratagemma (cfr. Giud 7,16-22), o trovare l'ardire di sfidarli (cfr. Sal 27,6; 118,7), oppure andare loro incontro come in una grande liturgia (cfr. 2 Cron 20,20-21). Si può obbedire a una missione pericolosa, come Mosè, Gedeone, Geremia, oppure, come la vedova di Zarepta, trovare la forza di una fedeltà silenziosa che, in una fiducia senza pretese, consuma l'ultima garanzia di vita ancora rimasta (cfr. 1 Re 17,12-14).

La certezza di una forza più grande, più grande della minaccia e più grande della paura, permette così di attraversare indenni ciò che altrimenti terrorizzerebbe con la sua potenza distruttiva.

2.2. *La fine del pericolo e le sue conseguenze*

Ci occupiamo ora della modificazione oggettiva del frangente di pericolo, per cui, venendo meno la minaccia, finiscono i motivi della paura stessa. Non si tratta più dunque del superamento del timore mentre si è ancora confrontati con la situazione paurosa, o della scoperta che questa è meno pericolosa di quanto sembrasse. Ma invece, focalizziamo l'interesse sul momento finale del confronto, quando il pericolo viene eliminato e l'uomo conosce il sollievo della fine dell'incubo.

2.2.1. La fine del pericolo

Abbiamo già visto nel cap. VI (pp. 174-190) come il timore nasca dalla percezione di una minaccia e quali sono le principali caratteristiche

[21] Cfr. p. 216, n. 42.
[22] Cfr. cap. VII, pp. 246-250.

che rendono spaventoso il pericolo che si presenta. Ora prendiamo in considerazione il venir meno della causa di paura e lo sparire di quelle sue temibili caratteristiche.

Vale la pena di ricordare qui alcuni dei testi esaminati nella Parte Seconda del nostro lavoro, e cioè quelli in cui il processo del temere era seguito in tutto il suo svolgersi, fino al momento conclusivo dell'uscita dalla paura da parte del soggetto. Accostando tra di loro alcuni elementi lì presenti, e con l'aiuto di altri esempi, si potranno così evidenziare alcuni degli aspetti più significativi che segnalano e descrivono la fine del pericolo.

a) La superiorità numerica e la potenza bellica del nemico vengono ridotte a nulla:

- Es 14,1-31: il soverchiante apparato bellico di cui dispone l'Egitto è ridotto a un cumulo di morti sulla riva del mare, senza alcun superstite
- 2 Cron 20,1-30: la temibile moltitudine dei nemici coalizzati contro Israele è totalmente distrutta e di essa non restano che i cadaveri e un bottino abbondante per i vincitori.

È importante segnalare l'elemento dell'eliminazione radicale di ciò che minaccia, sottolineato dalla menzione della mancanza di superstiti. Sia in Es 14 (v. 28: *lō' niš'ar bāhem 'ad 'eḥād*) che in 2 Cron 20 (v. 24: *w^{e}'ên p^{e}lêṭâ*), questa annotazione serve a evidenziare il fatto che la vittoria (di Dio) sul nemico (di Israele) è completa e definitiva, senza alcuna possibilità di recupero. Pur con modi diversi, questa idea della distruzione totale viene esplicitamente menzionata anche in altri testi. Cfr. ad esempio:

- Num 21,34-35: Mosè, esortato a non temere (*'al tîrā'*: v. 34), sconfigge l'esercito del re di Basan nella sua totalità (*'ōtô w^{e}'et bānâw w^{e}'et kol 'ammô*), fino all'ultimo uomo (*'ad biltî hiš'îr lô śārîd*: v. 35)
- Gios 11,4-8: Giosuè, confortato da Dio (*'al tîrā'*: v. 6), affronta l'impressionante moltitudine coalizzata contro di lui (*'am rāb kaḥôl 'ăšer 'al ś^{e}pat hayyām lārōb w^{e}sûs wārekeb rab m^{e}'ōd*: v. 4). La vittoria è completa, e non lascia superstiti (*'ad biltî hiš'îr lāhem śārîd*: v. 8) [23]

---

[23] Per altri esempi di espressioni simili, cfr. SKA, *Le passage de la mer*, 116. Particolarmente suggestiva è un'espressione che compare in 2 Re 13,7: *śym* (+ suff.) *ke'āpār lādūš*, in cui si esprime l'idea di un radicale annientamento della forza avversaria: essa è «polverizzata». Cfr. pure Is 29,5 e Sal 18,43, ove all'idea di frantumazione si aggiunge anche quella della dispersione.

- Is 41,11-12: gli avversari di Israele, che gli si opponevano e gli muovevano guerra, periranno tutti e saranno ridotti a nulla (*yihyû k^{e}'ayin w^{e}yō'b^{e}dû*: v. 11; *t^{e}baqšēm w^{e}lō' timṣā'ēm ... yihyû k^{e}'ayin ûk^{e}'epes*: v. 12). Perciò non c'è motivo di averne paura (cfr. vv. 10.13: *'al tîrā'*)
- Ez 32,22-32: si enumerano nazioni potenti, che terrorizzavano il mondo (*nāt^{e}nû / nittan ḥittîtām b^{e}'ereṣ ḥayyîm*: vv. 23.24.25.26; cfr. anche vv. 27.30.32). Ma ormai non possono più nulla: tutti sono stati uccisi e giacciono per sempre negli inferi (*kullām ḥălālîm hannōp^{e}lîm baḥereb*: vv. 22.23.24; cfr. vv. 25.26)[24].

b) Il nemico, forte e compatto, è disperso nella fuga:

- Giud 7,1-25: i Madianiti, numerosi e compatti come uno sciame di cavallette, vengono messi in fuga dall'improvviso attacco di Gedeone[25]
- Is 17,13: un esercito di popoli coalizzati, fragoroso come una impetuosa massa d'acqua, è messo in fuga (*w^{e}nās*) dall'intervento di Dio come fosse pula e sterpaglia che il turbine fa rotolare e il vento disperde (*w^{e}ruddap k^{e}mōṣ hārîm lipnê rûḥ ûk^{e}galgal lipnê sûpâ*; cfr. la stessa immagine in Sal 83,14[26])
- 1 Sam 17,41-52: la gran massa dei Filistei (cfr. v. 47: *kol haqqāhāl hazzeh*) ha il suo punto di coesione e il suo rappresentante in Golia, il gigantesco campione. Ma Golia muore, crollando a terra con tutta la sua mole (v. 49: *wayyippōl 'al pānâw 'ārṣâ*) e i Filistei si disperdono nella fuga (*wayyānūsû*: v. 51), seminando la strada coi loro morti (*wayyipp^{e}lû ḥal^{e}lê p^{e}lištîm b^{e}derek* ...: v. 52)

Cfr. inoltre:

- Deut 28,7: *b^{e}derek 'eḥād yēṣ^{e}'û 'ēlèkā ûb^{e}šib'â d^{e}rākîm yānûsû l^{e}pānèkā* (la stessa frase è poi applicata a Israele nel v. 25)
- 1 Sam 11,11: *wayhî hanniš'ārîm wayyāpūṣû w^{e}lō' niš'ărû bām š^{e}nayim yāḥad*

---

[24] Cfr. anche l'insistenza sull'idea di grandezza e forza determinata dall'uso di termini come *qāhāl* (vv. 22.23), *hāmôn* (vv. 24.25.26.31.32), *ḥayil* (v. 31) e inoltre la frequentissima ripetizione del termine *kol* (vv. 22(2x).23.24(2x).25(2x).26(2x).29.30.31(2x).32).

[25] Cfr. pure Nah 3,15-17: anche se la gente di Ninive e i suoi capi fossero numerosi come cavallette, al momento della rovina, proprio come le cavallette, fuggirebbero via e si disperderebbero.

[26] Cfr. COSTACURTA, «L'aggressione contro Dio», 533-534.

c) La ferocia degli avversari, la loro aggressività e la potenza dei loro mezzi di sopraffazione sono neutralizzate e ridicolizzate:

- Sal 11: gli empi, come cacciatori, sono pronti a colpire l'innocente (v. 2), ma il Signore li distrugge con una pioggia di braci e zolfo (v. 6)
- Sal 7: l'empio che perseguita il salmista è come un leone pronto a sbranare (cfr. v. 3), ma la fossa che ha scavato diventa la trappola in cui cade (cfr. in particolare v. 16: *bôr kārâ wayyaḥp*^{e}*rēhû wayyippōl b*^{e}*šaḥat yip'āl*)
- Sal 57: gli avversari sono animali feroci, con denti come lance e lingue come spade (v. 5), ma restano intrappolati nei loro tranelli (v. 7: *kārû l*^{e}*pānay šîḥâ nāp*^{e}*lû b*^{e}*tôkāh*)

Cfr. anche Sal 3,2-3.7-8; 9,16-17; 56,2-10; 58,5-11; 63,9-11.

d) La potenza e la pericolosa trascendenza di Dio si rivelano come presenza benevola:

- Es 20,20: la tremenda teofania con il suo pericolo mortale spaventa Israele (cfr. 19,16-25), ma lì si rivela una volontà di salvezza da parte di Dio che trasforma la paura in fiducioso timore
- Giud 6,22-23: la coscienza di aver visto l'angelo del Signore getta Gedeone nello sgomento (v. 22: *'ăhāh 'ădōnāy yhwh kî ...*) ma Dio lo rassicura negando per lui il pericolo (v. 23: *šālôm l*^{e}*kā 'al tîrā' lō' tāmût*)

Cfr. anche 2 Sam 6,1-22.

e) La potenza dei gravi turbamenti atmosferici che mettono in pericolo la vita dell'uomo si placa e lascia il posto alla calma:
cfr. Sal 107,23-30; Giona 1.

2.2.2. Le conseguenze

Le conseguenze che si verificano nel soggetto in rapporto alla cessazione della minaccia sono sia di ordine psicologico che operativo. La reazione più immediata è il sollievo per lo scampato pericolo, e la *gioia* di essere in salvo. L'uomo, che era stato afferrato dalla paura, sente sciogliersi i lacci che lo serravano; si vedeva confrontato con la morte, e ora sa che la vita gli è stata restituita (cfr. Sal 124).

Così, ad esempio, gli Egiziani, pieni di paura a motivo di Israele, si rallegrano quando infine lo vedono partire (*śāmaḥ miṣrayim b*^{e}*ṣē'tām kî nāpal paḥdām 'ălêhem*: Sal 105,38). Oppure, nel Sal 107, sono i naviganti ad essere nell'angoscia (v. 28: *baṣṣar lāhem*), in balìa di una tremenda tempesta; quando infine questa cessa, per loro è la gioia (*wayyiśmeḥû kî yištōqû*: v. 30). Cfr. anche Gioel 2,21-23; Sof 3,14-16.

L'esperienza della liberazione dal pericolo, se vissuta nella verità, è fondamentalmente l'esperienza di una salvezza che viene da un altro. Perciò l'esultanza che fa seguito alla fine della minaccia tende a diventare riconoscimento della bontà di Dio e *riconoscenza* nei suoi riguardi. È così che la paura di morire si può trasformare in timore riverenziale e fede nei confronti del Signore (cfr. Es 14,31; Giona 1,16; cfr. anche Es 20,20; 1 Sam 12,24), oppure in celebrazioni e gesti adeguati che esprimano tale atteggiamento interiore. Chi vede miracolosamente dilazionato il suo incontro con la morte ha bisogno di esteriorizzare la propria gioiosa gratitudine e di rendere testimonianza della salvezza ricevuta.

Gli esempi in questo ambito sono vari e significativi. Ne indichiamo alcuni:

- Giona 1,16: i marinai, liberati dalla tempesta, temono il Signore e fanno sacrifici e voti (*wayyizbeḥû zebaḥ leyhwh wayyidderû nedārîm*)
- 2 Cron 20,26-28: dopo la prodigiosa vittoria sui nemici, Israele fa una grande liturgia di benedizione nella valle di Beraka; poi torna a Gerusalemme pieno di gioia (*beśimḥâ*) [27] e lì celebra il Signore nel Tempio
- Giud 6,22-24: Gedeone ha visto l'angelo del Signore ma viene rassicurato che non ne morirà (*šālôm lekā* ...). Allora costruisce un altare e chiama quel luogo *yhwh šālôm* [28]

Cfr. anche Gen 26,24-25; 35,3.7; 2 Sam 6,17-19.

In questo stesso ambito di celebrazione si pone la *lode*, frequentissima risposta dell'uomo all'intervento di salvezza del Signore. Con essa, viene testimoniata la misericordia di Dio, mentre l'angoscia della minaccia è definitivamente dimenticata. Nella lode, il grido si fa canto. La voce dell'uomo che urlava la propria paura davanti al pericolo, quando questo viene meno, di nuovo si alza, ma è una voce nuova, che intona le meraviglie di Dio.

---

[27] Cfr. p. 99, n. 13.

[28] Anche in altri racconti il nome nuovo dato alla località serve a ricordare l'esperienza di superato pericolo vissuta dal protagonista. Cfr. Gen 28,16-19: Giacobbe prende coscienza con spavento della presenza di Dio nel luogo in cui ha avuto il sogno (*yēš yhwh bammāqôn hazzeh* ... *wayyîrā' wayyō'mar mah nôrā'* ...: vv. 16-17). Allora erige una stele e chiama il luogo Betel (v. 19). Cfr. anche Gen 32,31: dopo la lotta, Giacobbe capisce di aver avuto a che fare con Dio. Il sollievo per essere ancora vivo si condensa nel nome nuovo che egli dà al luogo di quell'incontro: *penî'ēl kî rā'îtî 'ĕlōhîm pānîm 'el pānîm wattinnāṣēl napšî.*

Così, ad esempio, Israele al Mar Rosso grida di paura davanti agli Egiziani che incalzano (Es 14,10: *wayyiṣʻăqû ... 'el yhwh*). Ma quando tutto sarà finito, dopo che Dio avrà combattuto davanti al suo popolo ammutolito nella fiducia (cfr. 14,14: *we'attem taḥărîšûn*), la bocca di Israele si aprirà di nuovo per cantare il canto di lode, l'inno del mare (15,1 ss: *'āz yāšîr ... 'et haššîrâ hazzō't leyhwh ...*).

Oppure è Gerusalemme che grida per la sua piaga incurabile (Ger 30,15: *mah tizʻaq ʻal šibrēk*). Ma quando il Signore l'avrà guarita (vv. 16-17), da lei usciranno inni di lode e voci di festa (v. 19: *tôdâ weqôl meśaḥăqîm*).

O ancora, assediato da pericoli e nemici, l'orante grida a Dio (Sal 18,7: *baṣṣar lî 'eqrā' yhwh we'el 'ĕlōhay 'ăšawwēʻ*). Ma quando Questi interviene, il salvato canta, lodando il nome del salvatore (v. 50: *ʻal kēn 'ôdekā ... ûlešimkā 'ăzammērâ*).

Cfr. anche Is 38,10-20; Sal 22,2-3.23.26; 28,1.7; 30,2-3.5.9.13; 40,2-4; 107,19.21-22.28.31-32[29].

In questo stesso contesto va ricordato pure il testo di 2 Cron 20: la paura per l'aggressione nemica riunisce Israele in preghiera (vv. 2 ss). Quando poi il popolo, dopo l'esortazione a non temere e avere fede (vv. 15.17.20), va incontro al nemico, prima ancora di combattere canta l'inno di ringraziamento e di gioia (vv. 21-22): la lode anticipa così la vittoria, nella serena certezza della fede.

3. **La vita senza paura**

La vita dell'uomo, costantemente segnata dalla minaccia e perciò dalla paura, è destinata a una definitiva liberazione da questa realtà di morte. In questo paragrafo ci occuperemo dell'esistenza che ha attraversato il timore ed è giunta a superarlo. Esamineremo perciò le due serie di antonimi, quella riferita al coraggio e quella alla fiducia, per poi delineare la situazione salvata dell'uomo che, per la sua relazione al divino, è definitivamente liberato da ogni paura.

3.1. *La fermezza e il coraggio* (Iª serie di antonimi)

Presentiamo schematicamente una prima serie di antonimi che riguardano l'atteggiamento di coraggio, di temerarietà, di sprezzo del pericolo.

---

[29] Anche il libro di Giuditta presenta questo passaggio dal grido di supplica e lamento davanti alla terrificante minaccia (4,9-15; 9,1ss) all'inno di lode per la salvezza ricevuta (16,1-20). Cfr. ALONSO SCHÖKEL, «Narrative Structures», 17.

Già nelle esortazioni a non temere abbiamo indicato l'uso di alcuni di questi antonimi, in forma imperativa: *'mṣ*, *ḥzq*, *ḥzq(Hitp)*, *yādayim ḥzq*, *hyh la'ănāšîm*, *hyh libnê ḥayil*[30]. Elenchiamo ora altri esempi di diversi termini ed espressioni.

A) Il valoroso

– *'abbîrîm*	Giud 5,22; Lam 1,15
– *'abbîrê lēb*	Sal 76,6; cfr. anche Is 46,12
– *'ammîṣ libbô baggibbôrîm*	Am 2,16
– *'îš bāḥûr* / *b^{e}ḥûrîm*[31]	1 Sam 24,3; 26,2; 2 Cron 13,3
– *'anšê ḥayil*	Ger 48,14; Sal 76,6
– *ben* / *b^{e}nê ḥayil*	1 Sam 14,52; 2 Sam 17,10
– *ben ḥayil* *'ăšer libbô k^{e}lēb hā'aryēh*	2 Sam 17,10
– *gibbôr(îm)*	Gios 10,2; 2 Sam 1,22.25.27; 17,10; Ger 48,14.41 (≠ *'iššâ m^{e}ṣērâ*); 50,36 (≠ *ḥtt*); Ez 39,20 (+ *'îš milḥāmâ*); Abd 9 (≠ *ḥtt*)
– *'îš gibbôr*	1 Sam 14,52
– *gibbôr* / *gibbôrê (ha)ḥayil*	Gios 1,14; 10,7; Giud 6,12; 11,1; 1 Sam 16,18 (+ *'îš milḥāmâ*); 1 Cron 12,22
– *gibbôrê milḥāmâ*	2 Cron 13,3

Cfr. anche 2 Sam 1,23: *mē'ărāyôt gābērû*, e la descrizione di alcuni uomini di Davide in 1 Cron 12,9: *gibbōrê haḥayil 'anšê ṣābā' lammilḥāmâ 'ōr^{e}kê ṣinnâ wārōmaḥ ûp^{e}nê 'aryēh p^{e}nêhem ûkiṣbā'îm 'al hehārîm l^{e}mahēr*.

B) Il coraggio

– *ḥzq(Pi) ('et) yādayim*[32]	Neem 6,9[33] (≠ *yādayim rph*); cfr. anche 2,18
– *mṣ' 'et lēb*	2 Sam 7,27
– *'wr(Hi) koḥ ûlēbāb*	Dan 11,25
– *lēb 'md*	Ez 22,14 (// *yādayim ḥzq*)

[30] Cfr. pp. 258-259 e 262. Questi stessi antonimi che abbiamo visto usati all'imperativo possono anche presentarsi sotto forma di indicativo e non rappresentare perciò un'esortazione, ma una segnalazione del coraggio ritrovato. Cfr. ad es. *ḥzq(Hitp)* (*b^{e}*) in 1 Sam 30,6 (≠ *ṣrr m^{e}'ōd l^{e}*); 2 Cron 15,8 (v. 7: *ḥizqû w^{e}'al yirpû y^{e}dêkem*); e *yādayim ḥzq* in Giud 7,11 (≠ *yr'*: v. 10); 2 Sam 16,21; Ez 22,14 (// *lēb 'md*).

[31] Cfr. WEISMAN, «The nature and background of *bāḥūr*».

[32] Cfr. n. 15 del presente capitolo. Ricordiamo anche le espressioni (*b^{e}*)*yād ḥăzāqâ* e (*b^{e}*)*ḥōzeq yād* che possono indicare quella forza e quella fermezza che non conoscono la paura (cfr. in particolare Num 20,20; Deut 34,12).

[33] La forma *ḥazzēq* di Neem 6,9 è comprensibile se assunta come infinito assoluto. Cfr. *BHS*: «inf abs, Vrs vertunt recte c 1 sg pf».

Cfr. inoltre l'idea di fermezza e sicurezza interiore espressa nei sintagmi *lēb/lēbāb 'mṣ(Hi)* (Sal 27,14; 31,25); *lēb nākôn* (Sal 112,7); *lēb sāmûk* (Sal 112,8); *yēṣer sāmûk* (Is 26,3)[34].

Nello stesso ambito della fermezza e del coraggio è forse possibile situare anche alcune occorrenze del verbo *qwm*[35].

C) Ardimento, spavalderia, sfrontatezza

- *beyād rāmâ*[36] Es 14,8; Num 33,3
- *zyd* Deut 17,13 (≠ *yr'*)
- *śḥq le* Giob 5,22 (// *'al yr' min*)[37]

Cfr. anche Sal 75,5.6; Prov 13,1; 15,12; 21,24.

---

[34] Soprattutto nel Salmo 112, è esplicitata la contrapposizione al timore (*lō' yîrā'*, ripetuto nei due versetti), ma in parallelo al verbo *bṭḥ* (cfr. anche Is 26,3). Si tratta dunque di una sicurezza basata sulla fiducia, con delle connotazioni un po' diverse dal coraggio vero e proprio (cfr., nel paragrafo seguente, questa seconda serie di antonimi).

Per il rapporto tra cuore e coraggio in genere, cfr. R. LAUHA, *Psychophysischer Sprachgebrauch*, 134-137.

[35] Ci riferiamo ad un uso traslato di *qwm* nel senso di «risollevarsi», dove l'immagine del mettersi in piedi e dell'ergersi può servire ad esprimere un'idea di decisione e forza interiore. Ad esempio, abbiamo visto in 1 Sam 17,52 che il levarsi di Israele per inseguire i Filistei segnala il recuperato coraggio dopo la vittoria di Davide su Golia (cfr. p. 114, n. 60). Cfr. anche Gios 8,3 (v. 1: *'al tîrā' we'al tēḥāt*); 2 Sam 23,10; 1 Cron 10,12. All'inverso, Israele che incorre nella maledizione crolla impaurito e non può resistere ai nemici (Lev 26,36-37: ... *wenāsû... wenāpelû ... wekāšelû ... welō' tihyeh lākem teqûmâ lipnê 'ōyebêkem*). In questa linea di pensiero, anche l'esortazione *qûm* (o simili) che viene rivolta a colui cui è affidato un incarico o una missione può non essere semplicemente pleonastica, ma indicare il richiamo ad un coraggio e ad una forza d'animo che l'uomo deve trovare per obbedire alla parola di invio (cfr., come esempio tipico, Ger 1,17: *we'attâ te'zōr motnèkā weqamtā wedibbartā 'ălêhem... 'al tēḥat ...*). Ricordiamo infine il termine *qômemiyyût* in Lev 26,13: Dio ha fatto uscire il suo popolo dall'Egitto spezzandone il giogo e facendolo camminare eretto, a testa alta. La postura eretta, in contrasto con quella curva sotto il giogo, è espressione anche di un atteggiamento interiore di nuova dignità e quasi spavalderia di chi si sa vincitore e libero. Cfr. lo stesso senso nell'espressione analoga *beyād rāmâ* (cfr. nota seguente).

[36] L'espressione *beyād rāmâ* sembra venire dall'ambito militare ed esprimere la prontezza al combattimento e la volontà di vincere. La sua origine sarebbe da ricercarsi nel gesto di alzare la mano in segno di determinazione alla lotta o di vittoria. Questa connotazione di provocazione spavalda può essere ritrovata, pur se in forma più moderata, anche in Num 15,30 in cui l'idea del peccato commesso «deliberatamente» implica quella di una ribellione e una sfida. Cfr. LABUSCHAGNE, «The Meaning of *beyād rāmā*».

[37] L'atteggiamento derisorio nei confronti della minaccia è antropomorficamente applicato anche a Dio nel Sal 2,4 (*śḥq, l'g le*). Pure per gli animali si può descrivere la temerarietà come sprezzo di un pericolo risibile: cfr. Giob 39 a proposito dello struzzo che può contare sulla velocità (v. 18: *śḥq le*) e del cavallo a motivo della sua forza (v. 22: *śḥq lepaḥad*; // *lō' ḥtt, lō' šwb mippenê ḥereb*). Per altri esempi di impavidità animale, cfr. Is 31,4: Giob 40,23; 41,16.20.25; Prov 30,30.

Segnaliamo inoltre alcune espressioni che indicano la durezza come atteggiamento che si oppone alla paura e soprattutto al timore riverenziale. In particolare, l'indurimento del cuore o del volto esterna una forte determinazione e ostinazione che può diventare caparbietà e connotarsi negativamente quando si esprime in rapporto a Dio come rifiuto di piegarsi al suo volere e di riconoscerlo nella sua verità. Così ad esempio è dei malvagi per i quali in alcuni testi si connette esplicitamente l'indurimento e la ribellione con la mancanza di timore di Dio. Ma lo stesso si può dire del Faraone [38], il cui cuore indurito si oppone alla richiesta di Dio e non si lascia impressionare neppure dai temibili segni delle piaghe. L'insensibilità del cuore si esprime così in mancanza di riverente rispetto per Dio e di timore per le conseguenze che ne possono derivare.

Indichiamo i diversi sintagmi [39]:

–	*lēb*	*ḥzq*	Es 8,15; 9,35
– *ḥzq(Pi) ’et*	*lēb*		Es 4,21; 9,12; 11,10
–	*lēb*	*kābēd*	Es 7,14
– *kbd(Hi) ’et*	*lēb*		Es 8,28; 9,34
–	*lēb*	*sôrēr ûmôreh*	Ger 5,23 (≠ *yr’*: vv. 22.24)
– *qšḥ(Hi)*	*lēb*		Is 63,17 (*miyyir’â*)
– *qšh(Hi)* (*’et*)	*lēb*		Es 7,3; Prov 28,14 (≠ *pḥd,Pi*)
– *qšh(Hi) ’et*	*rûḥ*		
’mṣ(Pi) ’et	*lēbāb*		Deut 2,30
– *q^{e}šê*	*pānîm*		
ḥizqê	*lēb*		Ez 2,4
– *ḥizqê*	*mēṣaḥ*		
q^{e}šê	*lēb*		Ez 3,7
– *ntn ’et*	*pānîm*	*ḥăzāqîm*	
’et	*mēṣaḥ*	*ḥāzāq*	Ez 3,8
– *ntn*	*mēṣaḥ*	*k^{e}šāmîr*	
		ḥāzāq miṣṣōr	Ez 3,9 (≠ *yr’*, *ḥtt*) [40]

---

[38] Sul tema dell'indurimento del cuore, e di quello del Faraone in particolare, cfr. HESSE, *Das Verstockungsproblem*; WARSHAVER, «'The Hardening of Pharaoh's Heart'»; WEIMAR, *Untersuchungen zur priesterschriftlichen Exodusgeschichte*, 208-217; KUYPER, «The Hardness of Heart»; SKA, «La sortie d'Egypte», 198-205; R. R. WILSON, «The Hardening of Pharaoh's Heart»; BEALE, «An Exegetical and Theological»; SKA, *Le passage de la mer*, 47-60.

[39] Quando il cuore è oggetto di un verbo causativo, può trattarsi del proprio o di quello di un altro. Nel primo caso si tratta di un atteggiamento che si assume, nel secondo di un atteggiamento che viene indotto. Indicando le occorrenze, noi non segnaliamo la differenza, perché comunque il risultato è che il cuore si indurisce, e questo è ciò che ora ci interessa.

[40] Va notato il rapporto tra le espressioni di Ez 2,4; 3,7 e 3,8.9. Le prime due si riferiscono al popolo, e le ultime due al profeta. Questi è reso da Dio duro come la pietra per poter affrontare senza paura, in obbedienza al Signore, il popolo che, duro anche esso, si ribella e non obbedisce (cioè non ha il timore di Dio).

– *ḥzq(Pi)*	*pānîm*	*missela'*	Ger 5,3 (// *m'n(Pi) lāšûb*)
– *śym*	*pānîm*	*kaḥallāmîš*	Is 50,7 (≠ *klm(Ni), bwš*)

Cfr. anche 1 Sam 6,6; Is 6,10; Sal 95,8; Giob 15,25; e inoltre l'espressione *qšh(Hi) 'et 'ōrēp*: 2 Re 17,14; Ger 7,26; 17,23; Neem 9,16 (+ *zyd,Hi*); 2 Cron 36,13 (+ *'mṣ(Pi) 'et lēbāb*).

D) L'audacia

Indichiamo infine alcune espressioni usate per esprimere l'assunzione del rischio che mette a repentaglio la vita (= rischiare la vita, a rischio della vita):

– *śym*	(*'et*)	*nepeš* (+suff.)	*bekap* (+suff.)[41]	Giud 12,3; 1 Sam 19,5; 28,21; Giob 13,14
–		*nepeš* (+suff.)	*bekap* (+suff.)	Sal 119,109
– *ḥrp(Pi)*		*nepeš* (+suff.)	*lāmût*	Giud 5,18
– *šlk(Hi)*	*'et*	*nepeš* (+suff.)	*minneged*	Giud 9,17
–		*benepeš* (+suff.)		Lam 5,9
–		*benapšôt* (+suff.)[42]		2 Sam 23,17; 1 Cron 11,19

Cfr. inoltre il sintagma *'rb 'et lēb* in Ger 30,21.

3.2. *La fiducia e la pace* (IIª serie di antonimi)

L'assenza della paura o il suo superamento si possono esprimere anche in un atteggiamento di confidenza e di tranquillità che deriva dal fatto che l'uomo si sente, a torto o a ragione, completamente al sicuro. I termini usati sono dell'ambito della fiducia, della speranza e della pace:

'mn(Hi) beḥayyîm	Deut 28,66 (≠ *pḥd*)
bṭḥ	Giud 18,7.27; Is 12,2 (≠ *pḥd*); 32,10 (≠ *rgz*); Am 6,1; Sal 56,4.5.12 (≠ *yr'*); 112,7 (// *lēb nākôn*; ≠ *yr'*); Giob 11,18; Prov 28,1 (≠ *nws*); 29,25 (≠ *ḥărādâ*)
beṭaḥ	Is 32,17; Prov 1,33 (≠ *paḥad*)
biṭḥâ	Is 30,15 (≠ *nws*: v. 16)

---

41 Sull'espressione, cfr. JOÜON, «Locutions hébraïques», 70.

42 *benepeš* o *benapšôt* (+ suff.) sono espressioni che si trovano anche in altri testi, da noi citati nel cap. VI a proposito del pericolo mortale (cfr. p. 204). La differenza è determinata dal contesto che precisa se il sintagma indica un pericolo e una situazione oggettiva di morte in cui si incorre, o se invece fa riferimento all'assunzione del rischio da parte del soggetto. Ciò che muta è dunque il punto di vista, oggettivo in un caso, soggettivo nell'altro.

lābeṭaḥ	Giud 18,7; Ger 49,31; Sof 2,15; Sal 16,9 (// *śmḥ, gyl*); 78,53 (≠ *pḥd*); Giob 11,18; Prov 3,23 (≠ *pḥd*: v. 24)
lābeṭaḥ w^{e}*'ên maḥărîd*	Ez 34,28; 39,26
qwh	Sal 25,3 (≠ *bwš*; cfr. v. 2: *bṭḥ*)
qwh(Pi)	Sal 27,14 (// *ḥzq*; *lēb 'mṣ,Hi*)
š'n(Pal)	Ger 48,11; Prov 1,33 (≠ *paḥad*)
š'n(Pal) w^{e}*'ên maḥărîd*	Ger 30,10; 46,27
ša'ănān	Is 32,11 (≠ *ḥrd*); Am 6,1
šālôm	Is 32,17; Ger 30,5 (≠ *paḥad, ḥărādâ*); Ez 7,25 (≠ *q*^{e}*pādâ*); Giob 21,9 (≠ *pāḥad*); 2 Cron 15,5 (≠ *m*^{e}*hûmâ*)
š^{e}*lêw*	Ger 49,31
šqṭ	Giud 18,7.27; Ger 30,10; 46,27; 48,11
hašqēṭ	Is 30,15 (≠ *nws*: v. 16); 32,17

3.3. *La liberazione da ogni paura*

L'uomo è fatto per la vita. Eppure, la sua condizione di creatura lo rende costantemente minacciato dalla morte. La paura è il segno e la denuncia di una tale strutturale fragilità, ma insieme testimonia, nell'orrore del morire, il radicale tendere dell'uomo alla vita e perciò anche il suo costitutivo bisogno di essere salvato.

Perciò il timore appella alla trascendenza e diventa luogo di verità per l'uomo e di possibilità di intervento da parte di Dio. E quando poi il divino si inserisce nella realtà umana, allora la paura cessa per lasciare il posto alla lode. Di questo continuo attraversamento della minaccia è fatta la vita del credente, ma questa esperienza non è ancora la salvezza, è solamente un dilazionare l'ultimo terrore, quello di morire. Solo quando infine anche questo sarà vinto, solo allora la liberazione dalla paura sarà definitiva, rendendo definitiva la lode.

In questo tendere alla vita, l'uomo deve passare anche per il momento necessario della paura di Dio. Con essa, egli Lo riconosce come assoluta Trascendenza, per giungere infine alla scoperta della sua Alterità come potenza che salva. La vita minacciata si approssima così alla salvezza in un progressivo cammino di abbandono e di libertà che coincide con l'accoglienza di Dio come ultima parola che annienta la morte.

E poiché nella fede la vittoria è anticipatamente donata, il credente che si lascia condurre dal Signore sperimenta già nel suo esistere che la minaccia è vana e non c'è più motivo di temere. Nessuno può fargli del male (cfr. Sal 56,4-5; 118,6-7) e nulla più incute paura: né la tenebra che evoca la morte (23,4), né i nemici (3,7), la guerra (27,3), gli sconvolgimenti cosmici (46,2-3), i pericoli mortali (91,5-6; 112,7-8)[43]. Tutto è vinto, perché tutto è stato trasformato dall'irrompere della trascendenza nell'immanente storia umana. Si giunge così alla fine radicale ed esaltante di ogni timore, e l'uomo può cominciare a sperimentare l'eternità nella celebrazione della misericordia di Dio:

yhwh 'ôrî w̯ᵉyišʿî mimmî 'îrā'
yhwh maʿôz ḥayyay mimmî 'epḥād (Sal 27,1).

---

[43] Questa esperienza di massima fiducia che nega il timore si esprime anche nella possibilità di dormire tranquilli. Il sonno, con il suo collegamento alla notte e al buio, evoca la morte, e lo stato di indifeso abbandono del dormiente ne sembra quasi un'anticipazione. Ma chi confida in Dio può coricarsi e subito addormentarsi, perché la sua difesa è il Signore (cfr. Sal 3,6; 4,9; cfr. anche Prov 3,24).

CONCLUSIONE

La vita nella morte

È la morte la grande Nemica, sovrana di ogni terrore (*melek ballāhôt*: Giob 18,14; cfr. 1 Cor 15,26). Questo nostro lavoro ci ha portati a concludere che, affinché la schiavitù umana sia infine vinta, è necessario che quel despota venga sconfitto. Solo allora l'uomo, la creatura fatta per la vita ma strutturalmente minacciata di morte, potrà accedere a un'esistenza proporzionata a quel suo portare in sé l'immagine di Dio.

La persona diventa veramente libera quando esce dalla paura della morte ed entra in una vita che ha le dimensioni dell'eterno. Ma si tratta di un passaggio che chiede di abbandonare il timore per la propria esistenza e di imparare invece ad accettare di morire. Così si consuma la libertà, e gli uomini non dovranno più assurdamente asservirsi a ciò che uccide, spinti dalla paura della morte (cfr. Ebr 2,14-15).

Un episodio della storia dei patriarchi ci sembra emblematico a questo proposito. Si tratta del racconto della morte di Rachele nel dare alla luce il figlio Beniamino. Lo assumiamo, per concludere il nostro lavoro, come paradigma del vero superamento della paura, quello che vince la morte perché la trasforma in dono di vita.

Gen 35,16-20 [1]: una morte senza rivendicazioni

È molto raro che nella Bibbia si parli di una nascita da una madre che muore. Solo due donne muoiono nel partorire, Rachele (il nostro testo) e la nuora di Eli (1 Sam 4,19-22) [2].

---

[1] Cfr. MUILENBURG, «The Birth of Benjamin»; MOWINCKEL, «Rachelstämme und Leastämme»; SOGGIN, «Die Geburt Benjamins»; EISSFELDT, «Jakob-Lea und Jakob-Rahel»; VOGT, «Benjamin geboren»; BLONDHEIM, «The Obstetrical Complication of Benjamin's Birth». Siamo inoltre a conoscenza dell'esistenza di una dissertazione del 1973 (STRADLING, *The Birth and Naming of the Children of Jacob*), di cui però non abbiamo potuto prendere visione.

[2] THOMAS («A Consideration», 220), accogliendo un'ipotesi di TORCZYNER, non ritiene che l'espressione *kᵉʿēt mûtāh* di 1 Sam 4,20 indichi la morte della nuora di Eli, ma solo il fatto che si trattava di un parto molto difficile. A noi non sembra che ci siano motivi sufficienti per una tale lettura del testo e manteniamo perciò il senso tradizionale.

Per quest'ultima, il parto con la conseguente morte avvengono in concomitanza con la notizia della cattura dell'Arca e della morte di suocero e marito. È il trauma causato da questi eventi drammatici che provoca il parto, e il suo esito per lei fatale è l'ultimo anello di una catena di morte e di abbandono di Dio. La memoria di questa drammatica storia viene impressa dalla madre morente sul figlio con l'imposizione del nome «*'î kābôd*», perché «*gālâ kābôd miyyiśrā'ēl*» (1 Sam 4,21).

Per la moglie di Giacobbe invece, si menziona esplicitamente il fatto che il parto si presentava difficile, ma null'altro viene aggiunto a spiegare questa morte resa ancor più enigmatica dalla precedente sterilità di Rachele. Anch'ella infatti era sterile (29,31; 30,1-2), come le altre mogli dei patriarchi (Sara: 11,30; Rebecca: 25,21), e anche per lei il Signore interviene ad aprirle il grembo rendendola feconda. Nasce così Giuseppe, che la libera dalla sua ignominia (*'āsap 'ĕlōhîm 'et ḥerpātî*: 30,23) e il cui nome è portatore della speranza di un altro figlio (*yōsēp yhwh lî bēn 'aḥēr*: 30,24). Ma quando anche questa speranza si compie nella nascita di Beniamino, proprio questa fecondità che Dio le ha donato per strapparla alla morte (cfr. 30,1) e che è segno del Suo ricordarsi di lei (30,22) diventa per Rachele causa del suo morire [3]. Il gioco di sterilità e fecondità che dalle origini ha accompagnato la storia del popolo di Israele svela qui il suo senso di morte e di vita inscindibilmente unite in un unico mistero. La grande madre del popolo muore proprio del dono di vita ricevuto da Dio e da lei a sua volta donato al figlio che nasce. Lei, il cui ventre morto era fiorito in vita, da questa fecondità viene uccisa.

Siamo davanti ad un testo di grande portata simbolica e non meraviglia che la ferita di tale morte apparentemente incomprensibile e contraddittoria si sia impressa nella memoria del popolo e ne sia emersa nei momenti cruciali della sua storia. E sarà proprio un Beniaminita, in faccia alla morte dell'esilio, a rievocare la figura dell'antenata (Ger 31,15-17) in un testo che verrà poi ulteriormente attualizzato per la strage degli innocenti al tempo di Gesù (Matt 2,16-18).

– *Composizione del racconto*

Il nostro testo, che inizia con la menzione di una partenza (*wayyisʿû*: v. 16) che segna anche l'inizio della pericope successiva (*wayyissaʿ*: v. 21), presenta una notevole accumulazione di termini esprimenti vita e morte posti in una successione significativa.

---

[3] COATS, 240, rapportando il nostro testo di Gen 35,16-20 a 29,31–30,24, commenta: «There Rachel's desire for a child consumes her life. Here her delivery represents her death».

I primi versetti infatti fanno riferimento alla vita che urge per nascere: la radice *yld* vi è ripetuta quattro volte (*wattēled*, *b^{e}lidtāh*: v. 16; *b^{e}lidtāh*, *hamyalledet*: v. 17), con tutta l'evocazione di volontà e forza di vivere che è racchiusa nell'immagine del partorire. Ma tale promessa di vita è sotto minaccia: la morte allunga i suoi tentacoli e il parto si fa difficile (*watt^{e}qaš*: v. 16; *b^{e}haqšōtāh*: v. 17). Così la madre perisce, e si accumulano ora, negli ultimi versetti, le ripetizioni martellanti di termini che hanno attinenza con il morire: *b^{e}ṣē't napšāh*, *mētâ* (v. 18), *wattāmot*, *wattiqqābēr* (v. 19), *maṣṣēbâ 'al q^{e}būrātāh*, *maṣṣebet q^{e}būrat* .. (v. 20).

La vita è stata invasa dalla morte e ne è vinta colei che sta dando vita. Ma il figlio vive attraverso la morte della madre e al di là di essa, e fa da passaggio tra morte e vita. Anche strutturalmente, il figlio è al centro della narrazione, e tra i due estremi si pone, vivente, al punto della loro convergenza, con la triplice ripetizione, nella parte centrale del racconto, del termine *bēn* (*gam zeh lāk bēn*: v. 17; *ben 'ônî*, *binyāmîn*: v. 18).

Ma vediamo più da vicino questa nascita e il nome che, dato al bambino, la interpreta.

– *La vita e la morte: il nome «ben 'ônî»*

Quando un figlio nasce, è sempre necessario che la madre passi per una qualche morte. E non si tratta solo della sofferenza e del rischio del parto [4], ma di quella dimensione necessaria di rinuncia ad uno stato per poter accedere ad una gioia più grande. Il bambino che nasce, infatti, entra in una condizione di vita che è ora autonoma rispetto a quella della madre, separata da lei. È proprio questa separazione, questo rinunciare della madre a che il figlio viva solamente in lei e di lei, nel suo stesso corpo, è questo relativo perderlo che permette al bambino di avere una vita propria. E questo d'altronde è ciò che permette alla donna di avere davvero un figlio, non più dentro ma davanti a lei, da lei separato e diverso, e perciò solo ora finalmente capace di relazione e possibile interlocutore. Tutto per un di più, dunque, ma che deve passare per la rinuncia al possesso, che è una difficile sorta di morte.

Tutto ciò, che è proprio di ogni generare, nella vicenda di Rachele si estremizza e si distorce. La morte simbolica del parto diventa reale e distrugge uno dei due protagonisti: la moglie di Giacobbe muore uccisa dal travaglio e la sua esistenza si spegne nel dare alla luce il figlio. Non il pieno trionfo della vita che è ricevuta mentre la si dona, ma la vita che scaturisce dalla morte e la provoca, in un tragico paradosso.

Qui si inserisce il problema del nome del bambino che, dato da Rachele morente come *ben 'ônî*, «figlio del mio dolore, della mia disgrazia,

---

[4] Cfr. pp. 163-166.

del mio lutto» [5], viene modificato da Giacobbe in *binyāmîn*, «figlio della destra», cioè «della forza, della fortuna» [6] e anche «del Sud» [7].

I commentatori sono concordi nello spiegare questa ingerenza di Giacobbe come un modo con cui egli interviene per sottrarre il figlio al destino infausto sotto cui lo poneva il nome datogli dalla madre. Egli conferisce al bambino un nome diverso che fosse di buon auspicio e liberasse per sempre la sua esistenza dal peso angoscioso e nefasto della morte materna.

In tal modo, si verrebbe ad operare, nei confronti di Rachele, una espropriazione radicale che giunge fino all'eliminazione del suo stesso ricordo. Non solo essa è privata, per la difficile nascita del figlio, della propria vita, ma persino la sua memoria, che è una forma di sopravvivenza oltre la morte, viene annullata nell'esistenza del bambino. Tutto ormai si riduce al segno inanimato della stele sulla tomba, che suggella per sempre la fine di ciò che era stata una persona [8].

Oltre a tutto questo, a noi sembra però che il testo possa dire ancora qualcosa di più. Il termine *'ônî*, infatti, non è solo la forma con suffisso del sostantivo *'āwen*, ma anche del sostantivo *'ôn*, «forza, vigore, ricchezza» [9].

---

[5] È questo il senso ben attestato e comprensibile del termine *'āwen*. Non ci sembra necessario operare il cambiamento proposto da Gunkel, 382, che legge *ben 'ônîm*, da *'ōneh*, «Sohn der Klagen, Seufzer». Altra possibilità di senso è quella indicata da Strus, *Nomen – Omen*, 58: sulla base del rapporto con la lingua ugaritica, egli legge «fils du rite funéraire». Comunque sia, ambedue queste posizioni rimangono nell'ambito semantico del dolore e della morte, e questo è quanto al momento ci interessa.

[6] La destra era considerata il lato fortunato, della buona sorte e della felicità, ed insieme, essendo la mano destra quella dell'azione, simbolo di potenza, forza, capacità di aiuto e sostegno. Cfr. i Commenti e GES(*Thes*), 599.

[7] Guardando ad oriente, il Sud è a destra. In questo caso il riferimento sarebbe alla posizione geografica della tribù di Beniamino. Rashi spiega invece la menzione del Sud con il fatto che Beniamino è l'unico figlio di Giacobbe che sia nato in Canaan, che è a meridione per chi viene da Aram Naharayim (cfr. *Le Pentateuque*, I, 245).

[8] Anche Assalonne erigerà una stele (*wayyaṣṣeb lô .. 'et maṣṣebet* ...) per affidarle il ricordo del proprio nome oltre la morte, ma perché non aveva figli (*kî 'āmar 'ên lî bēn ba'ăbûr hazkîr šᵉmî wayyiqrā' lammaṣṣebet 'al šᵉmô*: 2 Sam 18,18). È la mancanza di una discendenza che rende necessario questo spostamento di luogo della memoria da una persona a una cosa. La situazione e il contesto sono certamente diversi da quelli del nostro testo di Genesi, ove inoltre il rapporto alla discendenza è nella linea della maternità e non della paternità. Eppure, è forse ugualmente possibile, anche se solo come suggestivo accostamento, stabilire una qualche analogia tra le due situazioni. In questa visuale, ciò che rende tragica la vicenda di Rachele è che essa aveva questo figlio secondogenito che poteva prolungarne il ricordo come di donna perita nel generare, ma ne viene privata. Così, la menzione della stele eretta sulla sua tomba, mentre esprime il gesto pietoso di Giacobbe per la moglie defunta, insieme può suggerire in chi legge l'impressione di un penoso ritorno di Rachele, nella sua morte, ad una nuova drammatica sterilità.

[9] Il termine è ben attestato e dal significato chiaro. Viene anche usato in rapporto alla generazione (Gen 49,3; Deut 21,17; Sal 78,51; 105,36), ma per il primogenito (con *rē'šît*) e in riferimento al padre. Non è dunque il nostro caso, anche se può risultare comunque interessante il contesto di nascita in cui il termine si trova.

E se è pur vero che il senso di *'āwen* è chiaro e perfettamente coerente con il contesto [10], non si può però ignorare il fatto che *'ônî* si presenti come termine ambiguo, con doppia possibilità di lettura [11]. Sia stato o no voluto esplicitamente da parte dell'autore il gioco semantico, questo è di fatto esistente nel testo.

Ora, prendendo sul serio questo dato testuale, si può giungere ad una maggiore ricchezza interpretativa della pericope in questione. Infatti, in questa prospettiva, il nome *ben 'ônî* dato da Rachele al figlio fa contemporaneamente riferimento sia alla negatività della sofferenza e della morte, sia alla positività della forza e della ricchezza. Ed è tale positività che Giacobbe esprime con il nome *binyāmîn*. Tra i due nomi c'è dunque una continuità voluta dalla madre stessa e resa possibile dalla sua decisione di dono. Ella, mentre esprime l'angoscia della morte (*'āwen*), ne libera il figlio mettendolo sotto il segno di un destino felice (*'ôn*). Ambedue le realtà sono vere e ambedue sono espresse nel nome, perciò necessariamente ambiguo, che Giacobbe con il suo intervento esplicita nell'unica direzione del dono di felicità. L'espropriazione e la perdita radicale di tutto, da parte di Rachele, non sono dunque semplicemente subìte, ma accolte ed offerte, ed è lei stessa che, entrando nella morte, la rende luogo di vita per il figlio trasformandola in un dono totale di sé [12].

Solo così il bambino può vivere veramente. Egli, che è il prolungamento della vita della madre dalla cui carne è uscito, proprio nel nascere

---

[10] Questo è dato solitamente per scontato e in genere neppure si menziona la seconda possibilità di lettura del termine *'ôn*. Tra i molti autori e commentatori da noi consultati, solo due ne fanno menzione. Il primo è SPEISER, 274, che riferisce il fatto ma non lo accetta come pertinente per il nostro testo: «The element *'ōnī* may signify 'my vigor' (cf. xlix 3), and this sense is supported by the orthography; the context, however, favors (at least symbolically) 'misfortune, suffering' (from a different root), and this interpretation is preferred by tradition (cf. also Hos ix 4)». Il secondo autore è ALONSO SCHÖKEL, che segnala l'ambiguità del nome e giustamente l'interpreta come rivelazione del drammatico e perenne contrasto tra vita e morte. Egli però attribuisce al nome imposto da Rachele al bambino il solo significato di disgrazia: «El sustantivo *'ôn* puede significar desgracia y también fuerza o fecundidad: ese hijo es fruto de un vigor fecundo che trae desgracia a la madre... Su última palabra es un nombre: Hijo de mi desgracia, hijo infortunado, infausto... Una desgracia fecunda: es su última certeza. Y el padre sin poder hacer nada. Nada más corregir el nombre para darle un valor positivo: a la diestra se coloca el favorito...» (*¿Dónde está tu hermano?*, 236-237). Anche le traduzioni antiche fanno riferimento solo al termine *'āwen*.

[11] GES(*Thes*), 52, segnala la convergenza nella stessa forma dei due termini quando assumono il suffisso, con la conseguente possibilità di doppia lettura, ma non cita il nostro testo come eventuale esempio di questo fenomeno.

[12] Va notato il suffisso di 1ª pers. nel termine *'ônî*: Rachele chiama «*mia* ricchezza» ciò che contemporaneamente deve confessare come «*mio* dolore, mia morte». Il vero possesso è nella rinuncia e il nome del figlio ne diventa la testimonianza. Il punto d'incontro tra morte e vita rappresentato, anche nella struttura del testo, dal termine *bēn* diventa definitivo nel nome *ben 'ônî*, in cui dolore e ricchezza si fondono, resi indivisibili nella loro espressione linguistica. Il figlio che nasce rappresenta il trionfo dell'esistere, ma è colei che muore a esplicitare questo aprirsi della morte alla vita.

è liberato dal peso insostenibile di essere stato causa della morte materna. E a liberarlo è la madre stessa, che accetta di morire anche nella sua memoria purché egli possa vivere. Rachele muore così senza rivendicare nulla per sé, portando a tale misura l'amore da rinunciare, per il bene dell'altro, a ogni diritto, anche a quello di essere ricordata e riconosciuta dal figlio come colei che è morta per farlo vivere. È questa, d'altronde, l'unica misura possibile del dono, che solo a prezzo di tale gratuità non distrugge l'altro con il peso soffocante di un inconfessato rancore da una parte e di un'angosciosa gratitudine dall'altra.

In questa prospettiva, anche il «non temere» (v. 17) pronunciato dalla levatrice acquista significato pregnante. La paura annidata in ogni uomo e ora evocata dall'esortazione della donna trova qui la sua risposta: non c'è più timore perché non c'è più vera morte. Rachele che, spirando, dice nel nome del figlio una disperazione che significa anche un'affermazione di speranza, può uscire definitivamente dalla paura perché morendo vince la morte. In realtà, ella non «muore», ma «dà la vita». La fine della sua esistenza diventa così figura di quel dono «portato fino alla fine» (Giov 13,1) che è stato quello definitivamente redentivo del Signore Gesù.

* * * * *

Giunti alla fine del nostro lavoro, vorremmo ripercorrerne molto brevemente le tappe per evidenziare il loro articolarsi nell'insieme.

La paura si presenta, nella Bibbia ebraica, come una emozione che accompagna l'uomo nel suo esistere e che perciò si verifica continuamente, in una grandissima varietà di soggetti e di situazioni (cap. I). Pure la terminologia usata per esprimerla e descriverla è sorprendentemente ricca e comprende anche immagini e fraseologie in gran quantità e di molta efficacia (cap. II; cfr. anche cap. VII).

In alcuni racconti, la descrizione del fenomeno della paura nel suo svolgersi è molto accurata ed esplicita. È stato perciò possibile, scegliendo alcuni testi particolarmente significativi, vederne i vari elementi inseriti in un preciso contesto esperienziale, così da coglierne le relazioni più importanti. Abbiamo esaminato dei testi in cui la paura si verifica in guerra e negli scontri personali (cap. III), nel rapporto a Dio e al mistero (cap. IV), nell'esperienza della malattia e di quel particolare evento di sofferenza che è il parto (cap. V). In tutti questi ambiti, pur con modalità diverse, il temere umano si presenta come emozione reattiva a una minaccia che mette in pericolo l'integrità del soggetto. Le sembianze della minaccia sono ovviamente ogni volta diverse: un esercito aggressore, un nemico personale, la trascendenza di Dio, la potenza di una tempesta, l'inspiegabile arcano, il dolore del corpo. Ma ciò che accomuna le varie situazioni è l'esperienza del soggetto di trovarsi davanti a qualcosa che lo supera e che sfugge a ogni suo controllo. Il terrore nasce dal sentirsi in balìa della minaccia, senza adeguate possibilità di difesa. Particolarmente significativa in questo senso è l'esperienza di paura nei confronti di Dio, la cui trascendenza rivela la peribile creaturalità dell'uomo e il cui mistero si snoda secondo cammini insondabili, davanti a cui l'individuo è indifeso come davanti a una terribile aggressione.

La natura tipicamente reattiva dell'emozione della paura, così come viene presentata, permette di delinearne i contorni e descriverla compiutamente a partire dal suo nascere (cap. VI), lungo il suo verificarsi (cap. VII), fino al suo termine (cap. VIII). In questo schema, desunto dall'analisi dei testi, si vengono così a ricomporre in unità gli svariati e molteplici elementi ed aspetti di cui il timore umano si compone e che sono disseminati ovunque in tutta la Scrittura. La finezza e la precisione del testo biblico nel segnalare le varie implicazioni psicologiche dell'emozione sono impressionanti. Riunendo e sistematizzando in modo organico le annotazioni sparse nei vari testi di paura e articolandole tra di loro, emerge un quadro completo e preciso di tale emozione non solo in tutte le sue componenti fondamentali e nella ricchezza delle sue sfumature, ma anche nella serie delle reazioni che provoca e degli atti che ne conseguono.

Ma l'interesse del testo biblico, così accurato nel comprendere e descrivere il sentire umano, è soprattutto incentrato sulle implicazioni e conseguenze teologiche. La riflessione sui dati scritturistici si fa perciò particolare e oltrepassa radicalmente i confini della verifica psicologica. La paura si rivela infatti come una costante dell'esistenza creaturale che, in quanto tale, è peribile e dunque strutturalmente minacciata. L'esperienza di paura pone l'uomo davanti a questa sua verità e lo rivela come essere bisognoso di salvezza. La liberazione dalla minaccia coincide con la liberazione dal timore e questa diventa definitiva quando è l'ultimo pericolo ad essere annientato, quello della morte. Si giunge così alla salvezza che Dio solo può donare e che si rivelerà compiutamente nel Nuovo Testamento. Il Signore del mondo e della storia, che spaventa per la sua incomprensibile trascendenza e la sua incontrollabile potenza, è l'unico che possa davvero liberare da ogni paura perché è l'unico che possa affrontare la morte. La sua «Alterità» si manifesta allora nella sua vera dimensione: non il mistero di una forza soverchiante che uccide, ma quello ancor più insondabile di una misericordia tanto potente da lasciarsi uccidere per vincere definitivamente la morte. Il dono di sé, consumato fino alla fine in obbedienza al Padre, è la difficile ma liberante risposta della fede alla paura.

SIGLE E ABBREVIAZIONI

AASF	Annales Academiae Scientiarum Fennicae
AAWLM.G	Abhandlungen der Akademie der Wissenschaften und der Literatur. Geistes- und sozialwissenschaftliche Klasse.
ÄgAT	Ägypten und Altes Testament
AJSL	*American Journal of Semitic Languages and Literatures*
AnBib	Analecta Biblica
AnJapBibInst	*Annual of the Japanese Biblical Institute*
AnchBi	The Anchor Bible
AnOr	Analecta Orientalia
AOAT	Alter Orient und Altes Testament
ASTI	*Annual of the Swedish Theological Institute*
ATD	Das Alte Testament Deutsch
AThANT	Abhandlungen zur Theologie des Alten und Neuen Testament
Aug	*Augustinianum*
AzTh	Arbeiten zur Theologie
BAmSocPap	*The Bulletin of the American Society of Papyrologists*
BASOR	*Bulletin of the American Schools of Oriental Research*
BBB	Bonner biblische Beiträge
BBExT	Beiträge zur biblischen Exegese und Theologie
BCAT	Biblischer Commentar über das Alte Testament
BDB	F. Brown – S. R. Driver – Ch. A. Briggs, *A Hebrew and English Lexicon of the Old Testament*, Oxford 1906
BeO	*Bibbia e Oriente*
BHS	*Biblia Hebraica Stuttgartensia*
Bib	*Biblica*
BibOr	Biblica et Orientalia
BibTB	*Biblical Theology Bulletin*
BInstJSt	*Bulletin of the Institute of Jewish Studies*
BJ	*Bible de Jérusalem*, Paris 1956
BJRyl	*Bulletin of the John Rylands University Library*
BK	Biblischer Kommentar
BL	H. Bauer – P. Leander, *Historische Grammatik der Hebräische Sprache des Alten Testamentes*, Halle 1922
BN	*Biblische Notizen*
BrJudSt	Brown Judaic Studies
BuK	*Bibel und Kirche*
BVC	*Bible et Vie Chrétienne*
BWANT	Beiträge zur Wissenschaft vom Alten und Neuen Testament
BWAT	Beiträge zur Wissenschaft vom Alten Testament
BZ	*Biblische Zeitschrift*

BZAW	Beihefte zur Zeitschrift für die Alttestamentliche Wissenschaft
CahT	Cahiers Théologiques
CAT	Commentaire de l'Ancien Testament
CBC	The Cambridge Bible Commentary
CBQ	*The Catholic Biblical Quarterly*
ChronEg	*Chronique d'Egypte*
Clar	*Claretianum*
ConBibOT	Coniectanea Biblica, Old Testament Series
CulBíb	*Cultura Bíblica*
CurTM	*Currents in Theology and Mission*
DBS	*Supplément au Dictionnaire de la Bible*
DD	*Dor le Dor*
DE ROSSI	J. B. DE ROSSI, *Variae Lectiones Veteris Testamenti*, 4 voll., Parmae 1784–1788
DomSt	*Dominican Studies*
EB	Etudes Bibliques
EHS	*Einheitsübersetzung der Heiligen Schrift*, Das Alte Testament, Stuttgart 1974
EncFil	*Enciclopedia Filosofica*, a cura del Centro Studi Filosofici di Gallarate, Roma ²1979
EncItal	*Enciclopedia Italiana* di Scienze, Lettere ed Arti, Roma 1949–1978
EncJud	*Enciclopaedia Judaica*, Jerusalem 1971–1980
EncPsich	*Enciclopedia Psichiatrica per la pratica medica*, Milano 1976
ER	Etudes Religieuses
ErfTSt	Erfurter Theologische Studien
E-SHO	A. EBEN SHOSHAN, *Qonqordanṣiâ ḥădāšâ*, 3 voll., Jerusalem 1980
EstBíb	*Estudios Bíblicos*
Ethnog	*L'Ethnographie*
ETL	*Ephemerides Theologicae Lovanienses*
ETRel	*Etudes théologiques et religieuses*
EvT	*Evangelische Theologie*
ExpT	*The Expository Times*
ForBib	Forschung zur Bibel
FRLANT	Forschungen zur Religion und Literatur des Alten und Neuen Testaments
Fs	Festschrift
GES	W. GESENIUS, *Hebräisches und armäisches Handwörterbuch über das Alte Testament*, Leipzig ¹⁷1921
GES(*Thes*)	W. GESENIUS, *Thesaurus philologicus criticus linguae hebraeae et chaldaeae Veteris Testamenti*, 3 voll., Lipsiae ²1829–1853
GK	W. GESENIUS – E. KAUTZSCH, *Hebräische Grammatik*, Leipzig ²⁸1909 (traduz. ingl.: Oxford ²1910)
GrDizEncicl	*Grande Dizionario Enciclopedico UTET*, 3ª edizione, Torino 1967–1975
GuL	*Geist und Leben*
GUOST	*Glasgow University Oriental Society Transactions*
HarvSM	Harvard Semitic Monographs
HAT	Handbuch zum Alten Testament

Hen	*Henoc*
Hermeneia	Hermeneia – A Critical and Historical Commentary on the Bible
HKAT	Handkommentar zum Alten Testament (Göttinger)
HUCA	*Hebrew Union College Annual*
ICC	The International Critical Commentary on the Holy Scriptures of the Old and New Testament
IDB	*The Interpreter's Dictionary of the Bible*, 5 voll., New York 1962–1976
IEJ	*Israel Exploration Journal*
InstSanJer	Institución San Jerónimo
Interpr	*Interpretation*
JAOS	*Journal of the American Oriental Society*
JBL	*Journal of Biblical Literature*
JJS	*Journal of Jewish Studies*
JNES	*Journal of Near Eastern Studies*
JNSL	*Journal of Northwest Semitic Languages*
JOÜ	P. JOÜON, *Grammaire de l'hébreu biblique*, Rome ^{2}1947
JPOS	*Journal of the Palestine Oriental Society*
JQR	*Jewish Quarterly Review*
JRAS	*Journal of the Royal Asiatic Society*
JSOT	*Journal for the Study of the Old Testament*
JSS	*Journal of Semitic Studies*
JTS	*Journal of Theological Studies*
Jud	*Judaica*
KAT	Kommentar zum Alten Testament
KB	L. KOEHLER – W. BAUMGARTNER, *Hebräisches und aramäisches Lexikon zum Alten Testament*, Leiden ^{3}1967–
KB^{I}	L. KOEHLER – W. BAUMGARTNER, *Lexicon in Veteris Testamenti libros*, Leiden 1953
KENNICOTT	B. KENNICOTT, *Vetus testamentum hebraicum*, cum variis lectionibus, 2 voll., Oxonii 1776.1780
KHAT	Kurze Hand-Commentar zum Alten Testament
LDiv	Lectio Divina
LexPsych	*Lexikon der Psychologie*, W. ARNOLD – W. A. EYSENCK – R. MEILI, *edd.*, 3 voll., Freiburg i. B. 1973
LIS	G. LISOWSKY, *Konkordanz zum Hebräischen Alten Testament*, Stuttgart ^{2}1981
MAND	S. MANDELKERN, *Veteris Testamenti Concordantiae Hebraicae atque Chaldaicae*, 2 voll., Graz 1955
MUSJ	*Mélanges de la Faculté Orientale, Université Saint-Joseph* (Beyrouth)
NAWG	Nachrichten der Akademie der Wissenschaften in Göttingen
NBE	*Nueva Biblia Española*, traduzione diretta da L. ALONSO SCHÖKEL e J. MATEOS, Madrid 1975
NCB	New Century Bible
NEB	*New English Bible*, Oxford ^{2}1970
NedThTijd	*Nederlands Theologisch Tijdschrift*
NICOT	The New International Commentary on the Old Testament

OBO	Orbis Biblicus et Orientalis
Or	*Orientalia*
OTL	The Old Testament Library
OTS	*Oudtestamentische Studiën*
PEQ	*Palestine Exploration Quarterly*
RAC	*Reallexikon für Antike und Christentum*, Stuttgart 1950
RB	*Revue Biblique*
RdQ	*Revue de Qumran*
RechSR	*Recherches de Science Religieuse*
RelM	Die Religionen der Menschheit
RHPhR	*Revue d'Histoire et de Philosophie Religieuses*
RHR	*Revue de l'Histoire des Religions*
RicBibRel	*Ricerche Bibliche e Religiose*
RSV	*Revised Standard Version*, London 1966
RThPh	*Revue de théologie et de philosophie*
RVB	Religionsgeschichtliche Volksbücher für die deutsche christliche Gegenwart
SB	Sources Bibliques
SBF.CMa	Studium Biblicum Franciscanum. Collectio Maior
SBFLA	*Studium Biblicum Franciscanum – Liber Annuus*
SBL Diss	Society of Biblical Literature, Dissertation Series
SBM	Stuttgart biblische Monographien
SB(PIB)	*La Sacra Bibbia* tradotta dai testi originali con note a cura del Pontificio Istituto Biblico di Roma, 9 voll., Firenze 1943–1958
SBS	Stuttgarter Bibelstudien
SBT	Studies in Biblical Theology
ScC	*La Scuola Cattolica*
ScEsp	*Science et Esprit*
SchwThZ	*Schweizerische Theologische Zeitschrift*
ScotJT	*Scottish Journal of Theology*
SSN	Studia Semitica Neerlandica
StBTh	*Studia Biblica et Theologica*
StHistRel	*Studies in the History of Religions* (Supplements to *Numen*)
STL	Studia Theologica Lundensia
StTh	*Studia Theologica*
SWGG	Sitzungsberichte der Wissenschaftlichen Gesellschaft an der J. W. Goethe–Universität Frankfurt am Main
TArb	Theologische Arbeiten, Stuttgart
TBC	Torch Bible Commentaries
TBer	*Theologische Berichte*
TBüch	Theologische Bücherei
THAT	*Theologisches Handwörterbuch zum Alten Testament*, E. JENNI – C. WESTERMANN, *edd.*, 2 voll., München 1971.1976
ThEH	Theologische Existenz Heute
Théol	Théologie (Lyon-Fourvière)
ThZ	*Theologische Zeitschrift*
TICP	Travaux de l'Institut Catholique de Paris
TJ	*Trinity Journal*

TOB	*Traduction Oecuménique de la Bible*. Ancien Testament, Paris 1975
TRE	*Theologische Realenzyklopädie*, Berlin–New York 1977
TvT	*Tijdschrift voor Theologie*
TWAT	*Theologisches Wörterbuch zum Alten Testament*, G. J. BOTTERWECK – H. RINGGREN, *edd.*, Stuttgart 1973–
TyndB	*Tyndale Bulletin*
UF	*Ugarit-Forschungen*
UT	*Ugaritic Texts* (C. GORDON, *Ugaritic Textbook*)
VD	*Verbum Domini*
VigChr	*Vigiliae Christianae*
VT	*Vetus Testamentum*
VTS	*Vetus Testamentum Supplement*
WBC	Word Biblical Commentary
WMANT	Wissenschaftliche Monographien zum Alten und Neuen Testament
WThJ	*The Westminster Theological Journal*
ZAW	*Zeitschrift für die Alttestamentliche Wissenschaft*
ZBAT	Zürcher Bibelkommentare AT
ZDMG	*Zeitschrift der Deutschen Morgenländischen Gesellschaft*
ZDPV	*Zeitschrift des Deutschen Palästina-Vereins*
ZOR	F. ZORELL, *Lexicon Hebraicum et Aramaicum Veteris Testamenti*, Roma 1944
ZTK	*Zeitschrift für Theologie und Kirche*
//	parallelo o correlato
≠	antonimo o contrario
..	nel citare, si omette una sola parola
...	nel citare, si omettono più parole

BIBLIOGRAFIA

Elenchiamo all'interno della Bibliografia anche i Commenti ai vari libri della Scrittura e le tre monografie sul timore di Dio (PLÄTH, BECKER, DEROUSSEAUX), citati nel corso del lavoro con il solo nome dell'Autore. Omettiamo invece le voci di Enciclopedie e Dizionari.

ACKROYD, P. R., *The First Book of Samuel*, CBC, Cambridge 1971.

ADLER, L., *Der Mensch in der Sicht der Bibel*, Basel 1965.

AHLSTRÖM, G. W., «*krkr* and *tpd*», *VT* 28 (1978) 100-102.

———, «The Travels of the Ark: A Religio-Political Composition», *JNES* 43 (1984) 141-149.

AIROLDI, N., «Nota a Is. 38,16», *BeO* 15 (1973) 255-259.

ALBREKTSON, B., *Studies in the Text and Theology of the Book of Lamentations*, with a Critical Edition of the Peshitta Text, STL 21, Lund 1963.

ALBRIGHT, W. F., *From the Stone Age to Christianity*. Monotheism and the Historical Process, New York ²1957.

ALEXANDER, T. D., «Jonah and Genre», *TyndB* 36 (1985) 35-59.

ALONSO DÍAZ, J., «Paralelos entre la narración del libro de Jonás y la parábola del hijo pródigo», *Bib* 40 (1959) 632-640.

ALONSO SCHÖKEL, L., «Heros Gedeon. De genere litterario et historicitate Jdc 6–8», *VD* 32 (1954) 3-20.

———, *Estudios de poética hebrea*, Barcelona 1963.

———, *Samuel*, Los Libros Sagrados 4, Madrid 1973.

———, «Narrative Structures in the Book of Judith», in: *The Center for Hermeneutical Studies*, Colloquy 11, Berkeley 1975, 1-20.

———, «¿Temer o respetar a Dios?», *CulBib* 33 (1976) 21-28.

———, *Treinta Salmos: Poesia y Oración*, Madrid 1981.

———, «El punto de vista en las correspondencias lingüísticas», in: *Simposio Bíblico Español* (Salamanca 1982), Madrid 1984, 359-369.

———, *¿Dónde está tu hermano?* Textos de fraternidad en el libro del Génesis, InstSanJer 19, Valencia 1985.

ALONSO SCHÖKEL, L. – SICRE DÍAZ, J. L., *Profetas*, 2 voll., Madrid 1980.

———, *Job*. Comentario teológico y literario, Madrid 1983.

ALONSO SCHÖKEL, L. – VILCHEZ LINDEZ, J., *Sapienciales I. Proverbios*, Madrid 1984.

ALT, A., *Der Gott der Väter*. Ein Beitrag zur Vorgeschichte der israelitischen Religion, BWANT 48, Stuttgart 1929.

ALTHANN, R., «Jeremiah iv 11-12: stichometry, parallelism and translation», *VT* 28 (1978) 385-391.

———, *A Philological Analysis of Jeremiah 4–6 in the Light of Northwest Semitic*, BibOr 38, Rome 1983.

ANDERSEN, F. I. – FREEDMAN, D. N., *Hosea*, AnchBi 24, Garden City 1980.

ANDERSON, G. W., «Enemies and Evildoers in the Book of Psalms», *BJRyl* 48 (1965) 18-29.

ARAYAPRATEEP, K., «A note on *yr'* in Jos. IV 24», *VT* 22 (1972) 240-242.

AUVRAY, P., *Isaïe 1–39*, SB, Paris 1972.

AVIEZER, N., «The Book of Jonah. An Ethical Confrontation between God and Prophet», *DD* 14 (1985) 11-15.50.

AVISHUR, Y., «*krkr* in biblical Hebrew and in Ugaritic», *VT* 26 (1976) 257-261.

——— *Stylistic Studies of Word-Pairs in Biblical and Ancient Semitic Literatures*, AOAT 210, Neukirchen 1984.

BAILEY, L. R., *Biblical Perspectives on Death*, Philadelphia 1979.

BAKON, S., «Saul and the Witch of Endor», *DD* 5 (1976) 16-23.

BALBI, R., *Madre Paura*. Quell'istinto antichissimo che domina la vita e percorre la Storia, Milano 1984.

BALDACCI, M., «I paralleli di *dām* nel significato di sofferenza», in: *Sangue e Antropologia nella letteratura cristiana*, Roma 1983, 507-512.

BALENTINE, S. E., «A Description of the semantic Field of Hebrew Words for 'Hide'», *VT* 30 (1980) 137-153.

———, *The Hidden God*. The hiding of the face of God in the Old Testament, Oxford 1983.

BALZ, H. R., «Furcht vor Gott? Überlegungen zu einem vergessenen Motiv biblischer Theologie», *EvT* 29 (1969) 626-644.

BAMBERGER, B. J., «Fear and Love of God in the Old Testament», *HUCA* 6 (1929) 39-53.

BARNES, M. H., *In the Presence of Mistery*. An Introduction to the Story of Human Religiousness, Mystic, Conn., 1984.

BARRÉ, M. L., «Fear of God and the World View of Wisdom», *BibTB* 11 (1981) 41-43.

BARTHÉLEMY, D., *Critique Textuelle de l'Ancien Testament*, 1. Josué, Juges, Ruth, Samuel, Rois, Chroniques, Esdras, Néhémie, Esther, OBO 50,1, Fribourg 1982.

———, *Critique Textuelle de l'Ancien Testament*, 2. Isaïe, Jérémie, Lamentations, OBO 50,2, Fribourg 1986.

BARTHÉLEMY, D. – GOODING, D. W. – LUST, J. – TOV, E., *The Story of David and Goliath*. Textual and Literary Criticism, OBO 73, Göttingen 1986.

BARTLETT, J. R., «An Adversary against Solomon, Hadad the Edomite», *ZAW* 88 (1976) 205-226.

BAUMGÄRTEL, F., *Elohim ausserhalb des Pentateuch*. Grundlegung zu einer Untersuchung über die Gottesnamen im Pentateuch, BWAT 19, Leipzig 1914.

BEALE, G. K., «An Exegetical and Theological Consideration of the Hardening of Pharaoh's Heart in Exodus 4–14 and Romans 9», *TJ* 5 (1984) 129-154.

BEAUCHAMP, P., *Psaumes nuit et jour*, Paris 1980.

BECKER, J., *Gottesfurcht im Alten Testament*, AnBib 25, Rome 1965.

BEGRICH, J., *Der Psalm des Hiskia*, FRLANT NF 25, Göttingen 1926.

———, «Das priesterliche Heilsorakel», *ZAW* 52 (1934) 81-92.

BEILNER, W., *Die Totenbeschwörung im ersten Buch Samuel* (1 Sam 28,3-25), Diss. Theol. Wien 1955.

BELLEN, H., *Metus Gallicus – Metus Punicus*: Zum Furchtmotiv in der römischen Republik, AAWLM.G 3, Mainz–Stuttgart 1985.

BEN-CHORIN, S., *Die Antwort des Jona zum Gestaltwandel Israels* – ein geschichtstheologischer Versuch –, Hämburg–Volksdorf 1956.
BENEDETTI, G., *Neuropsicologia*. Le attività psichiche in una sintesi di psicologia sperimentale, neurofisiologia e psichiatria, Milano ³1976.
BENTZEN, A., «The Cultic Use of the Story of the Ark in Samuel», *JBL* 67 (1948) 37-53.
BERKOVITS, E., *Man and God*. Studies in Biblical Theology, Detroit 1969.
BERTHOLET, A., cfr. BUDDE – BERTHOLET – WILDEBOER.
BEUKEN, W. A. M., «1 Samuel 28: The Prophet as 'Hammer of Witches'», *JSOT* 6 (1978) 3-17.
BEWER, J. A., «The Original Reading of I Sam 6,19a», *JBL* 57 (1938) 89-91.
BEWER, J. A., cfr. MITCHELL – SMITH – BEWER.
BEWER, J. A., cfr. SMITH – WARD – BEWER.
BEYERLIN, W., *Herkunft und Geschichte der ältesten Sinaitraditionen*, Tübingen 1961.
BIARD, P., *La puissance de Dieu*, TICP 7, Paris 1960.
BIRKELAND, H., *The Evildoers in the Book of Psalms*, Oslo 1955.
BLAU, J., «Etymologische Untersuchungen auf Grund des palästinischen Arabisch», *VT* 5 (1955) 337-344.
———, «Some Ugaritic, Hebrew, and Arabic Parallels», *JNSL* 10 (1982) 5-10.
BLENKINSOPP, J., «Kiriath-Jearim and the Ark», *JBL* 88 (1969) 143-156.
BLOCHER, H., «The Fear of the Lord as the 'Principle' of Wisdom», *TyndB* 28 (1977) 3-28.
BLOMMERDE, A. C. M., *Northwest Semitic Grammar and Job*, BibOr 22, Rome 1969.
BLONDHEIM, S. H. – BLONDHEIM, M., «The Obstetrical Complication of Benjamin's Birth. The cause of Rachel's Death», *DD* 13 (1984–1985) 88-92.
BOECKER, H. J., *Die Beurteilung der Anfänge des Königtums in den deuteronomistischen Abschnitten des I. Samuelbuches*. Ein Beitrag zum Problem des «deuteronomistischen Geschichtswerks», WMANT 31, Neukirchen 1969.
———, *Redeformen des Rechtslebens im Alten Testament*, WMANT 14, Neukirchen ²1970.
———, *Klagelieder*, ZBAT 21, Zürich 1985.
DE BOER, P. A. H., «1 Samuel XVII. Notes on the Text and the Ancient Versions», *OTS* 1 (1941) 79-104.
———, «Research into the Text of 1 Samuel xviii–xxxi», *OTS* 6 (1949) 1-100.
———, «Notes on Text and Meaning of Isaiah xxxviii 9-20», *OTS* 9 (1951) 170-186.
———, «The Perfect with *waw* in 2 Samuel 6:16», in: *On Language, Culture, and Religion*, in honor of E. A. NIDA, The Hague 1974, 43-52.
———, «*Yhwh* as epithet expressing the superlative», *VT* 24 (1974) 233-235.
BOISVERT, L., «Le passage de la mer des Roseaux et la foi d'Israël» *ScEsp* 27 (1975) 147-159.
BOLING, R. G., *Judges*, AnchBi 6A, Garden City 1975.
BOOIJ, T., «Mountain and Theophany in the Sinai Narrative», *Bib* 65 (1984) 1-26.
BOROWSKI, O., «The Identity of the Biblical *ṣirʿâ*», in: *The Word of the Lord shall go forth*, Fs. D. N. FREEDMAN, Winona Lake 1983, 315-319.

BOURKE, J., «Samuel and the Ark: A Study in Contrasts», *DomSt* 7 (1954) 73-103.

———, «Le jour de Yahvé dans Joël», *RB* 66 (1959) 5-31.191-212.

BOUTONIER, J., *Contribution à la psychologie et à la métaphysique de l'angoisse*, Paris 1945.

BOUTRY, A., «De l'angoisse à la paix», *BVC* 29 (1959) 56-69.

BOVATI, P., *Perché il Signore li ha rigettati: Ger 1–6*, Dispense PIB, Roma 1982–1983.

———, *Ristabilire la giustizia*. Procedure, vocabolario, orientamenti, AnBib 110, Roma 1986.

BRENNER, A., *Colour Terms in the Old Testament*, JSOT Suppl. Ser. 21, Sheffield 1982.

BRETÓN, S., *Vocación y misión: formulario profetico*, AnBib 111, Roma 1987.

BRIGGS, E. G., *The Book of Psalms*, 2 voll., ICC, Edinburgh 1907.

BRIGHT, J., *Jeremiah*, AnchBi 21, Garden City 1965.

BRONGERS, H. A., «La crainte du Seigneur (*jir'at jhwh, jir'at 'elohim*)», *OTS* 5 (1948) 151-173.

BRUEGGEMANN, W., *David's Truth in Israel's Imagination & Memory*, Philadelphia 1985.

BRUNET, G., «L'hébreu *kèlèb*», *VT* 35 (1985) 485-488.

BUDDE, K., *Die Bücher Samuel*, KHAT 8, Tübingen und Leipzig 1902.

BUDDE, K. – BERTHOLET, A. – WILDEBOER, G., *Die fünf Megillot*, KHAT 17, Freiburg i. B., Leipzig und Tübingen 1898.

BURNEY, C. F., «The Topography of Gideon's Rout of the Midianites», in: *Studien zur semitischen Philologie und Religionsgeschichte*, Fs. J. WELLHAUSEN, BZAW 27, Giessen 1914, 87-99.

BUTLER, T. C., *Joshua*, WBC 7, Waco, Texas, 1983.

CAMPBELL, A. F., *The Ark Narrative* (1 Sam 4–6; 2 Sam 6). A Form-Critical and Traditio-Historical Study, SBL Diss 16, Missoula, Montana, 1975.

———, «Yahweh and the Ark: a Case Study in Narrative», *JBL* 98 (1979) 31-43.

CANNON, W. B., *Bodily Changes in Pain, Hunger, Fear and Rage*, New York–London ²1929.

CARLSON, R. A., *David, the Chosen King*. A Traditio-historical Approach to the Second Book of Samuel, Uppsala 1964.

CARROLL, R. P., *Jeremiah*, OTL, London 1986.

CASSUTO, U., *A Commentary on the Book of Exodus*, Jerusalem 1967 (titolo originale: *pērûš 'al sēper šemôt*, 1951).

CASTELLINO, R. G., *Le Lamentazioni individuali e gli Inni in Babilonia e in Israele*, Raffrontati riguardo alla forma e al contenuto, Torino 1940.

———, *Libro dei Salmi*, Torino 1955.

———, «Observations on the literary structure of some passages in Jeremiah», *VT* 30 (1980) 398-408.

CAZELLES, H., «Connexions et structure de *Gen.*, XV», *RB* 69 (1962) 321-349.

———, «Alliance du Sinaï, Alliance de l'Horeb et Renouvellement de l'Alliance», in: *Beiträge zur alttestamentlichen Theologie*, Fs. W. ZIMMERLI, Göttingen 1977, 69-79.

Celada, B., «La mano de Yavé pesará sobre vosotros y sobre vuestros padres. 1 Sam 12:15. Sin corrección ni tergiversación de sentido», *CulBíb* 33 (1976) 143-145.

Ceresko, A. R., «A Rhetorical Analysis of David's 'Boast' (1 Sam 17:34-37): Some Reflections on Method», *CBQ* 47 (1985) 58-74.

Charbel, A., «La 'peste bubbonica' in *1 Sam. 5,6*», *BeO* 16 (1974) 183-191.

Chauvin, V., «Genèse XV, v. 12», *Le Muséon* NS 5 (1904) 104-108.

Childs, B. S., «Jonah: A Study in Old Testament Hermeneutics», *ScotJT* 11 (1958) 53-61.

———, «The Enemy from the North and the Chaos Tradition», *JBL* 78 (1959) 187-198.

———, *The Book of Exodus*. A Critical, Theological Commentary, OTL, Philadelphia 1974.

Christensen, D. L., «'Terror on Every Side' in Jeremiah», *JBL* 92 (1973) 498-502.

Coats, G. W., «History and Theology in the Sea Tradition», *StTh* 29 (1975) 53-62.

———, *Genesis with an Introduction to Narrative Literature*, The Forms of the Old Testament Literature, vol. I, Grand Rapids, Mich., 1983.

Cohen, H. R., *Biblical Hapax Legomena in the Light of Akkadian and Ugaritic*, Missoula 1978.

Cohn, G. H., *Das Buch Jona*, im Lichte der biblischen Erzählkunst, SSN 12, Assen 1969.

Collins, T., «The Physiology of Tears», *CBQ* 33 (1971) 18-38.185-197.

Condamin, A., *Le livre d'Isaïe*. Traduction critique avec notes et commentaires, EB, Paris 1905.

———, «Les trois cents soldats de Gédéon qui ont lapé l'eau (Jud. 7,5-6)», *RechSR* 12 (1922) 218-220.

Conrad, E. W., «The 'Fear not' oracles in Second Isaiah», *VT* 34 (1984) 129-152.

———, *Fear Not Warrior*. A Study of *'al tîrā'* Pericopes in the Hebrew Scriptures, BrJudSt 75, Chico 1985.

Conrad, L. I., «The Biblical Tradition for the Plague of the Philistines», *JAOS* 104 (1984) 281-287.

Cooke, G. A., *The Book of Ezekiel*, ICC, Edinburgh 1936.

Cortese, E., *Levitico*, Casale Monferrato 1982.

Costacurta, B., «L'aggressione contro Dio. Studio del Salmo 83», *Bib* 64 (1983) 518-541.

Couroyer, B., «'Mettre sa main sur sa bouche' en Egypte et dans la Bible», *RB* 67 (1960) 197-209.

Cova, G. D., «Popolo e vittoria. L'uso di *trw'h* e *hry'* in Gios 6», *Bib* 66 (1985) 221-240.

Cox, D., «Fear or Conscience?: *yir'at yhwh* in Proverbs 1–9», in: *Studia Hierosolymitana*, III, a cura di G. C. Bottini, SBF.CMa 30, Jerusalem 1982, 83-90.

Craigie, P. C., *The Problem of War in the Old Testament*, Grand Rapids, Mich., 1978.

Crüsemann, F., «Zwei alttestamentliche Witze. I Sam 21,11-15 und II Sam 6,16.20-23 als Beispiele einer biblischen Gattung», *ZAW* 92 (1980) 215-227.

Dahood, M., «Textual Problems in Isaiah», *CBQ* 22 (1960) 400-409.
———, «Northwest Semitic Philology and Job», in: *The Bible in Current Catholic Thought*, to the Memory of M. J. Gruenthaner, New York 1962, 55-74.
———, «Qohelet and Northwest Semitic Philology», *Bib* 43 (1962) 349-365.
———, «Hebrew-Ugaritic Lexicography I», *Bib* 44 (1963) 289-303.
———, «Hebrew-Ugaritic Lexicography II», *Bib* 45 (1964) 393-412.
———, «Hebrew-Ugaritic Lexicography III», *Bib* 46 (1965) 311-332.
———, «Ugaritic Lexicography», in: *Mélanges* E. Tisserant, I, Città del Vaticano 1964, 81-104.
———, *Ugaritic-Hebrew Philology*. Marginal Notes on Recent Publications, BibOr 17, Rome 1965.
———, «Hebrew-Ugaritic Lexicography IV», *Bib* 47 (1966) 403-419.
———, «Vocative *Lamedh* in the Psalter», *VT* 16 (1966) 299-311.
———, *Psalms*, 3 voll., AnchBi 16-17A, Garden City 1966–1970.
———, «Hebrew-Ugaritic Lexicography V», *Bib* 48 (1967) 421-438.
———, «A New Metrical Pattern in Biblical Poetry», *CBQ* 29 (1967) 574-579.
———, «Hebrew-Ugaritic Lexicography VI», *Bib* 49 (1968) 355-369.
———, «Proverbs 8,22-31. Translation and Commentary», *CBQ* 30 (1968) 512-521.
———, «Ugaritic and the Old Testament», *ETL* 44 (1968) 35-54.
———, «Hebrew-Ugaritic Lexicography VIII», *Bib* 51 (1970) 391-404.
———, «*ḥādel* 'Cessation' in Isaiah 38,11», *Bib* 52 (1971) 215-216.
———, «Phoenician Elements in Isaiah 52:13–53:12», in: *Near Eastern Studies* in honor of W. F. Albright, Baltimore 1971, 63-73.
———, «Hebrew-Ugaritic Lexicography X», *Bib* 53 (1972) 386-403.
———, «Ugaritic-Hebrew Parallel Pairs» (con la collaborazione di T. Penar), in: *Ras Shamra Parallels*. The Texts from Ugarit and the Hebrew Bible, L. R. Fisher *ed.*, vol. I, AnOr 49, Rome 1972, 71-382.
———, «Hebrew-Ugaritic Lexicography XI», *Bib* 54 (1973) 351-366.
———, «Northwest Semitic Notes on Genesis», *Bib* 55 (1974) 76-82.
———, «Hebrew-Ugaritic Lexicography XII», *Bib* 55 (1974) 381-393.
———, «Ezekiel 19,10 and Relative *kî*», *Bib* 56 (1975) 94-95.
———, «Further instances of the Breakup of stereotyped phrases in Hebrew», in: *Studia Hierosolymitana* in onore di P. B. Bagatti, II, SBF.CMa 23, Jerusalem 1976, 9-19.
———, «Hebrew Lexicography: A Review of W. Baumgartner's *Lexikon*, Volume II», *Or* 45 (1976) 327-365.
———, «'A Sea of Troubles': Notes on Psalm 55:3-4 and 140:10-11», *CBQ* 41 (1979) 604-607.
———, «Third Masculine Singular with Preformative *t-* in Northwest Semitic», *Or* 48 (1979) 97-106.
———, «Can one plow without oxen? (Amos 6:12). A Study of *ba-* and *'al*», in: *The Bible World*, Essays in Honour of C. H. Gordon, New York 1980, 13-23.
———, «Philological Observations on Five Biblical Texts», *Bib* 63 (1982) 390-394.

DARWIN, C., *The Expression of the Emotions in Man and Animals*, London 1904.
DAUBE, D., «Gideon's Few», *JJS* 7 (1956) 155-161.
———, *The Sudden in the Scriptures*, Leiden 1964.
DAVIS, P. R., «The History of the Ark in the Books of Samuel», *JNSL* 5 (1977) 9-18.
DEEM, A., «...'and the stone sank into his forehead': *A Note in 1 Samuel XVII 49*», *VT* 28 (1978) 349-351.
DELCOR, M., «Jahweh et Dagon, ou le Jahwisme face à la religion des Philistins, d'après 1 Sam V», *VT* 14 (1964) 136-154.
DELEKAT, L., «Zum hebräischen Wörterbuch», *VT* 14 (1964) 7-66.
DELITZSCH, F., *System der biblischen Psychologie*, Leipzig ^{2}1861.
———, *Das Buch Iob*, BCAT IV,2, Leipzig ^{2}1876.
———, *Das Buch Jesaia*, BCAT III,1, Leipzig ^{4}1889.
———, *Die Psalmen*, BCAT IV,1, Leipzig ^{5}1894.
DELITZSCH, Friedr., *Die Lese- und Schreibfehler im Alten Testament*, nebst den dem Schrifttexte einverleibten Randnoten klassifiziert, Berlin-Leipzig 1920.
DEL MEDICO, H. E., «Le rite de la guerre dans l'Ancien Testament», *Ethnog* 45 (1947–1950) 127-170.
DELPIERRE, G., *L'affrontement de l'inquiétude*, Paris 1968.
———, *La peur et l'être*, Toulouse 1974.
DELUMEAU, J., *La Peur en Occident* (XIVe–XVIIIe siècles), Paris 1978.
———, *Le péché et la peur*. La culpabilisation en Occident (XIIIe–XVIIIe siècles), Paris 1983.
DERCHAIN, Ph., «A propos de deux racines sémitiques **hm* et **zm*», *ChronEg* 42 (1967) 306-310.
DEROUSSEAUX, L., *La Crainte de Dieu dans L'Ancien Testament*. Royauté, Alliance, Sagesse dans les royaumes d'Israël et de Juda. Recherches d'exégèse et d'histoire sur la racine *yârê'*, LDiv 63, Paris 1970.
DHORME, P., *Les livres de Samuel*, EB, Paris 1910.
———, *L'emploi métaphorique des noms de parties du corps en hébreu et en akkadien*, Paris 1923.
———, *Le livre de Job*, EB, Paris 1926.
DIEL, P., *La peur et l'angoisse*: phénomène central de la vie et de son évolution, Paris ^{2}1968.
DI FONZO, L., *Ecclesiaste*, Torino 1967.
VAN DIJK, H. J., *Ezekiel's Prophecy on Tyre* (Ez. 26,1–28,19). A New Approach, BibOr 20, Roma 1968.
DION, H. M., «The Patriarchal Traditions and the Literary Form of the 'Oracle of Salvation'», *CBQ* 29 (1967) 198-206.
———, «The 'Fear Not' Formula and Holy War», *CBQ* 32 (1970) 565-570.
DONNER, H., *Die Verwerfung des Königs Saul*, SWGG XIX,5, Wiesbaden 1983.
DREWERMANN, E., «Exegese und Tiefenpsychologie», *BuK* 38 (1983) 91-105.
DRIVER, G. R., «Problems in Job», *AJSL* 52 (1935–1936) 160-170.
———, «Linguistic and Textual Problems: Isaiah I–XXXIX», *JTS* 38 (1937) 36-50.
———, «On Habakkuk 3,7», *JBL* 62 (1943) 121.
———, «The Plague of the Philistines (1 Samuel V,6–VI,16)», *JRAS* (1950) 50-52.

Driver, G. R., «Some Hebrew Medical Expressions», *ZAW* 65 (1953) 255-262.

———, «Hebrew Homonyms», *VTS* 16 (1967) 50-64.

Driver, S. R., *Deuteronomy*, ICC, Edinburgh ³1902.

———, *Notes on the Hebrew Text and the Topography of the Books of Samuel*, Oxford ²1960.

Driver, S. R. – Gray, G. B., *The Book of Job*, ICC, Edinburgh 1921.

Dubarle, A. M., «La condition humaine dans l'Ancien Testament», *RB* 63 (1956) 321-345.

Duhm, B., *Das Buch Hiob*, KHAT XVI, Freiburg i. B. 1897.

———, *Das Buch Jesaia*, HKAT III,1, Göttingen ³1914.

Dus, J., «Der Brauch der Ladewanderung im alten Israel», *ThZ* 17 (1961) 1-16.

———, «Noch zum Brauch der 'Ladewanderung'», *VT* 13 (1963) 126-132.

———, «Die Länge der Gefangenschaft der Lade im Philisterland», *NedThTijd* 18 (1964) 440-452.

Ebach, J. – Rüterswörden, U., «Unterweltsbeschwörung im Alten Testament. Untersuchungen zur Begriffs- und Religionsgeschichte des *'ōb*», *UF* 9 (1977) 57-70; 12 (1980) 205-220.

Eck, M., *L'homme et l'angoisse*, Paris 1964.

Eerdmans, B. D., «Psalm LV», *OTS* 1 (1941) 279-286.

Ehrlich, E. L., *Der Traum im Alten Testament*, BZAW 73, Berlin 1953.

Eichler, M., «The Plague in I Samuel 5 and 6», *DD* 10 (1982) 157-165.

Eichrodt, W., *Das Menschenverständnis des Alten Testaments*, Zürich 1947.

———, *Der Prophet Hesekiel*, 2 voll., ATD 22,1-2, Göttingen 1959.1966.

Eising, H., *Formgeschichtliche Untersuchung zur Jakobserzählung der Genesis*, Emsdetten 1940.

Eissfeldt, O., *Krieg und Bibel*, RVB V,15-16, Tübingen 1915.

———, «El and Yahweh», *JSS* 1 (1956) 25-37.

———, «Ein Psalm aus Nord-Israel: Micha 7,7-20», *ZDMG* 112 (1962) 259-268.

———, «Jakob–Lea und Jakob–Rahel», in: *Gottes Wort und Gottes Land*, Fs. H. W. Hertzberg, Göttingen 1965, 50-55.

———, «Die Komposition der Sinai–Erzählung Ex 19–34» (1966), in: *Kleine Schriften*, IV, Tübingen 1968, 231-237.

———, «Die Lade Jahwes im Geschichtserzählung, Sage und Lied» (1968), in: *Kleine Schriften*, V, Tübingen 1973, 77-93.

Elliger, K., *Leviticus*, HAT 4, Tübingen 1966.

———, *Deuterojesaja* (Jesaja 40,1–45,7), BK XI,1, Neukirchen 1978.

Eppstein, V., «The Day of Yahweh in Jeremiah 4,23-28», *JBL* 87 (1968) 93-97.

Fenton, T. L., «Ugaritica-Biblica», *UF* 1 (1969) 65-70.

Feuillet, A., «Le sens du livre de Jonas», *RB* 54 (1947) 340-361.

Fischer, G., «Die Redewendung *dbr 'l-lb* im AT. Ein Beitrag zum Verständnis von Jes 40,2», *Bib* 65 (1984) 244-250.

Fishbane, M., «Jeremiah iv 23-26 and Job iii 3-13: a recovered use of the creation pattern», *VT* 21 (1971) 151-167.

Fohrer, G., *Das Buch Hiob*, KAT XVI, Gütersloh 1963.

———, *Geschichte der israelitischen Religion*, Berlin 1969.

———, «Die alttestamentliche Ladeerzählung», *JNSL* 1 (1971) 23-31.

———, «Krankheit im Lichte des Alten Testaments», in: *Studien zu Alttestamentlichen Texten und Themen* (1966–1972), BZAW 155, Berlin 1981, 172-187.

FOKKELMAN, J. P., *Narrative Art and Poetry in the Books of Samuel.* A full interpretation based on stylistic and structural analyses, vol. II: The Crossing Fates (I Sam. 13–31 & II Sam. 1), SSN 23, Assen 1986.
FREDRIKSSON, H., *Jahwe als Krieger*, Lund 1945.
FREEDMAN, D. N., «Jonah 1,4b», *JBL* 77 (1958) 161-162.
———, «Archaic Forms in Early Hebrew Poetry», *ZAW* 72 (1960) 101-107.
FUCHS, O., *Die Klage als Gebet.* Eine theologische Besinnung am Beispiel des Psalms 22, München 1982.
GAILVEY, J. H., «'The Sword and the Heart'. Evil from the North and Within, an Exposition on Jer 4,5–6,30», *Interpr* 9 (1955) 294-309.
GALBIATI, G., «La guerra santa israelitica», *RicBibRel* 18 (1983) 11-41.
GALLING, K., *Die Bücher der Chronik, Esra, Nehemia*, ATD 12, Göttingen 1954.
———, «Goliath und seine Rüstung», *VTS* 15 (1966) 150-169.
GALLUCCI, D., «Il timore di Dio nel libro dei Proverbi», *ScC* 4 (1932) 157-168.
GAMMIE, J. G., «Behemoth and Leviathan: On the Didactic and Theological Significance of Job 40:15–41:26», in: *Israelite Wisdom*, Fs. S. TERRIEN, New York 1978, 217-231.
GASTER, Th. H., «Deuteronomy xxxii.25», *ExpT* 49 (1937–1938) 525.
———, *Myth, Legend, and Custom in the Old Testament.* A comparative study with chapters from Sir James G. Frazer's *Folklore in the Old Testament*, New York 1969.
GERLEMAN, G., *Esther*, BK XXI, Neukirchen 1973.
———, «Der Sinnbereich »fest–los(e)« im Hebräischen», *ZAW* 92 (1980) 404-415.
GERSTENBERGER, E. S., *Der bittende Mensch.* Bittritual und Klagelied des Einzelnen im Alten Testament, Neukirchen 1980.
GERSTENBERGER, E. S. – SCHRAGE, W., *Leiden*, Stuttgart 1977.
GEYER, J. B., «Mice and rites in 1 Samuel V–VI», *VT* 31 (1981) 293-304.
GIANINI BELOTTI, E., *Non di sola madre*, Milano 1983.
GILBERT, M., *La critique des dieux dans le Livre de la Sagesse* (Sg 13–15), AnBib 53, Rome 1973.
———, «Le Sacré dans l'Ancien Testament», in: *L'expression du Sacré dans les grandes Religions*, I: Proche-Orient Ancien et Traditions Bibliques, Louvain 1978, 205-289.
———, «La description de la vieillesse en Qohelet XII 1-7 est-elle allégorique?», *VTS* 32 (1981) 96-109.
GINSBERG, H. L., «Lexicographical Notes», *VTS* 16 (1967) 71-82.
GOITEIN, S. D., «Ayummā kannidgālōt (Song of Songs VI.10) 'Splendid like the brilliant stars'», *JSS* 10 (1965) 220-221.
GOOD, R. M., «The Just War in Ancient Israel», *JBL* 104 (1985) 385-400.
GORDIS, R., «Job XL 29. An additional note», *VT* 14 (1964) 491-494.
———, *The Book of Job*, New York 1978.
GORDON, C. H., «New Directions», *BAmSocPap* 15 (1978) 59-66.
GORDON, R. P., «David's Rise and Saul's Demise: Narrative Analogy in 1 Samuel 24–26», *TyndB* 31 (1980) 37-64.
GREENBERG, M., «*nsh* in Exodus 20,20 and the Purpose of the Sinaitic Theophany», *JBL* 79 (1960) 273-276.

GREENSPAHN, F. E., *Hapax Legomena in Biblical Hebrew*. A Study of the Phenomenon and Its Treatment Since Antiquity with Special Reference to Verbal Forms, Chico, California, 1984.

GRELOT, P., *De la mort à la vie éternelle*. Etudes de théologie biblique, LDiv 67, Paris 1971.

———, *Dans les angoisses: l'espérance*. Enquête biblique, Paris 1983.

GRESSMANN, H., «Die literarische Analyse Deuterojesajas», *ZAW* 34 (1914) 254-297.

GRØNBAEK, J. H., *Die Geschichte vom Aufstieg Davids* (1. Sam. 15 – 2. Sam. 5), Acta Theol. Danica 10, Copenhagen 1971.

GROSSBERG, D., «Pivotal polysemy in Jeremiah xxv 10-11a», *VT* 36 (1986) 481-485.

GROTTANELLI, C., «Messaggi dagli Inferi nella Bibbia ebraica: la necromante di En-dor», in: *Archeologia dell'Inferno*. L'Aldilà nel mondo antico vicino-orientale e classico, P. Xella *ed.*, Verona 1987, 191-207.

GRUBER, M. I., *Aspects of Nonverbal Communication in the Ancient Near East*, Studia Pohl 12, I–II, Rome 1980.

GUILLAUME, A., «A Note on the Roots *ry*ʿ, *yr*ʿ, and *r*ʿʿ in Hebrew», *JTS* NS 15 (1964) 293-295.

GUILLÉN TORRALBA, J., *La fuerza oculta de Dios*. La elección en el Antiguo Testamento, InstSanJer 15, Valencia–Córdoba 1983.

GUNKEL, H., *Genesis*, HKAT I,1, Göttingen ^{3}1910.

———, *Die Psalmen*, HKAT II,2, Göttingen ^{5}1968.

GUNN, D. M., *The Fate of King Saul*. An Interpretation of a Biblical Story, JSOT Suppl. Ser. 14, Sheffield 1980.

HAELVOET, M., «La théophanie du Sinaï. Analyse littéraire des récits d'Ex., XIX–XXIV», *ETL* 29 (1953) 374-397.

HÄNEL, J., *Die Religion der Heiligkeit*, Gütersloh 1931.

HAGAN, H., *The Battle Narrative of David and Saul*. A Literary Study of 1 Sam 13 – 2 Sam 8 and its Genre in the Ancient Near East, Diss. PIB, Roma 1986.

HALLER, E., *Die Erzählung von dem Propheten Jona*, ThEH NF 65, München 1958.

HARNER, P. B., «The Salvation Oracle in Second Isaiah», *JBL* 88 (1969) 418-434.

HARPER, W. R., *Amos and Hosea*, ICC, Edinburgh 1905.

HARTMANN, G., *Die Totenbeschwörung im AT*. Eine Exegese von 1 Sam 28,3-25, Diss. Wien 1973–1974.

HASPECKER, J., *Gottesfurcht bei Jesus Sirach*. Ihre religiöse Struktur und ihre literarische und doktrinäre Bedeutung, AnBib 30, Rome 1967.

HAULOTTE, E., *Symbolique du Vêtement selon la Bible*, Théol 65, Paris 1966.

HAY, L. S., «What really happened at the Sea of Reeds?», *JBL* 83 (1964) 397-403.

HEINTZ, J. G., «Oracles prophétiques et 'guerre sainte' selon les archives royales de Mari et l'Ancien Testament», *VTS* 17 (1969) 112-138.

HEMPEL, J., *Gott und Mensch im Alten Testament*. Studie zur Geschichte der Frömmigkeit, BWANT 38, Stuttgart ^{2}1936.

———, *Heilung als Symbol und Wirklichkeit im biblischen Schrifttum*, NAWG I,3, Göttingen 1958.

HERRMANN, J., *Ezechiel*, KAT XI, Leipzig 1924.
HERTZBERG, H. W., *Die Samuelbücher*, ATD 10, Göttingen [2]1960.
———, *Der Prediger*, KAT XVII,4, Gütersloh 1963.
———, *Die Bücher Josua, Richter, Ruth*, ATD 9, Göttingen [5]1973.
HERZOG, C. – GICHON, M., *Battles of the Bible*, London 1978.
HESSE, F., *Das Verstockungsproblem im Alten Testament*. Eine Frömmigkeitsgeschichtliche Untersuchung, BZAW 74, Berlin 1955.
HIEBERT, T., *God of My Victory*: The Ancient Hymn in Habakkuk 3, HarvSM 38, Atlanta 1986.
HILLERS, D. R., «A Convention in Hebrew Literature: The Reaction to Bad News», *ZAW* 77 (1965) 86-90.
———, *Lamentations*, AnchBi 7A, Garden City 1972.
———, «Paḥad yiṣḥāq», *JBL* 91 (1972) 90-92.
———, *Micah*. A Commentary on the Book of the Prophet Micah, Hermeneia, Philadelphia 1984.
HINDE, R. A., *Animal Behaviour*. A Synthesis of Ethology and Comparative Psychology, New York 1966.
HOFFNER, H. A., «A Hittite Analogue to the David and Goliath Contest of Champions?», *CBQ* 30 (1968) 220-225.
HOLLADAY, W. L., «The Recovery of Poetic Passages of Jeremiah», *JBL* 85 (1966) 401-435.
———, «The Covenant with the Patriarchs Overturned: Jeremiah's Intention in 'Terror on every Side' (Jer 20:1-6)», *JBL* 91 (1972) 305-320.
———, «Structure, syntax and meaning in Jeremiah iv 11-12a», *VT* 26 (1976) 28-37.
———, *Jeremiah 1*. A Commentary on the Book of the Prophet Jeremiah, Chapters 1–25, Hermeneia, Philadelphia 1986.
HONEYMAN, A. M., *Māgôr mis–sābîb* and Jeremiah's pun», *VT* 4 (1954) 424-426.
HORST, F., *Hiob*, BK XVI,1, Neukirchen 1968.
HORST, F., cfr. ROBINSON – HORST.
HORWITZ, W. J., «Another interpretation of Jonah I 12», *VT* 23 (1973) 370-372.
HUMBERT, P., «'Etendre la main' (Note de lexicographie hébraïque)», *VT* 12 (1962) 383-395.
———, «Maladie et médecine dans l'Ancien Testament», *RHPhR* 44 (1964) 1-29.
HUMPHREYS, W. L., «The Tragedy of King Saul: A Study of the Structure of 1 Samuel 9–31», *JSOT* 6 (1978) 18-27.
HUTTER, M., «Religionsgeschichtliche Erwägungen zu *'lhym* in 1 Sam 28,13», *BN* 21 (1983) 32-36.
HYATT, J. P., «The Peril from the North in Jeremiah», *JBL* 59 (1940) 499-513.
ILLMAN, K. J., *Old Testament Formulas about Death*, Åbo 1979.
IRWIN, W. H., *Isaiah 28–33*. Translation with Philological Notes, BibOr 30, Rome 1977.
JACQUET, L., *Les Psaumes et le coeur de l'homme*. Etude textuelle, littéraire et doctrinale, 3 voll., Gembloux 1975–1979.
JAROŠ, K., *Die Stellung des Elohisten zur kanaanäischen Religion*, OBO 4, Göttingen 1974.
JASON, H., «The Story of David and Goliath: A Folk Epic?», *Bib* 60 (1979) 36-70.

JENNI, E., *Das hebräische Piʿel.* Syntaktisch-semasiologische Untersuchung einer Verbalform im Alten Testament, Zürich 1968.

JEREMIAS, J., *Theophanie.* Die Geschichte einer alttestamentlichen Gattung, WMANT 10, Neukirchen 1965.

———, *Der Prophet Hosea*, ATD 24,1, Göttingen 1983.

JERVIS, G., *Manuale critico di psichiatria*, Milano 1975.

JOHNSON, A. R., «Aspects of the Use of the Term *pānîm* in the Old Testament», in: Fs. O. EISSFELDT zum 60. Geburtstage, Halle 1947, 155-159.

———, *The Cultic Prophet in Ancient Israel*, Cardiff ²1962.

JOÜON, P., «Notes de lexicographie hébraïque», *MUSJ* IV (1910) 1-18.

———, «Notes de lexicographie hébraïque», *MUSJ* V (1911–1912) 405-446.

———, «Notes de critique textuelle (Ancien Testament)», *MUSJ* V (1911–1912) 447-488.

———, «Etudes de sémantique hébraïque», *Bib* 2 (1921) 336-342.

———, «Locutions hébraïques», *Bib* 3 (1922) 53-74.

———, «Locutions hébraïques avec la préposition *ʿal* devant *lēb, lēbāb*», *Bib* 5 (1924) 49-53.

———, «*Crainte* et *peur* en hébreu biblique. Etude de lexicographie et de stylistique», *Bib* 6 (1925) 174-179.

———, «Notes de lexicographie hébraïque», *Bib* 6 (1925) 311-321.

———, «Notes de lexicographie hébraïque», *Bib* 7 (1926) 162-170.

———, «Notes de lexicographie hébraïque», *Bib* 8 (1927) 51-64.

———, «Divers emplois métaphoriques du mot "yad" en hébreu», *Bib* 14 (1933) 452-459.

KAISER, O., *Der Prophet Jesaja.* Kapitel 13–39, ATD 18, Göttingen 1973.

KAISER, O., cfr. RINGGREN – KAISER.

KAPLAN, M. M., *The Lion in the Hebrew Bible*: A Study of a Biblical Metaphor, Diss Brandeis Univ., Ann Arbor, Mich., 1981.

KATZOFF, L., «The Hamsin and the rain», *DD* 13 (1984) 184-187.

KAUTZSCH, E., *Die Aramaismen im Alten Testament*, Halle a. S. 1902.

KEEL, O., *Feinde und Gottesleugner.* Studien zum Image der Widersacher in den Individualpsalmen, SBM 7, Stuttgart 1969.

———, *Wirkmächtige Siegeszeichen im Alten Testament*, OBO 5, Göttingen 1974.

———, *Jahwes Entgegnung an Ijob.* Eine Deutung von Ijob 38–41 vor dem Hintergrund der zeitgenössischen Bildkunst, Göttingen 1978.

———, «Zwei kleine Beiträge zum Verständnis der Gottesreden im Buch Ijob (XXXVIII 36f., XL 25), *VT* 31 (1981) 220-225.

KEIL, C. F., *Chronik, Esra, Nehemia und Esther*, BCAT V, Leipzig 1870.

———, *Die Bücher Samuels*, BCAT II,2, Leipzig ²1875.

KIERKEGAARD, S., *Der Begriff Angst*, Düsseldorf 1952.

KING, Ph. J., *A Study of Psalm 45(44)*, Romae 1959.

KIRKPATRICK, A. F., *The Book of Psalms*, Cambridge 1903.

KIRST, N., *Formkritische Untersuchung zum Zuspruch 'Fürchte dich nicht' im A. T.*, Diss. Hamburg 1968.

KISSANE, E. J., *The Book of Isaiah*, 2 voll., Dublin ²1960. 1943.

———, *The Book of Psalms*, 2 voll., Dublin 1952.1954.

KITTEL, R., *Die Bücher der Chronik und Esra, Nehemia und Esther*, HKAT I,6.1, Göttingen 1902.

KLEIN, H., «Die Bewältigung der Not im Alten und Neuen Testament», *ThZ* 40 (1984) 257-274.

KLOPFENSTEIN, M. A., *Scham und Schande nach dem Alten Testament.* Eine begriffsgeschichtliche Untersuchung zu den hebräischen Wurzeln *bôš*, *klm* und *ḥpr*, AThANT 62, Zürich 1972.

KOCH, K., «păḥăd jiṣḥaq – eine Gottesbezeichnung?», in: *Werden und Wirken des Alten Testaments*, Fs. C. WESTERMANN, Neukirchen 1980, 107-115.

KÖHLER, L., «Die Offenbarungsformel 'Fürchte dich nicht' im Alten Testament», *SchwThZ* 36 (1919) 33-39.

———, *Deuterojesaja* (Jesaja 40–55) stilkritisch untersucht, BZAW 37, Giessen 1923.

VAN DER KOOIJ, A., *Die Alten Textzeugen des Jesajabuches.* Ein Beitrag zur Textgeschichte des Alten Testaments, OBO 35, Göttingen 1981.

KOOY, V. H., «The Fear and Love of God in Deuteronomy», in: *Grace Upon Grace*, Fs. L. J. KUYPER, Grand Rapids 1975, 106-116.

KOPF, L., «Arabische Etymologien und Parallelen zum Bibelwörterbuch», *VT* 8 (1958) 161-215.

———, «Arabische Etymologien und Parallelen zum Bibelwörterbuch», *VT* 9 (1959) 247-287.

KRAUS, H. J., *Klagelieder* (Threni), BK XX, Neukirchen 1956.

———, *Psalmen*, 2 voll., BK XV,1–2, Neukirchen ^{5}1978.

KRAUSS, S., «Der richtige Sinn von 'Schrecken in der Nacht' HL III.8.», in: *Occident and Orient*, Fs. H. M. GASTER, London 1936, 323-330.

KRIEGER, N., «Der Schrecken Isaaks», *Jud* 17 (1961) 193-195.

KRINETZKI, L., «Ein Beitrag zur Stilanalyse der Goliathperikope (1 Sam 17,1–18,5)», *Bib* 54 (1973) 187-236.

KSELMAN, J. S., «Semantic-Sonant Chiasmus in Biblical Poetry», *Bib* 58 (1977) 219-223.

KUMAKI, F. K., «A New Look at Jer 4,19-22 and 10,19-21», *AnJapBibInst* 8 (1982) 113-122.

KUYPER, L. J., «The Hardness of Heart according to Biblical Perspectives», *ScotJT* 27 (1974) 459-474.

LABUSCHAGNE, C. J., «The Meaning of *b^{e}yād rāmā* in the Old Testament», in: *Von Kanaan bis Kerala*, Fs. J. P. M. VAN DER PLOEG, AOAT 211, Neukirchen 1982, 143-148.

LAIDLAW, J., *The Bible Doctrine of Man*, or the Anthropology and Psychology of Scripture, Edinburgh 1895.

LAUHA, A., *Kohelet*, BK XIX, Neukirchen 1978.

LAUHA, R., *Psychophysischer Sprachgebrauch im Alten Testament.* Eine strukturalsemantische Analyse von *lb*, *npš* und *rwḥ*, AASF Diss. 35, Helsinki 1983.

LAUSBERG, H., *Handbuch der literarischen Rhetorik.* Eine Grundlegung der Literaturwissenschaft, München 1960.

VAN LEEUWEN, C., «The Prophecy of the *Yōm YHWH* in Amos V 18-20», *OTS* 19 (1974) 113-134.

LEMCHE, N. P., «David's Rise», *JSOT* 10 (1978) 2-25.

LEVENSON, J. D., «1 Samuel 25 as Literature and as History», *CBQ* 40 (1978) 11-28.

LIND, M. C., *Yahweh is a Warrior*. The Theology of Warfare in Ancient Israel, Scottdale–Kitchener 1980.
LINDBLOM, J., «Lot-casting in the Old Testament», *VT* 12 (1962) 164-178.
LODS, A., *La croyance à la Vie Future et le Culte des Morts dans l'Antiquité Israélite*, vol. I, Paris 1906.
———, «Les idées des Israélites sur la maladie, ses causes et ses remèdes», in: Fs. K. MARTI, BZAW 41, Giessen 1925, 181-193.
LONGMAN, T., «1 Sam 12:16-19: Divine Onnipotence or Covenant Curse?», *WThJ* 45 (1983) 168-171.
LORENZ, K., *L'aggressività*, Milano 1986 (titolo originale: *Das sogenannte Böse*: Zur Naturgeschichte der Aggression, 1963).
LORETZ, O., «Herkunft und Sinn der Jona-Erzählung», *BZ* NF 5 (1961) 18-29.
LUETGERT, W., «Die Furcht Gottes», in: *Theologische Studien*, Fs. M. KÄHLER, Leipzig 1905, 163-186.
LUST, J., «On Wizards and Prophets», *VTS* 26 (1974) 133-142.
———, «The Story of David and Goliath in Hebrew and in Greek», *ETL* 59 (1983) 5-25.
LYS, D., «Who Is Our President? From Text to Sermon on I Samuel 12:12», *Interpr* 21 (1967) 401-420.
MCCARTER, P. K. Jr., *I Samuel*, AnchBi 8, Garden City 1980.
———, *II Samuel*, AnchBi 9, Garden City 1984.
MCCARTHY, D. J., «Some Holy War Vocabulary in Joshua 2», *CBQ* 33 (1971) 228-230.
———, «The Wrath of Yahweh and the Structural Unity of the Deuteronomistic History», in: *Essays in Old Testament Ethics* (J. P. HYATT, In Memoriam), New York 1974, 97-110.
———, *Treaty and Covenant*. A Study in Form in the Ancient Oriental Documents and in the Old Testament, AnBib 21A, Rome [2]1978.
———, «Il simbolismo del sangue (timore reverenziale, vita, morte)», in: *Sangue e Antropologia Biblica*, F. VATTIONI *ed.*, Roma 1981, 19-35.
MCDANIEL, T. F., «Philological Studies in Lamentations. I», *Bib* 49 (1968) 27-53.
MACFARLANE, A., *Psicologia della nascita*, Torino 1980 (titolo originale: *The Psychology of Childbirth*, 1977).
MCKANE, W., *I and II Samuel*, TBC, London 1963.
———, «The Earlier History of the Ark», *GUOST* 21 (1965–1966) 68-76.
———, *Proverbs*. A New Approach, OTL, London 1980.
———, *Jeremiah*, vol. I: Jer I–XXV, ICC, Edinburgh 1986.
MCKENZIE, J. L., *Second Isaiah*, AnchBi 20, Garden City 1968.
MADROS, P., «A Proposed Auxiliary Role of Arabic for the Understanding of Biblical Hebrew (Notes on Pss. 49; 55–58)», *SBFLA* 34 (1984) 43-52.
MAGONET, J., *Form and Meaning*. Studies in Literary Techniques in the Book of Jonah, BBExT 2, Frankfurt/M. 1976.
MAIER, J., *Das altisraelitische Ladeheiligtum*, BZAW 93, Berlin 1965.
MALAMAT, A., «The War of Gideon and Midian: a Military Approach», *PEQ* 85 (1953) 61-65.
———, «Israelite Conduct of War in the Conquest of Canaan According to the Biblical Tradition», in: *Symposia* celebrating the Seventy-Fifth Anniv. of the Founding of the American Schools of Oriental Research (1900–1975), Cambridge, Mass., 1979, 35-55.

MALUL, M., «More on *paḥad yiṣḥāq* (Genesis XXXI 42,53) and the oath by the thigh», *VT* 35 (1985) 192-200.
MANNONI, P., *La peur*, Paris 1982.
MARBÖCK, J., «Im Horizont der Gottesfurcht. Stellungnahmen zu Welt und Leben in der alttestamentlichen Weisheit», *BN* 26 (1985) 47-70.
MARENOF, S., «A Note on Jer. 14:4», *AJSL* 55 (1938) 198-200.
MARGALITH, O., «*Keleb*: homonym or metaphor?», *VT* 33 (1983) 491-495.
———, «The meaning of *'plym* in 1 Samuel V–VI», *VT* 33 (1983) 339-341.
MARGET, A. W., «*gwrn nkwn* in 2 Sam. 6,6», *JBL* 39 (1920) 70-76.
MARKS, I. M., *Fears and Phobias*, New York 1969.
MARTI, K., *Das Buch Jesaja*, KHAT X, Tübingen 1900.
———, *Das Dodekapropheton*, KHAT XIII, Tübingen 1904.
MARTÍN SÁNCHEZ, B., «Salmo 54 (55)», *CulBib* 22 (1965) 232-233.
MAUCHLINE, J., *1 and 2 Samuel*, NCB, London 1971.
MAY, H. G., «Some Cosmic Connotations of *mayim rabbîm*, 'Many Waters'», *JBL* 74 (1955) 9-21.
MAY, R., *The Meaning of Anxiety*, New York 1950.
MAYS, J. L., *Hosea*, OTL, London 1969.
———, *Micah*. A Commentary, OTL, London [2]1980.
METTAYER, A. – DUFORT, J. M., *edd.*, *La peur. Genèses, Structures contemporaines, Avenir*, Actes du Congrès de la Société canadienne de théologie tenu à Montréal du 21 au 23 octobre 1983, Héritage et Projet 30, Québec 1985.
MEYER, I., *Jeremia und die falschen Propheten*, OBO 13, Göttingen 1977.
MEZ, A., «Nochmals Ri 7,5.6», *ZAW* 21 (1901) 198-200.
MICHAELI, F., *Les Livres des Chroniques, d'Esdras et de Néhémie*, Neuchâtel 1967.
———, «La sagesse et la crainte de Dieu», *Ḥokhma* 2 (1976) 35-44.
MILES, J. A., «Laughing at the Bible: Jonah as Parody», *JQR* 65 (1975) 168-181.
MILLER, P. D., «Animal Names as Designations in Ugaritic and Hebrew», *UF* 2 (1970) 177-186.
———, *The Divine Warrior in Early Israel*, HarvSM 5, Cambridge, Mass., 1973.
MILLER, P. D. – ROBERTS, J. J. M., *The Hand of the Lord*. A Reassessment of the «Ark Narrative» of I Samuel, Baltimore–London 1977.
MITCHELL, H. G. – SMITH, J. M. P. – BEWER, J. A., *Haggay, Zechariah, Malachi and Jonah*, ICC, Edinburgh 1912.
MÖLLER, H., «Abwägen zweier Übersetzungen von Jes 28,19b», *ZAW* 96 (1984) 272-274.
MOORE, C. A., *Esther*, AnchBi 7B, Garden City 1971.
MORAN, W., «De Foederis Mosaici Traditione», *VD* 40 (1962) 3-17.
MORENZ, S., «Der Schrecken Pharaos», *StHistRel* 17 (1969) 113-125.
MORRIS, L., *Testaments of Love*. A Study of Love in the Bible, Grand Rapids, Mich., 1981.
MOSSO, A., *La Paura*, Milano 1919.
MOUNIN, G., *Clefs pour la sémantique*, Paris 1972.
MOWINCKEL, S., «'Rachelstämme' und 'Leastämme'», in: *Von Ugarit nach Qumran*, Fs. O. EISSFELDT, BZAW 77, Berlin 1958, 129-150.
MÜLLER, G., «Angst und Geborgenheit des Menschen in biblischer Sicht», *ThZ* 30 (1974) 329-336.
MÜLLER, H.-P., «Die Wurzeln *'yq*, *y'q* und *'wq*», *VT* 21 (1971) 556-564.

MUILENBURG, J., «The Birth of Benjamin», *JBL* 75 (1956) 194-201.
———, «The form and structure of the covenantal formulations», *VT* 9 (1959) 347-365.
MUÑOZ IGLÉSIAS, S., «El Evangelio de la Infancia en San Lucas y las infancias de los héroes bíblicos», *EstBib* 16 (1957) 329-382.
MYERS, J. M., *II Chronicles*, AnchBi 13, Garden City 1965.
———, *I and II Esdras*, AnchBi 42, Garden City 1974.
NAGEL, G., «Crainte et amour de Dieu dans l'Ancien Testament», *RThPh* 33 (1945) 175-186.
NICOLE, E., «Exode 19», *ETRel* 56 (1981) 128-134.
NISHIMURA, T., «Quelques réflexions sémiologiques à propos de 'la crainte de Dieu' de Qohelet», *AnJapBibInst* 5 (1979) 67-87.
NÖLDEKE, Th., *Beiträge zur semitischen Sprachwissenschaft*, Strassburg 1904.
NÖTSCHER, F., *«Das Angesicht Gottes schauen» nach biblischer und babylonischer Auffassung*, Würzburg 1924.
NORTH, R., «Does Archeology Prove Chronicles Sources?», in: *A Light unto My Path*, Fs. J. M. MYERS, Philadelphia 1974, 375-401.
NOTH, M., «Eine palästinische Lokalüberlieferung in 2. Chr. 20», *ZDPV* 67 (1945) 45-71.
———, *Das dritte Buch Mose: Leviticus*, ATD 6, Göttingen 1962.
NYBERG, H. S., «Hiskias Danklied Jes. 38,9-20», *ASTI* 9, Fs. H. KOSMALA, Leiden 1974, 85-97.
OLIVERIO FERRARIS, A., *Psicologia della paura*, Torino 1980.
———, *Origini e conseguenze dell'ansia sociale*, Roma 1981.
———, *L'assedio della paura*, Roma 1983.
OLIVIER, B., *La crainte de Dieu*, Comme valeur religieuse dans l'Ancien Testament, ER 745, Bruxelles–Paris 1960.
DEL OLMO LETE, G., «' *'aḥar šillûḥèhā'* (Ex 18,2)», *Bib* 51 (1970) 414-416.
———, «La preposición *'aḥar* / *'aḥ^{a}rê* (cum) en ugarítico y hebreo», *Clar* 10 (1970) 339-360.
ORLINSKY, H. M., «*Hā-rōqdīm* for *hā-rēqīm* in II Samuel 6,20», *JBL* 65 (1946) 25-35.
OSWALT, J. N., *The Book of Isaiah*. Chapters 1–39, NICOT, Grand Rapids, Mich., 1986.
OTTO, R., *Das Heilige*. Über das Irrationale in der Idee des Göttlichen und sein Verhältnis zum Rationalen, Stuttgart–Gotha ^{11}1923.
PALACHE, J. L., *Semantic Notes on the Hebrew Lexicon*, Leiden 1959.
PÁLFY, M., «Allgemein-menschliche Beziehungen der Furcht im AT», in: *Schalom*. Studien zu Glaube und Geschichte Israels, Fs. A. JEPSEN, Stuttgart 1971, 23-27.
PALOU, J., *La peur dans l'histoire*, Paris 1958.
PASINI, D., *ed.*, *La paura e la città*, 1° Simposio Internazionale di Filosofia della Politica, Atti, 3 voll., Roma 1983–1987.
PAUL, Sh. M., «Job 4,15. A Hair Raising Encounter», *ZAW* 95 (1983) 119-121.
PECKHAM, B., «The Deuteronomistic History of Saul and David», *ZAW* 97 (1985) 190-209.
PEDERSEN, J., *Israel*. Its Life and Culture, 4 voll., Copenhagen 1926–1940.
PEINADOR, M., «Los dolores de parto en la Sda. Escritura», *CulBib* 17 (1960) 177-182.

PESCH, R., «Zur konzentrischen Struktur von Jona 1», *Bib* 47 (1966) 577-581.
PFEIFFER, E., «Die Gottesfurcht im Buche Kohelet», in: *Gottes Wort und Gottes Land*, Fs. H.-W. HERTZBERG, Göttingen 1965, 133-158.
PFEIFFER, R. H., «The Fear of God», *IEJ* 5 (1955) 41-48.
PHILLIPS, A., «David's Linen Ephod», *VT* 19 (1969) 485-487.
———, «NEBALAH – a term for serious disorderly and unruly conduct», *VT* 25 (1975) 237-242.
PHILLIPS, G., *The Psalms in Hebrew*; with a Critical, Exegetical, and Philological Commentary, 2 voll., London 1846.
PIDOUX, G., *L'homme dans l'Ancien Testament*, CahT 32, Neuchâtel 1953.
PLANAS, F., «Nota al Salmo 54 (55)», *CulBib* 31 (1974) 246-248.
PLATH, S., *Furcht Gottes*. Der Begriff *yr'* im Alten Testament, AzTh II,2, Stuttgart 1963.
PODECHARD, E., *Le Psautier*, 2 voll., Lyon 1949.1954.
POLK, T., «The Wisdom of Irony: A Study of *Hebel* and its Relation to Joy and the Fear of God in Ecclesiastes», *StBTh* 6 (1976) 3-17.
POLZIN, R., *Late Biblical Hebrew*. Toward an Historical Typology of Biblical Hebrew Prose, HarvSM 12, Missoula, Montana, 1976.
PONS, J., *L'oppression dans l'Ancien Testament*, Paris 1981.
POPE, M. H., *Job*, AnchBi 15, Garden City [3]1974.
———, *Song of Songs*. A New Translation with Introduction and Commentary, AnchBi 7C, Garden City 1977.
PORTER, J. R., «The Interpretation of 2 Samuel VI and Psalm CXXXII», *JTS* 5 (1954) 161-173.
POULSSEN, N., «Saul in Endor (1 Sam 28): Een peiling naar de verte van God en het zoeken van de mens», *TvT* 20 (1980) 133-159.
PROCKSCH, O., *Jesaia I*, KAT IX, Leipzig 1930.
PUECH, E., «'La crainte d'Isaac' en Genèse xxxi 42 et 53», *VT* 34 (1984) 356-361.
DE PURY, A., *Promesse divine et légende cultuelle dans le cycle de Jacob*, 2 voll., EB, Paris 1975.
———, «La guerre sainte israélite», *ETRel* 56 (1981) 5-38; 39-45.
PUUKKO, A. F., «Der Feind in den alttestamentlichen Psalmen», *OTS* 8 (1950) 47-65.
RABIN, C., «Noṣerim», *Textus* 5 (1966) 44-52.
VON RAD, G., «Der Prophet Jona» (1950), in: *Gottes Wirken in Israel*. Vorträge zum Alten Testament, O. H. STECK *ed.*, Neukirchen 1974, 65-78.
———, *Der Heilige Krieg im alten Israel*, Zürich 1951.
———, «The Origin of the Concept of the Day of Yahweh», *JSS* 4 (1959) 97-108.
———, «Zwei Überlieferungen von König Saul» (1968), in: *Gesammelte Studien zum Alten Testament*, II, TBüch 48, München 1973, 199-211.
RASHI, *Le Pentateuque*, vol. I: La Genèse, Paris [2]1971.
RAVASI, G., *Il libro dei Salmi*. Commento e attualizzazione, 3 voll., Bologna 1981–1984.
REINACH, S., «Le souper chez la sorcière», *RHR* 88 (1923) 45-50.
REINDL, J., *Das Angesicht Gottes im Sprachgebrauch des Alten Testaments*, ErfTSt 25, Leipzig 1970.
RENDSBURG, G., «Janus Parallelism in Gen 49:26», *JBL* 99 (1980) 291-293.

RESCH, A., *Der Traum im Heilsplan Gottes*. Deutung und Bedeutung des Traums im Alten Testament, Freiburg i. B. 1964.

RICHTER, W., *Traditionsgeschichtliche Untersuchungen zum Richterbuch*, BBB 18, Bonn 1963.

———, «Traum und Traumdeutung im AT», *BZ* NF 7 (1963) 202-220.

RICOEUR, P., *La métaphore vive*, Paris 1975.

RIN, S., «The *mwt* of Grandeur», *VT* 9 (1959) 324-325.

RINALDI, G., «Golia e David», *BeO* 8 (1966) 11-29.

RINGGREN, H., *Israelitische Religion*, RelM 26, Stuttgart 1963.

RINGGREN, H. – KAISER, O., *Das Hohe Lied, Klagelieder, das Buch Esther*, ATD 16,2, Göttingen ³1981.

ROBINSON, H. W., «Hebrew Psychology», in: *The People and the Book*, A. S. PEAKE *ed.*, Oxford 1925, 353-382.

ROBINSON, T. H., «Der Durchzug durch das Rote Meer», *ZAW* 51 (1933) 170-173.

ROBINSON, T. H. – HORST, F., *Die Zwölf Kleinen Propheten*, HAT 14, Tübingen ³1964.

ROGERSON, J. W., *The Supernatural in the Old Testament*, Guildford 1976.

———, *Anthropology and the Old Testament*, Oxford 1978.

ROMANIUK, K., «La crainte de Dieu à Qumrân et dans le NT», *RdQ* 4 (1963–1964) 29-38.

ROSENZWEIG, F., *La stella della redenzione*, Casale Monferrato 1985 (titolo originale: *Der Stern der Erlösung*, 1981).

ROTH, W. M. W., «NBL», *VT* 10 (1960) 394-409.

ROUSSEAU, F., *Courage ou résignation et violence* (Un retour aux sources de l'éthique), Recherches, nouvelle série 5, Montreal 1985.

ROWOLD, H., «*my hw'? ly hw'!* Leviathan and Job in Job 41:2-3», *JBL* 105 (1986) 104-109.

RUDOLPH, W., *Esra und Nehemia, samt 3. Esra*, HAT 20, Tübingen 1949.

———, *Chronikbücher*, HAT 21, Tübingen 1955.

———, *Das Buch Ruth. Das Hohe Lied. Die Klagelieder*, KAT XVII,1–3, Gütersloh 1962.

———, «Jesaja XV–XVI», in: *Hebrew and Semitic Study*, Fs. G. R. DRIVER, Oxford 1963, 130-143.

———, *Hosea*, KAT XIII,1, Gütersloh 1966.

———, *Jeremia*, HAT 12, Tübingen ³1968.

———, *Joel. Amos. Obadja. Jona*, KAT XIII,2, Gütersloh 1971.

———, *Micha. Nahum. Habakuk. Zephanja*, KAT XIII,3, Gütersloh 1975.

RUPPERT, L., *Der leidende Gerechte und seine Feinde*. Eine Wortfelduntersuchung, Würzburg 1973.

RUPRECHT, E., «Das Nilpferd im Hiobbuch. Beobachtungen zu der sogenannten zweiten Gottesrede», *VT* 21 (1971) 209-231.

RYCROFT, C., *Anxiety and Neurosis*, London 1968.

SANDER, R., *Furcht und Liebe im palästinischen Judentum*, BWANT IV,16, Stuttgart 1935.

SARNA, N. M., «The Interchange of the Prepositions *beth* and *min* in Biblical Hebrew», *JBL* 78 (1959) 310-316.

SASSON, J. M., «On Jonah's two Missions», *Hen* 6 (1984) 23-29.

SAWYER, J. F. A., *Semantics in Biblical Research*. New Methods of Defining Hebrew Words for Salvation, SBT Second Ser. 24, London 1972.

SAYDON, P. P., «Some unusual ways of expressing the superlative in Hebrew and Maltese», *VT* 4 (1954) 432-433.

SCHARBERT, J., *Der Schmerz im Alten Testament*, BBB 8, Bonn 1955.

SCHEDL, C., «Neue Vorschläge zu Text und Deutung des Psalmes XLV», *VT* 14 (1964) 310-318.

———, «Davids rhetorischer Spruch an Saul: 1 Sam 17,34-36», *BN* 32 (1986) 38-40.

SCHICKLBERGER, F., *Die Ladeerzählungen des ersten Samuel-Buches*. Eine literaturwissenschaftliche und theologiegeschichtliche Untersuchung, Würzburg 1973.

SCHMIDT, H., «*'ôb*», in: Fs. K. MARTI, BZAW 41, Giessen 1925, 253-261.

SCHMIDT, L., «*De Deo*». Studien zur Literarkritik und Theologie des Buches Jona, des Gesprächs zwischen Abraham und Jahwe in Gen 18,22 ff. und von Hi 1, Berlin 1976.

SCHMIDTKE, F., «Träume, Orakel und Totengeister als Künder der Zukunft in Israel und Babylonien», *BZ* NF 11 (1967) 240-246.

SCHMITT, A., «Das prophetische Sondergut in 2 Chr 20,14-17», in: *Künder des Wortes*. Beiträge zur Theologie der Propheten, Fs. J. SCHREINER, Würzburg 1982, 273-285.

SCHMITT, R., *Zelt und Lade als Thema alttestamentlicher Wissenschaft*. Eine kritische forschungsgeschichtliche Darstellung, Gütersloh 1972.

SCHOORS, A., «The Particle *kî*», *OTS* 21 (1981) 240-276.

SCOTT, R. B. Y., «Secondary Meanings of *'aḥar, after, behind*», *JTS* 50 (1949) 178-179.

SEEBASS, H., «Traditionsgeschichte von I Sam 8.10,17 ff. und 12», *ZAW* 77 (1965) 286-296.

SEIDEL, H., *Das Erlebnis der Einsamkeit im Alten Testament*, TArb XXIX, Berlin 1969.

SEIDL, T., «David statt Saul. Göttliche Legitimation und menschliche Kompetenz des Königs als Motive der Redaktion von I Sam 16–18», *ZAW* 98 (1986) 39-55.

SEYBOLD, K., *Das Gebet des Kranken im Alten Testament*. Untersuchungen zur Bestimmung und Zuordnung der Krankheits- und Heilungspsalmen, BWANT 99, Stuttgart 1973.

SEYBOLD, K. – MÜLLER, U. B., *Krankheit und Heilung*, Stuttgart 1978.

SIEVI, J., «Wunder und Zeichen in der Exodus-Tradition», *TBer* 5 (1976) 13-35.

SIMUNDSON, D. J., *Faith under Fire*. Biblical Interpretation of Suffering, Minneapolis 1980.

SKA, J.-L., «La sortie d'Egypte (Ex 7–14) dans le récit sacerdotal (P^g) et la tradition prophétique», *Bib* 60 (1979) 191-215.

———, «Exode XIV contient-il un récit de 'guerre sainte' de style deutéronomistique?», *VT* 33 (1983) 454-467.

———, *Le passage de la mer*. Etude de la construction, du style et de la symbolique d'Ex 14,1-31, AnBib 109, Rome 1986.

SKINNER, J., *Genesis*, ICC, Edinburgh ²1930.

SLOTKI, I. W., «The Text and Metre of some early hebrew Poems», *JTS* 34 (1933) 55-61.

SMELIK, K. A. D., «The Witch of Endor. I Samuel 28 in Rabbinic and Christian Exegesis till 800 A. D.», *VigChr* 33 (1979) 160-179.
SMITH, H. P., *The Books of Samuel*, ICC, Edinburgh 1904.
SMITH, J. M. P., «Some Textual Suggestions», *AJSL* 37 (1920–1921) 238-240.
SMITH, J. M. P. – WARD, W. H. – BEWER, J. A., *Micah, Zephaniah, Nahum, Habakkuk, Obadiah and Joel*, ICC, Edinburgh 1912.
SMITH, J. M. P., cfr. MITCHELL – SMITH – BEWER.
SOEBAGJO, M., *The «Fear of Yahweh» in the Old Testament*, Diss. Edinburgh, Fac. of Divinity, 1982.
SOGGIN, J. A., «Die Geburt Benjamins, Genesis xxxv 16-20(21)», *VT* 11 (1961) 432-440.
———, «'Wacholderholz' 2 Sam VI 5a gleich 'Schlaghölzer', 'Klappern'?», *VT* 14 (1964) 374-377.
———, «La 'negazione' in Geremia 4,27 e 5,10a, cfr. 5,18b», *Bib* 46 (1965) 56-59.
———, *Le livre de Josué*, CAT Va, Neuchâtel 1970.
———, «Il 'Salmo di Ezechia' in *Isaia* 38,9-20», *BeO* 16 (1974) 177-181.
SOVIV, A., «Reverence – For God and for the Lord: *yr't 'lqym – yr't h'*», *DD* 11 (1982) 15-22.
SPEISER, E. A., «Of Shoes and Shekels (I Samuel 12:3; 13:21)», *BASOR* 77 (1940) 15-20.
———, *Genesis*, AnchBi 1, Garden City 1964.
STADE, B., «Zu Ri. 7,5.6.», *ZAW* 16 (1896) 183-186.
STEK, J. H., «What Happened to the Chariot Wheels of Exodus 14:25?», *JBL* 105 (1986) 293-294.
STEUERNAGEL, C., *Deuteronomium und Josua*, HKAT I,3, Göttingen 1900.
STOEBE, H. J., «Die Goliathperikope 1 Sam. XVII 1 – XVIII 5 und die Textform der Septuaginta», *VT* 6 (1956) 397-413.
———, *Das erste Buch Samuelis*, KAT VIII,1, Gütersloh 1973.
STOLZ, F., *Jahwes und Israels Kriege*. Kriegstheorien und Kriegserfahrungen im Glauben des alten Israel, AThANT 60, Zürich 1972.
STRADLING, F. S., *The Birth and Naming of the Children of Jacob in Genesis 29:30–30:24 and 35:16-20*, Diss. Manchester 1972–1973.
STRUS, A., *Nomen – Omen*. La stylistique sonore des noms propres dans le Pentateuque, AnBib 80, Rome 1978.
DE TARRAGON, J.-M., «David et l'arche: II Samuel, VI», *RB* 86 (1979) 514-523.
TERRIEN, S., «The Numinous, the Sacred and the Holy in Scripture», *BibTB* 12 (1982) 99-108.
THOMAS, D. W., «*ml'w* in Jeremiah IV.5: A Military Term», *JJS* 3 (1952) 47-52.
———, «A Consideration of some unusual ways of expressing the superlative in Hebrew», *VT* 3 (1953) 209-224.
———, «Some observations on the Hebrew Root *ḥdl*», *VTS* 4 (1957) 8-16.
———, «A Note on *wᵉnôdaʿ lākem* in I Samuel VI.3», *JTS* 11 (1960) 52.
———, «Job XL 29b: Text and Translation», *VT* 14 (1964) 114-116.
———, «Some further remarks on unusual ways of expressing the superlative in Hebrew», *VT* 18 (1968) 120-124.
TIDWELL, N. L., «The Linen Ephod: 1 Sam. II 18 and 2 Sam. VI 14», *VT* 24 (1974) 505-507.
TIMM, H., «Die Ladeerzählung (1. Sam. 4–6; 2. Sam. 6) und das Kerygma des deuteronomistischen Geschichtswerks», *EvT* 26 (1966) 509-526.

TOLKOVSKY, S., «Gideon's 300. (Judges vii and viii)», *JPOS* 5 (1925) 69-74.
TOURNAY, R., «Relectures bibliques concernant la vie future et l'angélologie», *RB* 69 (1962) 481-505.
TRÉPANIER, B., «The Story of Jonas», *CBQ* 13 (1951) 8-16.
TRESMONTANT, C., *Essai sur la pensée hébraïque*, LDiv 12, Paris 1953.
TROMP, N. J., *Primitive Conceptions of Death and the Nether World in the Old Testament*, BibOr 21, Rome 1969.
TRUMPER, V. L., «The choosing of Gideon's 300. *Judges 7,5.6*», *JPOS* 5 (1925) 108-109.
TUR-SINAI, N. H., «The Ark of God at Beit Shemesh (1 Sam. VI) and Pereṣ 'Uzza (2 Sam. VI; 1 Chron. XIII)», *VT* 1 (1951) 275-286.
URBÁN, A., «El doble aspecto estático-dinámico de la preposición ἐν en el NT», in: A. URBAN – J. MATEOS – M. ALEPUZ, Estudios de Nuevo Testamento, II, *Cuestiones de Gramática y Léxico*, Madrid 1977, 15-62.
VANNOY, J. R., *Covenant Renewal at Gilgal*. A Study of I Samuel 11:14–12:25, Cherry Hill 1978.
VATTIONI, F., «La necromanzia nell'Antico Testamento. 1 Sam 28,3-25», *Aug* 3 (1963) 461-481.
DE VAUX, R., «Les combats singuliers dans l'Ancien Testament», *Bib* 40 (1959) 495-508.
———, *Histoire ancienne d'Israël*. I: Des origines à l'installation en Canaan, EB, Paris 1971.
VEIJOLA, T., *Das Königtum in der Beurteilung der deuteronomistischen Historiographie*. Eine redaktionsgeschichtliche Untersuchung, AASF 198, Helsinki 1977.
VIVIAN, A., «Golia *'îš habbēnayim*. Traduzioni e tradizioni antiche», *Aug* 18 (1978) 555-564.
VOGT, E., «Benjamin geboren "eine Meile" von Ephrata», *Bib* 56 (1975) 30-36.
VOLZ, P., *Der Prophet Jeremia*, KAT X, Leipzig 1922.
———, *Jesaia II*, KAT IX, Leipzig 1932.
DE VRIES, S. J., «Note concerning the Fear of God in the Qumran Scrolls», *RdQ* 5 (1965) 233-237.
———, «David's Victory over the Philistine as Saga and as Legend», *JBL* 92 (1973) 23-36.
———, «Temporal Terms as structural elements in the holy-war tradition», *VT* 25 (1975) 80-105.
WÄCHTER, L., «Überlegungen zur Umnennung von Pašḥūr in Māgôr missābīb in Jeremia 20,3», *ZAW* 74 (1962) 57-62.
———, *Der Tod im Alten Testament*, Stuttgart 1967.
WAGNER, M., *Die lexikalischen und grammatikalischen Aramaismen im alttestamentlichen Hebräisch*, BZAW 96, Berlin 1966.
WALDMAN, N., «A Comparative Note on Exodus 15:14-16», *JQR* 66 (1975–1976) 189-192.
WALTER, E., «Furcht und Liebe», *GuL* 31 (1958) 443-459.
WARD, W. H., cfr. SMITH – WARD – BEWER.
WARSHAVER, G., «'The Hardening of Pharaoh's Heart' in the Bible and Qumranic Literature», *BInstJSt* 1 (1973) 1-12.
WEIDMANN, H., *Die Patriarchen und ihre Religion im Licht der Forschung seit Julius Wellhausen*, FRLANT 94, Göttingen 1968.

WEIMAR, P., *Untersuchungen zur priesterschriftlichen Exodusgeschichte*, ForBib 9, Würzburg 1973.
———, «Literarische Kritik und Literarkritik. Unzeitgemässe Beobachtungen zu Jon 1,4-16», in: *Künder des Wortes*. Beiträge zur Theologie der Propheten, Fs. J. SCHREINER, Würzburg 1982, 217-235.
———, *Die Meerwundererzählung*. Eine redaktionskritische Analyse von Ex 13,17–14,31, ÄgAT 9, Bamberg 1985.
WEIMAR, P. – ZENGER, E., *Exodus. Geschichten und Geschichte der Befreiung Israels*, SBS 75, Stuttgart 1975.
WEINGREEN, J., «The Piʿel in Biblical Hebrew. A Suggested New Concept», *Hen* 5 (1983) 21-28.
WEIPPERT, M., «'Heiliger Krieg' in Israel und Assyrien. Kritische Anmerkungen zu Gerhard von Rads Konzept des 'Heiligen Krieges im alten Israel'», *ZAW* 84 (1972) 460-493.
WEISER, A., *Die Psalmen*, 2 voll., ATD 14–15, Göttingen 1950.
———, «Die Legitimation des Königs David. Zur Eigenart und Entstehung der sogen. Geschichte von Davids Aufstieg», *VT* 16 (1966) 325-354.
———, *Das Buch Jeremia*. Kapitel 1–25,14, ATD 20, Göttingen [7]1976.
———, *Das Buch der zwölf Kleinen Propheten*, I: Die Propheten Hosea, Joel, Amos, Obadja, Jona, Micha, ATD 24, Göttingen [7]1979.
WEISMAN, Z., «The nature and background of *bāḥūr* in the Old Testament», *VT* 31 (1981) 441-450.
WEISS, M., «The Origin of the "Day of the Lord" – Reconsidered», *HUCA* 37 (1966) 29-71.
WEISS, R., «Textual Notes», *Textus* 6 (1968) 127-131.
———, «'La main du Seigneur sera contre vous et contre vos pères' (I Samuel, XII, 15)», *RB* 83 (1976) 51-54.
WELLHAUSEN, J., *Der Text der Bücher Samuelis*, Göttingen 1871.
WERNBERG-MØLLER, P., «Two Notes», *VT* 8 (1958) 305-308.
WESTERMANN, C., «Das Hoffen im Alten Testament. Eine Begriffsuntersuchung», (1952), in: *Forschung am Alten Testament*, Gesammelte Studien, TBüch 24, München 1964, 219-265.
———, «Struktur und Geschichte der Klage im Alten Testament», *ZAW* 66 (1954) 44-80.
———, «Das Heilswort bei Deuterojesaja», *EvT* 24 (1964) 355-373.
———, *Das Buch Jesaja*. Kapitel 40–66, ATD 19, Göttingen 1966.
———, *Genesis*, 3 voll., BK I,1-3, Neukirchen 1974–1982.
———, *Lob und Klage in den Psalmen*, Göttingen 1977.
WHITLOCK, G. E., «The Structure of Personality in Hebrew Psychology», *Interpr* 14 (1960) 3-13.
WILDBERGER, H., «'Glauben' im Alten Testament», *ZTK* 65 (1968) 129-159.
———, *Jesaja*, 3 voll., BK X,1–3, Neukirchen 1972–1982.
WILDEBOER, G., cfr. BUDDE – BERTHOLET – WILDEBOER.
WILKINSON, J., «The Philistine Epidemic of I Samuel 5 and 6», *ExpT* 88 (1977) 137-141.
WILLIS, J. T., «The Function of Comprehensive Anticipatory Redactional Joints in 1 Sam 16–18», *ZAW* 85 (1973) 294-314.

WILSON, J. V. K., «Hebrew and Akkadian Philological Notes», *JSS* 7 (1962) 173-183.
———, «A return to the problems of Behemoth and Leviathan», *VT* 25 (1975) 1-14.
WILSON, R. R., «The Hardening of Pharaoh's Heart», *CBQ* 41 (1979) 18-36.
WOLFF, H. W., *Dodekapropheton 1: Hosea*, BK XIV,1, Neukirchen 1961.
———, *Dodekapropheton 2: Joel und Amos*, BK XIV,2, Neukirchen 1969.
———, *Anthropologie des Alten Testaments*, München 1973.
———, *Dodekapropheton 3: Obadja und Jona*, BK XIV,3, Neukirchen 1977.
———, *Dodekapropheton 4: Micha*, BK XIV,4, Neukirchen 1982.
———, «Jonah – the Reluctant Messenger in a Threatened World: I. The Messenger Who Refused (Jonah's Freedom and the Freedom of God – Jonah 1:1-16)», *CurTM* 3 (1976) 8-19.
YADIN, Y., «Goliath's Javelin and the *mnwr 'rgym*», *PEQ* 86 (1955) 58-69.
———, *The Art of Warfare in Biblical Lands*, 2 voll., London 1963.
YOUNG, E. J., *The Book of Isaiah*, 3 voll., NICOT, Grand Rapids 1965–1972.
ZAVALLONI, R., «La vita emotiva», in: *Questioni di psicologia*, a cura di L. ANCONA, Brescia 1962, 367-395.
ZENGER, E., *Die Sinaitheophanie*. Untersuchungen zum jahwistischen und elohistischen Geschichtswerk, ForBib 3, Würzburg 1971.
———, *Israel am Sinai*. Analysen und Interpretationen zu Exodus 17–34, Altenberge 1982.
ZIMMERLI, W., *Der Mensch und seine Hoffnung im Alten Testament*, Göttingen 1968.
———, *Ezechiel*, 2 voll., BK XIII,1–2, Neukirchen 1969.
———, *1. Mose 12–25: Abraham*, ZBAT 1.2, Zürich 1976.
ZIMMERMANN, F., «Some Textual Studies in Genesis», *JBL* 73 (1954) 97-101.
ZURRO, E., «La raíz *brḥ* II y el hápax **mibrāḥ* (Ez 17,21)», *Bib* 61 (1980) 412-415.
———, «Disemia de *brḥ* y paralelismo bifronte en Job 9,25», *Bib* 62 (1981) 546-547.
———, *Procedimientos iterativos en la poesia ugarítica y hebrea*, BibOr 43, Rome 1987.

INDICE DEGLI AUTORI

INDICE DELLE CITAZIONI BIBLICHE

Ezechiele

INDICE DEI TERMINI EBRAICI

Elenchiamo i termini indicanti la paura (e l'angoscia), con le sue manifestazioni più significative e i principali antonimi.

INDICE DELLE PARTICOLARITÀ GRAMMATICALI E STILISTICHE

INDICE DEI CONCETTI

re: cfr. soprattutto: 23, 27, 114ss, 139-141, 142, 145, 152-154, 157ss, 244, 248; → capi
reazione: cfr. soprattutto: 48, 74, 97, 132, 141, 151, 174, **203-204**, **250-251**
– gestuale: 41, **157-158**
– intenzionale: 146-147, 148, 152, 208, 236-237, 240, 241
– istintiva: 15, 131-132, 146, 200, 208, 235-236, 239-240, 241, 248
resa: 207, 226, 232, **244**, **248**, 253
respiro: 207, 220, **222**, 254
reverenza: → timore
ridere (del pericolo): 28, 203, 273
rifiuto (di agire): **243-245**; → rinuncia
rifugio (ricerca di): 49, 54, 105, 108, **242**, 245; → nascondersi
rinuncia: 45, 85, 108, **132-133**, 153, 232; → rifiuto, scoraggiamento
rispetto: → timore
ritirata: **105-106**; → fuga
rivalità: → avversario
rugiada: 186, 197
rumore: 67, 83, 102, 105, **110-111**, 175, 177, **184**, 238, 268; → percezione (uditiva)

sabbia: **104**, 197
sacrifici: 133, 149, 250, 270; → liturgia
sacro: 117-118, 124, 131, 183; → Dio, trascendenza
salvezza: 48, 98, 102, 139, 140, 142, **162**, **251**, 253, 256, 257, **270-271**, **276-277**, **285**; → vittoria
sconfitta: 41, **44-45**, 46, 71, 105, 239, **267-268**; → superstiti, vittoria
sconvolgimento: **57-59**, 82; → sgomento
scoraggiamento: 81, 85, **205**, 214, 215; → rinuncia
secchezza: **214**, 216
seduzione: 108, **109**, 246
segno: 104, 106, 142, **263-264**, 274
sfida: 112, **113**, 123, 137, 138, 175, 177, 188, 265, 266, 273
sfrontatezza: → arroganza
sgomento: 40-41, 76, 82, 120, 123; → sconvolgimento
silenzio: 103, **152**, **153**, 162, 207, **237-238**, **241**, 271
sofferenza: 55, **155-156**, 158, 160, 164, **165**, 202; → malattia, parto
sogno: **106**, 150, 255, 263-264, 270; → incubo
soldati: 20, 55, **166-167**, 206, 232; → esercito, guerra, nemico, prode
solitudine: 97, 116, **121**, 152, **157-158**, 159, **166**, 185, **192**, 201, **246**, 260-261, 264
somatizzazione: → corpo, tremare
sonno: 161, **243**, **277**
sopraffazione: 65-66, 163, 185, **205-206**, **229-230**
sorteggio: **147-149**, 249
spavento: 60, **65**, 66, 82, 207; → terrore
stele: 270, **282**
stolto: 27, **180-181**
stomaco: 69, 78, 214
struzzo: 180, 273
suicidio: **116**
superstiti (mancanza di): 99, 102, **267-268**; → sconfitta
svenimento: 208, **225**

tagliaboschi: 197
temere: → esortazione a non temere
tempesta: 25, 55, 69, 70, 108, 121, **146-150**, 197, 237, 249, 251, 268, 270
temporale: **140-141**, 143, 144
tenda (da pastore): **159-160**
tenebra: 26, 150, 276
teofania: 24, 25, 55, 84, **125-127**, 143, 144, 176, 269; → Dio
terremoto: 55, 69, 77, 83; → cosmo
terrore: **62**, **63**, 66, **74**, 75, 77, 82, 85, 176, 229, 230; → panico, spavento
tessitore: **159-160**
timore (reverenziale): 34, 61, 74, 132, 141, 145, 177, 238
– di Dio: 24, 46, 48, 49, 51, 60, 62, 103, 127, 130, 140, 141, 142, **143-145**, 147-148, **149-150**, 177, 238, 269, 270, 274
titubanza: 35, 76, 81; → cautela
trascendenza: 124, **126**, **127-130**, **131-132**, **138**, 141, 142, **143-144**, 149, 187, 277; → Dio, sacro
tremare: 29, 48-50, 52-53, **54-56**, 68, **74**-75, 77, **79-80**, 82, **83-84**, 208, 209, 215; → corpo
turbine: → tempesta

ubriachezza: 85, 223, 234
uccelli: 21, 53, **160-161**, 180, 186, 196, **234**, 242; → aquila
udire: → percezione (uditiva)
urina: **216**
urlo: → grido

vacillare: 76, **84-85**, **216**, 223
vedere: → percezione (visiva)

INDICE GENERALE

TIPOGRAFIA POLIGLOTTA DELLA PONTIFICIA UNIVERSITÀ GREGORIANA
PIAZZA DELLA PILOTTA, 4 - ROMA